国家出版基金项目
NATIONAL PUBLICATION FOUNDATION

汉唐地理总志钩沉

刘纬毅 郑梅玲 刘鹰◎辑校

下册

NLCPH
國家圖書館出版社

十道四蕃志十六卷　唐梁载言纂

梁载言，博州聊城（今属山东）人，历凤阁舍人知制诰，唐中宗时任怀州刺史，撰《具员故事》十卷、《十道志》十六卷。见《旧唐书·文苑传》。《新唐书·艺文志乙部》："梁载言《十道志》十六卷。"《宋史·艺文志三》："梁载言《十道四蕃志》十五卷。"《太平御览经史图书纲目》："梁氏《十道志》。"《遂初堂书目·地理类》："《十道四蕃记》。"《郡斋读书志》卷八："《十道志》十三卷。右唐梁载言撰。唐分天下为十道，所载颇详博。其书多称咸通中沿革，载言盖唐末人也。"《直斋书录解题》卷八《地理类》："《唐十道四蕃志》十卷，唐太府少卿梁载言撰。其书广记，备言可观。载言不见于史，又有《具员故事》题封阁舍人，及《梁四公记》，亦云载言所录。"《中兴馆阁书目辑考》："《十道四番志》十卷。"《秘书省续编到四库阙书目》卷一《地理》谓："梁载言撰《十道四蕃志》三卷。"《文渊阁书目》卷一八："《十道四蕃志》一册。"明陶宗仪《说郛》辑本将《十道志》作者误写为"李吉甫"。清王谟《汉唐地理书钞》、王仁俊《玉函山房辑佚书补编》亦皆辑佚。唐贞观元年（627），依山河形便，划分全国为十道，监察所属州府。至开元二十一年（733），又分为十五道。梁氏此书虽纂于唐后期，仍以十道名之。本书即以贞观十道分列。

关内道

2261

雍州京兆郡，《禹贡》九州之一。舜置十二牧，雍亦在焉。周武王都酆镐，平王东迁，以歧[1]酆之地赐秦孝公，始都咸阳。秦兼天下置内史，以领关中。项籍灭秦，分其地为三，以章邯为雍王，都废丘；司马欣为塞王，都栎阳；董翳为翟王，都高奴。谓之三秦。高祖入关定三秦，复为内史。武帝改为京兆尹。（《御览》卷一六四《州郡部·雍州》）

2262

文学城，今谓之故县城。武学城与文学城相接，并秦章邯筑。（《长安志》卷一四《县四·兴平县》、《清一统志》卷二二七《西安府·古迹》）

2263

永安元年移扶风郡于文学城，领槐里、始平、盩厔三县，属雍州。（《长安志》卷一四《县四·兴平》）

2264

（华清宫）周天和四年，宇文护造皇堂石井，隋开皇三年又修屋宇。列树松柏千余株。贞观十八年，诏姜行本、阎立德[2]营建宫殿，名汤泉宫。咸亨二年，名温泉宫[3]。天宝六载改华清宫。骊山上下益治汤井为池。台殿环列山谷，明皇岁幸焉。即于汤所置百司及公卿邸第。华清宫北向，正门曰津阳门，东面曰开阳门，西面曰望京门，南曰昭阳门。津阳门之东曰瑶光楼，其南曰飞霞殿、九龙殿、玉女殿、七圣殿、宜春亭、重明阁、四圣殿、长生殿、集灵台、朝元阁、老君殿、钟楼、明珠殿、筝殿、观风楼，斗鸡殿、按歌台、舞马台、球场、羯鼓场。禄山乱后，罕复游幸。〔《清一统志》卷二二七《西安府·古迹》；《雍录》卷四《温泉》、《通鉴》卷二一二“（开元十一年）上幸骊山，作温泉宫”注、卷二一五“（天宝三年）置会昌县于温泉宫下”注所引均略〕

---

① 歧：“岐”之笔误。

② 阎立德：《通鉴》卷二一二注、《方舆纪要》卷五三《陕西·临潼县》均误作“阎立本”。据两唐书《阎立德传》、《阎立本传》，阎立本贞观年尚未入朝；而其兄立德则在贞观初即以“营山陵功，擢为将作大匠”。当以“阎立德”为是。径改。

③ 咸亨二年，名温泉宫：《方舆纪要》同。《元和志》卷一《关内道·长安县》作“开元十一年，初置温泉宫”。

2265

镐池，在长安城西，昆明池北。即周故都。《诗》考卜惟王宅，是镐京。《书传》云，文王作丰、武王理镐。郑康成曰，镐在丰东，丰、镐相去盖二十五里，秦始皇时镐京故址毁。（《方舆纪要》卷五三《陕西·长安县》;《雍录》卷一《五代都雍·镐》较简）

2266

（甘泉宫）今按甘泉谷北岸，有古槐树在故宫之南。（《长安志》卷四《宫室·甘泉宫》）

2267

太上皇庙在万年县北苑内。（《长安志》卷五《宫室·太上皇庙》）

2268

（长春宫）周武帝保定五年宇文护筑，大业十三年高祖起义自河东引兵而西济河，至朝邑，舍于长春宫。殆三数目休甲养士，仍资永丰仓粟为用。迄后此宫不废。（《雍录》卷四《长春宫》）

2269

（长乐坡）旧名浐坡。隋文帝恶之改曰长乐坡，盖汉长乐宫在其西北。（《长安志》卷一一《县一·万年》）

2270

（樊川）其地即杜陵之樊乡。汉高祖至栎阳，以将军樊哙灌废邱功最，赐哙食邑于此，故曰樊川。（同上）

2271

浐水，荆溪、狗枷二水之下流也。（同上）

2272

秦葬皇子起冢坡北原上，因名皇子陂。（同上）

2273

（灵台神庙）汉文帝罢露台于此。（同上）

2274

长安西有滮池，亦名圣女泉。盖滮池水相近也。（《长安志》卷一三《县三·咸阳》）

2275

霸水源出终南山金谷。（《长安志》卷一六《县六·蓝田》）

2276

旧池阳县城，俗名迎冬驿。（《长安志》卷一七《县七·泾阳》）

2277

太白、中白、南白，谓之三白渠也。渠上斗门四十八。（《长安志》卷一七《县七·泾阳》）

2278

清水谷，一名鬼谷。（《长安志》卷一九《县九·华原》）

2279

甘泉水出石鼓西原。（《长安志》卷二〇《县十·云阳》）

2280

三畤原莫谷水，南经武功县北。（《长安志》卷一四《县四·武功》、《类编长安志》卷六《山水·水》）

2281

太平谷水，一名林谷水，即清水之上流也。源出（蓝田县）终南山。（同上）

2282

（茂陵故城）《旧志》：茂陵宣帝时置，接武帝时已徙户居之。至宣帝时为县。（《长安志》卷一四《县四·兴平》）

2283

雍水，俗名白水，亦曰围川水。西北自扶风县界流入。（《长安志》卷一四《县四·武功》）

2284

六门堰，西魏文帝大统十三年置六斗门节水，因名之。（同上）

2285

上林有龙台观，《上林赋》曰“登龙台掩细柳”是。（同上）

2286

扈阳谷水，一名扈水，又名马腹陂水。《水经注》曰：扈水上承扈阳池。（《长安志》卷一五《县五·鄠县》）

2287

檀谷水，长乐渠之上流也。源出县南终南山檀谷。（《长安志》卷一五《县五·鄠县》、《类编长安志》卷六《山水·水》）

2288

鄠县有五味陂，陂鱼甚美。（《长安志》卷一五《县五·鄠县》）

2289

汉王定三秦，关中置三郡，以塞国为河上郡，后罢三郡以为内史。

武帝改为左冯翊。(《御览》卷一六四《州郡部·同州》)

2290

华州华阴郡，置在郑县。《禹贡》雍州之域。(《御览》卷一六四《州郡部·华州》)

2291

宜禄县，本汉鹑觚县，后魏又分置东阴盘县。(《御览》卷一六四《州郡部·邠州》)

2292

(夏阳县)唐武德三年分郃阳于此置河西县，以在河之西为名。又割同州之郃县、韩城二县于今理置西韩州，取古韩国为名也。以河东有韩州，故此加西。(《寰宇记》卷二八《同州·夏阳县》)

2293

(苦泉)在许原下，地有苦泉，水味咸苦，羊饮之，肥而肉美。(《寰宇记》卷二八《同州·冯翊县》)

2294

(灵台县)即汉鹑觚县地，属北地郡。后魏大统中自鹑觚城移今所。(《寰宇记》卷三二《泾州·灵台县》)

2295

鄜州洛交郡，《禹贡》雍州之域。春秋时秦地，始皇时为上郡，汉为上郡雕阴县地。(《御览》卷一六四《州郡部·鄜州》)

2296

会州会宁郡，《禹贡》雍州之域，古西羌地。秦并天下属陇西郡，汉属金城郡，唐武德二年平李轨置西会州，贞观八年改为会州[①]。(《御览》卷一六五《州郡部·会州》)

2297

(密须)阴密属鹑觚，故《括地象》云，鹑觚密氏，姞姓，今阴密城，在泾之保定。(《路史》卷二四《国名纪·黄帝后姬姓国》)

2298

乐蟠县本汉略畔道也。(《御览》卷一六四《州郡部·庆州》)

---

① 西会州，贞观八年改为会州：西会州至会州中间有空脱，《元和志》卷四《会州》作“贞观八年以(西会州)仓储殷实改炽粟州。其年又为会州”。《寰宇记》卷三七《会州》同。

2299

萧关在原州，后汉曰隗嚣，使牛邯守瓦亭关。又，瓦亭在平凉郡。(《御览》卷一六四《州郡部·原州》)

2300

六镇在灵州。(《大事记续编》卷四一)

2301

灵州有赫连勃勃所置果园。《水经》云，河水北有薄骨律镇城，在渚上，旧赫连城也。桑果榆林列植其上，故谓之果州。(《御览》卷一六四《州郡部·灵州》)

2302

马岭，今盐州地。(《御览》卷一六四《州郡部·盐州》)

2303

宜春观，汉武帝所造。(《雍录》卷六《汉唐都城要图·宜春苑》、《清一统志》卷二二七《西安府·古迹》)

2304

(武功县)有五泉渠，西自岐州扶风县界流入，经三畤原上，东流经县西南，去县十二里。隋文帝葬原上，因绝此水，东合成国渠。(《长安志》卷一四《县四·武功》、《清一统志》卷二四七《乾州·堤堰》)

河南道

2305

洛州，周之旧都。《禹贡》豫州之域。(《御览》卷一五八《州郡部·西京河南府》)

2306

寿安县，汉宜阳县也。(同上)

2307

陕州陕郡，《禹贡》豫州之域。周为二伯，分陕之地即古虢国地，战国时属韩，秦并天下属三川郡。汉元鼎中置弘农郡[1]。(《御览》卷一五八《州郡部·陕州》、《说郛》卷六〇上)

---

① 汉元鼎中置弘农郡：《御览》脱。

2308

虢州弘农郡，《禹贡》豫州之域。春秋为虢地，七国时秦韩之境。秦并天下为三川郡，汉元鼎中置弘农郡。（《御览》卷一五九《州郡部·虢州》）

2309

河南道名山曰嵩高。高宗永淳初于山南作奉天宫。武后垂拱四年，号嵩高为神岳。既而封神岳禅少室。圣历二年幸嵩山，明年复幸焉。（《方舆纪要》卷四六《河南·名山嵩高》）

2310

河南大川曰洛水。自贞观以后，伊、洛二川往往决溢，为京都患。贞观十一年，谷、洛水溢，入洛阳宫，坏官舍民居，溺死六千余人。永淳初洛水溢，溺民居千余家。神龙初，洛水又溢二千余家。开元八年瀍、谷溢，漂溺几二千余人。十年伊水溢，十八年洛水复溢，皆漂溺东都千余家。又，二十年洛水溢，溺死千余人。于是屡费修塞。（《方舆纪要》卷四六《河南·洛水》）

2311

宋州睢阳郡，理宋城县。虞舜十二州为豫州之境。周为青州之域，武王封微子之邑，后为齐楚魏所灭，三分其地。魏得其梁、陈留，齐得济阴、东平，楚得沛、梁。即今州地。（《御览》卷一五九《州郡部·宋州》、《说郛》卷六〇上）

2312

亳州谯郡，置在谯县。《禹贡》豫州之域。春秋时陈国之谯邑，六国时属楚，秦为砀郡地，汉为谯县，属沛郡。（《御览》卷一五九《州郡部·亳州》、《说郛》卷六〇上）

2313

许州许昌郡，《禹贡》豫州之域，周为许国。（《御览》卷一五九《州郡部·许州》、《说郛》卷六〇上）

2314

陈州淮阳郡，置在宛丘县[①]。（《御览》卷一五九《州郡部·陈州》、《说郛》卷六〇上）

---

① 宛丘县：原文误作“菀丘县”。据《旧唐书》卷三八《地理志》改。

2315

颍州汝阴郡，置在汝阴县。（《御览》卷一五九《州郡部·颍州》）

2316

蔡州汝阳郡，《禹贡》豫州也。（《御览》卷一五九《州郡部·蔡州》）

2317

曹州济阴郡，置在济阴县。《禹贡》豫州之域，周为曹国地，后属宋。七国时属齐，汉为济阴郡地，在济水之南，故以为名。曹诗曰："荟兮蔚兮，南山朝跻。"曹南山也。（《御览》卷一五九《州郡部·曹州》）

2318

齐州济南郡，置在历城县，古兖州之域。（《御览》卷一六〇《州郡部·齐州》）

2319

淄州淄川郡[①]，置在淄川县。《禹贡》青州之域。周之九州为幽州之境。春秋及战国时属齐，秦为齐郡，汉为济南郡之般阳县。（《御览》卷一六〇《州郡部·淄州》）

2320

莱州东莱郡，置在掖县。《禹贡》青州之域。周之九州为幽州之境。秦置三十六郡，属齐郡[②]。《汉志》高祖置东莱，以其在齐国之东，故云东莱。（《御览》卷一六〇《州郡部·莱州》）

2321

登州文登郡，汉牟平县，属东莱郡。文帝封齐悼惠王子将闾为牟平侯。此即将闾邑也。《图经》曰古莱子国也。战国及秦属齐郡，汉已下属东莱郡。（《御览》卷一六〇《州郡部·登州》）

2322

密州高密郡，置在诸城县。《禹贡》青州之域，兼得徐州之地。秦为琅邪郡，汉属齐。文帝分齐立胶西国，封齐悼惠王子卬为胶西王，

---

① 淄川郡：原文误作"淄州郡"，据《旧唐书》卷三八《地理志》改。

② 齐郡：原文误作"济郡"，据《史记》卷四六《田敬仲完世家》、《水经注》卷二六《淄水注》改。

都高密。(《御览》卷一六〇《州郡部·密州》)

2323

徐州彭城郡，置在彭城县。(《御览》卷一六〇《州郡部·徐州》)

2324

南北朝彭城为要害之地。(《寰宇通志》卷二二《徐州·形胜》)

2325

(吕梁)泗水吕县，积石为梁。(《寰宇通志》卷二二《徐州·古迹》)

2326

兖州鲁郡，置在瑕丘县。(《御览》卷一六〇《州郡部·兖州》)

2327

海州东海郡，置在朐山县。《禹贡》徐州之域。春秋鲁国之东境。七国时属楚，秦为薛郡地，后分薛郡为郯(郡)，汉改郯(郡)为东海郡。(《御览》卷一六〇《州郡部·海州》)

2328

沂州琅邪郡，置在临沂县。《禹贡》徐州之域也。春秋时齐地，秦置琅邪郡。(《御览》卷一六〇《州郡部·沂州》)

2329

修武，本宁邑也。(《御览》卷一六一《州郡部·怀州》)

2330

石窌在长清县。(《御览》卷一六〇《州郡部·济州》)

2331

郓州东平郡，置在须昌县。(《御览》卷一六〇《州郡部·郓州》)

2332

青州北海郡在益都县。(《御览》卷一六〇《州郡部·青州》)

2333

滑州灵昌郡，置在白马县。《禹贡》兖州之域。春秋时卫地，战国时属魏，秦为东郡地。(《御览》卷一六〇《州郡部·滑州》)

2334

濮州濮阳郡，置在鄄城县。《禹贡》兖州之域。春秋时卫地，战国时属齐，秦并天下，即东郡地。在汉为济阴郡之鄄城县。(《御览》卷一六〇《州郡部·濮州》)

2335

济州济阳郡，置在庐县。《禹贡》兖州之域。春秋时其地属齐，秦兼天下为东郡茌平地。（《御览》卷一六〇《州郡部·济州》）

2336

郑州荥阳郡，《禹贡》豫州之境，秦兼天下为三川郡。（《御览》卷一五九《州郡部·汝州》、《说郛》卷六〇上）

2337

汝州临汝郡，《禹贡》豫州之域，春秋时为周王畿及郑楚之地。（同上）

2338

武临县[1]，夏之纶邑。魏孝文于纶氏置颍阳县。（《路史》卷二七《国名纪·陶唐氏后》）

2339

襄邑有高辛城也。（《路史》卷一八《后纪·高辛氏》）

2340

（秦茅焦墓）茅焦，齐人，说秦始皇迎母者。（《新定九域志》卷二《沧州》）

2341

（微子城）在聊城县。（《新定九域志》卷二《博州》）

2342

（冰池）即彪池，亦名圣女泉。（《新定九域志》卷三《京兆府》）

2343

青要山，又名强山。（《御览》卷四二《地部·青要山》）

2344

白马山，《注水经》云：溪水出宜阳白马山。山上有大石厥，状似马，故溪间以物色受名焉。（《御览》卷四二《地部·白马山》）

2345

太阴山，《左传》谓晋梁丙阴趯率戎伐颍。（《御览》卷四二《地部·太阴山》）

2346

轘辕山在缑氏东南。（《御览》卷四二《地部·轘辕山》）

---

① 武临县：原文倒写为“临武县”，据《旧唐书》卷三八《地理志》改。

2347

曹南山，《曹风》诗所谓“荟兮蔚兮，南山朝跻”是也。有汜水出焉，即《汉书》云，高祖即位于汜水之阳。今坛存焉。（《御览》卷四二《地部·曹南山》）

2348

邙山在洛阳县四十里。（《御览》卷四二《地部·邙山》）

2349

岑原丘在巩县[①]西北三十三里。（《御览》卷五三《地部·丘》）

2350

巩县东五里有大谷。张衡《东京赋》曰：“孟津达其后，大谷通其前。”陈思王《洛神赋》曰：“经通大谷”，潘岳《闲居赋》曰“张公大谷之梨”皆谓此也。（《天中记》卷一〇《溪》）

2351

羽潭，一名羽池。潭东有羽山。（《御览》卷四二《地部·羽山》）

2352

广武涧在今荥泽县西。（《御览》卷六九《地部·涧》）

2353

尧冢在曹州界。（《寰宇记》卷一三《广济军》）

2354

自南北朝，彭城为要害之地。隋凿御河已来，南控埇桥，以扼梁、泗，历古名镇，莫重于斯。后周立总管府。大将王轨破陈军于吕梁，擒吴明彻，悉虏其众。（《寰宇记》卷一五《徐州》）

2355

泗水吕县，积石为梁。《庄子》云，吕梁悬水三十仞，鱼鳖所不能过。今则不然。（《寰宇记》卷一五《徐州·彭城县》）

河东道

2356

蒲州河东郡，置在河东县。本汉蒲坂地，盖尧舜所都。（《御览》

---

① 巩县：原文脱“巩”。《水经注》卷五《河水注》：“巩县北有山临河，谓之岑原丘。”径补。

卷一六二《州郡部·蒲州》)

2357

正平县有九原，一名九京，即赵简子观处。(《御览》卷一六三《州郡部·绛州》、《天中记》卷一三《县》)

2358

晋州，后魏立东雍州，孝明改唐州，寻为晋州。(《大事记续编》卷四二)

2359

(晋州)本汉平阳县地。(《御览》卷一六三《州郡部·晋州》)

2360

霍邑，汉彘县也。(同上)

2361

泽州以濩泽为名。(《御览》卷一六三《州郡部·泽州》、《路史》卷二一《后纪·有虞氏》)

2362

晋城县，本汉高都县也。(《御览》卷一六三《州郡部·泽州》)

2363

永和县，本汉狐讘县也。(《御览》卷一六三《州郡部·隰州》)

2364

沁州阳城郡①，本汉谷远县地。(《御览》卷一六三《州郡部·沁州》)

2365

绵上县，亦谷远县之地，以县西有绵上地，因名之。旧属介休县，隋分置绵上焉。盖晋介之推之地。(同上)

2366

汾州西河郡，《禹贡》冀州之域。其在虞夏及周属并州，春秋时晋地，六国时属赵。秦并天下属太原郡。(《御览》卷一六三《州郡部·汾州》)

2367

和顺县本汉沾县地，讳阏与邑。(《御览》卷一六三《州郡部·辽

---

① 阳城郡：衍。沁州历属上党郡，唐河东道无阳城郡。详《山西历史地名词典》。

州》）

2368

五台县本汉虑虒县。（《御览》卷一六三《州郡部·代州》）

2369

忻州置在秀容县，本汉阳曲[①]县。后汉末于此置九原县。（《御览》卷一六三《州郡部·忻州》）

河北道

2370

蓨县北汉条县也。景帝封周亚夫为条侯，后改为蓨。（《御览》卷一六二《州郡部·德州》）

2371

厌次本汉富平县。（《御览》卷一六二《州郡部·棣州》）

2372

滴河县本汉朸县也。（同上）

2373

蒲台本汉湿沃县也。（同上）

2374

沧州景城郡，《禹贡》兖州之域。虞舜及周为幽州之域。春秋时属齐、晋，七国时属齐、赵。秦并天下以齐地置齐郡，以赵地置钜鹿郡。汉高帝分钜鹿置勃海郡[②]，分齐郡置平原郡。（《御览》卷一六二《州郡部·沧州》）

2375

清池县，汉之浮阳县也。（同上）

2376

周武建德六年平齐，于此置贝州[③]，以贝丘为名。《左氏传》曰，齐襄公田于贝丘。（《御览》卷一六二《州郡部·贝州》）

---

① 阳曲：原文倒为“曲阳”，据《汉书》卷二八上《地理志》改。

② 勃海郡：原文错为“渤海郡”，据《汉书》卷二八上《地理志》改。参本书1688条校注。

③ 周武建德六年……置贝州：《周书·武帝纪》谓，宣政元年春正月，分相州清河郡置贝州。应以“宣政元年”为是。

2377

武城赵邑东武城也。(《御览》卷一六二《州郡部·贝州》)

2378

冀州信都郡。(《御览》卷一六一《州郡部·冀州》)

2379

高邑县赵房子之邑,《竹书纪年》作鲂子。汉以为鄗县,后汉复改为高邑。(《御览》卷一六一《州郡部·赵州》)

2380

镇州常山郡。(《御览》卷一六一《州郡部·镇州》)

2381

定州博陵郡,《禹贡》冀州之域。虞舜十二州盖并州之域,春秋时鲜虞白狄之国,后改为中山国。(《御览》卷一六一《州郡部·定州》)

2382

唐县本春秋时鲜虞邑也,汉为唐县地。(同上)

2383

鼓城县,春秋鼓子之邑,汉下曲阳之地。(同上)

2384

瀛州河间郡,《禹贡》冀州之域,舜十二州为并州之境,春秋时属燕赵二国,秦并天下为河间郡,汉为河间国。(《御览》卷一六一《州郡部·瀛州》、《说郛》卷六〇上)

2385

博野县,本汉蠡吴县地。(《御览》卷一六一《州郡部·瀛州》)

2386

莫州文安郡[①]。其地历代所属与瀛州[②]同。唐景云二年分瀛州置。(《御览》卷一六二《州郡部·莫州》、《说郛》卷六〇上)

2387

洺州广平郡,属《禹贡》冀州之域。春秋时为赤狄之地,后属晋。(《御览》卷一六一《州郡部·洺州》)

---

① 文安郡:二书原文误作“大安郡”,史无“大安郡”,《寰宇记》卷六六《莫州》载“天宝元年改(莫州)为文安郡”,州内又有文安县。据改。

② 州:原文误作“洲”。据两《唐书·地理志》改。

2388

洺水县，本汉斥漳县也。（《御览》卷一六一《州郡部·洺州》）

2389

邢州钜鹿郡，《禹贡》冀州之域。秦并天下，于此置信都县，属钜鹿郡。（《御览》卷一六一《州郡部·邢州》）

2390

阪泉在怀戎县。（《御览》卷一六二《州郡部·妫州》）

2391

檀州密云郡，《禹贡》冀州之域。春秋战国时并为燕地，秦为渔阳郡，在汉领白檀等十二县。（《御览》卷一六二《州郡部·檀州》、《说郛》卷六〇上）

2392

平州北平郡，《禹贡》冀州之域。舜十二州为营州之境。周为幽州之地。春秋时为山戎孤竹白狄、肥子二国地。秦兼天下为辽西郡肥如县地。（《御览》卷一六二《州郡部·平州》、《说郛》卷六〇上）

2393

营州柳城郡，《禹贡》冀州之域。其在十二州为营州地，周为幽州，春秋为山戎之地，战国时属燕，秦汉为辽西郡。（《御览》卷一六二《州郡部·营州》、《说郛》卷六〇上）

2394

渤海风俗鸷戾，多气力，轻姦凶。（《说郛》卷六〇上）

2395

妫州妫川郡，《禹贡》冀州之域。舜暨周为幽州之域，春秋战国并属燕国，秦并天下为上谷郡，为潘县也[①]。（《御览》卷一六二《州郡部·妫州》、《说郛》卷六〇上）

2396

易州上谷郡，《禹贡》冀州之域。虞舜分冀州立并州，则为并州之地。春秋时燕赵之分，秦并天下为上谷郡地，汉置涿郡。今州即涿郡之故安地也。（《御览》卷一六二《州郡部·易州》、《说郛》卷六〇上）

2397

涞水县，本汉遒县也。（《御览》卷一六二《州郡部·易州》）

---

① 为潘县也：《说郛》脱。

2398

遂城战国时武遂县，汉之北新城。（《御览》卷一六二《州郡部·易州》）

2399

幽州范阳郡，《禹贡》冀州之域，虞舜十二州为幽州，夏殷省并冀，周复置幽州。秦为渔阳上谷等五郡。汉高祖分上谷置涿郡，武帝开东夷又置玄菟、乐浪二郡。（《御览》卷一六二《州郡部·幽州》、《说郛》卷六〇上）

2400

（房）高邑，赵房子也。（《路史》卷二九《国名纪·古国》）

2401

居庸关，亦名蓟门关。（《方舆纪要》卷一〇《直隶·居庸》）

2402

河北道名山曰井陉。（《方舆纪要》卷一〇《直隶·其重险则有井陉》）

2403

（微子城）在聊城县。（《新定九域志》卷二《博州》）

2404

开皇十六年于莘县置莘州。〔《通鉴》卷一八九“（唐武德四年）辛未，陷莘州”胡注〕

2405

茅焦，齐人，说秦始皇迎母者。（《新定九域志》卷二《沧州》）

2406

苏门山，一曰苏岭，俗又名五岩山。《魏氏春秋》云，即阮籍见孙登长啸，有《凤皇集》。登所隐之处，故号登苏门先生。（《事类赋》卷七《地部·山》、《御览》卷四五《地部·苏门山》）

山南道

2407

渝州南平郡，古巴国也。（《御览》卷一六八《州郡部·渝州》）

2408

涪州涪陵郡，《禹贡》梁州之域。周为雍州之地，春秋时属巴国。秦为巴郡，汉为涪陵县。（《御览》卷一六八《州郡部·涪州》）

2409

渠州潾山郡[1]，土地所属与通州同，《汉志》曰宕渠属巴郡。（《御览》卷一六八《州郡部·渠州》）

2410

施州清江郡，《禹贡》荆州之域，春秋时巴国，七国时为楚巫郡地，秦昭王伐楚，置黔中郡，巫地属焉。周武帝建德二年[2]，酋长向邹兄弟四人相率内附，置施州。（《御览》卷一七一《州郡部·施州》）

2411

清江县本汉巫县地，属南郡。巫县，今夔州巫山县是也。吴晋及周为沙渠之地，隋于此置清江县。（同上）

2412

巴州，土地所属与通州同，汉为巴郡宕渠县。（《御览》卷一六八《州郡部·巴州》）

2413

壁州始宁郡，本汉宕渠县地。后汉分置宣汉县，梁分宣汉置始宁，后魏[3]分始宁置诺水县。（《御览》卷一六八《州郡部·壁州》）

2414

蓬州咸安郡，本汉宕渠县地。（《御览》卷一六八《州郡部·蓬州》）

2415

溱州溱溪郡，古蛮夷之地。唐贞观八年开拓南蛮，十七年[4]于荣懿县立溱州。地多贡象牙，后或为溱溪郡。（《御览》卷一七一《州郡部·溱州》）

2416

开州盛山郡，本汉朐䏰县之地。（《御览》卷一六七《州郡部·开州》）

---

① 潾山郡：两《唐书·地理志》有潾山县，而无潾山郡。疑误。

② 二年：《元和志》卷三〇《施州》作“三年”。

③ 后魏：当为“西魏”。《寰宇记》卷一四〇《壁州》：“后魏大统中于今州理置诺水县。”大统为西魏文帝年号。

④ 十七年：《御览》脱。《元和志》卷三〇《溱州》、《寰宇记》卷一二二《溱州》俱称贞观十七年置溱州，径补。

2417

忠州南宾郡，土地所属与夔州同。谯周《巴记》曰，后汉献帝初平六年，临江县属永宁郡，建安中改永宁为巴东郡，临江仍属焉。《续汉志》曰，和帝永元中分枳县置平都县。平者，即今丰都县也。（《御览》卷一六七《州郡部·忠州》）

2418

万州南浦郡，土地所属与通州同。汉为巴郡朐䏰县地。（《御览》卷一六七《州郡部·万州》）

2419

果山，层峰秀起，竹柏生焉，果州因以为名。（《海录碎事》卷三上《地门》）

2420

果州南充郡，《禹贡》梁州之域。春秋战国并属巴子国。秦惠王灭巴蜀，是为巴郡地。自汉至晋为安汉县。（《御览》卷一六七《州郡部·果州》）

2421

夷陵郡，春秋战国时并楚地。秦置三十六郡属南郡。魏武于此置临江郡，梁置宜州。周武帝以州居三峡之口，改为峡州。（《御览》卷一六七《州郡部·峡州》）

2422

宜都县本汉夷县，属南郡。（同上）

2423

归州巴东郡，在周为夔子国，属楚。秦并天下为南郡之地，汉置秭归县。唐武德二年割夔州之秭归、巴东二县置归州。（《御览》卷一六七《州郡部·归州》）

2424

复州竟陵郡，《禹贡》荆州之域。春秋战国时属楚，秦兼天下属南郡。于汉十三州在荆州部[①]，即江夏之竟陵县地。唐武德五年为复

① 于汉十三州在荆州部：原文错为“汉中十三州在州部”，不通。据《寰宇记》卷一四四《复州》改。

州[1]。（《御览》卷一六七《州郡部·复州》）

2425

马鞍溪，昔子胥以马鞍画此溪。（《纪胜》卷六四《江陵府·景物下》）

2426

洋州洋川郡，春秋战国时并为楚地，秦为汉中郡地。（《御览》卷一六七《州郡部·洋州》）

2427

商州上洛郡，《禹贡》梁州之域。周为豫州之境，战国时属秦。秦并天下为内史地，汉武置上雒县于此。（《御览》卷一六八《州郡部·商州》）

2428

金州安康郡，《禹贡》梁州之域，于周庸国之地，楚之附庸，后为楚地，秦为汉中郡。（《御览》卷一六八《州郡部·金州》）

2429

房州房陵郡，土地所属与金州同，古麇国也。（《御览》卷一六八《州郡部·房州》）

2430

通州通川郡，土地所属与金州同，春秋战国并属巴子国。秦并天下为巴汉郡，汉因之。（《御览》卷一六八《州郡部·通州》）

2431

兴州顺政郡，战国时白马氐之东境。秦并天下为蜀郡地，汉元鼎六年置武都郡。（《御览》卷一六七《州郡部·兴州》）

2432

邓州南阳县，《禹贡》豫州之域。战国属韩，秦置三十六郡，南阳其一也。（《御览》卷一六八《州郡部·邓州》）

2433

当阳县旧县，属南郡，广阳王子益所封。（《御览》卷一六七《州

---

① 唐武德五年为复州：复州始名于周武帝，当谓“唐武德五年复名复州”。《元和志》卷二一《复州》：“周武帝改置复州，取州界复池湖为名。”《寰宇记》卷一四四《复州》：“唐武德五年改（沔阳郡）为复州。”

郡部·荆州》)

2434

公安县，汉孱陵县地，吴之南郡。(同上)

2435

荆州江陵郡，汉旧县，属南郡。(同上)

2436

当阳县青溪山有石室，云鬼谷子居处。(《纪胜》卷七八《荆门军·古迹》)

2437

襄州襄阳郡，《禹贡》豫州之南境。春秋以来楚地，秦南郡之北界，二汉[①]为南阳郡。献帝时魏武始置襄阳郡。(《御览》卷一六八《州郡部·襄州》)

2438

均州武当郡，《禹贡》豫州之域，春秋时楚地，秦置南阳郡。(《御览》卷一六八《州郡部·均州》)

2439

郧乡，古麇国也。《左传》曰，楚潘崇伐麇，至于锡穴。又《地形志》曰，汉中郡之东界有锡县，即古之锡穴也。(同上)

2440

随州汉东郡，春秋随侯之国。秦及两汉属南阳郡。(《御览》卷一六八《州郡部·随州》)

2441

集州符阳郡，本汉宕渠县地，晋惠帝永宁中李特王蜀，其地属焉。梁武改为东巴州，后改为集州，以东北有集水因以为名。又云以万山所集故也。(《御览》卷一六八《州郡部·集州》)

2442

郢州富水郡历代所属与竟陵郡同。二汉属江夏郡，晋宋以来为竟

① 二汉：原文误写为“二难”，据《汉书》卷二八上《地理志》、《后汉书》卷三二《郡国志》改。

陵郡地。西魏属安州，后周武帝置郢州，隋废。唐武德四年[1]为郢州。（《御览》卷一六七《州郡部·郢州》）

2443

黄牛川[2]有再熟之稻，土人重之。（《寰宇记》卷一三三《兴元府·南郑县》、《纪胜》卷一八三《兴元府·景物下》）

2444

武乡谷在县南，即诸葛孔明受封之地。（《寰宇记》卷一三三《兴元府·南郑县》、《通鉴地理通释》卷一一《三国形势考·定军山》）

2445

江津县在今郡北一百二十里。县南陆路三百六十里至溱州。（《寰宇记》卷一三六《渝州·江津县》）

2446

荆州菊潭，其源旁芳菊被涯，其滋液极甘馨。谷中有三十余家不得穿井，仰饮此水。上寿二三百，中寿百余，其七十、八十尤以为夭。（《胜览》卷二七《江陵府·山川》；《元胜览》卷中《江陵路·景致》稍略）

2447

（高沙湖）齐聘士文范先生尝家焉。（《胜览》卷二七《江陵府·山川》、《元胜览》卷中《江陵路·景致》）

2448

沔阳有大隐林，又有小隐林。南有隐矶山，是渔父钓所。（《纪胜》卷七六《复州·景物下》）

2449

竟陵城西太泽，即古云梦泽也。（同上）

2450

白猿庙，楚平王获白猿于此。（同上）

2451

涑水亦名襄水，荆楚之地水。驾山而上者皆呼为襄上也，今土人

---

① 四年：原文误作“六年”。《旧唐书》卷四〇《地理志》谓：“武德四年平萧铣改（江夏郡）为郢州。”《寰宇记》卷一四四《郢州》亦作“武德四年”。径改。

② 川：《纪胜》误作“山”。

呼为涑水，上流亦呼为襄。名即无定故。(《御览》卷六三《地部·涑水》)

2452

缙云山在巴县西一百三十里。其山高耸，林木郁茂。下有白水，东分流。传云：黄帝于此山合神，故名。(《纪胜》卷一七五《重庆府·景物下》)

2453

(弹琴台)左滨西汉水，从薄蔚然，名相如琴台。(《新定九域志》卷七《果州》)

2454

(旱山)山傍有石牛，盖秦所造，以绐蜀者。(《新定九域志》卷八《兴元府》)

2455

罗浮山，连延入南海。(《新定九域志》卷八《涪州》)

2456

(金姜寺)寺中有尧韭、禹粮、金姜、玉鼓。(《纪胜》卷六四《江陵府上·景物下》)

2457

(赤湖)楚为吴杀伤多，湖水尽赤，故名。(同上)

2458

(马鞍溪)昔子胥以马鞍画此溪。(同上)

2459

羊祐常与从事邹润甫共登岘山，垂泣曰："自有宇宙，便有此山。由来贤达胜士，登此远望，如我与卿者多矣，皆湮灭无闻，不可得知，念此使人悲伤。我百年后魂魄犹当此山也。"润甫对曰："公德冠四海，道嗣前哲，令闻令望，当与此山俱传。若湛辈乃当如公语耳。"后以州人思慕[1]，遂立羊公庙，并碑于此山。(《御览》卷四三《地部·岘山》；《胜览》卷三二《襄阳府·山川》、《事类赋》卷七《地部·山》均稍简)

① 慕：《御览》笔误为"暮"。

陇右道

2460

兰州金城郡，《禹贡》雍州之域。古西戎地，秦并天下为陇西郡。（《御览》卷一六五《州郡部·兰州》）

2461

甘州张掖郡，《禹贡》雍州之域。六国至秦戎狄月支居焉。汉为匈奴右地。（《御览》卷一六五《州郡部·甘州》）

2462

今张掖有合黎水。（同上）

2463

肃州酒泉郡，《禹贡》雍州之域，古西戎地，月支所居。汉为武威酒泉郡也。（《御览》卷一六五《州郡部·肃州》）

2464

瓜州晋昌郡，《禹贡》雍州之域。古西戎地，战国时乌孙月支居焉。汉初为匈奴右地，后为武威、酒泉二郡。（《御览》卷一六五《州郡部·瓜州》）

2465

沙州敦煌郡，《禹贡》雍州之域。古西戎地，秦属西戎，汉置敦煌郡。（《御览》卷一六五《州郡部·沙州》）

2466

伊吾郡，本伊吾卢地，在敦煌之北，大碛之外。南去玉门八百里。（《御览》卷一六五《州郡部·伊州》）

2467

西州交河郡。（《御览》卷一六五《州郡部·西州》）

2468

秦州天水郡，《禹贡》雍州之域。古西戎地，秦始封之邑，秦为陇西郡，汉武置天水郡。（《御览》卷一六五《州郡部·秦州》）

2469

渭州陇西郡，春秋及战国时羌戎所居。秦昭王伐得义渠戎王，始置陇西郡。（《御览》卷一六五《州郡部·渭州》）

2470

庭州，雍州之外、流沙之西北，前汉乌孙旧地。东与匈奴接，历

代为胡虏所居。（《御览》卷一六五《州郡部·庭州》）

2471

宕州怀道郡，《禹贡》梁州之域，古羌地。周为雍州之境，秦汉魏晋诸羌据之。（《御览》卷一六七《州郡部·宕州》）

2472

凤州河池郡，土地所属与金州同，在秦陇西郡地。汉为故道县地。故道今两当县是，汉武改雍为凉，后为凉州之地。（《御览》卷一六七《州郡部·凤州》）

2473

成州同谷郡，《禹贡》梁州之域，古西戎地。周省梁入雍为白马氐国。（《御览》卷一六七《州郡部·成州》）

2474

武州武都郡，土地所属与成州同，亦白马氐之地。（《御览》卷一六七《州郡部·武州》）

2475

河州安乡郡，《禹贡》雍州之域，古西羌地，秦并天下为陇西郡，汉分置天水郡。（《御览》卷一六五《州郡部·河州》）

2476

洮州临洮郡，《禹贡》雍州之域，秦汉诸羌之地。（《御览》卷一六五《州郡部·洮州》）

2477

岷州和政郡，《禹贡》雍州之域，六国时属秦，秦并天下为陇西之临洮县。（《御览》卷一六五《州郡部·岷州》）

2478

廓州宁塞郡，《禹贡》雍州之域，古西羌地。（《御览》卷一六五《州郡部·廓州》）

2479

叠州合川郡，《禹贡》梁州之域，历秦汉魏晋为诸羌所据。（《御览》卷一六五《州郡部·叠州》）

2480

鄯州西平郡，《禹贡》雍州之域，古西戎之地。（《御览》卷一六五《州郡部·鄯州》）

2481

凉州武威郡，《禹贡》雍州之域，六国至秦，戎狄月支居焉。汉初为匈奴右地。（《御览》卷一六五《州郡部·凉州》）

2482

（西州）都会未及于沙州，繁富尤出于陇石，盖有汉官之遗风耳。[①]（《寰宇记》卷一五六《西州·风俗》）

2483

安乐州在灵武南稍东一百八十里，近长乐山下。此山一名铎落山，以山下有铎落泉水，故以为名。旧吐谷浑部落所居。（《寰宇记》卷三六《灵州·废鸣沙县》）

2484

吐谷浑有曼头城、新律国、长源城。（《寰宇记》卷一八八《西戎·吐谷浑》）

2485

婼羌王，号去胡来王。（《寰宇记》卷一八一《西戎·葱婼羌》）

淮南道

2486

黄州齐安郡，《禹贡》荆州之域。战国时属楚，秦为南郡地，汉为西陵县。高齐置衡州，隋开皇三年[②]为黄州。（《御览》卷一六九《州郡部·黄州》）

2487

麻城黄陂县，本汉西陵县也。（同上）

2488

沔州汉阳郡，《禹贡》荆州之域。春秋郧国之地。战国时属楚。秦并天下为南郡地，汉为安陆县地，晋立沌阳县，属江夏郡。唐武德四年置沔州。（《御览》卷一六九《州郡部·沔州》）

2489

申州义阳郡，《禹贡》荆州之域。春秋时申国之地，秦为南阳郡

---

① 本条书名《十道要记》，录此备考。

② 开皇三年：《隋书》卷三一《地理志》谓："开皇五年改衡州曰黄州。"然《元和志》《寰宇记》俱谓开皇三年，待考。

地。汉置平氏县，属荆州。汉武封北地尉卫止为义阳侯。魏文帝分南阳立义阳郡，宋文元嘉末于义阳立司州，周武帝为申州。（《御览》卷一六九《州郡部·申州》）

2490

（申）州北六十五里有乌叠城。（《方舆纪要》卷五〇《河南·信阳州》、《纪胜》卷八〇《信阳军·景物下》）

2491

光州弋阳郡，《禹贡》杨州之域。春秋时弦子国，秦置三十六郡属九江郡，汉为西阳县。（《御览》卷一六九《州郡部·光州》）

2492

定城本汉弋阳县。（同上）

2493

固始县，本寝丘，孙叔敖所封之邑也。（同上）

2494

安州安陆郡，春秋郧子之国，云梦之泽在焉。后楚灭郧，封斗辛为郧公，则其地也。战国时属楚，秦并天下为南郡城。汉为安陆县，宋武置安陆郡，唐武德四年为安州。（《御览》卷一六九《州郡部·安州》）

2495

（舒州）春秋时为楚东鄙，战国时属楚，秦置三十六郡为江夏郡。（《御览》卷一六九《州郡部·舒州》）

2496

蕲州蕲阳郡，《禹贡》杨州之域。春秋及战国时并属楚，秦置三十六郡，属九江郡。汉蕲春县之地。（《御览》卷一六九《州郡部·蕲州》）

2497

濠州钟离郡，《禹贡》杨州之域。春秋时为钟离子国。战国时属吴，秦置三十六郡，属九江郡。汉置钟离。《春秋》成十五年曰，叔孙侨如会吴于钟离，始通吴也。始与中国接。又，昭十四年曰，楚子为舟师，以略吴疆，遂灭巢及钟离。（《御览》卷一六九《州郡部·濠州》）

2498

涂山在临淮郡西。（同上）

2499

霍邱县本汉松滋县也。（《御览》卷一六九《州郡部·寿州》）

2500

霍山县，汉[①]灊县也。（同上）

2501

隋以为滁州，以滁水为名。（《御览》卷一六九《州郡部·滁州》）

2502

滁州有丰亭山。（《纪胜》卷四二《滁州·景物上》）

2503

南有历水，故曰历阳。（《御览》卷一六九《州郡部·和州》）

2504

麻湖在历阳[②]县西十里。（同上）

2505

（庐州）战国时其地属楚，秦置三十六郡属九江郡，汉为合肥县。（《御览》卷一六九《州郡部·庐州》）

2506

慎县本汉浚遒县。（同上）

2507

六合县本秦棠邑县，春秋时棠也。《左传》襄十四年，楚子为庸浦之役，故子囊帅师于棠。庸浦、棠皆楚邑。（《御览》卷一六九《州郡部·杨州》）

2508

（剑山）吴王濞于此铸钱。（《纪胜》卷四四《盱眙军·景物上》）

2509

（扬州）有仙人捣药臼。（《新定九域志》卷五《扬州》）

2510

（龙舟堰）魏文帝临江，试龙舟此堰，得名。（同上）

2511

贞女庙，即孝妇祠。（同上）

---

① 汉：原文脱，据《汉书》卷二八上《地理志》补。

② 历阳：原文脱，《寰宇记》卷一二四《和州·历阳县》：“麻湖，亦古历阳城之地。”径补。

2512

八石山，即淮南八公憩石之处也。（《纪胜》卷四二《滁州·景物下》）

2513

石城山南有天井。（《纪胜》卷八〇《信阳军·景物下》）

2514

鸡翅山有九渡水。（同上）

江南道

2515

润州丹阳郡，《禹贡》杨州之域。春秋时吴国地，谓之朱方。吴为越所并，地属越。战国时越为楚所灭，复属楚。秦并天下为会稽、鄣二郡之地。汉初为荆国，故荆王刘贾所都之地。吴王濞诛，以其地并入江都国。武帝又分属丹阳、会稽二郡之地。（《御览》卷一七〇《州郡部·润州》）

2516

（齐）武帝九月九日以宴群臣孙陵岗，即吴大帝蒋陵。今在钟山乡蒋庙之西南，俗呼为松陵冈[①]，去县十二里[②]。（《六朝事迹编类》卷上《九日台》、《纪胜》卷一七《建康府·景物下》）

2517

十宫在江都县北五里长阜苑内。依林傍涧，因高跨阜，随地形置焉，并隋炀帝立也。曰归雁宫、回流宫、九里宫、松林宫、枫林宫、大雷宫、小雷宫、春草宫、九华宫、光汾宫、是曰十宫。（《天中记》卷一三《宫》）

2518

石筏山，筏长六十步。始皇欲以浮海，今俗呼为石牌山。其石面平悬江流中，涨不没，涸亦不高，随水高下。（《纪胜》卷九《江阴军·景物下》）

2519

常州毗陵郡，《禹贡》杨州之域。春秋时属吴，后属越。战国属

---

① 松陵冈：《纪胜》作“招陵冈”。

② 十二里：《纪胜》作“十五里”。

楚，秦汉为毗陵县，属会稽郡。(《御览》卷一七〇《州郡部·常州》)

2520

常州，旧领县四，户二万一千一百八十二，口十一万一千六百有六。天宝中领县五，户十万二千六百三十一，口六十九万四千七百六十七。元和中，户五万四千七百六十七。(《〔咸淳〕毗陵志》卷一三《风土·户口》)

2521

武进县有青城。(《清一统志》卷八六《常州府·古迹》)

2522

苏州吴郡，《禹贡》杨州之域。周为吴国[①]，至阖闾强盛，始都于此。后为越所灭，秦并天下为会稽郡。(《御览》卷一七〇《州郡部·苏州》)

2523

嘉兴县，本秦由拳县也。(同上)

2524

湖州吴兴郡，《禹贡》杨州之域，防风氏之国也。春秋时为吴地，后属越，越为楚所灭后属楚，秦汉[②]属会稽郡。(《御览》卷一七〇《州郡部·湖州》)

2525

五湖，即太湖，三万六千顷。《禹贡》谓之震泽，《周官》谓之具区，史谓之五湖，以周回五百里故谓五湖。又名笠泽，又名太湖，发湖州长兴县界，入常州晋陵界，又入无锡界晋陵之东，入苏吴县界。广三万六千顷。下有地道潜通巴陵。龙威丈人之所居也，又或称洞庭。(《锦绣万花谷前集》卷五《地·湖》)

2526

汉末钱塘县陶谷有道艺，隐居五步湖，时大旱、蝗，太守奉印绶，请为无锡令。谷退而叹曰："郡界有灾，安得怀道而不救之!"到城修六事，行弭灾之术，三日雨，蝗尽死。谷乃遁去，今此湖皆塞为良田。

① 周为吴国：原文"周为秦吴国"，不通。据《寰宇记》卷九一《苏州》改。

② 汉：原文笔误为"韩"，据《汉书》卷二八上《地理志》改。

惟所径之道称五步塘。(《大典》卷二二七〇《湖·五步湖》)

2527

包山洞庭，其下潜通琅琊东武山。吴大帝使人行二十余里而返亡，上闻波涛之声。昔毛苌由张公洞入，东行，从此穴出，盖即林屋洞天，今有毛公坛、炼丹井存焉。(《大典》卷二二六〇《湖·太湖》)

2528

(胥城)子胥所筑者，在晋陵县。(《纪胜》卷六《常州·景物上》)

2529

(九日台)齐武帝九月九日宴群臣于孙陵岗，即此，有吴大帝陵。去城十五里[①]。(《纪胜》卷一七《建康府·景物下》、《胜览》卷一四《建康府·古迹》)

2530

万棚湖有铜牛，人逐之，奔上东山；人掘之，走至此棚，故川口有栅口及牛堰之名。(《新定九域志》卷五《常州》)

2531

癸山在(江宁县)城东北四十七里。碑石磑楚，多出于此。(《〔景定〕建康志》卷一七《山川志·山阜》)

2532

高座寺，竺道生讲经于此，人无信者，乃聚石为徒，与谈至理，石皆点头。(《纪胜》卷一七《建康府·景物下》)

2533

黄山有龙泉湾。(《〔咸淳〕毗陵志》卷一五《山水·山·晋陵》)

2534

常州有秦履山，始皇尝登此，后讹为今名津里山。(同上)

2535

(穿石山)晋有大蛟孕子，人得其卵，可容三斛，嵌空成穴，受许陂长流溉民田，有石刻，唐人卢肇、崔光义题名。(《〔咸淳〕毗陵志》卷一五《山水·山·宜兴》)

2536

(垂脚岭)行人陟岭，多重趼云。(《〔咸淳〕毗陵志》卷一五《山

① 去城十五里：《纪胜》脱。

水·岭·宜兴》）

2537

（善权洞）产丹砂，钟乳洞凡有三，曰乾洞，乃石室；曰大、小水洞。泉深无底，虽旱不枯。（《〔咸淳〕毗陵志》卷一五《山水·洞·宜兴》）

2538

吴郡及丹阳、吴兴为三吴。又云义兴、吴兴及吴为三吴。（《吴郡志》卷四八《考证·三吴之说》）

2539

杭州余杭郡，《禹贡》杨州之域。春秋时吴越地，秦汉属会稽郡。（《御览》卷一七〇《州郡部·杭州》）

2540

清岩山，一曰鹿山。（《〔淳祐〕临安志》卷二四《山川·城东北诸山》）

2541

盐官本汉海盐[①]、由拳二县境。（《御览》卷一七〇《州郡部·杭州》）

2542

（越州）禹以会稽名郡，越州会稽郡，《禹贡》扬州之域。春秋属越国，《春秋元命苞》："牵牛流为扬州，分为越国。"《吴志》："会稽连南山万里，北带浙江。"《吴越春秋》："禹巡行天下，归还大越。会稽修国之道，以会稽名郡云。"（《锦绣万花谷前集》卷五《地》）

2543

（镜湖），会稽山阴，编户三万，号为天下繁剧。王羲之每行山上如镜中游。献之曰："望镜湖清流注泻，乃天下山川之美。"使人应接不暇。（同上）

2544

诸暨县有暨浦诸山，因以为名。（《御览》卷一七一《州郡部·越州》）

① 海盐：原文脱"盐"。据《寰宇记》卷九三《杭州·盐官县》"本汉海盐、由拳二县之境"补。

2545

（嵊亭）剡至嵊，亭绝湍险，商客往来皆以装束。齐僕射张稷宰此县生子，名嵊，字四山。虞騫《至嵊亭诗》："命揖寻嘉会，信次历山原，扪萝上云紖，与石下雷奔，澄潭写度鸟，空岭应鸣猿，榜歌唱将夕，商子处方昏。"（《剡录》卷一《县纪年》）

2546

（剡）谶曰：两火一刀可以逃。自汉以来扰乱不少，故剡称福地。（同上）

2547

西台寺，今法台寺是也。陈惠度所立。（《剡录》卷八《物外记·僧庐》）

2548

会稽有嵕，剡山谷多植。（《剡录》卷九《草木禽鱼诂·木》）

2549

横山，四面皆横盖，以此得名也。（《吴郡图经续记》卷中《山》）

2550

大雷尖山，一名百楼山。山腰有平地数十丈。汉魏伯阳尝筑屋居于此。（《〔嘉泰〕会稽志》卷九《山·上虞县》）

2551

（大雷尖山）其南小山，山形方正如楼，号鼓吹楼。（同上）

2552

（天台山）顶对三辰，或曰当牛女之分，上应台宿，故曰天台。（《赤城志》卷二一《山水门·山》）

2553

婺州浦江，一名浦阳江，盖江之导源实出于此。（《〔嘉泰〕会稽志》卷一〇《水·萧山县》）

2554

渔浦，舜渔处也。梁丘希范《旦发渔浦诗》云："渔潭雾未开，赤亭风已飏。"谢灵运诗云："宵济渔浦潭。"钱起诗云："渔浦浪花摇素壁，西陵木色已秋窗。"（同上）

2555

浦阳江有琵琶圻，岸有曹娥碑。（同上）

2556

翁洲在海中，徐偃王所居。（《会稽三赋》卷上《会稽风俗赋》）

2557

（石帆）圣姑从海中来，乘石舟，张石帆至，遂立庙。（《纪胜》卷一〇《绍兴府·景物下》）

2558

白楼山，飞翼楼山南头也。白楼，一作百楼，盖种山之南，先有白楼亭，故山亦以此名。（《〔嘉泰〕会稽志》卷九《山·府城·卧龙山》）

2559

会稽山，本名茅山，一名苗山，一名涂山。禹行天下，会稽名山因地为名。吴夫差入越，王以甲楯五千保会稽山。（《〔嘉泰〕会稽志》卷九《山·会稽县》）

2560

（石帆山）遥望如张帆临水。谢惠连《泛南湖至石帆诗》云："涟漪繁波绿，参差层峰峙。"南湖，即今镜湖也。（同上）

2561

（若耶山）葛玄于此山升仙。所服白桐，凡化为两头鹿。一头食草，一头望人。（同上）

2562

（谷来岭）舜耕于此，天降嘉谷之处，岭以此名。（同上）

2563

（干山）许询宅侧，许公岩之南有落星石。（《〔嘉泰〕会稽志》卷九《山·会稽县·干山》）

2564

句践以寡妇居此，令军人游焉。（《〔嘉泰〕会稽志》卷九《山·山阴县·蜀阜山》）

2565

乐野，勾践以此野为苑。（《大典》卷三五七九《村·乐渎村》）

2566

（檀宴山）谢灵运游宴处，今人往往闻萧笙之音。（《〔嘉泰〕会稽志》卷九《山·山阴县》）

2567

（刻石山）一名穿山。相传以刻石为名，不知文字所在。升明末，县人倪袭祖行猎，见山上有文凡三处，苔生其上，刮苔视之，其大石文曰："黄天星，姓萧字道成，得贤师，天下太平。"（《〔嘉泰〕会稽志》卷九《山·山阴县》、《剡录》卷二《山水志》）

2568

风山少木多石，通于始宁及剡。（《〔嘉泰〕会稽志》卷九《山·余姚县》）

2569

须江县江郎山，昔有江家在山下居。兄弟三人神化于此。故有三石峰之异。有湛满者亦居山下。其子仕洛，永嘉之乱不得归。满乃使祝宗言于三石之灵，能致其子靡受斯牲。旬日中湛子出洛水边。见三少年使闭目伏车栏中间，去如疾风。俄顷，从空中坠，恍然不知所之，良久，乃觉是家园中。[①]（《太平广记》卷二九四《神·湛满》）

2570

烛溪湖中有烛，传云：昔人入山迷惑昏暗，四塞悲泣，山中忽有双烛照之。（《〔嘉泰〕会稽志》卷一〇《水·余姚县》）

2571

（梅溪湖）吴起建郧宫，使匠人伐材，住明塘溪口梅下，俄见树长堪为梁，伐材还都，梁已足，更别无用。梁一夜飞还，土人异之，号曰梅君。此材今在溪中，水旱则自浮沉。一云用为禹庙梁是也。（同上）

2572

句践以田肥美，故富中都。（《〔嘉泰〕会稽志》卷一〇《水·山阴县》）

2573

句践索美女以献吴王，得诸暨苧罗山卖薪女西施，山边有浣沙石。（《〔嘉泰〕会稽志》卷一一《石·诸暨县》）

2574

（徽州）因晋孔愉故名新安郡歙州，新安郡属扬州。春秋时属越。

---

① 此条与本书已收之《寰宇记》卷九七《衢州·江水县》所引《郡国志》文字相同，疑书名有误，录此备考。

秦属丹阳郡。《汉志》黟县属丹阳郡，浙江出焉。师古曰，晋孔愉，字敬宗，会稽人。永嘉之乱，避地入新安山谷。以稼穑读书为业，信著乡里，后奄忽而去，人皆以为神，为立庙孔灵村。《梁书》任昉为新安守，讽枫香二石始入三两便止，不欲遗之后人及下，任昉惟有桃花米二十石。《图经》曰歙州婺源县，本晋休宁县。《东阳记》上应婺女星故名。（《锦绣万花谷前集》卷五《地》）

2575

（洪州）《禹贡》扬州。春秋吴。秦九江郡，汉豫章，隋平陈为洪州。（同上）

2576

（赣州）隋平陈立虔州南康郡：春秋吴，秦九江郡，汉为赣县，属豫章。后汉兴平二年分豫章庐陵郡，而赣县属焉。晋太康三年[1]立南康郡，隋平陈立虔州，以虔化水而得名。又曰南康县本汉南野县，《吴录》：南野县有大庾山、九岭峤、通广泉。（同上）

2577

（吉州）以吉阳山名郡。吴越战国楚，秦并天下，属九江南部都尉。汉为庐陵县，属豫章。雷次宗《豫章志》：献帝初平二年始立郡。《图经》隋平陈改庐陵郡为吉州，以吉阳山为郡名。（同上）

2578

（抚州）汉立南昌县，后汉分南昌立临汝县。吴太平二年分豫章之临汝南城县立临川郡，即今州也。（《〔康熙〕江西通志》卷二《沿革·抚州府》）

2579

以豫章有铜山，山中有洪井，飞流悬注，其深无底是也。山有洪崖先生炼药之井，亦号洪崖山，有石臼存焉。（《御览》卷四八《地部·南昌山》）

2580

（抚州）隋平陈置州临川郡。《禹贡》扬州，春秋吴地，秦九江郡。汉立南昌县，后汉分南昌立临汝县。吴太平二年分豫章之临汝、南城

① 太康三年：原文作“太康二年”，据《元和志》卷二八《虔州》、《寰宇记》卷一〇八《虔州》改。

县立临川郡，即今州也。隋平陈置抚州，晋王羲之为临川内史，宅于郡城东偏。荀伯子《临川记》曰："右军故宅，其地爽垲，山川若画。每重阳日二千石多萃于斯。旧宅及墨池犹存。"《汉地理志》：高帝六年大将军灌婴立洪州，其年分洪州南境之南城县，以其在郡城之南故曰南城。(《锦绣万花谷前集》卷五《地》)

2581

上虞县百官桥，一名舜桥。(《〔嘉泰〕会稽志》卷一一《津渡·上虞县》)

2582

高迁桥，董袭见孙权于此。(《〔嘉泰〕会稽志》卷一一《津渡·萧山县》)

2583

灵山，有石鼓。(《〔嘉泰〕会稽志》卷一八《拾遗》)

2584

东箱山内有嶋山。(同上)

2585

会稽有秦林山、任岩、蓼山。(同上)

2586

严陵坞，子陵避光武聘居此。(同上)

2587

陶朱公钓台在会稽县南。(同上)

2588

(雷门)句践所立，以雷能威于龙也。门下有鼓，长丈八，赤声闻百里。孙恩乱，为军人打破，有双鹤飞去。(同上)

2589

桂林山，谢灵运著《山居赋》处。(同上)

2590

乐野，句践以此野为苑，《吴越春秋》立苑于乐野。今有乐渎村。(同上)

2591

五官廨两厢梁，是句践厅事用者。梁宋间以材为后堂梁。俗传千载之木能止心痛，服之多愈。(同上)

2592

上虞县石璧山，南对小山，方正如楼。世号鼓吹楼。谢灵运有《石壁精舍诗》。(《〔嘉泰〕会稽志》卷一八《拾遗》)

2593

(督护门)晋中将军王愔，成帝拜为督护，到郡开此门出入。时人贵之，因以为名。梁元帝《玄览赋》云，御史之床，犹在督护之门不修[①]。(《〔嘉泰〕会稽志》卷一八《拾遗》、《大典》卷三五二七《门·督护门》)

2594

(沉酿埭)郑宏举送赴洛亲友，饯于此。以钱投水，依价量水饮之，各醉而去。一名沉酿川。(《纪胜》卷一〇《绍兴府·景物下》)

2595

有孝妇孀居，姑欲嫁之，不肯。姑自杀，姑女告官，官不明，杀孝妇。后人以妇之孝，姑之仁，女之罪，足为鉴戒，故曰三风村。(《〔嘉泰〕会稽志》卷一八《拾遗》、《大典》卷三五七九《村·三风村》)

2596

(秦望山)秦始皇登秦望山，使李斯刻石，其碑尚存。(《纪胜》卷一〇《绍兴府·古迹》)

2597

稷山，一名棕山，山之东南有义峰，峰顶有黑白二龙池。土人于此祷雨。(《〔嘉泰〕会稽志》卷九《山·会稽县》、《清一统志》卷二九四《绍兴府·山川》)

2598

(石帆)圣姑从海中来，乘石舟，张石帆至，遂立庙。(《纪胜》卷一〇《绍兴府·景物上》)

2599

(天门)城门也。天门常闭，开必致虎。勾践为夫差所败，甲楯五千保于此城。(同上)

2600

宋武帝微时，避吏于鄮。与人奴名桂者善，因匿之得免。后立官

① 梁元帝……不修：《会稽志》脱。

奴城以报之。(《清一统志》卷二九二《宁波府·古迹》)

2601

明州余姚郡，古舜为余姚之墟。(《御览》卷一七一《州郡部·明州》)

2602

新妇岩，奉化县亦有新妇岩。(《纪胜》卷一一《庆元府·景物下》)

2603

鄮山，以海人持货鄮易于此，故以名山。(《纪胜》卷一一《庆元府·景物上》)

2604

睦州新定郡，《禹贡》杨州之域。春秋时越国，秦属丹阳郡，汉为歙县地。(《御览》卷一七〇《州郡部·睦州》)

2605

桐庐县，吴黄武四年分富春置，以桐溪侧有大椅树，垂条偃盖傍荫数亩，远望似庐，因谓之桐庐县。(同上)

2606

衢州信安郡，土地所属兴婺州同。唐武德四年平[1]李子通于信安县始置州。西有三衢山因以为名。(《御览》卷一七一《州郡部·衢州》、《锦绣万花谷前集》卷五《地·衢州》)

2607

台州古越州会稽郡之地，《禹贡》杨州之域。春秋时越国，秦属闽中郡。后越王无疆七代孙闽君摇率越人佐汉伐秦，惠帝录其功，封姚为东越王。都于瓯。(《御览》卷一七一《州郡部·台州》)

2608

唐武德四年讨平李子通，于临海县置海州，五年改海州为台州。(同上)

2609

婺州东阳郡。《禹贡》扬州之域，春秋为越之西界。秦属会稽，汉

① 平：原文脱，据《旧唐书》卷一《高祖纪》补。

初属[1]荆吴二国。(《御览》卷一七一《州郡部·婺州》、《锦绣万花谷前集》卷五《地·婺州》)

2610

(温州)永嘉郡会稽之东境也，汉永和三年[2]置永宁县。(《御览》卷一七一《州郡部·温州》、《锦绣万花谷前集》卷五《地·温州》)

2611

唐武德七年改乌伤为义乌。(《御览》卷一七一《州郡部·婺州》)

2612

(福州)嗜欲服衣，别是一方。(《寰宇记》卷一〇〇《福州·风俗》)

2613

福州长乐郡亦闽越地，秦为闽中郡，汉高帝立列无诸为闽越王，都于此。晋置晋安郡，陈置闽州，唐开元十三年为福州。(《御览》卷一七〇《州郡部·福州》)

2614

泉州清源郡，秦汉土地与长乐同。东晋南渡，衣冠士族多萃其地，以求安堵，因立晋安郡。宋齐以后因之，唐景云二年置泉州[3]。天宝初为清源郡，乾元元年又为州。(《御览》卷一七〇《州郡部·泉州》)

2615

漳州漳浦郡，历代土地与长乐郡同。唐分其土地置漳州。(《御览》卷一七〇《州郡部·漳州》)

---

① 属：原文误作“置”，据《元和志》卷二六《温州》、《寰宇记》卷九九《温州》改。

② 永和三年：原文误作“永建四年”。《后汉书志》卷二二《郡国四·会稽郡》：“永宁，永和三年以章安县东瓯乡为县。”《寰宇记》同。径改。

③ 景云二年置泉州：当为“景云二年改武荣州为泉州”。《元和志》卷二九《泉州》：“本南安县也。久视元年县人孙师业诉称赴州遥远，遂于南安县东北界置武荣州，景云二年改为泉州。”《旧唐书》卷四〇《地理志》江南道泉州同。

2616

汀州临汀郡，历代土地旧与长乐郡同。唐开元二十四年[①]分置汀州，初置在新罗县，以其地瘴居者多死，大历中移理长汀白石村。（《御览》卷一七〇《州郡部·汀州》）

2617

建州建安郡，古闽越之地，秦闽中郡，汉属会稽，吴分置建安郡，陈属闽州，隋平陈属泉州。唐武德四年置建州，因建溪为名。（《御览》卷一七〇《州郡部·建州》）

2618

宣州宣城郡，《禹贡》杨州之域。春秋时属吴，后属越。越为楚所并，战国时又属楚。秦为鄣郡地，汉为丹阳郡。（《御览》卷一七〇《州郡部·宣州》）

2619

隋开皇中改南豫州为宣州。（同上）

2620

南陵有鹊洲。（同上）

2621

梅根监，岁铸四万贯。（《纪胜》卷二二《池州·县沿革·铜陵县》）

2622

饶州鄱阳郡，《禹贡》杨州之域。春秋时为楚东境，秦为番县地，属九江郡。汉为番阳，属豫章郡。隋开皇九年为饶州。（《御览》卷一七〇《州郡部·饶州》）

2623

（饶州）以其山郁珍奇故名也。（《寰宇记》卷一〇七《信州·上饶县》）

2624

江州寻阳郡，《禹贡》杨、荆二州之境。《尚书·禹贡》“彭蠡既

① 二十四年：原文误作“二十六年”，两《唐书·地理志》均作“二十四年”。《寰宇记》同。《元和志》卷二九《汀州》作“开元年二十一年……奏置州”。《纪胜》卷一三二《汀州》：“二十一年建议，二十四年成，二十六年又分他郡之地以益之。”径改。

潴”。又曰九江孔殷。(《御览》卷一七〇《州郡部·江州》)

2625

(紫霄峰)香炉峰有此峰,山南亦载之。(《纪胜》卷三〇《江州·景物下》)

2626

(主簿山)在五郎祠南,下有温泉,天将雨,有云冠峰。(同上)

2627

汉高帝六年,灌婴筑盆口城。(《纪胜》卷三〇《江州·风俗形胜》)

2628

(石镜)山东有一圆石,明净照人如镜。(《纪胜》卷三〇《江州·景物上》)

2629

(鸡笼山)山有石鸡,冠距如生。有道士李镇在山居,常玩之。鸡一旦自毁,乃曰:“鸡既如此,吾其死矣!”果然。(《纪胜》卷三〇《江州·景物下》)

2630

歙州新安郡,《禹贡》杨州之域,春秋时属越,秦属丹阳郡。(《御览》卷一七一《州郡部·歙州》)

2631

宫亭湖,神能分风上下。(《纪胜》卷三〇《江州·景物下》)

2632

(锦绣谷)乃惠远公种药之处。(同上)

2633

(石镜)山东有一圆石,明净照人如镜。(《纪胜》卷三〇《江州·景物上》)

2634

敷浅原、博阳水,俱载饶州。(《路史》卷四七《余论·敷浅原》)

2635

灵帝末扬州刺史齐遵上书分立(庐陵、鄱阳)二郡。(《通鉴地理通释》卷二《后汉郡国》)

2636

江自鄂陵分派为九,于此合流谓之九江口。(《路史》卷四七《余

论·九江详论》)

2637

虔州南康郡，春秋时吴地，秦属九江郡，汉为赣县地，属豫章郡。后汉兴平二年分豫章立庐陵郡，而赣县属焉。晋太康三年立为南康郡，隋平陈立虔州以虔化水而得名也。(《御览》卷一七〇《州郡部·虔州》、《锦绣万花谷前集》卷五《地·赣州》)

2638

南康县本汉南野地。(《御览》卷一七〇《州郡部·虔州》)

2639

洪州豫章郡，《禹贡》杨州之域。春秋时吴地，秦为九江郡，汉为豫章郡。(《御览》卷一七〇《州郡部·洪州》、《锦绣万花谷前集》卷五《地·隆兴》)

2640

抚州临川郡，《禹贡》杨州之域。春秋时吴地，秦属九江郡。汉立南昌县，今州即南昌县地。后汉分南昌立临汝县，吴太平二年分豫章之临汝、南城县立临川郡，即今州也。隋平陈置抚州。(《御览》卷一七〇《州郡部·抚州》、《锦绣万花谷前集》卷五《地·抚州》)

2641

吉州庐陵郡，春秋时为吴地，战国属楚。秦并天下属九江南部都尉理。汉为庐陵县，属豫章郡。(《御览》卷一七〇《州郡部·吉州》)

2642

吉州以吉阳山名郡。吴越战国楚，秦并天下属九江南部都尉。汉为庐陵县，属豫章。雷次宗《豫章志》：献帝初平二年始立郡。(《锦绣万花谷前集》卷五《地·吉州》)

2643

袁州宜春郡，《禹贡》杨州之域。春秋时吴地，秦属九江郡。汉为豫章郡之宜春县，晋武改宜春为宜阳，隋平陈分洪州之宜阳立袁州。(《御览》卷一七〇《州郡部·袁州》)

2644

虔州赣台县东南三百六十三里，《南康记》云，山上有台，方广数丈，有自然霞，如屋形。风雨之后，景气明净，颇闻山上有鼓吹声，即山都木客为其舞唱。(《太平广记》卷三九七《赣台》)

2645

《临川记》云，抚州麻姑山或有登者望之，庐岳、彭蠡皆在。其下有黄连，厚朴。恒山枫树数千年者，有人形眼、鼻、口、臂而无脚。入山者见之或有斫之者，皆出血，人皆以兰冠于其头。明日看失兰为枫子鬼。（《太平广记》卷四〇七《异木·枫鬼》）

2646

山东有一圆石镜，明净照人如石镜。（《胜览》卷二二《江州·山川》）

2647

朝郎庙，在主簿山，近祠董真君婿也。（《大典》卷六七〇〇《江·九江府》）

2648

鄂州武昌郡，《禹贡》荆州之域。春秋时楚地，秦属南郡。汉分置江夏郡。晋安帝义熙元年，冠军刘毅表以为夏口二州之中，地居形要，控接湖川，边带溪沔，请荆州刺史刘道规镇夏口。隋为江夏郡，唐武德四年为鄂州[①]。（《御览》卷一七〇《州郡部·鄂州》）

2649

江汉二水，会于州之西界。（同上）

2650

江夏县，本汉沙羡县。（同上）

2651

岳州巴陵郡，《禹贡》荆州之域。古三苗国地，春秋及战国时属楚。秦属长沙郡，晋分长沙之巴陵置建昌郡，在巴陵。齐武封子伦为巴陵王。梁封齐明帝子宝义为巴陵王。奉齐后以备三恪，隋平陈改为岳州。（《御览》卷一七一《州郡部·岳州》）

2652

巴陵县，本汉下隽县之巴丘地。（同上）

2653

（龙负舟）禹使迹之入于龙巢，今在巴陵夏口浦。（《天中记》卷九

① 武德四年为鄂州：不确切，当作“武德四年复为鄂州”。《寰宇记》卷一一二《鄂州》：“隋平陈，改为鄂州，取鄂渚以为名，炀帝初州废，复为江夏郡，唐武德四年平萧铣，复置鄂州。”

《江》）

2654

华容县，本汉孱陵县。（《御览》卷一七一《州郡部·岳州》）

2655

衡州衡阳郡，春秋时属楚，秦属长沙郡。汉为酃县地，属长沙国。吴分长沙之东部立为湘东郡，隋平陈罢郡为衡州，因衡山以取名。（《御览》卷一七一《州郡部·衡州》）

2656

永州零陵县，《禹贡》荆州之域。春秋及战国时楚之南境，秦属长沙郡，汉属长沙国。晋以零陵属湘州。隋平陈置永州，因永水为名。（《御览》卷一七一《州郡部·永州》）

2657

零陵县本汉泉陵县。（同上）

2658

道州江华郡，《禹贡》荆州之域。春秋及战国时属楚，汉属长沙国，唐贞观八年为道州。（《御览》卷一七一《州郡部·道州》；《纪胜》卷五八《道州·州沿革》较简）

2659

郴州桂陵郡，《禹贡》荆州之域。春秋及战国时属楚，秦属长沙郡，汉高祖二年分长沙南境立桂阳郡，属荆州部，居郴。梁元帝为庐阳郡，属衡州。隋平陈改为郴州。（《御览》卷一七一《州郡部·郴州》）

2660

朗州武陵郡，《禹贡》荆州之域。春秋及战国时属楚，秦为黔中郡。汉高帝五年更名武陵郡。梁湘东王于荆州割武陵郡置武州。陈天嘉元年分武陵立沅陵郡。隋文改武州为辰州，又改为嵩州，又改为朗州。（《御览》卷一六八《州郡部·朗州》）

2661

澧州澧阳郡，春秋战国时其地属楚，秦属黔中郡，汉改黔中为武陵郡，属荆州。今州即武陵郡之零阳县地，吴分武陵西界立天门郡，此即郡之境。晋为南义阳郡，隋平陈置松州，寻改为澧州，在澧水之北故取为名。（《御览》卷一六八《州郡部·澧州》）

2662

慈利县即汉零阳县也。（《御览》卷一六八《州郡训·澧州》）

2663

澧州嵩梁山，今名石门，吴[①]永安六年，自然洞开，玄郎如门，高三百丈，角上生竹，倒垂下拂，谓之天帚。（《太平广记》卷三九七《山·嵩梁山》）

2664

思州宁夷郡，《禹贡》荆州之域，春秋楚地。隋开皇十八年[②]始置务川县，属庸州。唐武德四年[③]以务川当真牂牁要路置务州。贞观四年[④]改为思州，因思邛水为名。（《御览》卷一七一《州郡部·思州》）

2665

费州涪川郡，《禹贡》荆州之域，春秋时属楚，汉武帝元鼎六年通牂牁道，置牂牁郡，其地属焉。江山阻远，为俚僚[⑤]所居，多不臣附。周宣政元年僚[⑥]王元殊多质等归国，遂立州取费水为名。（《御览》卷一七一《州郡部·费州》）

2666

辰州卢溪郡，《禹贡》荆州之域，春秋时属楚，其地即古蛮夷之地。秦昭王使白起伐楚，略取蛮夷置黔中郡。汉改黔中为武陵郡，隋开皇平陈改为辰州。（《御览》卷一七一《州郡部·辰州》）

2667

故老云楚子灭巴，巴子兄弟五人流入黔中，汉有天下名曰酉、辰、巫、武、沅等五溪，为一溪之长，故号五溪。（同上）

2668

壶头山，后汉马援征五溪蛮，取壶头山，贼乘高守险，水迅船不

---

① 吴：原文脱。“永安”年号甚多，不明朝代必生歧义，今据《寰宇记》卷一一八《澧州·澧阳县·嵩梁山》补。

② 十八年：《元和志》卷三〇《思州》、《寰宇记》卷一二二《思州》俱作“十九年”。

③ 武德四年：原文误作“武德元年”。《元和志》卷三〇《思州》、《寰宇记》卷一二二《思州》俱作“武德四年”，径改。

④ 贞观四年：原文误作“贞观八年”。据《元和志》卷三〇《思州》、《寰宇记》卷一二二《思州》改。

⑤⑥ 僚：详本书0734条校注。

得进，士卒多疫死，援亦中病，穿岸为室，以避炎气，遂卒于此。（《御览》卷一七一《州郡部·辰州》）

2669

锦州庐阳郡，历代土地与辰州同，唐武德初以辰州之地析置锦州。（《御览》卷一七一《州郡部·锦州》）

2670

溪州灵溪郡，《禹贡》荆州之域。历代土地所属与辰州同。唐武德中立溪州，盖取五溪相会于此。（《御览》卷一七一《州郡部·溪州》）

2671

大乡县，本汉沅陵、零陵二县地，属武陵郡。梁分立大乡县。三亭县，本汉灵阳县地，属武陵郡。唐分大乡县。县有小酉山、黔山、大酉山。（同上）

2672

叙州潭阳郡，古蛮夷之地，战国时为楚黔中地，唐贞观八年为巫州，天授三年[③]以巫山不在州界，改为沅州，以沅江水为郡名。开元十三年仍旧为巫州，至大历五年为叙州。（《御览》卷一七一《州郡部·叙州》）

2673

沅州，杂以蛮夷，率多劲悍。（《清一统志》卷三六八《沅州府·风俗》）

2674

潭州长沙郡，《禹贡》荆州之域。春秋及战国时为黔中地之南境。晋怀帝永嘉元年分荆州置湘州，隋平陈改湘州为潭州。（《御览》卷一七一《州郡部·潭州》）

2675

连州连山郡，春秋时楚地，秦为长沙郡之南境。二汉为桂阳郡之桂阳县，吴属始兴郡，晋因之。宋于此立宋安郡，后省，齐如之。梁为阳山郡，唐武德四年改为连州，以郡南黄连岭为名。（《御览》卷一七一《州郡部·连州》）

---

③ 天授三年：《元和志》卷三〇《叙州》、《旧唐书》卷四〇《地理志·巫州》俱作“天授二年”。

2676

邵州邵阳郡，《禹贡》荆州之域。春秋时属楚，秦为长沙郡，汉为昭陵县，属零陵郡。吴分零陵北部为邵陵郡，属荆州，即今州也。晋武改昭阳为邵阳，唐贞观十年改为邵州。（《御览》卷一七一《州郡部·邵州》）

2677

邵阳县本汉昭陵县地，属长沙国。（同上）

2678

黔州黔中郡，《禹贡》荆州之域。战国为楚黔中地，秦昭王伐楚，置黔中郡，其地又属焉。汉武陵郡之酉阳县地，武陵五溪蛮之西界也。周武帝保定四年蛮帅田思鹤[①]以地内附，置奉州。建德三年改为黔州。（《御览》卷一七一《州郡部·黔州》）

剑南道

2679

巴蜀土地肥美，有江水、沃野、山林、竹木、蔬食、果实之饶。桔柚之园，郊野之富，号为近蜀。丹青文采，家有盐泉之井，户有桔柚之园，纸维十色，竹有九种。（《寰宇记》卷七二《益州·土产》）

2680

蜀州唐安郡本汉江源县，属蜀郡。莽曰邛原。（《御览》卷一六六《州郡部·蜀州》）

2681

邛州临邛郡，《禹贡》梁州之域。汉武置十三州在益州之部。（《御览》卷一六六《州郡部·邛州》）

2682

泸州泸川郡，《禹州》梁州之域。春秋战国时为巴子国[②]，秦蜀巴郡，汉属犍为郡。（《御览》卷一六六《州郡部·泸州》）

---

① 田思鹤：《元和志》卷三〇《黔州》作“田恩鹤”。

② 巴子国：《御览》原文误作“郡子国”，据《元和志》卷三三《泸州》、《寰宇记》卷八八《泸州》改。

2683

茂州通化郡，《禹贡》梁州之域。本丹[1]駹国，汉以为郡。(《御览》卷一六六《州郡部·茂州》)

2684

当州江源郡，《禹贡》梁州之域，周为雍州之境。(《御览》卷一六六《州郡部·当州》)

2685

悉州归诚郡，《禹贡》梁州之域，古西羌地。(《御览》卷一六六《州郡部·悉州》)

2686

维州维川郡。(《御览》卷一六六《州郡部·维州》)

2687

益州成都府，古梁州巴濮、庸蜀之地。在秦为汉中、巴、蜀三郡地。(《御览》卷一六六《州郡部·益州》)

2688

扶州同昌郡，《禹贡》梁州之域，实西戎之地。周省梁入雍，为雍州地。秦汉魏晋并属蕃夷。(《御览》卷一六七《州郡部·扶州》)

2689

普州安岳郡，《禹贡》梁州之域。汉武置十三州在益州之部。今州境则汉之资中、牛鞞、垫江，后汉之德阳等四县。(《御览》卷一六六《州郡部·普州》)

2690

雅州蒙山郡[2]，《禹贡》梁州之域，汉武置十三州在益州之部，即秦严道县也。(《御览》卷一六六《州郡部·雅州》)

2691

南州南川郡，《禹贡》梁州之域，周省梁入雍。战国时巴国之地，秦汉为巴郡之境。(《御览》卷一七〇《州郡部·南州》)

---

① 丹：原文误作“冉”，《史记》《汉书》均作“丹”。《史记》卷一一六《西南夷列传》：“自笮以东北，君长以什数，丹駹最大。”径改。

② 蒙山郡：《御览》原文误作“庐山郡”，据《元和志》卷三二《雅州》、《寰宇记》卷七七《雅州》改。

2692

陵州仁寿郡，《禹贡》梁州之域。汉犍为郡之武阳县东境也。（《御览》卷一六六《州郡部·陵州）

2693

龙州江油郡，秦汉及魏不置郡县。（《御览》卷一六六《州郡部·龙州》）

2694

彭州濛阳郡，本汉繁县，宋置晋寿县。《图经》曰，唐垂拱二年以九陇县置彭州，取古天彭关以为名。（《御览》卷一六六《州郡部·彭州》）

2695

绵州巴西郡，《禹贡》梁州之域。周并梁入雍州地，春秋战国属蜀侯国。秦为蜀郡，汉广汉郡地，今州即广汉郡之涪县也。（《御览》卷一六六《州郡部·绵州》）

2696

遂州遂宁郡，《禹贡》梁州之域。汉分梁州置广汉郡，今州又为广汉县。（《御览》卷一六六《州郡部·遂州》）

2697

梓州梓橦郡，《禹贡》梁州之域。汉武分置广汉郡，《汉书》曰，文帝以蜀道铜山赐邓通铸钱，即今铜山县也。（《御览》卷一六六《州郡部·梓州》）

2698

广汉之地，有盐井、铜山之富，本《禹贡》南夷，周末秦并为郡，有蔬食、果实之饶。（同上）

2699

松州交川郡，《禹贡》梁州之域，又为雍州之域。秦汉诸羌居焉。（《御览》卷一六六《州郡部·松州》）

2700

嘉州犍为郡，《禹贡》梁州之域，汉犍为郡之南安县。（《御览》卷一六六《州郡部·嘉州》）

2701

周武保定元年[①]，于此置青州。遥取汉青衣县为名。宣政二年改为嘉州。（同上）

2702

简州阳安郡，《禹贡》梁州之域，汉犍为之牛鞞县地。（《御览》卷一六六《州郡部·简州》）

2703

姚州云南郡，盖夷越之地，亦为滇王国。汉武开之置益州部，有滇池泽，后因为益州之云南、弄拣二县也。《汉志》曰益州郡，武帝元封二年开，王莽曰就新，故滇王国也。有滇池大泽，又有弄拣县焉。（《御览》卷一六六《州郡部·姚州》）

2704

荣州和义郡，《禹贡》梁州之域。汉为南安县地，属犍为郡。（《御览》卷一六六《州郡部·荣州》）

2705

播州播川郡，秦夜郎县之西南隅。惠王十四年，欲得楚黔中地，以武关之外易之今䜌黔府，即总谓黔中地。汉武元鼎六年，平西南夷置牂牁郡，其地属焉。以且兰有椽船牂牁，因此立郡以名焉。贞观九年，于北界置郎州，后省。十三年又于其地置播州，以其地有播川因名焉。（《御览》卷一七一《州郡部·播州》）

2706

珍州夜郎郡，古山僚[②]夜郎国之地。晋永嘉五年分牂牁置夜郎郡，兼置充州。唐贞观十七年廓辟边夷，置播川镇。后因川中有降珍山，因以镇为珍州，取山名郡也。（《御览》卷一七一《州郡·珍州》）

2707

夷州义泉县，古徼外蛮夷之地。汉置牂牁郡，历代恃险不闻臣附。隋大业七年始招慰置绥阳县，属明阳郡。唐武德四年置夷州。（《御览》卷一七一《州郡部·夷州》）

---

① 元年：以“二年”为是。《纪胜》卷一四六《嘉定府·沿革》引《安都王庙碑》谓“后周保定二年初置青州”。《北周地理志·剑南·青州》：“北周保定二年分眉州置。”

② 僚：详本书0734条校注。

2708

叶州龙溪郡，古蛮夷之地，唐置叶州或为龙溪郡。（《御览》卷一七一《州郡部·叶州》）

2709

（牂州）在开元初犹有此郡。后之郡国记录，乃无此州名。（《寰宇记》卷一二二《牂州》）

2710

戎州南溪郡，春秋僰侯国。秦惠王破滇池，始通五尺道。汉武得蜀，故使唐蒙理道于此而破牂牁，即此道也。后为僰道县，以属犍为郡。（《御览》卷一六六《州郡部·戎州》）

2711

文州阴平郡，《禹贡》梁州之域，周为雍州之境，战国时氐羌据焉。汉武时开西南夷置阴平道以统其众。（《御览》卷一六七《州郡部·文州》）

2712

利州益昌郡，土地所属与金州同。春秋战国时并属蜀侯，汉葭萌县地。（《御览》卷一六七《州郡部·利州》）

2713

夔州云安郡，春秋时为鱼国，秦并天下为巴郡地，汉为鱼复县。（《御览》卷一六七《州郡部·夔州》）

2714

资州资阳郡，《禹州》梁州之域。汉为犍为郡之资中县地。（《御览》卷一六六《州郡部·资州》）

2715

嶲州越嶲郡，本益州西外夷。汉初为邛都国。（《御览》卷一六六《州郡部·嶲州》、《大典》卷一一〇七七《嶲·越嶲县》）

2716

眉州通义郡，《禹贡》梁州之域。犍为郡之武阳南境。（《御览》卷一六六《州郡部·眉州》）

2717

牢州定川郡，本巴蜀西南徼外夷，秦属象郡，汉属牂牁郡，唐置义州，改为智州。贞观十一年改为牢州，以牢石为名。（《御览》卷一

七二《州郡部·牢州》）

2718

剑南道名山曰岷山。（《方舆纪要》卷六六《四川·岷山》）

2719

鼎鼻山，周道衰微，九鼎沦一于此。山之下其水清澄，今民犹或见其鼎耳。（《御览》卷四四《地部·鼎鼻山》）

2720

灵台山，在（彰明）县北，一名天柱山，高四百丈。即汉张道陵升真之所。（《御览》卷四四《地部·灵台山》）

2721

覆船山，尧遭洪水维舟树下，船因覆焉。[①]（《御览》卷四四《地部·覆船山》）

2722

董政山，隋开皇中县令董叔封高雅之士，去官之后，民咸思其德，因指此山为董政山。（《御览》卷四四《地部·关中蜀汉诸山》、《蜀中广记》卷三〇《名胜记·川北道·盐亭县》）

2723

彭亡山，后汉将军岑彭征公孙述于此山战死。故号曰彭亡山。（《御览》卷四四《地部·关中蜀汉诸山》）

2724

泸水出蕃中，入黔府，历郡界，出拓州，至此有泸津关。关上有石峰[②]，高三千丈，四时多瘴气，三四月间发，人冲之立死。非此时中则人多闷吐，唯五月上伏即无害。故诸葛武侯征越嶲上疏云："五月渡泸，深入不毛之地。"（《御览》卷六五《地部·陇蜀诸水》、《寰宇记》卷八〇《嶲州·会川县）

2725

（泸）水浚急，而多巉石。土人以牛皮为船方涉津矣。（《御览》卷六五《地部·陇蜀诸水》、《寰宇记》卷八〇《嶲州·会川县》、《蜀中广记》卷三四《边防记·上川南·会川卫》）

---

① 本条书名《十道录》。

② 峰：《寰宇记》《蜀中广记》俱误作"岸"。

2726

火井有水，郡人以竹筒盛之，将以照路。[①]（《寰宇记》卷七五《邛州·临邛县》）

2727

纽（村）是秦州地名。（《寰宇记》卷七八《茂州·汶川县》）

2728

魏晋以还，蛮僚[②]恃险抄窃，乍服乍叛是也。至齐，彼夷长或来纳款，因为越巂僚[③]，郡以统之。后周武帝征越巂，又开其地，因立严州，取其严敬为称。隋开皇四年[④]改严州为西宁州，十一年[⑤]又改为巂州。隋末又改为越巂郡。唐代德元年改为巂州，领越巂、邛部、可泉、苏祁、台登五县。二年又置昆明县，三年置总管府，管一州。贞观二年割雅州阳山、汉源二县来属。（《寰宇记》卷八〇《嶲州》）

2729

隋仁寿四年，罢大渡镇置登州。大业二年废登州又立阳山镇。唐武德元年改置阳山县，属登州，贞观二年割属巂州。（《寰宇记》卷八〇《嶲州·台登县》）

2730

广汉之地有盐井、铜山之富，本南夷，周末秦并为郡。有蔬食果实之饶。（《寰宇记》卷八二《梓州·土产》、《蜀中广记》卷二九《名胜记·川北道·潼川州》）

2731

长宁淯井监供输紫竹。（《蜀中广记》卷一五《名胜记·叙州府·长宁县》）

2732

（牢固坟）蒯参至考，葬母修坟坚固，因名。（《新定九域志》卷七《陵井监》、《纪胜》卷一五〇《隆州·古迹》）

---

① 本条书名《十道要记》。

②③ 僚：详本书 0734 条校注。

④ 四年：《隋书》卷二九《地理志》、《元和郡县志》卷三二《巂州》俱作“六年”。

⑤ 十一年：《隋书》卷二九《地理志》、《元和郡县志》卷三二《巂州》俱作“十八年”。

岭南道

2733

广州南海郡，秦置南海郡，二汉因之，兼置交州。吴因之，分置广州。宋齐皆因之，梁陈并置都督府。隋平陈又置番州，炀帝初复置南海郡，唐为广州。（《御览》卷一七二《州郡部·广州》）

2734

禺州温水郡，古百越地，婺女之分野。秦属象郡，本宕昌之边邑。唐置宕州，又改为禺州，以南方番禹之地，因名州。（《御览》卷一七二《州郡部·禺州》;《路史》卷二六《国名纪·高阳氏后》较略）

2735

番禺北津水，今名廉平水。（《御览》卷一七二《州郡部·广州》）

2736

南海县，本汉番县地。（同上）

2737

韶州始兴郡，《禹贡》杨州之域。春秋战国皆楚地，秦属南海郡。二汉属桂阳郡，吴置始兴郡，晋因之。宋改为广兴，齐复为始兴。隋平陈为韶州[①]，以韶石为名。（《御览》卷一七二《州郡部·韶州》）

2738

循州海丰郡，春秋时为百越之地。战国属楚，秦二汉南海郡地，晋亦然，隋平陈置循州。（《御览》卷一七二《州郡部·循州》）

2739

潮州潮阳郡，亦古闽越地。秦属南海郡，秦末属尉佗。汉初属南越，后亦属南海郡，后汉因之。晋置东官郡，隋平陈置潮州。（《御览》卷一七二《州郡部·潮州》）

2740

海阳县本汉揭阳县地。（同上）

2741

恩州恩平郡，秦属南海郡。二汉为合浦郡，唐贞观中置恩州。

① 隋平陈为韶州：当为“隋平陈改东衡州为韶州”。《隋书》卷三一《地理志下》：韶州，“梁置东衡州”。《元和志》卷三四《韶州》：“梁承圣中，萧勃据岭南，于此置东衡州。”

（《御览》卷一七二《州郡部·恩州》）

2742

春州南陵郡，古越地。秦属南海象郡。汉合浦郡之高凉县地。晋分置恩平县，唐武德四年讨平萧铣置春州。（《御览》卷一七二《州郡部·春州》）

2743

贺州临贺郡，秦属南海郡。二汉属苍梧郡，吴置临贺郡。晋因之，宋为临庆国，齐复为临贺郡，陈因之。隋平陈置贺州，因贺水为名。（《御览》卷一七二《州郡部·贺州》）

2744

端州高要郡，秦属南海郡。两汉并属苍梧郡，晋亦然。宋齐并属南海郡，陈置高要郡，隋平陈置端州。（《御览》卷一七二《州郡部·端州》）

2745

罗州招义郡，《禹贡》杨州之地，是为南越。宋元嘉三年镇南将军檀道济巡抚于陵罗口筑城，因以名之，属高凉郡。唐武德五年因其地复置州。（《御览》卷一七二《州郡部·罗州》）

2746

潘州南潘郡，古瓯骆越地。秦平百越为桂林郡地，汉为合浦县地，属合浦郡。唐武德四年置南宕州，贞观八年[①]改为潘州。（《御览》卷一七二《州郡部·潘州》；《路史》卷二六《国名纪·骆越》较略）

2747

辩州陵水郡，古越地，秦象郡地，二汉属合浦郡，唐置辩州。（《御览》卷一七二《州郡部·辩州》）

2748

白州南昌郡，古越地，秦象郡地，汉为合浦郡，唐武德四年置南州，六年改为白州。（《御览》卷一七二《州郡部·白州》）

2749

新州新兴郡，古越地。秦始皇略取陆梁地，置象郡。今州即其地

① 贞观八年：原文脱“贞观”。《旧唐书》卷四一《地理志》：潘州，“贞观六年移治定川，八年改（南宕州）为潘州”。《新唐书》卷四三上《地理志》同。径补。

也。汉为合浦郡[①]之临元县，晋穆永和七年，分苍梧郡于此置新宁郡，梁隋唐为新州。（《御览》卷一七二《州郡部·新州》）

2750

勤州铜陵郡，秦属南海郡。二汉属合浦郡，隋属信安郡，唐置勤州，或为铜陵郡。（《御览》卷一七二《州郡部·勤州》）

2751

窦州怀德郡，《禹贡》杨州之分，古越地。汉苍梧郡之端溪县。先管罗窦洞因为名。唐武德五年置南扶州，贞观八年改为窦州。（《御览》卷一七二《州郡部·窦州》）

2752

连州连山郡，春秋时楚地。秦为长沙郡之南境。二汉为桂阳郡之桂阳县。吴属始兴郡，晋因之。宋于此立宋安郡，后省。齐如之。梁为阳山郡。唐武德四年改为连州，以郡南黄连岭为名。（《御览》卷一七一《州郡部·连州》）

2753

钦州宁越郡，历代土地与白州同。宋齐已来置宋寿郡，梁又置安州，隋平陈改为钦州。（《御览》卷一七二《州郡部·钦州》）

2754

琼有颜罗县。（《纪胜》卷一二四《琼州·古迹》）

2755

儋州昌化郡，土地所属与朱崖同。汉元鼎六年定越地，置儋耳郡。唐武德四年置儋州。《汉书》张晏注曰，儋耳其俗镂其颊皮，上连耳匡分为数支，状似鸡肠，因名焉。《山海经·海内南经》曰，有离耳。郭景纯注曰，锼其耳，分令下垂为饰，即儋耳也。（《御览》卷一七二《州郡部·儋州》）

2756

万安军、万安郡，与朱崖同。唐置万安州。星土分野并同琼州、南海。（《胜览》卷四三《万安军·建置沿革》）

2757

瀼州临潭郡，《禹贡》荆州之分。春秋属楚，在郁林之西南、交趾

① 郡：原文误作“县”，据《汉书·地理志》改。

之北。隋大将军刘方始开此路为镇守，寻又不通。唐贞观二年，清平公李弘节遣钦州，首领宁师宗招慰开拓，寻刘方旧路得达交州为州，在瀼水之东故以为名。(《御览》卷一七二《州郡部·瀼州》)

2758

藤州感义郡，秦属南海郡，二汉并属苍梧郡，晋属永平郡。隋平陈置藤州，炀帝初州废，置永平郡。唐复为藤州。(《御览》卷一七二《州郡部·藤州》)

2759

康州晋康郡，秦属南海郡，二汉属苍梧郡，晋分置晋康郡，宋齐因之。隋平陈废晋康并入信安郡，唐复置康州。(《御览》卷一七二《州郡部·康州》)

2760

封州临封郡，土地所属自秦已上与康州同。今州即汉苍梧郡之广信县也。梁置信郡，兼置成州。隋平陈废郡改成州为封州。(《御览》卷一七二《州郡部·封州》)

2761

泷州开阳郡，土地所属自汉已上与康州同。晋分端溪置龙乡县，今州即其地。《南越志》：龙县属广熙郡，梁分广熙置建州，又分建州置双头洞，立双州。即此是。(《御览》卷一七二《州郡部·泷州》)

2762

高州高凉郡，秦以前土地与晋康郡同。二汉属合浦郡，吴置高凉郡，晋因之。梁置高州，隋平陈郡废，而高州如故。唐为高州。(《御览》卷一七二《州郡部·高州》)

2763

义州连城郡，土地所属秦已上与潘州同。汉置苍梧郡，今州即苍梧郡之孟陵县。唐武德四年江表底定，于此置南义州。贞观二年于此置义州。(《御览》卷一七二《州郡部·义州》)

2764

桂州始安郡，《禹贡》荆州之域。春秋时越地，七国时为楚越之交。始皇二十三年尝发逋亡人赘婚，贾人略取陆梁地，是为桂林郡焉。二汉属零陵、苍梧二郡，吴分置始安郡，晋孝武改为始建。齐复为始安，梁天监六年立桂州于苍梧郁林之境，无定理处。大同六年移桂州

于今理，隋大业三年罢州，唐武德四年复置桂州。(《御览》卷一七二《州郡部·桂州》)

2765

昭州平乐郡，秦桂林郡地。二汉属苍梧郡，宋属始建国，齐属始安郡，隋亦然。唐武德四年置乐州，贞观八年改为昭州，取昭潭为名。(《御览》卷一七二《州郡部·昭州》)

2766

笼州扶南郡，古越地，在南越之西界。唐贞观十二年，大使清平公李弘节招降僚[①]置笼州，以笼洞为名。(《御览》卷一七二《州郡部·笼州》)

2767

環州正平郡，《禹贡》荆州之分，汆桂州。贞观二年李弘节招尉款附環落洞，故以名州。州在游卢水南、整水北。(《御览》卷一七二《州郡部·环州》)

2768

龚州临江郡，秦属桂林郡。汉平南越置苍梧郡，今州即郡之孟陵县地也，唐置龚州。(《御览》卷一七二《州郡部·龚州》)

2769

冈州义宁郡，《禹贡》杨州之域，秦汉并属南海郡。东晋末分置新会郡，宋齐梁并因之。隋平陈置封州，后改为亢州，后改为冈州。(《御览》卷一七二《州郡部·冈州》)

2770

蒙州蒙山郡，汉武平南越置苍梧郡，今州即苍梧之荔浦县也。隋置隋化县，唐置蒙州。州有山号曰蒙山，山下人皆姓蒙，因为州名。(《御览》卷一七二《州郡部·蒙州》)

2771

富州开江郡，秦桂林郡地。二汉属苍梧郡，梁为开江、武城二郡地。陈置静州，改开江、武城二郡为逍遥郡。隋平陈并废，唐又置静州，贞观八年改为富州，因富水为名。(《御览》卷一七二《州郡部·富州》)

---

① 僚：详本书0734条校注。

2772

梧州苍梧郡，秦属桂林郡。二汉为苍梧，晋以后并因之。梁属成州，隋平陈改为封州，唐为梧州。（《御览》卷一七二《州郡部·梧州》）

2773

浔州浔江郡，秦属桂林郡。二汉以后并属郁林郡，隋属永平、郁林二郡地，唐置浔州。（《御览》卷一七二《州郡部·浔州》）

2774

贞观中连州属江南道，开元、天宝中，继属岭南道，乾元中属湖南道[①]。（《纪胜》卷九二《连州·州沿革》、《寰宇记》卷一一七《连州》）

2775

郁林州郁林郡，秦为桂林郡，汉改为郁林郡，后汉亦同。梁置定州，后改为南定州。隋平陈改为尹州，炀帝初为郁林州，唐为郁林州。（《御览》卷一七二《州郡部·郁林州》）

2776

平琴州平琴郡，旧郁林郡地。唐置平琴州，或为平琴郡。（《御览》卷一七二《州郡部·平琴州》）

2777

宾州安城郡，古越地，秦桂林郡地，汉为郁林郡，又为郁林郡之岭方县。自汉迄隋并为岭方县地，唐贞观五年置宾州。（《御览》卷一七二《州郡部·宾州》）

2778

澄州贺水郡，古越地，秦为桂林郡，汉为郁林郡之岭方县。唐武德四年置南方州，贞观八年改南方州为澄州[②]。（《御览》卷一七二《州郡部·澄州》）

---

① 湖南道：《寰宇记》作“湖南管”。《通典》卷三二《州郡·司隶校尉》谓，“至德之后改采访使为观察……分天下为四十余道”。湖南道即其一。径改。

② 武德四年……为澄州：原文误为“武德四年置澄州”，《旧唐书》卷四一《地理志》谓：澄州，“武德四年平萧铣置方州……贞观八年改南方州”。《元和志》卷三八《澄州》同。径改。

2779

绣州常林郡，秦属桂林郡，二汉为郁林郡，晋以后因之。唐平萧铣置绣州。（《御览》卷一七二《州郡部·绣州》）

2780

象州象郡，秦属桂林郡。二汉为郁林郡，吴又分置桂林郡，晋宋齐因之。隋平陈置象州，因象山以为名。秦之象郡今合浦郡，非此象州也。（《御览》卷一七二《州郡部·象州》）

2781

柳州龙城郡，秦汉土地与象州同，晋以后属桂林郡，隋属始安郡，唐平萧铣置昆州，贞观八年改为柳州[①]。（《御览》卷一七二《州郡部·柳州》）

2782

融州融水郡，历代土地与柳州同，唐置融州。（《御览》卷一七二《州郡部·融州》）

2783

邕州郎宁郡，古越地。秦为桂林郡，汉郁林郡之岭方县地。晋置晋兴郡于此，隋为郁林郡之宣化县，武德四年置南晋州，贞观六年改为邕州。（《御览》卷一七二《州郡部·邕州》）

2784

贵州怀泽郡，虞舜暨周并为荒裔。秦为桂林郡，自汉以下与郁林郡同，唐置贵州。（《御览》卷一七二《州郡部·贵州》）

2785

党州宁仁郡，秦桂林郡地，唐置党州。（《御览》卷一七二《州郡部·党州》）

2786

横州宁浦郡，古越地。秦象郡地，汉为合浦郡之高凉县地。隋于此置简州，又改为缘州，唐改为横州。（《御览》卷一七二《州郡部·横州》）

2787

田州横山郡，土地与郎宁郡同，唐为田州。（《御览》卷一七二

---

① 州：原文脱，据《旧唐书》卷四一《地理志》补。

《州郡部·田州》）

2788

严州修德郡，《禹贡》荆州之域，汉武平南越，即象郡地。唐乾封二年置严州，地在严岗之侧，因为名。（《御览》卷一七二《州郡部·严州》）

2789

增城县东北二十里深洞无底。北岸有石，周围三丈。渔人见金牛自水出，盘于此石。义熙中县人常于此潭石得金鏁，寻之不已。俄有鱼从水中引之，握不禁，以刀扣断得数段，人遂致富，年登上寿。其后，义兴周灵甫常见此牛宿伏石上，旁有金鏁如绳焉。灵甫素骁勇，往掩之，此牛掣断其鏁，得二丈许，遂以财雄也。（《太平广记》卷四三四《畜兽·金牛》）

2790

（容州）夷多夏少，鼻饮跣足，好吹葫芦笙，击铜鼓，习射弓弩，无蚕桑，缉蕉葛以为布。不习文学。呼市为墟，五日一集。人性刚悍，重死轻生。（《寰宇记》卷一六七《容州·风俗》、《纪胜》卷一〇四《容州·风俗形胜》、《胜览》卷四三《高州·风俗》、《大典》卷二三三九《梧·梧州府三·风俗形势》）

2791

鬼门关，在北流县南三十里。两石相对，状若关形。阔三十余步，昔马援讨林邑经此立碑，石碣尚存。昔时趋交趾，皆由此。关已南尤多瘴疠，去者罕得生还。故谚曰：鬼门关，十人去，九不还[①]。（《御览》卷一七二《州郡部·容州》）

---

① 九不还：《御览》误作“九人还”。《寰宇记》卷一六七《容州·北流县》：鬼门关，谚曰“鬼门关，十人去，九不还”。据改。

开元三年十道图十卷　唐

《旧唐书·经籍志上》："《开元三年十道图》十卷。"《新唐书·艺文志乙部》《通志·艺文略四》均同。《玉海》卷一五《唐十道志》条："《开元十道图》，其山川所分，贡赋所出，得《禹贡》别州任土之制，今载《六典》。"《旧五代史》引录之佚文残缺、讹误甚多。

2792

目次

河南道：西京[①]、河南府、滑州、许州、陕州、青州、兖州、宋州、陈州、曹州、亳州、郑州、汝州、单州、济州、滨州、密州、颍州、濮州、蔡州。

关西道[②]：雍州京兆府、同州、华州、耀州、乾州、陇州、泾州、原州、鄜州、威州、衍州[③]、武州、良州、府州、雄州、警州[④]。

河东道：并州太原府、潞州、泽州、晋州、新州[⑤]、武州、云州、应州、绛州、慈州、隰州、辽州、沁州、解州、胜州、河中府。

河北道：魏州大名府[⑥]、镇州真定府[⑦]、沧州、景州、德州、邢

---

① 西京：唐人称洛阳为东京、东都，"西京"为五代晋改。《旧五代史》卷七六《晋书·高祖纪二》：天福三年十月，"其洛京改为西京"。原文当为"东京"。

② 关西道：两唐书、《通典》等唐代文献俱称关内道，关西道为宋人所称。

③ 衍州：开元年尚无衍州，唐末丧乱始有衍州。《寰宇记》卷三四《邠州·定平县》："唐末丧乱，曾为衍州。"当为后人所加。

④ 警州：毅按，开元三年尚无警州，该州始置于景福元年。此为后人所误加。

⑤ 新州：两《唐书·地理志》河东道有忻州而无新州，当为"忻州"之误。

⑥ 大名府：始见于五代汉乾祐元年，唐仍名魏州。"大名府"为后人所改。

⑦ 真定府：据《方舆纪要》，始见于五代唐初，此为后人所改。唐称镇州。

州、磁州、澶州[①]、贝州、相州、泰州[②]、雄州、幽州、新城县[③]、定州、博州、莫州、深州、瑞州、静安军[④]。

剑南道：蜀州、汉州、彭州。

江南道：黔州[⑤]、处州、温州、婺州、湖州、秀州、全州[⑥]、杭州、福州、台州、明州、虔州、苏州、邵州、郴州、建州、道州、鄂州、潭州。

淮南道：安州、庐州、楚州、寿州、天长县[⑦]。

山南道：襄州、邓州、唐州、复州、金州、忠州、万州、夔州、利州、阆州、果州、朗州、集州、凤州、唐州[⑧]、商州、隋州、合州、雄胜军。

陇右道：秦州、成州、兆州[⑨]。

岭南道：邕州、思州、溥州[⑩]、思唐州、潘州、桂州。（《旧五代史》卷一五〇《郡县志》）

---

① 澶州：两《唐书·地理志》、《寰宇记》卷七一《檀州》俱作“檀州”。

② 泰州：唐无泰州，五代唐天成三年始置（故治在今河北保定），此“泰州”为后人所加。

③ 新城县：毅按，开元三年尚无新城县，该县始置于唐太和六年。此为后人误写。

④ 静安军：毅按，始见于后周，当为后人所加。《旧五代史》卷一一五《周书·世宗纪二》：显德二年“以李晏口为静安军，其军南距冀州百里，北距深州三十里”。

⑤ 黔州：江南道有歙州而无黔州，当为歙州之误。

⑥ 全州：据两《唐书·地理志》，江南道有泉州而无全州，当为“泉州”之误。

⑦ 天长县：毅按，天长县属淮南道之扬州，按其体例当为“扬州”。

⑧ 唐州：山南西道已有唐州，此“唐州”疑为“通州”之误。《旧唐书》卷三九《地理志》：山南西道有通州。

⑨ 兆州：毅按，史无兆州，唐陇右道有洮州，当为“洮州”之误。

⑩ 溥州：毅按，溥州始置于五代晋开运年，此为《旧五代史》误加。

唐开元十道要略 唐

《玉海》卷一五《唐十道志》条："《寰宇记》引《唐开元十道要略》。"《中国古方志考》："《唐开元十道要略》，唐，佚。"本书辑录之佚文"舜筑柳城"条，《寰宇记》引书名作《唐开元十道略》，而《通鉴》注引书名《开元十道志》，表明《唐开元十道要略》又称《开元十道志》。本书依十道分列。

河南道

2793

荥阳有青水，中有鱼，皆青色。(《寰宇记》卷九《郑州·管城县》、《元一统志》卷三《汴梁路·山川》)

河北道

2794

(檀州)以斯地为幽燕之边陲，管障塞军五千。(《寰宇记》卷七一《檀州》)

2795

舜筑柳城，即虞舜以前已有柳城之地，因有营州之称。〔《通鉴》卷二〇五"(唐则天后万岁通天元年)孙万荣举兵反，攻陷营州"注、《寰宇记》卷七一《营州》〕

江南道

2796

有庄州郡额。(《寰宇记》卷一二二《庄州》)

剑南道

2797

(乐城)汉何斌为蜀郡太守理于此，时郡邑凋残，人物穷困，乃以己禄米施惠百姓。此数城之民，由是获存。临别，百姓以白米赔填，曰"荷君父之恩无以报"。后之州郡有职田，始于此。(《寰宇记》卷七四《眉州·彭山县》)

开元录　唐

《太平御览经史图书纲目》："《开元录》。"

江南东道

2798

闽州，越地，即古东瓯。今建州亦其地。皆蛇种。有五姓，谓林、黄等是其裔。(《御览》卷一七〇《州郡部·福州》、《寰宇记》卷一〇〇《福州·风俗》)

十道录　唐韦述纂

韦述（？—757），万年（今陕西西安）人，举进士。开元天宝间历栎阳尉、秘书监、集贤学士、工部侍郎。著有《群书四部录》《开元谱》《两京新记》《两京道里记》《御史台记》等，“凡著书二百余卷皆行于代”，两唐书有传。《太平御览经史图书纲目》：“《十道录》。”《寰宇记》“废马岭县”条引书称“韦述《十道录》”。

关内道

2799

（丰州）开元领县、藩户无定。（《寰宇记》卷三九《丰州·户》）

2800

（废马岭县）与同川、怀安、方渠等四县并废。[①]（《寰宇记》卷三三《庆州·乐蟠县》）

剑南道

2801

（覆舡山），尧遭洪水，维舟泊此，舡覆于树下，因此名焉。（《寰宇记》卷八二《梓州·元武县》；《御览》卷四四《地部·覆舡山》文稍异）

2802

（纽村）纽是秦州地名。（《寰宇记》卷七八《茂州·汶川县》）

---

① 此条为后人所加。据《旧唐书》卷一〇二《韦述传》，韦述卒于至德二年（757），而同川等四县，在元和八年（813）成书的《元和郡县志》中尚存。当为元和八年之后后人所写。

山南道

2803

果、阆二州，贞观中属剑南道，开元中又属山南道。天宝中属剑南道，乾元中又属山南道。若据地势言之，嘉陵江既在剑门之外，流历果、阆、合三州而合涪江，且同是汉巴郡之地。以山川论定，合属山南道。（《寰宇记》卷八六《阆州》）

唐新集地理志九卷　唐孔述睿纂

孔述睿，越州山阴（今浙江绍兴）人。唐代宗时历国子博士、尚书司勋员外郎、史馆修撰。两唐书有传。《旧唐书》本传称："述睿精于地理"，"重修《地理志》，时称详究。"《通志·艺文略四》："《唐新集地理志》九卷。"《玉海》卷十五著录同。《太平御览经史图书纲目》："《地理志》。"《玉海》卷十五《唐郡国志》条称：孔述睿，为史馆修撰，"重次《地理志》，本末最详"。宋元诸书引录时均简称《地理志》。记事至咸通二年（861）。虽开元二十一年（733）已划分全国为十五道。但其佚文第一、二条仍按十道记述，故本书依十道分列。

叙　略

2804

太宗因山川形便，分天下为十道。一曰关内道，其名山太白、九嵕、吴、岐、梁、华；其大川泾、渭、灞、浐。二曰河南道，其名山三崤、少室、砥柱、蒙峄、嵩高、太岳[①]；其大川伊、洛、汝、颍、沂、泗、淮、济。三曰河东道，名山雷首、介、霍、五台；其大川汾、沁、丹、潞。四曰河北道，其名山林虑、白鹿、封龙、井陉、碣石、常岳；其大川漳、淇、呼沱。五曰山南道，其名山嶓冢、熊耳、铜梁、巫、荆、岘；其大川巴、汉、沮、淯。六曰陇右道，其名山秦岭、陇坻、鸟鼠同穴、朱圉西倾、积石、合黎、崆峒、三危；其大川河、洮、弱、羌、休屠之泽。七曰淮南道，其名山灊、天柱、罗、涂、八公；其大川滁、肥、巢湖。八曰江南道，名山衡、庐、茅、蒋、天目、天台、会稽、四明、括苍、缙云、金华、大庾、武夷；其大川湘、赣、

---

① 太岳：《方舆纪要》卷四六《河南》：名山有太行，而无太岳。太岳仅为河东之山，当为"太行"之误。

沅、澧、浙江、洞庭、彭蠡、太湖。九曰剑南道，其名山岷、峨、青城、鹤鸣；其大川江、涪、雒、西、汉。十曰岭南道，其名山黄岭、灵洲；其大川桂、郁。（《玉海》卷二〇《地理·山川·唐十道名山大川》）

2805

总括诸道，凡天下有盐之县一百五。关内自富平至长泽县九，河南自掖至莒县六，河东安邑、解县二，河北自钜鹿至清池三，山南自秭归至西充十八，陇右自长道至玉门县八，淮南海陵、盐城县二，江南自嘉兴至彭水县十二，剑南自彭州蒲江至江安县三十九，岭南自东筦[1]至义伦县六，并有盐。（《玉海》卷一八一《食货·盐铁·唐盐池》）

2806

苻健都长安，于雍州置司隶校尉，以豫州刺史镇许昌，秦州刺史镇上邽，荆州刺史镇丰阳，洛州刺史镇宜阳，并州刺史镇蒲坂。苻坚分司隶为雍州，分京兆为咸阳郡。洛州刺史镇陕城。灭燕之后分幽州置平州镇龙城。幽州刺史镇蓟城，河州刺史镇抱罕，并州刺史镇晋阳，豫州刺史镇仓垣，雍州刺史镇蒲坂。（《大事记续编》卷三一）

2807

开元二十八年户部帐：户，八百四十一万二千八百七十一；口，四千八百一十四万三千六百九。（《玉海》卷二〇《地理·户口·唐开元户部帐》）

关内道

2808

京兆尹县十二。其一曰长安。高帝五年置，惠帝元年初城，六年成。（《施註苏诗》卷一《中隐堂诗》注、《玉海》卷一七三《宫室·汉长安城》）

2809

秦地有鄠杜、竹林。南山檀柘，号陆海也。（《事类赋》卷二四《草部·竹》）

---

① 东筦：误，两《唐书·地理志》及《寰宇记》俱作“东莞”。

2810

昔后稷封斄、公刘处豳、太王徙郊、文王作酆、武王治镐。其民有先王遗风，好稼穑，务本业，故《豳诗》言，农桑衣食之本甚备。右扶风栒邑县有豳乡，《诗》豳国公刘所都。（《诗地理考》卷二《豳》）

2811

大兴城，东西十八里一百一十五步，南北十五里一百七十五步。（《清一统志》卷二二七《西安府·古迹》）

2812

开皇三年置雍州城，东西十八里一百十五步，南北十五里一百七十五步，东面通化、春明、延兴三门，南面启夏、明德、安化三门，西面延平、金光、开远三门，北面光化一门。里一百六，市二。（《玉海》卷一七三《宫室·城·隋雍州城》）

2813

（三曲城）三业城即此。（《新定九域志》卷三《同州》）

2814

天宝六载，更温泉曰华清宫汤，治井为池。环山列宫室。（《古今事文类聚》卷一八《地理部·建华清宫》）

2815

华山生文柏。（《御览》卷九五四《木部·柏》、《事类赋》卷二五《木部·柏》）

2816

宝鸡山有山鸡、石鸡杂处，而不相别。秦赵高烧其山，其山鸡皆飞去，而石鸡不去。其石鸡晨鸣三十里，谓之宝鸡。（《类编长安志》卷八《纪异》）

2817

岐州宝鸡东有渠引渭水入升原渠，通长安故城，咸通三年开。（《玉海》卷二二《山川》）

2818

升原渠引汧水至咸阳，垂拱初运岐陇木入京城。（同上）

2819

（凤凰谷）宜君县在此谷，在玉华宫北四里。（《大元大一统志》卷

五四五《鄜州·古迹》）

2820

坊州中部州郭无水，东北七里有上善泉。开成二年刺史张怡架水入城，以纾远汲。四年刺史崔骈复增修之。民获其利，后思之为立祠。（《天中记》卷一〇《泉》）

2821

关内道夏州朔方县有木瓜岭、莲华岭。（《大典》卷一一九八〇《岭·木瓜岭》）

2822

函谷东坂谓之八特坂。（《御览》卷五三《地部·阪》、《天中记》卷八《阪》）

2823

芮水出右扶风汧县吴山西北，东入泾。（《诗地理考》卷四《芮鞫》）

2824

浐水出南陵县之蓝田谷，西北流与一水合，水出西南莽谷，东北流注浐水。水又北历蓝田川，北流注于霸水。又云浐水北至霸陵入霸水也。[①]（《御览》卷六二《地部·浐》、《长安志》卷一一《县一·万年》）

2825

洛水出北地归德县北蛮夷中。（《寰宇记》卷三五《坊州·中部县》、《大元大一统志》卷五四四《鄜州·山川》）

2826

京兆鄠县，丰水出其东南。（《诗地理考》卷四《丰》）

2827

盐州贡盐、木瓜。（《白孔六帖》卷一〇〇《木瓜》）

2828

西河县三十六户，十三万六千三百九十。北地县十九户，六万四千四百六十一。（《玉海》卷一三三《官制·汉西河北地属国》）

① 此条毕沅校勘《长安志》谓："（汉）《地理志》无，盖敏求误以《水经注》文属《地理志》。"实则毕氏不知唐另有此《地理志》而误。

2829

五原郡稒阳县北，出石门障得光禄城，又西北得支就城，又西北得头曼城，又西北得虖河城，又西得宿虏城。（《玉海》卷一七三《宫室·汉五原塞外列城》）

2830

丰州西受降城北三百里有鸊鹈泉。（《天中记》卷一〇《泉》）

河南道

2831

周地，今之河南雒阳。谷成、平阴、偃师、巩、缑氏，是其分也。昔周公营雒邑，以为在于土中，诸侯蕃屏四方，故立京师。至平王，东居雒邑，其后五伯更帅诸侯以尊王室，故周于三代最为长久，八百余年。襄王以河内赐晋文公，又为诸侯所侵，故其分坠小。（《诗地理考》卷二《王》）

2832

河内，殷之旧都，周既灭殷，分其畿内为三国。《诗·风》邶、鄘、卫是也。邶以封纣子武康；鄘，管叔尹之；卫，蔡叔尹之。以监殷人，谓之三监。（《御览》卷一六一《州郡部·卫州》）

2833

初雒邑与宗周通，封畿东西长，而南北短，短长瀍覆为千里。（《诗地理考》卷二《宗周》）

2834

王城，本郏鄏之地。是以或谓之郏鄏。故《春秋传》曰：成王定鼎于郏鄏。河南是也。（《御览》卷一五五《州郡部·叙京都》）

2835

东都都城，前直伊阙，后据邙山，左瀍右涧，洛水贯其中，以象河汉。东西五千六百一十步，南北五千四百七十步，西连苑北，自东城而东二千五百四十步，周二万五千五十步，其崇丈有八尺，武后号曰金城。凡一百三坊、二市。（《玉海》卷一七四《宫室·城·唐东都都城》）

2836

河南府土贡埏、埴、盎、缶。（《白孔六帖》卷六二《缶》）

2837

河南郡缑氏有延寿城、仙人祠。(《玉海》卷一七三《宫室·城》)

2838

郑国，今河南之新郑，本高辛氏火正祝融之虚也。及成皋、荥阳、颍川之崇高、阳城，皆郑分也。土陿而险，山居谷汲，男女亟聚会，故其俗淫。《郑诗》曰，“出其东门，有女如云。”又曰：“溱与洧方灌灌兮，士与女方秉菅兮。”“惟士与女，伊其相谑。”此其风也。吴札闻郑之歌，曰“美哉！其细已甚，民弗堪也，是其先亡乎？”自武公后二十三世为韩所灭。(《诗地理考》卷二《郑》)

2839

郑州人无争妬顽嚣之风。(《元一统志》卷三《汴梁路·风俗形势》)

2840

滎阳有井，汉王避项羽于中。双鸠飞集井上，羽以为无人，故沛公得免，因以为名。故汉世正旦放鸠为此也。(《御览》卷九二一《羽族部·鸠》;《白孔六帖》卷九五《鸠》较简)

2841

河南郡荥阳汴[①]水、冯池皆在西南，有狼汤渠首受泲，东南至陈入颍。(《玉海》卷二一《河渠》)

2842

汴州开封县有福源池，本蓬池。天宝六载更名福源，并无渔捋。(《天中记》卷一〇《池》)

2843

陈留郡封丘有濮渠水，首受泲，东北至都关，鲁国蕃县南梁水，西至胡陵入沛渠。(《玉海》卷二一《河渠》)

2844

秦以承匡之地卑湿，故徙县于襄陵，其城遂废。昔仲尼游此城，匡人误围夫子。夫子由城东南角空而出。其迹犹存。(《寰宇记》卷二《开封府·襄邑县》)

---

① 汴：原文误作“卞”，据《元和志》卷八《郑州》、《寰宇记》卷九《郑州》改。

2845

扶乐，属陈国。（《寰宇记》卷二《开封府·太康县》）

2846

秦灭卫，以为长垣县。又，武帝立兖州于滑台，置长垣县。隋开皇九年隶杞州。唐初复置，至贞观八年废。（《寰宇记》卷二《开封府·长垣县》）

2847

（河阴故城）即汉平阴县。《左传》云："晋师在平阴。"杜预注云："今河阴县。"（《寰宇记》卷五《河南府·河清县》）

2848

东垣县，宋属河南郡。（同上）

2849

梁县属河南郡，唐汝州治梁县。〔《通鉴》卷四〇"（汉光武帝建武二年）梁侯邓禹"注〕

2850

梁侯园有乌椑八棱，大如酱盏。《文选》潘安仁《闲居赋》："梁侯乌椑之柿。"又《金谷诗》曰："前庭树沙甘，后园植乌椑。"（《大典》卷二八〇六《卑·乌椑》）

2851

梁国谷熟县西南有高辛城。（《寰宇记》卷一二《宋州·谷熟县》）

2852

河中府[①]有地方，名阴崖。（《寰宇记》卷六《陕州·芮城县》）

2853

魏城东五里有魏之祖墓，高一丈。（《寰宇记》卷六《陕州·芮城县》）

2854

吴山有城。《左传》："晋荀息请以屈产之乘与垂棘之璧，假道于虞以伐虢。"即此城也。（《寰宇记》卷六《陕州·平陆县》）

2855

定陵城，在今（舞阳）县北六十里。（《寰宇记》卷七《许州·舞

① 河中府：两《唐书·地理志》谓，河中府属河东道，而芮城阴崖则隶于陕州。当为"陕州"。

阳县》）

2856

阳城山，洧水所出。东南至长平入颍。过郡三，行百里。（《寰宇记》卷七《许州·许昌县》）

2857

碭山出文石。（《寰宇记》卷一二《亳州·永城县》）

2858

敬丘，后汉明帝更名太丘。（《寰宇记》卷一二《亳州·酂县》）

2859

鲁地，其民有圣人之教化，故孔子曰："齐一变至于鲁，鲁一变至于道。"（《诗地理考》卷五《鲁颂》）

2860

平原郡有阿阳县，汉为侯国。其城先属平原郡，汉魏以下却改为阿阳县。（《寰宇记》卷一九《齐州·禹城县》）

2861

平原有笃马河，东北入海五百六十里。（《玉海》卷二一《河渠》）

2862

淇出河内共县北山，东至黎阳入河。（《诗地理考》卷一《淇》）

2863

（不其城）有太乙、仙人祠九所及明堂，皆武帝所起。（《寰宇记》卷二〇《莱州·即墨县》）

2864

长广县有奚养泽。（《御览》卷一六〇《州郡部·莱州》）

2865

（莒子国）周武王封少昊之后，嬴姓。（《寰宇记》卷二四《密州·莒县》）

2866

莒县属城阳国，汉文帝二年封朱虚侯章为城阳王，都莒。（同上）

2867

《禹贡》导沇东流为泲。东郡临邑有泲庙。（《诗地理考》卷一《泲祢》）

2868

泗水有二、一与《水经注》同，一出济阴乘氏。（《国策地名考》

卷四《齐》）

2869

东郡有发干县。（《诗地理考》卷一《干言》）

2870

卫地有桑间，濮上之阻，男女亟聚会，声色生焉，故俗称卫之音。（《诗地理考》卷一《桑中》）

2871

齐桓公更封卫于河南曹、楚丘，而河内、殷虚更属于晋。（《诗地理考》卷一《楚丘》）

2872

河内朝歌县，纣所都，康叔所封更名卫。（《诗地理考》卷一《卫》）

2873

高密，故齐地。文帝十六年分齐立胶西国。（《寰宇记》卷二四《密州·高密县》）

2874

三涂山，在陆浑县南。《左传》谓，四岳、三涂、九州之险。或曰：三涂者，伊阙、大谷、轘辕三道是也。（《御览》卷四二《地部·三涂山》）

2875

怀仁县有夹山。（《御览》卷四二《地部·夹山》）

2876

桃山，即华莱山，一名义珠山。山上有井不可窥，窥者不盈岁辄死。（《御览》卷四二《地部·桃山》）

2877

桃山上井有鸟巢于井中，此鸟金啄、黑色，见则大水。（同上）

2878

吠狗山，宋武北伐南燕之时，至此山，夜间犬吠。明日视之，唯见石狗。（《御览》卷四二《地部·吠狗山》）

2879

蒙山，在泰山蒙阴县西南。（《诗地理考》卷五《龟蒙》）

2880

峄山，在邹县北，绎邑之所依名也。山东西二十里，南北一十三里。高秀独出，积石相临，殆无壤。石间多孔穴，洞达相通。往往有数间居处，其俗谓之峄孔。遭乱辄将居人入峄。外寇虽众，无所施害。永嘉中，太尉郗鉴将乡曲逃此山，胡贼攻守不能得。今山南有大峄，名曰郗公峄。山北有绝岩，秦始皇观礼于鲁，登于峄山之上，命丞相李斯以大篆勒铭山岭，名曰画门。《诗》所谓“保有蒲峄者也”。（《御览》卷四二《地部·峄山》）

2881

琅邪定山出云母。（《御览》卷八〇八《珍宝部·云母》）

2882

睢水首受陈留县浪荡渠。（《御览》卷六三《地部·睢水》）

2883

洛水出冢岭山。（《御览》卷六二《地部·洛》）

2884

长广县有奚养泽。（《御览》卷一六〇《州郡部·莱州》）

2885

《禹贡》桐柏大复山，在平氏东南。淮水所出，东南至淮陵入海。（《困学纪闻》卷一〇《地理》）

2886

临淮徐县，故徐国。（《诗地理考》卷四《徐国》）

河东道

2887

魏国亦姬姓也，在晋之南河曲。故《诗》曰“彼汾一曲”、“寘诸河之侧”。吴札闻魏之歌曰：“美哉，沨沨乎，以德辅，此则明主也。河东郡河北县，《诗》魏国。”（《诗地理考》卷二《魏》）

2888

河东土地平易，有盐铁之饶，本唐尧所居。《诗·风》唐、魏之国也。其民有先王遗教，君子深思，小人俭陋。故《唐·诗》：《蟋蟀》、《山枢》、《葛生》之篇曰：“今我不乐，日月其迈。”“宛其死矣，它人是偷。”“百岁之后，归于其居。”皆思奢俭之中，念死生之虑。吴札闻唐之歌曰：“思深哉，其有陶唐氏之遗民乎？”文公后十六世，为韩、魏、赵所灭。三家皆自立为诸侯，是为三晋。（《诗地理考》卷二

《唐》）

2889

北都城，左汾右晋，潜丘在其中。长四千三百一十一步，广三千一百二十二步，周万五千一百五十三步，其崇四丈。汾东曰东城，贞观十一年长史李勣筑，两城之间有中城。武后时筑，以合东城。宫南有大明城，故宫城也。宫城东有起义堂，仓中有受瑞坛。（《玉海》卷一七四《宫室·城·唐北都都城》）

2890

太原府文水西北二十里有栅城渠，贞观三年民相率引文谷水溉田数百顷。西十里有常渠，武德二年汾州刺史萧顗引文水南流入汾水。东北五十里有甘泉渠，二十五里有荡沙渠，二十里有灵长渠、千亩渠，俱引文谷水溉田数千顷，皆开元二年令戴谦所凿。（《玉海》卷二二《河渠》）

2891

河中府土贡凤栖梨。（《白孔六帖》卷九九《梨》）

2892

河中府贡龙骨、枣。（《白孔六帖》卷九九《枣》）

2893

苻坚、姚兴、赫连勃勃，并州并徙置河东。（《大事记续编》卷三〇）

2894

河中府龙门，贞观二十三年县令长孙恕凿十石垆渠[①]，溉田良沃，亩收十石。西二十一里有马鞍坞渠，亦恕所凿。有龙门仓，开元二年置。（《玉海》卷二二《河渠》）

2895

绛州垣县，武德元年曰邵州，今垣曲县。（《诗地理考》卷一《召南》）

2896

绛州曲沃有新绛渠，永徽元年令崔翳开，引水溉田百余顷。（《玉

① 贞观二十三年……十石垆渠：《新唐书》卷三九《地理志》河中府龙门县："东南二十三里有十石垆渠，（贞观）二十三年县令长孙恕凿。"

海》卷二二《河渠》）

2897

自代傍阴山至高阙，代王以为塞。（《御览》卷一六三《州郡部·代州》）

2898

马岭上有城，自平城至鲁口，屈曲延袤三百里，唐武德二年筑，贞观元年废。（《大典》卷五二〇四《原·太原府六·古迹》、《〔光绪〕山西通志》卷四八《关梁考五》）

2899

上党壶关有羊肠坂。（《元一统志》卷一《太原路·山川》）

2900

上党高[①]都有天井关，即天门也。（《御览》卷一五五《州郡部·叙京都》）

2901

紫团山出人参、紫草。（《寰宇记》卷四五《潞州·上党县》）

2902

泽州高平有甘水，一曰甘泉。贞元元年令明济引入城，号甘泉。有省冤谷，本杀谷，玄宗幸潞州过之，更名。（《天中记》卷一〇《泉》）

2903

汾水出太原郡汾阳县北山，西南至汾阴入河。（《诗地理考》卷二《汾沮洳》）

2904

金桥在上党南二里，常有童谣云：圣人执节渡金桥。景龙三年十月二十五日，帝经此桥之京师。（《玉海》卷一七二《宫室·桥梁·唐金桥》）

2905

葭芦川，在河东路[②]石州临泉县。其西南至延安府[③]四百三十五

① 高：原文误作“商”。《汉书》卷二八上《地理志》上党郡：“高都县有天井关。”径改。

② 河东路：唐河东道，宋始为河东路。此当宋元人所改。

③ 延安府：唐代延州或延安郡，北宋元祐年始称延安府，此为宋元人所改。

里。(《大元大一统志》卷五四八《葭州·建置沿革》)

2906

赵西有太原，秦庄襄王四年初置太原郡。(《诗地理考》卷三《太原》)

河北道

2907

(邸阁城)赵平原君封东武城，为别邑于此，筑城以贮器械，因以名之。(《寰宇记》卷五八《贝州·清阳县》)

2908

漳水出上党郡邺中[①]，赵武帝于漳水造浮桥接紫柏，故号曰紫柏桥。(《御览》卷七三《地部·桥》、《寰宇记》卷五五《相州·邺县》)

2909

相州邺县南五里有金凤渠，引天平渠下流溉田，咸亨三年开。(《玉海》卷二二《河渠》、《天中记》卷一〇《渠》)

2910

大碣石山，在右北平骊城县西南，王莽改曰碣石也。汉武帝亦常登之，以望巨海而勒其石。今于此枕海有石，如埇道数十里。当山顶有大石如柱形，往往而见立于海之中。潮水大至及潮波退，不动不没，不知深浅，世名之天桥柱也。状若人造，亦非人力所就。韦昭亦指此以为碣石也。(《御览》卷四五《地部·大碣石山》)

2911

中丘，逢山长谷，渚水所出。(《寰宇记》卷五九《邢州·内丘县》)

2912

蓟县，故燕国，召公所封。(《诗地理考》卷四《燕》)

2913

常山郡蒲吾县有铁山，太白渠首受绵曼水，东南至下曲阳入斯洨。

---

① 漳水出上党郡邺中：误，《水经注》卷十谓“浊漳水出上党长子县西发鸠山”，“清漳水出上党沾县西北少山大要谷”。且上党郡无“邺中”者。当为“漳水经邺中”。

(《玉海》卷二一《河渠》)

2914

尧山在唐县南山中。(《御览》卷一五五《州郡部·叙京都》)

2915

冀州南宫有浊漳隄，显庆元年筑。有通利渠，延载元年开。(《玉海》卷二二《河渠》)

2916

(平州)肥水之西，洞山之北，赤山之东，方山之南，广二千余里。其地在殷为孤竹国，在秦为右北平。四塞险固，实东北之雄邦也。(《寰宇通志》卷三《永平府·形胜》)

2917

土垠故城，在卢龙县东南。(《寰宇通志》卷三《永平府·古迹》)

2918

毅州，习俗同雁门。(《寰宇通志》卷七《万全都指挥使司·风俗》)

2919

沧州清池西南五十七里有无棣河，东南十五里有阳通河，皆开元十六年开。(《玉海》卷二二《河渠》)

2920

沙丘，在钜鹿东北七十里。(《御览》卷一五五《州郡部·叙京都》)

2921

镇州获鹿东北十里有大唐渠。自平山至石邑引大白渠溉田。有礼教渠，总章二年自石邑西北引大白渠，东流入真定界以溉田。天宝二年又自石邑引大唐渠，东南流四十三里入大白渠。(同上)

2922

定州曲阳，本恒阳。元和十五年更名。是年又更恒岳曰镇岳。有岳祠。(《天中记》卷八《恒山》)

陇右道

2923

非子邑于秦，今陇西秦亭、秦谷是也。(《诗地理考》卷二《秦》)

2924

鸣沙山，一名神沙山。其山积沙为之。峰峦危峭，踰于山石。四

面皆为沙垅，背有如刀刃。登之即鸣，随足堕落。经宿风吹，落辄复如旧。（《天中记》卷一〇《沙》）

2925

有一泉水，名曰沙井，绵历古今，沙填不满，水极甘美。（同上）

2926

天水、陇西，山多林木，民以板为室屋。及安定、北地、上郡、西河，皆迫近戎狄，修习战备，高上气力，以射猎为先。故《秦诗》曰“在其板屋”。又曰“王于兴师，修我甲兵，与子偕行”。及《车辚》《四驖》《小戎》之篇，皆言车马田狩之事。汉兴六郡，良家子选给羽林期门，以材力为官名，将多出焉。（《诗地理考》卷二《秦》）

2927

张掖郡居延县，泽在东北。古文以为流沙。（《玉海》卷一七三《宫室·汉五原塞外列城》）

2928

焉耆都督府贞观十八年灭焉耆，置有碎叶城。北庭都护府渡伊丽河，至碎叶界，又西行千里至碎叶城。水皆北流入碛。安西都护府有保大军屯碎叶城。碎叶川口至裴罗将军城，又西二十里至碎叶城，城北有碎叶水。（《玉海》卷一七四《宫室·城唐碎叶城》）

江南道

2929

吴地，斗分野。今之会稽、九江、丹阳、豫章、庐江、广陵、云安、临淮尽吴分。（《大典》卷一〇九四九《抚·抚州府·分野》）

2930

武德三年更江宁曰归化，八年更归化曰金陵，九年更金陵曰白下，隶润州。贞观九年复更白下曰江宁。（《〔景定〕建康志》卷二〇《城阙志·古城郭》）

2931

建邺、秣陵、丹扬、句容、溧阳、江宁，皆隶丹扬郡，属扬州所统。（《六朝事迹编类》卷上《丹扬门》）

2932

（蠡湖）刺史孟简开太伯渎，东连蠡湖，亦名孟河。（《〔咸淳〕毗

陵志》卷一五《山水·湖·无锡》）

2933

常州武进西四十里有孟渎，引江水南注通漕，溉田四千顷。元和八年刺史孟简因故渠开。无锡南五里有泰伯渎，东通蠡湖，亦是简开。（《玉海》卷二二《河渠》）

2934

庐江郡舒县，故舒国。龙舒县，群舒之邑。（《诗地理考》卷三《荆舒》）

2935

杭州、潭州、湖州土贡木瓜。（《白孔六帖》卷一〇〇《木瓜》）

2936

（杭州）性柔而惠，尚浮屠，厚滋味。（《寰宇通志》卷二三《杭州府·风俗》）

2937

武林山，武林水所出。（《寰宇通志》卷二三《杭州府·山水》）

2938

沙河塘，（钱塘）县旧治南五里，咸通二年刺史崔彦曾闻昔潮水冲击钱塘江岸，至于奔逸入城，势莫能御。故开沙河以决之。河有三，曰外沙、中沙、里沙。（《施注苏诗》卷五《望海楼晚景五绝》注）

2939

（南下湖）余杭南五里有上湖，西二里有下湖。归珧宰余杭筑甬道，西北大路高广径直百余里，行旅无山水之患。（《〔淳祐〕临安志》卷三四《山川·湖·余杭》）

2940

（阳陂湖）贞观十二年，县令郝其开南六十步有堤。万岁登封[①]元年县令李濬所筑，东自海，西至于苋浦，以捍水患。贞元七年，县令郑早又增修之。（《〔咸淳〕临安志》卷三四《山川·湖·富阳县》）

2941

（钱塘）咸通二年刺史崔彦曾开。（《寰宇通志》卷二三《杭州府·古迹》）

---

① 万岁登封：原文笔误作“万岁乾封”，径改。

2942

（官塘）在县北五里祥禽乡，阔一顷三十亩，溉田八顷八十亩，一百八十户。（《〔咸淳〕临安志》卷三八《山川·塘·新城县》）

2943

（北湖塘）县令归珧所开，溉田千余顷。以其在县北，故名北湖。（《〔咸淳〕临安志》卷三八《山川·塘·余杭县》）

2944

（捍海塘）长一百二十四里，开元九年重筑。（《〔咸淳〕临安志》卷三八《山川·塘·盐官县》）

2945

吴大帝分宛陵之地置（怀安县），属丹阳郡。（《寰宇记》卷一〇三《宣州·宁国县》）

2946

处州东十里有恶溪，多水怪。宣宗时刺史段成式有善政，水怪潜去，民谓之好溪。（《天中记》卷一〇《溪》）

2947

吴分豫章之新喻、宜春，庐陵之平都、永新，长沙之安成、萍乡六县为安成郡。（《寰宇记》卷一〇九《吉州》）

2948

海杏，大杏也。范蠡宅在湖中，有海杏，大如拳。今吴下杏犹如小儿拳大者。（《吴郡志》卷三〇《土物下·海杏》；《类聚》卷八七《果部·杏》较略）

2949

武康县，本乌程之余下乡地。汉末童谣曰：天子当兴东南三余之间。吴乃改会稽之余暨为永兴，分余不为永安，以协谣言。（《御览》卷一七〇《州郡部·湖州》）

2950

豫章郡城南有樟树，高[①]数十丈，立郡因以为名。至晋永嘉年间尚茂。（《御览》卷九五七《木部·豫樟》）

2951

鄮县南二里有小江湖，溉田八百顷，开元中令王元晫置，民立祠

① 高：原文误为“长”，径改。

宇以祀之。(《〔延祐〕四明志》卷一《土风考》)

2952

会稽海外有鳀人，分为二十余国，以岁时献见。(《文选》卷六《魏都赋》刘良注)

2953

荆楚本多材，因名地焉。(《御览》卷九五九《木部·荆》)

2954

九月九日为丝茱萸囊，戴之臂上。(《御览》卷九九一《药部·茱萸》)

2955

(饶州)城即吴芮为鄱君时所筑。(《御览》卷一七〇《州郡部·饶州》)

2956

有鳞甲，因号为石龙。(《御览》卷五二《地部·石下》)

2957

石鼓在宜黄水边，状如鼓形，阔九尺，长一丈四尺四寸。(同上)

2958

(石鼓)圆静如鼓，因以鼓为名焉。(同上)

2959

破石高五尺，在宜黄水边。(同上)

2960

(会稽山)会稽县有南镇永兴公祠，即此山也。(《〔嘉泰〕会稽志》卷九《山·会稽县》)

2961

会稽东北四十里有防海塘，自上虞江抵山阴百余里，以蓄水溉田。开元十年令李俊之增修，大历十年观察使皇甫温、大和六年令李左次又增修之。(《〔嘉泰〕会稽志》卷一〇《水·会稽县》)

2962

运道塘，元和十年观察使孟简筑。(《〔嘉泰〕会稽志》卷一〇《水·山阴县》)

2963

射的山，郑弘于此遇仙人采樵，常得便风，世号樵风。朝去暮来，

今犹如此。(《事类赋》卷二《天部·风》)

2964

天台山有八桂岭。孙绰赋所谓“八桂森挺,以凌霜”是也[①]。(《〔嘉定〕赤城志》卷二一《山水门·山·天台》、《御览》卷九五七《木部·桂》)

2965

诸暨如拳之栗。(《御览》卷九六四《果部·栗》)

2966

慨口,城东十三里,县列江边名慨口,豫章大江之口也。昌邑王每乘流东望,辄愤慨而还,故谓之慨口。[②](《锦绣万花谷前集》卷五《地·隆兴》)

2967

宫亭湖,庐山南临宫亭湖,西南有双阙,壁立千余仞,有瀑布焉。[③](《锦绣万花谷前集》卷五《地·江州》)

2968

开元初立市于龙岩县之太平县[④],以便贸易。后迁市于兴化乡。(《元一统志》卷八《汀州路·上杭县》)

淮南道

2969

江夏之西陵,南郡之编县,有云梦宫。华容有云梦泽。(《大典》卷一〇九三五《楚·楚地释名》)

2970

义县,宋高祖立。(《寰宇记》卷一二九《寿州·霍丘县》)

2971

(潜山)山高三千七百丈,周回二百五十里。山东面有激水,冬夏悬流如瀑布。下有九井,一石床容百人。其井若逢亢旱,杀犬投其中,即降雷雨,犬亦流出。(《寰宇记》卷一二五《舒州·怀宁县》)

---

① 孙绰赋所谓……是也:《御览》脱。

②③ 本条书名作《后地理志》,此名既不见著录,又非《后汉书·郡国志》、两《唐书·地理志》之文,权且录此,备考。

④ 太平县:误。毅按,唐汀州境内无太平县,当为“太平乡”。

2972

宋明帝割秦郡顿丘以立新昌。(《寰宇记》卷一二八《滁州·永阳县》、《纪胜》卷四二《滁州·古迹》)

2973

和州乌江东南二里有韦游沟，引江至郭十五里，溉田五百顷。开元中丞韦丑开。贞元十六年令游重彦又治之，民享其利，以姓名沟。(《玉海》卷二二《河渠》)

2974

汉武帝元封五年置枞阳县，梁天监中改县为枞阳郡，太建中亦为枞阳县，割属熙州，隋开皇十八年停废。(《纪胜》卷四六《安庆府·古迹》)

山南道

2975

汉中郡南郑县旱山，沱水所出，东北入汉。(《诗地理考》卷四《旱麓》)

2976

南阳郡宛县，故申伯国。(《诗地理考》卷二《申》)

2977

昆阳置县，以在昆水之阳也。(《元一统志》卷三《南阳府·山川》)

2978

孤山正在江中，有鸟[①]飞入舡，人以饭与之，鸟[②]且飞且啖。(《御览》卷九二〇《羽族部·鸟》、《大典》卷二三四五《乌·孤山乌》)

2979

溱州出文龟。(《白孔六帖》卷九八《龟》)

2980

利州土贡鮇鱼。(《白孔六帖》卷九八《鱼》)

---

①② 鸟:《大典》作“乌”。

2981

洋州洋川郡，武德元年析梁州之西乡、黄金、兴势置洋州[①]。（《施注苏诗》卷一一《和文与可洋川园池诗》注）

2982

房陵有清泉，土人以为粉则膏泽方贡京师，因名房陵粉水。（《海录碎事》卷三下《河海门》）

2983

百雁关在应山县。（《纪胜》卷八三《随州·景物下》）

2984

（石堰渠）复州竟陵咸通中刺史董元素开。（《玉海》卷二二《河渠》）

2985

兴州长举，元和中节度使严砺，自县西疏嘉陵江二百里，焚巨石沃醯以碎之通漕，馈成州戍兵。（《天中记》卷九《江》）

2986

复州本名沔阳郡，天宝元年更名富水郡[②]。（《纪胜》卷八四《郢州·州沿革》）

2987

郢州富水县白沙山，白沙水所出。（《纪胜》卷七六《复州·景物下》）

剑南道

2988

蜀有鸡鸣山，俗传云，金鸡鸣而天下太平，则古之名山也。因为名山戍。又，唐垂拱年中废戍为县。（《寰宇记》卷七七《雅州·名山县》）

---

① 洋州：原文脱。毅按，武德元年置洋州，天宝元年改为洋川郡，为避免歧义而补。

② 复州本名……富水郡：毅按，唐复州，晋宋时为竟陵郡，治所先在竟陵县，后移沔阳县。唐富水郡，系天宝元年改郢州置，治所在富水县。二者不在一地，不能混淆。佚文当作两条。

2989

巴蜀土地肥美，有山林果实之饶。（《文选》卷四《蜀都赋》刘良注）

2990

九陇县，晋置，以县有九曲山为名。（《御览》卷一六六《州郡部·彭州》）

2991

西徼之外，江水所出。天彭、青城，连峰不绝。（《御览》卷四四《地部·青城山》）

2992

晏州属泸州都督府。〔《通鉴》卷二五〇“（唐懿宗咸通四年）复置安南都护府于行交州”注〕

岭南道

2993

雷州土贡电斑竹。（《白孔六帖》卷一〇〇《竹》）

2994

桂阳郡有桂岭，放花遍白林尽香。（《御览》卷九五七《木部·桂》）

2995

金山下有昔人所掘窟，深窅如井，俗云掘之愈深有金沙，如糠粃状。（《纪胜》卷八九《广州·景物上》）

古今郡国县道四夷述四十卷　唐贾耽纂

贾耽，字敦诗，沧州南皮（今属河北）人。天宝年举明经，历检校司空、中书门下平章事、左仆射，为相十三年。嗜读书，尤“注意地理，究观研考垂三十年。绝域之比邻，异蕃之习俗，梯山献琛之路，乘船来朝之人，咸究竟其源流，访求其居处。阛阓之行贾，戎狢之遗老，莫不听其言而掇其要”。著《海内华夷图》等多种地理书。卒谥元靖。两唐书有传。《新唐书·艺文志乙部》：“贾耽《古今郡国县道四夷述》四十卷。”《太平御览经史图书纲目》：“《四夷郡国县道记》。”《元和志》诸书引录时多简称“贾耽《四夷述》”“《郡国县道记》”“《四夷县道记》”“《县道记》”“贾耽《郡国志》”等。王谟、王仁俊有辑佚。本书依《中国历史地图集·唐图》分列。

京畿道

2996

长安县故城，今谓之苑城。汉京兆府在故城内上冠里。其县理今失其所在。（《寰宇记》卷二五《雍州·长安县》）

2997

郃阳城，魏文侯筑。今夏阳县南三里故城是也。周武帝时属澄城郡，隋开皇十六年自故城移县于今理。（《寰宇记》卷二八《同州·郃阳县》）

2998

衙城侧有柳谷水，即彭衙水。南流至县理东北合洛水。（《寰宇记》卷二八《同州·白水县》）

2999

（郑县）古城连接今州城。齐天保中，官路经其中。东西相连有三小城，至宇文朝，县移于西南九里。隋开皇三年又移理于州北故郑城，四年又移于废华州城。（《寰宇记》卷二九《华州·郑县》、《路史》卷二八《国名纪·周氏》、《清一统志》卷二四三《同州府·古迹》）

3000

今（新丰）县东十二里、故新丰县西南四里新丰故城，即高帝为太上皇所立。后汉灵帝末徙安定郡阴盘县寄治于此城，今亦谓之阴盘城。（《长安志》卷一五《县五·临潼》）

3001

高帝葬太上皇于栎阳北原。其陵在东者太上皇，在西者昭灵后也。（《长安志》卷一七《县七·栎阳》）

3002

下邽县东南二十五里有下邽古城，在渭水之北，即大业十一年自此城移入西魏废延寿郡城，即今县理是也。唐垂拱元年十二月，自同州来属[①]。〔《寰宇记》卷二九《华州·下邽县》、《通鉴》卷八七"（晋怀帝永嘉五年）赵染败模兵于潼关，长驱至于邽"注〕

3003

渭水在（下邽）县北十四里。（《寰宇记》卷二九《华州·下邽县》）

3004

今（朝邑）县西南二里临晋故城是故芮乡。又，县东一里有王县，盖大荔成王之城。《左氏传》云：晋阴饴甥会秦伯于王城即此也。（《寰宇记》卷二八《同州·朝邑县》）

3005

巀嶭山在云阳县东北十里，一名慈峨山。俗嵯峨山顶有云起即雨。里人以为候。昔黄帝铸鼎于此山。（《御览》卷四四《地部·巀嶭山》）

都畿道

3006

东魏天平元年又改司州为洛州，改河南尹为河南郡。西魏大统三年复收洛阳，又改洛阳为司州，仍置牧。司州寻陷入高齐。司州不改，

① 即大业……来属：《通鉴》注脱。

又移河南郡于渑池县大坞城置，寻又改司州为洛州。河南郡唯领宜迁一县。（《寰宇记》卷三《河南府》）

3007

（洛阳转毂百数）无所不至。（《寰宇记》卷三《河南府·风俗》）

3008

汉渑池城与渑池水源南北相对，曹魏移于今福昌县西六十五里蠡城。后魏初犹属弘农郡。大统十一年又移于今县西十三里故渑池县为理，改属河南郡。（《寰宇记》卷五《河南府·渑池县》；《清一统志》卷二〇六《河南府·古迹·渑池故城》稍简）

3009

（河清县）唐武德二年黄君汉镇柏崖，遂于柏崖东置大基县，八年省，先天元年以讳改名河清县。贞观中县界黄河清，因以为名。后废。（《寰宇记》卷五《河南道·河清县》）

3010

汜水出县南方山，经县东始合于河。（《寰宇记》卷五二《孟州·汜水县》、《元一统志》卷三《汴梁路·山川》）

3011

（轵县故城）后魏自此城移县于今县东南三十八里皮城置，大业二年省之。（《寰宇记》卷五二《孟州·河阳县》）

3012

武德有故雍城，在县西北三十五里，疑此是也。（《寰宇记》卷五三《怀州·武德县》）

关内道

3013

陇州吴山县东四十五里，即岐山县之西南界。有一故城，彼人谓之文王城。（《寰宇记》卷三〇《凤翔府·普润县》）

3014

（汉杜阳县城）杜阳，晋省，在今凤翔府北九十里普润县东南界，已失其所在。（同上）

3015

庆州以北，地形曼衍，直抵沙漠，寇入最易。（《方舆纪要》卷五

七《陕西·庆阳府》）

3016

（敬本故城）以地理求之，九原郡城也。（《元和志》卷四《天德军·中受降城》、《寰宇记》卷三九《中受降城》、《玉海》卷一七四《宫室·城·唐三受降城》）

3017

九嵕山，东连仲山，西当泾水出焉。九嵕高六百五十丈，周十五里。在咸阳[①]。（《御览》卷四四《地部·九嵕山》、《类编长安志》卷六《山水·山》）

河南道

3018

阳武县所理，晋废。后魏孝昌中复置。高齐又省。隋开皇六年移理于阳池城，即今原武县也。唐武德四年，于汉原武故城复置阳武县，即今理也。（《寰宇记》卷二《开封府·阳武县》）

3019

《春秋》所说中牟在赵地，非此也。后汉和帝时，鲁恭为中牟宰，有善政，即此县。（《寰宇记》卷二《开封府·中牟县》）

3020

梁县西南十五里有古梁国城存。韩分晋得颍川之父城，东接汝南，西接弘农，皆韩分。战国时，梁属魏。秦置三十六郡，属三川郡。在汉为河南郡之梁县地。后汉因之。魏晋为河南、舞阳二郡之地。（《寰宇记》卷八《汝州》、《路史》卷二八《国名纪·周氏》稍略）

3021

（故卷城）即《左氏》晋文公败楚师，“甲午至衡雍”。一名恒雍，今故卷城是也。（《寰宇记》卷九《郑州·原武县》）

3022

（角城）旧理在淮水之北、泗水之南，亦谓之泗城。即晋安帝义熙中于此置淮阳郡，仍置角城县。梁改角城为临清县。后魏改为角城县。高齐又改角城为文城县。周又改文城为临清县。隋开皇三年罢郡，乃

---

① 在咸阳：《类编长安志》作“唐太宗昭陵在其上”。

省临清县，其城因而荒废。（《寰宇记》卷一七《淮阳军·宿迁县》）

3023

临朐有海水祠。（《寰宇记》卷二〇《莱州·掖县》）

3024

（海曲）汉县，后割属琅邪郡。（《寰宇记》卷二二《海州·怀仁县》）

3025

黔陬，秦新置，在今郡东北一百一十里，东陬故城是也。（《寰宇记》卷二四《密州·诸城县》）

3026

（秦琅邪郡故城）句践本理会稽，盖因会诸侯于河，权于此观望经旬，时不应都此。《吴越春秋》所说近于诞谬。（同上）

3027

（成乡县）北海有成乡，王莽改曰石乐。此成乡，王莽改曰顺城。即明二成乡所理各别。旧地理书并不载所在，盖在今邑北界，与北海成乡，犬牙相接。（《寰宇记》卷二四《密州·安丘县》）

3028

（灵门）在今县西南六十里，当沂水县东北一百里。有巨平山。在山北浯水侧近。（《寰宇记》卷二四《密州·莒县》）

3029

潍水北至昌都入海。（同上）

3030

赣榆城，在怀仁县东北三十一里，一名盐仓城。后汉改属东海国，曹魏时省。晋太康中复立，寻又省。隋大业末，臧君相窃据海州，以先有赣榆县，遂筑此城，因取旧名。更置赣榆县。唐武德八年省。（《寰宇记》卷二二《海州·东海县》）

3031

琅邪台在故城东南十里，州东南一百七十里。台上有始皇碑。碑上有六百字可识，余多剥落。台侧有四时祠，即齐地八祠之一。又云台上有神泉，人或污之即立竭。（《御览》卷四二《地部·山》）

3032

（故丽城）高一丈五尺。（《路史》卷二八《国名纪·周氏》）

河东道

3033

今端氏所理，即后魏文帝置安平郡故城之所。（《寰宇记》卷四四《泽州·端氏县》）

3034

绛西北三十里长修故城。（《寰宇记》卷四七《绛州·正平县》）

3035

骐，汉县，后汉省。武帝封属国驹几为侯。（《寰宇记》卷四八《慈州·乡宁县》）

3036

（正平县）在（绛）州西北三十里长修故城是也，汉高帝二年[1]封杜恬为侯国，后汉省。（《〔光绪〕山西通志》卷五二《古迹考三》）

3037

吕香本汉之北屈地，有骐县[2]。（《御览》卷一六三《州郡部·慈州》、《寰宇记》卷四八《慈州·乡宁县》）

3038

（卢氏县）县则西虢之别邑。（《寰宇记》卷六《虢州·卢氏县》、《御览》卷一五九《州郡部·虢州》、《新定九域志》卷三《虢州》）

河北道

3039

共城县理西北六十里大山之中有罗门，即山峡陉束之所也。内有南罗、中罗、北罗三城，各相去六七里。其山南北约二十里，东西约十五里，四面并高山，可为栖遁之地。（《寰宇记》卷五六《卫州·共城县》）

3040

在（深泽）县二十五里有南深泽故城。以城名言之，即是涿郡之

① 二年：原文误作“十一年”。《汉书》卷一六《高慧高后功臣表》、《寰宇记》卷四七《绛州·正平县》均作“二年”。径改。

② 有骐县：《寰宇记》作“或谓之临汾地则误矣”。

属县，以去国里数较近，即此是中山之属县。（《寰宇记》卷六〇《祁州·深泽县》、《清一统志》卷五六《定州直隶州·古迹》）

3041

武强故县，在今县西南二十五里。汉为侯国。今县即西晋于其城置武强县，因古城以名之。高齐移于今理。有卫、漳河，在今县南五里。其城即后魏武邑郡城，道武皇始二年筑。（《寰宇记》卷六三《深州·武强县》）

3042

（故中水县）其城南枕滹沱，北背高河，高齐天保七年省。（《寰宇记》卷六三《深州·乐寿县》、《元胜览》卷上《腹里·献州》）

3043

古鬲国，郾姓[①]，咎陶之后。汉为县。高齐天保七年并入安德。废城在今县西北。（《寰宇记》卷六四《德州·安德县》、《路史》卷二五《国名纪·少昊后偃姓国》；《新定九域志》卷二《德州》稍略）

3044

蒲领，汉县。在冀州阜城县北三里蒲领故城是也。后汉并入蓚县。（《寰宇记》卷六五《沧州·清池县》）

3045

章乡，汉县。后汉省并入饶安。（《寰宇记》卷六五《沧州·无棣县》）

3046

（阔山）此山及盐山，二山并低小，无峰峦树木。（《寰宇记》卷六五《沧州·盐山县》）

3047

其東州故城，今有三重。县城周五六里。故州外城周回约二十里。迄今宛然不改。（《寰宇记》卷六六《瀛州·東城县》）

3048

信都城内有曹魏冀州刺史陈留丁绍《颂德碑》，青龙三年立。又有

① 郾姓：《寰宇记》《路史》同，《新定九域志》作“俞姓”，疑俱误。《帝王世纪》：皋陶生于曲阜，曲阜，偃地，帝因之赐姓曰偃。《水经·河水注》：应劭曰“鬲，偃姓，咎繇后”。且《中国人名大辞典·姓氏考略》无郾姓者，当以“偃姓”为是。

后魏刺史崔藏、李平、封龙之四碑，文皆冠绝。（《寰宇记》卷六三《冀州·信都县》）

3049

西梁故城一名五梁城，城有二重，后汉并入扶柳县。隋开皇三年于此置安定县，属定州。十八年改为鹿城县。取县东鹿城为名，属冀州。唐贞观元年改隶深州，至德元年改为束鹿[1]。（《寰宇记》卷六一《镇州·束鹿县》；《路史》卷二六《国名纪·高阳氏后》稍略）

3050

今枣强县东北十八里有广川王故城。慕容垂于此置广川郡。后魏孝文太和十一年废郡。高齐天保七年省广川县。因移枣强县理此城，属长乐郡。隋开皇二年又自故城移枣强于今理。（《寰宇记》卷六三《冀州·枣强县》）

3051

（莎题县）今在贝、冀、德三州之界。（同上）

3052

（候井）汉县，旧地理书并失其所在。以理推之，盖在今弓高县西北三十五里房将池侧近。旧传此池每日再增再减，疑其与海潜通。又池形窄小有似于井。以其增减不失时候，因于池侧置县，谓之候井。岁月既久，今按其水不复有增减之候。或云今弓高县，即汉候井县，莫详所的。（《寰宇记》卷六八《定远军·东光县》）

3053

（幽都县）建中二年于罗城内废燕州廨置，在府北一里。其燕州本国，因栗末靺羯首领突地稽，当隋开皇中领部落归化，处之于营州界。炀帝八年为置辽西郡，以突地稽为太守，治营州东二百里汝罗故城，后遭边寇侵掠，又寄治于营州城内。唐武德二年改辽西郡为燕州，仍置总管。六年自营州徙居幽州城内。累代袭燕州刺史。建中初为朱滔所破灭，寻州废，立此县于故城。（《寰宇记》卷六九《幽州·幽都县》）

3054

孤竹城在肥如县南二十里。《史记》谓，齐桓公伐山戎北至孤竹。

---

① 至德元年改为束鹿：此言不详，当为“至德元年改鹿城为束鹿”。

（《寰宇记》卷七〇《平州·卢龙县》）

江南西道

3055

武陵，五溪蛮之西界也。（《纪胜》卷一七六《黔州·景物上》、《胜览》卷六〇《绍庆府·山川》）

3056

五溪，谓酉、辰、巫、武、沅等五溪[①]。古老相传云，楚子灭巴，巴子兄弟五人流入五溪，各为一溪之长。一说五溪蛮，皆盘瓠子孙，自为统长，故有五溪之号焉。古谓之蛮蜑聚落。（《纪胜》卷一七六《黔州·景物上》）

黔中道

3057

黔州[②]最僻远，东至溪州三亭县四百五十里，东南至锦州常丰县二百里。（《纪胜》卷一七八《思州·古迹》、《寰宇记》卷一二二《思州·思邛县》）

3058

隋开皇五年，于州理置涪川县，属黔州，唐武德元年，又以涪川、扶阳二县属思州。（《寰宇记》卷一二一《费州》）

山南东道

3059

析水，经析县邑东。今析水经西，盖郦氏之《经》误矣。析，春秋时一名白羽。（《寰宇记》卷一四二《邓州·内乡县》）

---

① 五溪……等五溪：此说与《水经注》卷三七《沅水注》有异，谓“武陵有五溪，谓雄溪、樠溪、无溪、酉溪、辰溪……悉是蛮左所居，故谓此蛮五溪蛮也”。

② 黔州：《寰宇记》作“此邑”，记在“思邛县”下。经查阅历史地图，思邛属思州，与“东至溪州”，“东南至常丰县”之里程不合。应以《纪胜》所记“黔州”为是。

3060

析邑属楚，楚顷襄王元年，秦昭王发兵出武关攻楚取析，即此也。（《寰宇记》卷一四二《邓州·内乡县》）

山南西道

3061

（巴州）李特、孙寿时有群僚[①]十余万，从南越入蜀汉间，散居山谷，因流布在此地，后遂为僚[②]所据。（《御览》卷一六八《州郡部·巴州》、《寰宇记》卷一三九《巴州》）

3062

李寿时，僚[③]从山出，自巴西至犍为，布满山谷十余万落，大为民患，四境之内遂至萧条。（《纪胜》卷一八七《巴州·州沿革》）

3063

梁州之西县，本名白马城，又曰浕口城，后魏正始中立嶓冢县，隋始改曰西县[④]。〔《通鉴》卷七一“（魏明帝太和二年）马谡与张郃战于街亭”注、《寰宇记》卷一三三《兴元府·西县》〕

3064

梁于此置金迁戍，周闵帝改为金迁郡[⑤]，仍置晋安、晋城、西水三县以属焉。郡理晋安。（《寰宇记》卷八六《阆州·晋安县》、《清一统志》卷三九一《保宁府·古迹》）

3065

（涪陵）故城，在蜀江之南、涪江之西。其涪江南自黔中来。由城之西溯蜀江十五里有鸡鸣峡。上有枳城，即汉枳县也。李雄据蜀后荒废。东晋桓元子定蜀，别立枳县于今郡东北十里邻溪口，又置枳城郡，寻废。（《寰宇记》卷一二〇《涪州》）

3066

（南北二城）城固今县东六里故北城是，以有南城故谓此为北城。

---

①②③ 僚：详本书0734条之校注。

④ 后魏正始……改曰西县：《寰宇记》作“即宋于此城侨立华阳郡”，不确。《宋书·州郡志》不载，《方舆纪要》《清一统志》均不从。

⑤ 周闵帝改为金迁郡：《北周地理志》谓，西魏改掌天郡为金迁郡。

（《寰宇记》卷一三三《兴元府·城固县》、《纪胜》卷一八三《兴元府·县沿革·城固县》）

3067

（溱南二州大路）江津县在今郡北一百二十里，县南陆路三百六十里至溱州。又自江津县路南，寻僰溪水路二百二十里至南平州。（《寰宇记》卷一三六《渝州·江津县》）

剑南道

3068

西赵蛮在东谢之南，并南蛮别种。其界山洞深阻，莫知里数。南北十八日行，东西二十三日行。赵氏代为酋长，有万余户，自古不臣服中国。唐贞观三年，遣使入朝。至二十一年于此置明州。其地东至夷子，西至昆明，南至西洱河。土俗与东谢同。（《蜀中广记》卷三七《边防记·上川东》）

地图十卷　唐贾耽纂

贾耽，《古今郡国县道四夷述》解题已著录。《新唐书·艺文志乙部》：“贾耽《地图》十卷。”《通志·艺文略四》《国史经籍志》卷三著录皆同。佚文按唐十五道分列。

关内道

3069

（古鹑觚县）秦使蒙恬北筑长城，又筑城于此，以觞设奠，有鹑鸟飞来升觚，遂以为名。[①]（《新定九域志》卷三《邠州》）

3070

望石气如浮云者，其珠玉之精也。（《御览》卷八《天部·云》、《事类赋》卷二《天部·云》）

剑南道

3071

昔齐乐郡城，周明帝罢以为齐乐县。（《寰宇记》卷七四《眉州·丹稜县》）

河北道

3072

隋初，自今遂城县所理英雄城，移南营州，居燕之候台，仍改名易州，取州南易水为名。〔《通鉴》卷一八七“（唐高祖武德二年）易州贼帅宋金刚”胡三省注〕

---

① 本条书名《郡县地图记》，不见著录，疑即《地图》，姑录存备考。

江南西道

3073

益阳县东八十里，即汉之益阳故城也。（《寰宇记》卷一一四《潭州·益阳县》）

皇华四达记十卷　唐贾耽纂

贾耽，《古今郡国县道四夷述》解题已著录。《新唐书·艺文志乙部》：“贾耽《皇华四达记》十卷。”《宋史·艺文志三》《通志·艺文略四》《崇文总目》卷二著录俱同。

京畿道

3074

自长安至鄯州约一千七百余里。〔《通鉴》卷二〇二“(唐高宗永隆元年)吐蕃寇河源”胡三省注〕

河北道

3075

自蓟州东北一百二十里至盐城守捉，又东北渡泺河，至卢龙镇。(《元胜览》卷上《腹里》)

3076

自营州入安东，道经汝罗守捉，渡辽水至安东都护府，故汉襄平城是也。(《方舆纪要》卷三七《山东·东宁卫》)

唐国要图五卷　唐贾耽撰　褚璆重修

贾耽，《古今郡国县道四夷述》解题已著录。《崇文总目》卷二《地理类》："《唐国要图》五卷，贾耽撰，褚璆重修。"宋《吴郡志》引称《大唐国要图》。

江南东道

3077

唐朝应管诸院，每年两浙场收钱六百五十五贯，苏州场一百五万贯。（《吴郡志》卷一《户口税租》）

3078

苏州贡丝绢、绫绢、乌眼绫衫段、罗纻布、折皂布、柑子、桔子、菱角。（《吴郡志》卷二《土贡》）

贞元十道录四卷　唐贾耽纂

贾耽，《古今郡国县道四夷述》解题已著录。《新唐书·艺文志乙部》：“贾耽《贞元十道录》四卷。”《宋史·艺文志三》同。《通志·艺文略四》：“《贞元十道录》一卷。”清光绪末年发现敦煌石室遗书后，罗振玉从中觅见《贞元十道录》残卷十六行，记剑南道姚、协、曲、悉、柘、静、保、霸、维、真、恭、翼十二州之县名、土贡、道里等。收入《鸣沙石室遗书》。今辑残卷所缺佚文三条，依罗振玉书结构分列。

叙　略

3079

凡三十一节度，十一观察与防御经略，以守臣称使者共五十。（《通鉴地理通释》卷三《十节度》）

陇右道

3080

（狄道县）自武德已后，此邑为临州，管狄道、安乐二县。后安乐寻废，州额亦停。（《寰宇记》卷一五一《兰州·狄道县》）

江南道

3081

严州贡交梭。（《〔淳熙〕严州图经》卷一《土贡》）

贞元十道图　唐

未见著录。然《寰宇记》《纪胜》引录其文皆署《贞元十道图》。未知是《贞元十道录》之别称，抑或另一种，权且录此备考。

剑南道

3082

黔、涪、夷、费、思、播、溱、珍、南等九州，自分十道属江南道。其涪州，开元中改属山南道，天宝中复属江南道，乾元中又属山南东道。古九州界，本汉巴郡之南鄙，虽在大江之南，而东与施、溪、锦、奖四州，隔高一岭。其南、溱、珍等三州，又与剑南泸州接境，风俗颇同，以山川言之，合属剑南道。（《寰宇记》卷一二〇《黔州》、《纪胜》卷一七六《黔州·风俗形胜》）

3083

（文、扶）此二州自贞观中隶陇右道，开元后并属剑南道。古二州并置在南白江下流，至方维与北江合，据山川势合属山南道，以前七州合于武州，置一连帅以总之，捍御西戎，于边事甚便。顷开元、天宝中，西戎陆梁，数乘间入塞，每于叠州西南掠地，陇右发兵赴之，鲜有所获。又剑南出师援救，罕闻有功。地当两师强弩之末，故虏骑得宽纵于弥水、阔水之间。如武州置兵，与剑南、陇右为犄角之势，自然破胆，边境无事，诚所赖焉。（《寰宇记》卷一三四《文州·曲水县》）

陇右道

3084

叠、宕、武、成四州，自分十道后并属陇右道。自上元二年没入蕃，成、叠、宕、武四州，并置在白江之侧。（《寰宇记》卷一五五《叠州·常芳县》）

贞元略　唐

未见著录，《寰宇记》三引《贞元略》，故录存于册。

江南东道

3085

福州东至温州水路一千八百里。又，西北至建州六百里。（《寰宇记》卷一〇〇《福州·四至八到》）

3086

（建州）东至处州九百里[①]，南至福州六百里[②]，北至衢州七百里[③]，西南至汀州一千五百里[④]。（《寰宇记》卷一〇一《建州·四至八道》）

3087

泉州东至大海一百里[⑤]，西南至漳州三百五十里[⑥]。（《寰宇记》卷一〇二《泉州·四至八到》）

① 九百里：《寰宇记》作“九百七十六里”。
② 六百里：《寰宇记》作“七百二十里”。
③ 七百里：《寰宇记》作“一千一百里”。
④ 一千五百里：《寰宇记》作“二千四百里”。
⑤ 一百里：《寰宇记》作“百二十里”。
⑥ 三百五十里：《寰宇记》作“六百里”。

元和郡县图志四十卷　唐李吉甫撰

李吉甫（758—814），字弘宪，赵州赞皇（今属河北）人，年二十七即为太常博士，后历忠州、郴州、饶州刺史，元和三年（807）入为宰相，封赵国公。两唐书皆有传。李氏从政多年，深感“成当今之务，树将来之势，则莫若版图地理之为切”。故著有《元和郡县图志》等多种地理书。《新唐书·艺文志乙部》：“李吉甫《元和郡县图志》五十四卷。”《通志·艺文略四》亦著录为“五十四卷”，其书名称《元和郡国图》。《旧唐书》卷一五《宪宗纪》：元和八年“宰相李吉甫进所撰《元和郡国图》三十卷”。《通鉴》卷二二〇（唐肃宗至德二年）注引“沙苑”条，其书名称“李吉甫《郡国图》”，经与《元和郡县图志》卷三《同州·冯翊县》“沙苑”条比对，名虽异而文相同，实为一书。斯志存世本为四十卷，其中缺卷一九《河北道四》、卷二〇《山南道一》、卷二三《山南道四》、卷二四《淮南道》、卷三五《岭南道二》、卷三六《岭南道三》。末附缪荃孙《元和郡县图志阙卷逸文》四卷。今补辑佚文三十三条，按原书结构分列。

关内道

3088

（咸阳县）山南曰阳，水北曰阳。在北山之南、渭水之北，故曰咸阳。（《天中记》卷一三《县》）

3089

开元十八年析兴道县置华阳县，以其地居华山之阳故也。天宝三载废。八载王鉷奏开清水谷路，复奏于黎园置华阳县。其年凿山得玉

册，改名真符县，隶京兆府。十一年以路远改属洋州。（《元一统志》卷四《兴元路·金州·古迹》）

3090

陇山，在陇州之北，即灵州，灵州即灵武也。肃宗以天宝十五载七月即位灵武，改元为至德。（《雍录》卷六《崆峒山》）

3091

频阳县以县西北十一里有频山，秦厉公于山南立县，故曰频阳。（《长安志》卷二〇《县十·美原》）

3092

后魏太和十五年改（杏城）镇为东秦州。孝明二年又改为北华州。废帝二年改为鄜州。[①]（《元一统志》卷四《延安路·鄜州》）

3093

（甘泉宫）武帝以五月避暑于此，八月乃还。（《天中记》卷一三《宫》）

河南道

3094

开元十三年冬，玄宗登封太山，登封之夕，凝气昏晦，迅风激烈。玄宗出斋宫露立以请，及明清霁，旛旗不摇，事毕至山下，日又抱戴明耀五色，千宫称贺。其日大赦，以灵岳昭感，封泰山神为天齐王。（《天中记》卷八《泰山》）

3095

太阳桥，长七十六丈，广二丈，架黄河之左，陕县东北三里。贞观十一年，太宗东巡遣武侯将军邱行恭营造。（《天中记》卷一六《桥》）

河北道

3096

军都山在昌平县西北十里。后汉尚书卢植尝隐此山，刘玄德等皆修弟子之礼。（《元一统志》卷一《大都路·古迹》）

---

① 此条文字详于今本《元和志》卷三《鄜州》，故录于此。

山南道

3097

（仇池山）载《宋书·氐胡传》云，仇池，地方百顷，四面斗绝，高平地方二十余里，羊肠盘道三十六回。山上丰水泉煮土成盐。范晔《后汉书》：河池方百顷，左右皆白马氐矣。（《胜览》卷七〇《同庆府·山川》）

3098

利州城西临嘉陵。（《胜览》卷六六《利州·形胜》）

3099

汉中为巴蜀捍蔽，故蜀先主得汉中曰，曹公虽来，亦无能为也。是以公孙述、刘备、李雄据蜀，汉中皆陷。（《胜览》卷六六《兴元府·形胜》）

3100

襄阳县西七里曰隆中。《汉晋春秋》：诸葛亮家南阳，在襄阳城西二十里，号曰隆中。（《大元大一统志》卷三五六《襄阳路》）

3101

旧子午道在全州安康县界。梁将军王神念，以旧子午道缘山避水，桥梁百数，多有毁坏，乃别开乾路，更名子午道，即此路是也。（《元一统志》卷四《兴元路·古迹》）

3102

古賨国城在流江县东北七十里。《晋中兴书》：賨者，廪君之苗裔也。巴氏子务相乘土船而浮，众异之，立为廪君，子孙列巴中。秦并天下薄其税赋，人出钱四十。巴人谓赋为賨，因名焉。后佐高祖定天下，喜歌舞，所谓巴渝舞也。（《胜览》卷六四《渠州·形胜》）

3103

嶲山县西北至利州一百十五里，汉葭萌县地。后魏于今县西南十五里置义城县，隋义宁二年改名义清县。天宝元年改名嶲山县，以县北三十里有可嶲山为名。（《清一统志》卷三九一《保宁府·古迹》）

淮南道

3104

霍山帝以霍山为南岳，遂祭其神。今其土俗呼南岳。隋以江南衡

山为南岳。(《胜览》卷四八《安丰军·山川》)

3105

(峰火山)齐、陈二国割江为界,征伐不已,烽候频惊。此山高敞,可以瞻望。齐永明八年,因置烽火于山。(《寰宇记》卷一二五《舒州·宿松县》)

江南道

3106

潭州,南以五岭为限,北以洞庭为界。(《胜览》卷二三《潭州·形胜》)

3107

白马山,在竹山县西南三十里,山似石马。曹孟德叹金城千里,即此也。(《胜览》卷三三《房州·山川》)

3108

(处州)湍流险阻,九十里间三十六滩。(《清一统志》卷三〇五《处州府·形势》)

剑南道

3109

梓州城,宋元嘉中筑。(《胜览》卷六二《潼川府·形胜》)

3110

(大禹庙)禹本汶山广柔人,生于石纽村。其地名刳儿坪[①]。其石绿色。古石纽在茂州,故有庙[②]。(《胜览》卷五五《茂州·祠庙》、《天中记》卷一六《村》)

3111

(绵)州城理汉涪县也,去成都三百五十里。依山作州,东据天池,西临涪水,形如北斗卧龙伏焉。梁天监中,张齐为太守,更造楼橹却敌,有东西门。东门久塞,富乐山气所冲,门开则丧乱。宋元嘉初太守王怀素开之,果致丧败。尔后复塞。(《胜览》卷五四《绵州·

---

① 其地名刳儿坪:《胜览》脱。

② 其石绿色……故有庙:《天中记》脱。

形胜》）

3112

盘古祠，在成都县东三十里。徐整《三五历记》云，天地浑沌如鸡子，盘古生其中。八万四千岁，天地开辟，阳清为天，阴浊为地，盘古在其中。一日九变，神于天，圣于地。天日高一丈，地日厚一丈。盘古日长一丈。如此满八万四千岁，天极高，地极深，盘古极长后乃有三皇。数起于一，立于三，成于五，盛于七，处于九。故天去地九万里也。（《胜览》卷五一《成都府·祠庙》）

3113

昌州，东临赤水，西枕营山，北倚长岩，最为险固。（《胜览》卷六四《昌州·形胜》）

3114

西川节度使，西抗吐蕃，南抚蛮獠[①]。（《胜览》卷五一《成都府·形胜》）

岭南道

3115

罗山之峰四百三十有二。《南越志》：高三千六百丈，周回三百二十七里。十五岭，三十二峰，九百八十温泉。（《胜览》卷三六《惠州·山川》）

3116

地有大廉洞，故武德五年[②]置大廉县。今县虽废，而州名则以大廉洞故名耳。（《胜览》卷三九《廉州·形胜》）

3117

（廉州）（合浦郡）黄武七年，更名珠官郡。少帝改珠官郡复[③]为合浦郡。（《纪胜》卷一二〇《廉州·沿革》）

---

① 獠：详本书第0734条之校注。

② 武德五年：原文误作“元德五年”，据《寰宇记》卷一六九《太平军》“废大廉县……唐武德五年置”改。

③ 复：原文无。毅按，合浦郡始置于汉元鼎六年，吴少帝恢复汉郡名，故补。

3118

青草县之孤夷，兽名也。有神牙长二寸，食人。性嗜人掌蹠。得人即悬之室内，当面铺坐，击钟鼓，歌舞饮酒。稍割而啖之。方与农时猎人以祀田神。（《元一统志》卷一〇《藤州·古迹》）

3119

梧州有朱丘临水，南枕广江，左带郁江，渭之三江口。（《大典》卷二三四〇《梧·山川·郁林州》）

陇右道

3120

（陇山）每山东西行役，升此眺望，莫不悲思。陇山上有水东西分流，因号为分水岭。行人歌曰："陇头流水，鸣声呜咽，遥见秦川，肝肠断绝。"（《胜览》卷七〇《西和州·山川》）

元和国计簿　唐李吉甫撰

李吉甫，《元和郡县志》解题已著录。斯书目录学家未曾著录。《通鉴》卷二三七：“（唐宪宗元和二年）是岁，李吉甫撰《元和国计簿》上之。”

总　叙

3121

总计天下方镇四十八，州府二百九十五，县千四百五十三。其凤翔、鄜坊、邠宁、振武、泾原、银夏、灵盐、河东、易定、魏博、镇冀、范阳、沧景、淮西、淄青等十五道七十一州不申户口外凤翔、鄜坊、邠宁、振武、泾原、银夏、灵盐、河东皆被边；易定、魏博、镇冀、范阳、沧景、淮西、淄青皆藩镇世袭，故并不申户口，纳赋税。每岁赋税倚办止于浙江东、西，宣歙，淮南，江西，鄂岳，福建，湖南八道四十九州，一百四十四万户，比天宝税户四分减三。天下兵仰给县官者八十三万余人，比天宝三分增一，大率二户资一兵。〔《通鉴》卷二三七（唐宪宗元和二年）〕

江南道

3122

严州贡白石英、交梭、竹簟。（《〔淳熙〕严州图经》卷一《土贡》）

古今地名三卷　唐李吉甫撰

李吉甫，《元和郡县图志》解题已著录。《新唐书·艺文志乙部》：“李吉甫《古今地名》三卷。”《通志·艺文略四》：“《古今地名》三卷。”亦有称其《古今地志》《古今地名记》者。如佚文“松滋”条，《寰宇记》卷一四六《荆州·松滋县》称之《古今地志》，卷一二九《寿州·霍邱县》称之《古今地名记》，《御览》卷一六七则称《古今地名》。今按十道分列。

关内道

3123

韩武子食菜于韩原，亦秦晋战于此地，即获杜回，又秦获晋惠侯以归之处[①]。（《御览》卷五七《地部·原》、《史记》卷四五《韩世家》“得封于韩原”《正义》、《寰宇记》卷二八《同州·韩城县》）

河南道

3124

负黍在洛州阳城西三十七里[②]。〔《史记》卷四五《韩世家》“秦拔我阳城负黍”《正义》、《通鉴》卷一“（周安王八年）郑负黍叛，复归于韩”注〕

3125

（酂县）即酂亭是也。《舆地志》云：魏以酂县属谯郡，汉封萧何为酂侯。《茂陵书》：“何封国在南阳。”姚察曰：“两县同作酂字，南阳酂音赞，此沛酂音嵯。”班固《泗水亭高祖碑》云：“文昌四友，汉有萧何，序功第一，受封于酂。”以韵而言，则非南阳酂也。（《寰宇记》

① 亦秦晋……归之处：《史记》正义、《寰宇记》皆脱。

② 西三十七里：《通鉴》注作“西南二十七里，或云在西南三十五里。”

卷一二《亳州·酂县》）

3126

王屋山状如垣形，故以名县。（《寰宇记》卷五《西京三·王屋县》）

3127

（王屋山）山方七百里，山高万仞，本冀州之河阳山也。（《史记》卷二《夏本纪》“砥柱析城，至于王屋”《正义》）

3128

（渑池）秦赵所会之地，汉为县，属弘农郡。（《寰宇记》卷五《河南道·渑池县》）

河东道

3129

解县有智城。（《史记》卷四四《魏世家》“共伐灭知伯”《正义》）

3130

永安有吕乡，晋大夫吕甥之邑也，吕州取名于此。（《〔光绪〕山西通志》卷五三《古迹考》）

3131

冥軨坂在盐池东、吴城之北，今之吴坂。（《御览》卷五三《地部·阪》）

淮南道

3132

荆州[1]松滋县，古鸠兹地，即楚兹方是也。（《史记》卷四〇《楚世家》“蜀伐楚取兹方”《正义》、《寰宇记》卷一二九《寿州·霍邱县》、卷一四六《荆州·松滋县》）

---

① 荆州：误，本条之松滋在安徽芜湖东，不在荆州松滋县。《左传》襄公三年：“春，楚子重伐吴，为简之师，克鸠兹。”杜预注：“鸠兹，吴邑，在丹阳芜湖东。”《汉书》卷二八上《地理志》：庐江郡有松兹县。高后四年封徐厉为祝兹侯。《寰宇记》卷一二九《寿州·霍丘县》所引无“荆州”二字，并云“废松滋县，在县东十五里。”《寰宇记》卷一四六《荆州·松滋县》不当引录此条。

江南道

3133

（西安故县）汉献帝建安中置。（《寰宇记》卷一〇六《洪州·分宁县》）

山南道

3134

沔阳大隐林，又有小隐林。南有隐矶山，是渔父钓所。（《寰宇记》卷一四四《复州·沔阳县》）

3135

竟陵有偃月城，城三面漳水拥也。（《寰宇记》卷一四四《郢州·长寿县》）

3136

（武陵山）《左传》谓“楚武王卒于樠木之下”。即此山也。（同上）

十道图　唐

唐代《十道图》有三。一为《长安四年十道图》十三卷，《旧唐书·经籍志上》著录；一为《开元三年十道图》十卷，《旧唐书·经籍志上》著录，本书已辑录；一为李吉甫《十道图》十卷，《新唐书·艺文志乙部》、《直斋书录解题》卷八皆著录。陈振孙并谓"今不分卷"。今辑佚文，既未署撰人，又不明年代，仅署《十道图》，无从区别，权且作为一种录存。

总　叙

3137

（八大都督府）以灵州为首，陕、幽、扬、潞、魏、镇、徐等州为次。（《玉海》卷一三三《官制·唐都督府》、《通鉴地理通释》卷三《二十四都督》）

关内道

3138

长安贡隔纱、靴、毡、粲、草席、酸枣仁、地骨皮、藕粉、葛粉、樱桃、紫稈、粟、大小麦面。（《长安志》卷一《土贡》、《类编长安志》卷一《土贡》）

河南道

3139

（海州）孝妇庙，又有墓。（《新定九域志》卷五《海州》）

河东道

3140

（丹朱城）尧长子丹朱所筑。古长子县治此。后燕[①]慕容垂再修筑。（《〔成化〕山西通志》卷七《古迹》；《〔光绪〕山西通志》卷五〇《古迹考》稍异）

陇右道

3141

大非川在青海南，乌海、星宿海、柏海并在其西。且末又在其西，极远。〔《通鉴》卷一九四“（唐太宗贞观九年）侯君集等进逾星宿川至柏海”胡三省注〕

3142

（阶州）有杨难当墓、石鸡神祠。（《新定九域志》卷三《阶州》）

淮南道

3143

仙人捣药臼。（《新定九域志》卷五《扬州》）

江南道

3144

（太湖）三万六千顷。（《寰宇记》卷九二《常州·宜兴县》）

3145

（沅州）有晋褒城、苦杏城。（《新定九域志》卷六《沅州》）

---

① 后燕：原文误作“晋”，据《十六国春秋·后燕录》改。

郡国志　唐

唐代《郡国志》有三。一为《通志·艺文略四》、《国史经籍志三》皆著录的“《贞观郡国志》十卷”。一为《新唐书·艺文志乙部》、《崇文总目》卷二皆著录的“《郡国志》十卷”。一为《宋史·艺文志三》著录的“曹大宗《郡国志》二卷”。《玉海》卷一五《唐郡国志》条亦称“《中兴书目》谓《郡国志》二卷，曹大宗撰。始于关内，终于岭南”。鉴于佚文均未署撰人，无从区分，权作一种录存。本书按《中国历史地图集·唐图》分列。

京畿道

3146

始皇陵有银蚕、金雁，以多奇物，故俗云秦王地市。(《御览》卷一九一《居处部·市》)

3147

长安大侠万子夏居柳市，司马季主卜于东市，晁错斩于东市，西市在醴泉坊，隋曰利人市。因有西市署。(《寰宇记》卷二五《雍州一·长安县》)

3148

雍州杜城在安仙门南七里。春秋范宣子云，在周为唐杜氏，即是此也。(《御览》卷一九三《居处部·城下》)

3149

雍州虎圈在通化门东二十五里。秦王置朱亥于其中，亥嗔目虎不敢动。(《御览》卷一九七《居处部·圈》)

3150

雍州霸昌厩，在长安西二十五里。王莽使司徒王寻发长安宿此。(《御览》卷一九一《居处部·厩》)

3151

雍州司天台西北有香室街。(《御览》卷一九五《居处部·街》、

《类编长安志》卷四《街市里第》）

3152

雍州轵道在通化门东北十里。（《御览》卷一九五《居处部·道路》）

3153

雍州霸陵城，在通化门东二十里。秦襄王葬于其坂，谓之霸上。[①]（《御览》卷一九三《居处部·城下》、《长安志》卷一一《县一·万年》）

3154

右扶风美阳有岐山、有周城。周大王所徙，南有周原。（《诗地理考》卷四《周原》）

3155

美阳有周城。（《诗地理考》卷一《周南》）

3156

平陵故城与茂陵故城相去二里。（《寰宇记》卷二六《雍州·咸阳县》）

3157

雍州咸阳县北十五里长平坂，汉武帝幸甘泉，驰道有虫覆地，亦如生肝。问东方朔，朔曰："秦狱地冤气也，臣闻酒能销愁。"以酒浇之果销也。（《御览》卷五三《地部·阪》）

3158

蓝田有青维泥城，亦曰柳城。（《御览》卷一九三《居处部·城下》）

3159

雍州富平西南十五里有直市城，秦文王造物无二价，以直市为名。（《御览》卷一九一《居处部·市》、《天中记》卷一六《市》）

3160

杜预造河桥于富平，即此也。（《御览》卷七一《地部·津》）

---

① 此条毕沅校勘《长安志》谓："（后汉）《郡国志》无此文，误。"实则毕氏不知唐有《郡国志》而误校耳。

3161

唐武德二年于汉盩厔故城置终南县。贞观[1]八年废县，因名为终南城。（《寰宇记》卷三〇《凤翔府·盩厔县》；《长安志》卷一八《县八·盩厔》较简）

3162

苏武冢在好畤县东三十里，名守节乡。（《长安志》卷一四《县四·武功》）

3163

（马冢）汉滕公乘马至此，马踣地悲鸣，因掘地得石棺，铭曰“佳城”。郁郁三千年，见白日，吁嗟。滕公居此室，公曰天也，吾死即安此乎。冢在饮马桥南，时人谓之马冢。[2]（《长安志》卷一一《县一·万年》）

3164

鹿台祠，百姓祈祷水旱有感，俗名鹿台将军。（《长安志》卷一七《县七·高陵》）

3165

（韩原）冯翊有原，《诗》曰有阜。其道韩侯受命是此原也。（《天中记》卷一六《原》）

都畿道

3166

洛州王城宫城西入苑，故郏鄏城也。周武王伐殷，迁九鼎，此地也。夏至之影，尺有五寸，谓之土中焉。泉亭，即春秋时泉皋，伊洛之戎同伐京师。（《御览》卷一九三《居处部·城下》）

3167

梓泽，即金谷也，有金水出焉，故谓之金谷。晋石季伦别墅在焉。（《天中记》卷一〇《溪》）

3168

洛阳董卓宅在永和里。掘地輙得金玉宝玩。后魏邢栾掘得丹沙及

---

① 贞观：据《方舆纪要》《清一统志》，为贞观八年废终南县，径补。

② 此条毕沅校勘《长安志》谓：“（后汉）《郡国志》无此文，误。”实则毕氏不知唐有《郡国志》而误校耳。

钱，铭曰“董太傅之物”。后梦见卓索，栾不与，经年而卒。（《御览》卷一八〇《居处部·宅》）

3169

洛阳石崇宅，有绿珠楼，今谓之狄泉。（同上）

3170

雒阳有上程聚。古程国，伯林甫之国也。（《诗地理考》卷四《程》）

3171

洛阳苏秦宅在利仁里，后魏尚书高显业宅。每夜显业见赤光。于光处掘得金百斤，铭曰“苏家金”。显业为之造寺。（《御览》卷一八〇《居处部·宅》、《寰宇记》卷三《河南府·洛阳县》）

3172

洛阳阳子台，在阳城东三十里。阳陵子隐处洛水，昔王子晋与浮丘公同游，受玉鸡之瑞水，亦宓妃之所在也。（《御览》卷一七八《居处部·台下》）

3173

洛阳鸡台，有刘曜试弩棚、夕阳亭。贾充出镇长安，百僚饯送于此。（同上）

3174

（洛子神）后魏虎贲中郎将洛子渊者，洛阳人，镇防彭城，因同营人樊元宝归，附书至洛下，云“宅在灵台南”。元宝至，忽见一老翁云“是吾儿书”，引入。屋宇显敞，饮食非常。久之，送元宝出，唯见高崖对水，方知是洛水之神，因立祠，以祈水旱。（《寰宇记》卷三《河南府·洛阳县》）

3175

（石虎）在洛阳西，秦末尝鸣，应三十里。今人铁钉钉两足，兼截双耳。（《寰宇记》卷三《河南府·河南县》）

3176

（白君祠）瀍水西南有白仲理墓，前有祠堂。石碑题曰“真人白君之表”，即晋永宁二年志之。（同上）

3177

（苌弘祠）弘，周人，无辜见杀。今洛中有祠存，谓撞钟祠是也，

即后人讹尔。(《寰宇记》卷三《河南府·河南县》)

3178

北邙山是陇山之尾，一名平逢山，一名郏山。(《天中记》卷七《山》)

3179

少室山一名黍室山①。负黍城在南，故因山以名城也。(《御览》卷三九《地部·嵩山》、《天中记》卷八《嵩山》)

3180

洛阳渑池县，有秦赵二王城，号为俱利城。(《御览》卷一九三《居处部·城下》)

3181

陕县有陕、陌，二伯所分。(《诗地理考》卷一《周南》)

3182

陕州平陆县小平津，张让劫献帝处。南岸有勾陈垒，武王伐纣八百诸侯会处。(《御览》卷七一《地部·津》)

3183

(勾陈垒)杜预造河桥于富平，即此也。(同上)

3184

王屋县有孔子学堂，西南七里有石室，临大河。水势湍急，五里之间寂无水声，如似听义。(《御览》卷一七六《居处部·堂》、《天中记》卷一四《堂》)

3185

郑州故魏任城王台下，池内有汉时铁钟，长六尺，入地三尺，头自正。为晋氏重兴之瑞，今不知所在。东南有空侯城，郑卫之音也。(《御览》卷一七八《居处部·台下》)

3186

郑州博浪城，即张良为报仇击秦王处。(《御览》卷一九三《居处部·城下》)

3187

荥阳县有太武城。高祖与项氏各在一城。东城有高坛，即项羽置

① 黍室山：《天中记》作“负忝山”。

太公于上处，今名项羽堆，亦呼为太公台。（《御览》卷一七八《居处部·台下》）

3188

河南荥阳有敖亭，周宣王狩于敖。（《诗地理考》卷三《敖》）

3189

尧井在汜水县东十五里。汉高祖败项羽，追之入此井，得免。见井中有双鸠飞出，有蜘蛛网，因而得免。（《御览》卷一八九《居处部·井》）

关内道

3190

同州韩城，即韩原也。《诗》所谓韩侯受命是此地，春秋时秦擒晋惠公处也。（《御览》卷一九三《居处部·城下》）

3191

同州所理城，即后魏永平三年，刺史安定王元燮所筑。其东城，正光五年刺史穆弼筑，西与大城通。其外城，大统元年刺史王罴筑。（《寰宇记》卷二八《同州》）

3192

（郃阳县）今县南二十里有城，即古莘国地也。散宜生为文王求有莘氏美女以献纣，即此地。（《寰宇记》卷二八《同州·郃阳县》、《路史》卷二七《国名纪·陶唐氏后》）

3193

井城、葭芦泽在兴宁县，亦盐池之异称耳。（《寰宇记》卷三七《盐州·白池县》）

3194

鄜城，本三秦高奴之地，翟道故城是也。俗谓高楼城，即春秋白翟所居。（《寰宇记》卷三五《坊州》、《御览》卷一九三《居处部·城下》、《元一统志》卷四《延安路·古迹》）

3195

鄜州仙宫门，即汉武帝所造相思川也。伏陆县有相思乡。（《大典》卷三五二七《门·仙宫门》）

3196

右扶风郿县有邰亭。（《诗地理考》卷四《邰》）

3197

雍召，穆公采邑。（《诗地理考》卷一《召南》）

3198

岐阳大山，岭通褒斜大路。（《寰宇记》卷三〇《凤翔府·宝鸡县》）

3199

夏州朔方郡赫连勃勃僭号，筑土起真珠楼、冲天台。（《御览》卷一七八《居处部·台下》）

3200

大同镇，今九原县有前鸡延城、后鸡连城。（《寰宇记》卷三九《丰州·九原县》）

3201

云中郡[①]有紫河镇，内有金河水，其泥色紫故曰金河。（《御览》卷六四《居处部·金河》）

3202

云中五原，唾出口成冰，言苦寒也。（《御览》卷一六三《州郡部·云州》）

3203

姑衍州有汤井、风穴，深不可测，常有微风。虽三伏盛暑，犹须衣裘。（《御览》卷一八九《居处部·井》）

3204

韩冯翊有原，按《诗》曰“有倬其道，韩侯受命”是此原也。（《御览》卷五七《地部·原》）

河南道

3205

东魏孝敬帝以此置梁州，周宣帝改为汴州[②]，以其临汴水为名也。

---

① 郡：当谓“都督府”。据《旧唐书》卷三九《地理志》，唐云中郡在云州，即今山西大同；而紫河镇、金河水均属云中都护府（其治所在今内蒙古和林格尔）。

② 周宣帝改为汴州：《元和志》同。然《隋书》卷七三《樊述略传》载：“周建德五年，拜汴州刺史”，宣帝之前已有汴州，当谓“周武帝改为汴州”。

隋大业十三年州废[1]，以开封浚仪属郑州。隋乱陷贼，唐武德四年平王世充，复置汴州。（《御览》卷一五八《州郡部·东京开封府》）

3206

汴城上有列仙吹台，西有牧泽甬道二百里。汉梁孝王所造，今谓之赤堤。城东有繁台，本吹台也。云苍颉师子野所造。后有繁姓居侧，因名焉。西有崇台，即颜率云“蝉台之下，沙海之上”是也。（《御览》卷一七八《居处部·台下》；《天中记》卷一五《台》甚简）

3207

汴有浚城，《鄘诗》云：“孑孑干旌[2]，在浚之城[3]。”（《御览》卷一九三《居处部·城下》）

3208

酸枣县，韩徙都于此，有冰井台、五马泉。（《御览》卷一七八《居处部·台下》）

3209

（七女冢）昔卢氏居此，无男惟有七女，父亡，家有宝物，相让不取，自投水中，不沉。七女皆葬于此。（《寰宇记》卷二《开封府·酸枣县》）

3210

渭州鹿鸣城，城内有鸣鹿台。（《御览》卷一九三《居处部·城下》）

3211

濮阳县本颛顼之城，今谓之帝丘，夏后之代昆吾居之。《春秋》卫迁于帝丘，梦人登昆吾之墟是也。（《御览》卷五三《地部·丘》）

3212

东郡濮阳县有颛帝冢。（《诗地理考》卷一《桑中》）

3213

东郡濮阳县，古昆吾国。（《诗地理考》卷五《昆吾》）

---

[1] 大业十三年州废：误，《元和志》卷七《汴州》作“隋大业二年作废”，《寰宇记》《方舆纪要》均作“大业初废州”。

[2] 旌：《毛诗正义》作“旟”。

[3] 城：《毛诗正义》作“都”。

3214

东郡卫公国，姚姓，本观国也。有河牧城。（《路史》卷二七《国名纪·陶唐氏后》）

3215

濮州姚墟有二井，是舜井也。以物投一井，即二井水皆动。耕于历山，渔于雷泽。即此也。（《御览》卷一八九《居处部·井》）

3216

濮州羊角城陈思王愁台，基甚高。（《御览》卷一七八《居处部·台下》、《天中记》卷一五《台》）

3217

濮州璧玉台，穆天子为盛姬所造也，今旁地犹多珉石。（同上）

3218

汝阴县富陂城，即《诗》之汝坟也。俗谓之女郎台。（同上）

3219

豫州吴房县，吴王阖闾之第夫概王朝楚，楚封之于堂溪。（《御览》卷六七《地部·溪》）

3220

汝南新蔡有大吕亭，故吕侯国。（《清一统志》卷二一一《南阳府·古迹》）

3221

许州有丹书台，魏文帝受禅，有黄乌衔丹书集此台。（《御览》卷一七八《居处部·台下》）

3222

许州雍城，即黄帝臣雍父始作杵臼处。（同上）

3223

河南中牟县有清口水。（《诗地理考》卷二《清》）

3224

河南中牟县有圃田泽。（《诗地理考》卷三《甫草》）

3225

（陈县）陈有株邑，盖朱襄之地。（《诗地理考》卷二《株林》）

3226

亳州城父县老子祠，赖乡曲仁里庙内有八公台、九柱楼。画东王

母、西王母。又有静念楼。（《御览》卷一七八《居处部·台下》）

3227

（大徐城）曰薄薄城。（《路史》卷二七《国名纪·陶唐氏后》）

3228

成武有楚丘亭。（《路史》卷二八《国名纪·周氏》）

3229

曹州离狐县有延津、澹台，子羽投壁断蛟处。（《御览》卷七一《地部·津》）

3230

曹州漆园城，庄周为吏处。（《御览》卷一九三《居处部·城下》）

3231

曹州白雁城，即卫侯伐郑至于鸣雁是也。（同上）

3232

冤句县昌都城，吕后追尊父吕公为宣王都此，有吕后台。西有辟阳侯台，阁道相连，基址见存。（《御览》卷一七八《居处部·台下》）

3233

（节女山）北海县节女，当齐湣王伐楚，苏浑死焉。有五女终身不嫁，呼父魂，葬于此山，因名。（《寰宇记》卷一八《潍州·北海县》）

3234

（野井亭）即齐侯唁公于野井。（《寰宇记》卷一九《齐州·禹城县》）

3235

女郎山有祠焉。（《寰宇记》卷一九《齐州·章丘县》）

3236

昌阳县有巨神岛，有祠，能兴云雨。崔琰避黄巾贼于此山。（《寰宇记》卷二〇《登州·文登县》）

3237

登州文登县有不夜城、尚书城。有石桥，即秦始皇造，欲观日处。文登山，始皇召文士而登此山。（《御览》卷一九三《居处部·城下》）

3238

不夜城北有海牛岛，（海牛）无角，紫色，足似龟，长丈余，尾若鲇鱼，性捷疾，见人则飞赴水。皮堪弓鞬，脂可燃灯。（《寰宇记》卷

二〇《登州·文登县》、《齐乘》卷一《山川·白鹿山》)

3239

(中郎城)石勒遣中郎将石同筑此城以防海，故曰中郎城。(《寰宇记》卷二〇《登州·黄县》)

3240

(大劳山、小劳山)吴王夫差登之，得《灵宝度人经》。(《寰宇记》卷二〇《莱州·即墨县》)

3241

即墨城北有古冢，或发之，有黄牛从埏门出，犯之即吼，不可动也。(同上)

3242

(夏侯皋墓)昔徐诞弟子夏侯皋死后，有人遇皋，以手巾寄信于诞。视之乃棺中物也。(同上)

3243

郓州须昌县有犀丘城、青陵台。宋王令韩恁筑者。(《御览》卷一七八《居处部·台下》)

3244

高密县西有郑玄宅，亦曰郑城。玄后移葬于砺阜。墓侧有稻田十万顷，断水造鱼梁，岁收亿万，号万匹梁。(《寰宇记》卷二四《密州·高密县》、《御览》卷一八〇《居处部·宅》)

3245

钟离昧[①]城南有羽泉，亦殛鲧之处，其水恒清，牛羊不饮。(《寰宇记》卷二二《海州·朐山县》、《御览》卷四二《地部·河南宋郑齐鲁诸山》)

3246

阙里，背洙面泗。有夫子床，前有石砚一枚，石作甚朴，云夫子生平所用物。(《寰宇记》卷二一《兖州·曲阜县》)

3247

少皞自穷桑登帝位。(同上)

3248

兖州两观城即仲尼为鲁司寇诛少正卯之处。(《御览》卷一九二

① 昧：《御览》误作“沫”。《元和志》卷一一《海州·朐山县》亦作“昧”。

《居处部·城下》）

3249

兖州有娥皇女英台。（《御览》卷一七八《居处部·台下》）

3250

（樊县故城）卿士樊仲皮国也。（《寰宇记》卷二一《兖州·瑕丘县》）

3251

（曲阜）神农氏自陈徙都于此，昔大庭坡故有大庭之库存焉。（《寰宇记》卷二一《兖州·曲阜县》）

3252

宰我，鲁人，为临淄大夫，与田常作乱，夷其族，孔子耻之。（同上）

3253

泰山博县有龟山。（《诗地理考》卷五《龟蒙》）

3254

邹县，本邾娄之国，鲁缪公改为邹，即邾人获公胄，悬于鱼门，是此邑。（《寰宇记》卷二一《兖州·邹县》）

3255

邹山，古之峄山也。有穴遥与洞庭通。其孔可以逃难。晋太尉郗鉴避胡贼越于此。山下有大峄，名郗公峄。（同上）

3256

（双石）莱芜县南夹道有巨石。长二丈，双立，即汉昭帝时自立也。（《寰宇记》卷二一《兖州·莱芜县》）

3257

东岳庙前有柏树，武帝所种。赤眉贼砍一树，见血乃止。（《寰宇记》卷二一《兖州·乾封县》）

3258

（牛栏村）麋竺放牧之所，今民祭犹呼麋堆。（《寰宇记》卷二二《海州·朐山县》）

3259

（麋竺冢）刻石为人马禽兽之状，名之为鬼市。（同上）

3260

（大朱山）晋永嘉末陈仲举入此山石室中学道，因仙去。（《寰宇

记》卷二四《密州・诸城县》）

3261

谷城，管仲私邑。其城内有夫子五冢[1]存焉。（《寰宇记》卷一三《郓州・东阿县》、《御览》卷一八九《居处部・井》）

3262

（东阿）其地出缯缣，故秦王服阿缟即此地也。（《寰宇记》卷一三《郓州・东阿县》、《御览》卷一六〇《州郡部・济州》）

3263

周首亭，即埋长狄荣[2]如首于此。（《寰宇记》卷一三《郓州・东阿县》、《御览》卷一八九《居处部・亭》）

3264

后魏置济州于单于城，中即石勒于耕处，闻鼓角之声是此。（《御览》卷一六〇《州郡部・济州》）

3265

宋王纳韩凭之妻，使凭连土筑青陵台。（《寰宇记》卷一四《济州・郓城县》）

3266

（昌邑故城）城内有铁柱，大五围，出地五六尺。曾有人掘之，及泉，未见其本。（《寰宇记》卷一四《济州・金乡县》）

3267

（司马城）城内有铁碑，云"汉浮阳侯司马耀所封邑"。（同上）

3268

济州有浮山，故老相传云，尧时大雨，此浮水上，时有人缆舡于岩石间。今犹有断铁锁。（《御览》卷七六九《舟部・叙舟》）

3269

纪侯冢在箕山之阴。（《寰宇记》卷一八《青州・益都县》）

3270

（凡山）黄帝封泰山，禅凡山，合符得不死药。（同上）

3271

（棘下）张逸问郑玄云，我先师棘下生。（同上）

---

① 冢：《御览》误作"井"。

② 荣：《御览》作"乔"。

3272

尧庙在渑水侧。(《寰宇记》卷一八《青州·益都县》)

3273

淄水在县城南，渑水在县城东。即易牙别二水之味于此。(《寰宇记》卷一八《青州·临淄县》)

3274

社山之西，愚公谷之东，有愚公冢存。(同上)

3275

(鼎足山)上有坟，是管仲陂。(同上)

3276

(圣水)鹿皮公作转轮、县阁，上峰[①]，饮此水而成仙。(同上)

3277

(左右池)齐恒公宫内有七市，即阎职与懿公游于池，今谓左右池也。(同上)

3278

(临淄)县东有阴阳里[②]，即诸葛亮《梁父吟》曰"步出齐东门，遥望阴阳里，里内有三坟，累累皆相似，借问谁家坟，田开[③]、古冶子。"(同上)

3279

(三良冢)即二桃杀者，《梁父吟》曰："问是谁家冢，田疆、古冶子。"(《寰宇记》卷二一《兖州·曲阜县》)

3280

雍门，齐门也，韩娥东至齐，乏粮，过雍门鬻歌于市，即此。(《寰宇记》卷一八《青州·临淄县》)

3281

(梧台)宋人得燕石之所。(同上)

3282

十二斤沟，即百脈水，亦曰合流水。(《寰宇记》卷一九《淄州·

① 峰：《水经注》卷一九《淄水注》引《列仙传》作"岑山"。

② 阴阳里：《水经注》卷一九《淄水注》作"荡阴里"。

③ 田开：《水经注》卷一九《淄水注》作"田开疆"。《汉唐方志辑佚》载《三齐略记》谓："田开疆、公孙接、古冶子三壮士冢，在齐城东南三百步。"

淄川县》）

3283

小沂水今号为长利圯，上有桥，即张良为黄石公取履所。（《御览》卷六三《地部·沂水》、《寰宇记》卷一七《淮阳军·下邳县》）

3284

高苑县北二十五里，古千乘县。以齐景公有马千驷，畋于青邱得名。（《齐乘》卷四《古迹·千乘城》）

3285

（沛县）古云逼阳国地，汉为县，属泗水郡。盖取《史记》齐景公畋于沛，又许由隐于沛泽皆其地，因立名焉。（《寰宇记》卷一五《徐州·沛县》）

3286

薛城，高厚无比，多英杰子弟，盖有孟尝君之遗风也。（《寰宇记》卷一五《徐州·滕县》）

3287

（桃山）一名义珠山。山有井不可窥，窥者不盈年辄死。有鸟巢于井中，金喙黑色，见则大水。（同上）

3288

怀仁县南钟离昧城南有羽泉。相传为殛鲧之处。其水恒清，牛羊不饮。（《清一统志》卷一〇五《海州直隶州·山川》）

3289

（磬石山）即《尚书》所谓“泗滨浮磬”。（《寰宇记》卷一六《泗州·临淮县》）

3290

（薄薄城）即徐偃王权造，故曰薄薄城。（同上）

3291

淮阳县有抱月城，城抱淮泗之水，形势似月也。（同上）

3292

下邳城有白楼门，即曹公征吕布所登。晋太康元年自徐城移下邳国理此，封安平王子冕[①]是为王。宋为下邳郡。（《寰宇记》卷一七《淮

① 冕：《寰宇记》作“晃”。

阳军·下邳县》、《大典》卷二八〇七《丕·下邳县》）

3293

（角城）晋安帝义熙中置此城，在今县东南。东临泗水，南近淮水，自晋至隋迄为重镇。（《寰宇记》卷一七《淮阳军·宿迁县》）

3294

市邱，即古市邱侯来献鼎处。（同上）

3295

后魏置济州于单于城中，即石勒于耕处闻鼓角之声，此其地也。（《寰宇记》卷一四《济州》）

3296

（费城）曹腾封鄪费亭侯。（《寰宇记》卷一二《亳州·永城县》）

3297

南顿县有光武台，应璩宅在其侧。（《御览》卷一七八《居处部·台下》）

3298

长白山，陈仲子夫妻隐处。（《御览》卷四二《地部·长白山》）

3299

高陵关，旧名卢津关。（《新定九域志》卷一《濮州》）

3300

（秦台）秦始皇东游，筑此台以望沧海，因萦蒲系马。（《新定九域志》卷二《滨州》）

河东道

3301

并州榆次县凿台，即杀智伯于凿之中。（《御览》卷一七八《居处部·台下》）

3302

（夏禹祠）禹初禅于平阳，后迁安邑，都晋阳[①]。故此有祠存。

① 都晋阳：文献多不持此说。《帝王世纪》谓“禹都安邑”。《史记》卷三一《吴太伯世家》索隐：“夏都安邑。”《通典》卷一七九《州郡典》绛州夏县：“夏都安邑，在今县北十五里。”

（《寰宇记》卷四〇《并州·平晋县》）

3303

悬瓮山一名龙山，亦名结绌山，多鮆鱼，食之不骄。晋水出焉。又有象山，《前赵录》[①] 云，刘聪征刘琨不克，略晋阳、踰象山而归也。又汾水自阳曲界流入，南过晋阳县。晋水从南流注之。又有洞过水西入于汾，晋水下口也。（《御览》卷四五《地部·悬瓮山》）

3304

万根谷山，即羊肠坂也。在（交城）县东南五十三里。石磴萦委若羊肠，后魏于此立仓，名羊肠仓。（《寰宇记》卷五〇《大通监·交城县》）

3305

六壁府，后魏太平真君五年讨胡于六壁，即此城。俗以城有六面[②]，因以为名焉。（《御览》卷一九三《居处部·城下》、《天中记》卷一三《城》）

3306

灵石县有静岩山，在东北二十里，即太岳也。下有五龙泉，即文公封推绵上之田是也。（《御览》卷四五《地部·静岩山》）

3307

板桥城，刘渊击刘琨于此。（《寰宇记》卷四一《汾州·介休县》）

3308

介山上有子推冢，并祠存。（同上）

3309

石姥祠，石形似姥，今有祠焉。（《寰宇记》卷四〇《并州·寿阳县》）

3310

岳庙下有灵泉，即五龙之水，以供祭祀。鼓动则泉流，声绝则水竭。（《寰宇记》卷四一《汾州·灵石县》）

3311

（狐谷亭）即狄侵晋，取狐厨。今为亭。（《寰宇记》卷四三《晋

---

① 前赵录：原文脱“赵”，据《十六国春秋》补。

② 俗以城有六面：存疑。《方舆纪要》卷四二《汾州府·孝义县》引《郡志》曰：“六壁者，所辖贞壁、贾壁、白壁、许壁、柳壁，并六壁为六也。”

州·临汾县》）

3312

晋州临汾县臭水池六畜不饮，一名麣镬池。即煮眉间赤头处，镬翻因成池。今水上犹有脂润。（《御览》卷六七《地部·池》、《寰宇记》卷四三《晋州·临汾县》）

3313

（浍高山）晋平公与齐景公至浍上，有犬狸身狐尾，随平公之车。（《寰宇记》卷四七《绛州·翼城县》）

3314

龙头城有程公祠，即晋贤士程子华与孔子相逢，倾盖接毂与语。孔子以束帛赂之，死葬于此而冢存。[①]（《寰宇记》卷四七《绛州·曲沃县》）

3315

（临龙谷）在（正平）县东南，后周与齐王交聘，路径谷侧，使人多于此赋诗。（《寰宇记》卷四七《绛州·正平县》）

3316

（隰州）以州前二里有泉下湿，故取下湿之意为名。（《御览》卷一六三《州郡部·沁州》）

3317

（蒲）州南二里有蒲坂城，旧地理书相传曰汉蒲坂城。即今郡所理大城。后人增筑。大河在其西，雷首山在其南。后魏太武帝神䴥元年，自安邑移郡于此城[②]。（《寰宇记》卷四六《蒲州·河东县》）

3318

（羁马故城）今谓之涉丘，即《左传》谓“翦我羁马”。（同上）

3319

三辂山，北曰大辂，西曰小辂，东曰荀辂。（同上）

---

① 此条《寰宇记》不当记在《绛州·曲沃县》内。据《史记·孔子世家》、石荣璋《孔子年谱》，孔子未曾适晋。程本《子华子》谓：“孔子之郯，尝遇于涂，倾盖与语。”郯，即今山东郯城县。佚文与曲沃无关。

② 后魏太武帝神……此城：此说不见历代地理总志和山西方志。其时移治此城者为河东郡，非蒲州。

3320

河东蒲坂有雷首山。县南二十里有历山，舜所耕处。（《诗地理考》卷六《舜耕于历山》）

3321

蒲州蚩尤城、鸣条野。禹娶涂山女，思恋本国，筑台以望之，谓之青台，上有禹祠，下有青台驿。（《御览》卷一七八《居处部·台下》）

3322

猗氏县猗顿所居之地。猗顿，鲁穷士也。问术于陶朱公，公教之畜五牸，遂富。汉因之名县。（《御览》卷一六三《州郡部·蒲州》、《天中记》卷一三《县》）

3323

河东安邑，有昆吾亭，汤伐桀战处。（《诗地理考》卷五《昆吾》）

3324

皇甫谧云鸣条之野，立鸣条亭。（《御览》卷一九四《居处部·亭》）

3325

虢州杨镇宅西有龙望原，南崖有太尉公藏书窟。太元初人逐兽入穴，见古书二千余卷。（《御览》卷一八〇《居处部·宅》）

3326

虢城、虞城，相传云晋既灭虞虢，迁其人于此筑城以居之。（《御览》卷一九三《居处部·城下》）

3327

（望夫山）有石人伫立于山上。（《寰宇记》卷四五《潞州·黎城县》）

3328

（羊头山）有神农城，山下有神农泉，南带太行，又有散盖。即神农尝谷之所也。（《寰宇记》卷四五《潞州·上党县》）

3329

（五指山一手一足之跡）北齐文宣王遣人量之，长七尺。（《寰宇记》卷四四《辽州·辽山县》）

3330

（屋騋嶝）高齐之初，镌山腹写《一切释经》于此也。（同上）

3331

（阳城县）今邑西有地云舜田。（《寰宇记》卷四四《泽州·阳城县》）

3332

朔州太平城，后魏穆帝治也。太极殿、琉璃台瓦及鸱尾。悉以琉璃为之。（《御览》卷一九三《居处部·城下》）

3333

朔州有神泉，人歌曰：纥真山头有神井，入地千尺绝骨冷。（《御览》卷一八九《居处部·井》）

3334

（白楼）即后魏纳姚女为后，悲思故国，造此楼登望，饰以铅粉，故名之。（《寰宇记》卷五一《朔州·鄯阳县》）

3335

雁门灵丘县有捣药溪。（《寰宇记》卷四九《代州·雁门县》）

3336

雁门有常溪水。（同上）

3337

（石鼓山）代郡石鼓在山下横卧，高一丈八尺，腰细，有过绳处。（《寰宇记》卷四九《代州·雁门县》、《元一统志》卷一《太原路·山川》）

3338

（白蕹山）岚州有白蕹领。（《新定九域志》卷四《岚州》）

3339

（班氏故城）俗名去留城。（《寰宇记》卷四九《云州·云中县》）

3340

云中郡有紫河镇，界内有金河水，其泥色紫故曰金河。（同上）

3341

（都田贵山）后魏行宫在此山，俗曰河头殿也。（同上）

3342

马邑[1]白道高坂有土穴出泉，即古曲谓之“饮马长城窟”。（《寰宇

① 马邑：《寰宇记》脱，且该条不应记在《云州·云中县》，应在卷五一《朔州·马邑县》。

记》卷四九《云州·云中县》、《御览》卷五五《地部·窟》）

3343

（郅都墓）汉郅都为雁门太守，匈奴惮之，不敢近塞。葬雁门，墓侧古柏五千余株。今号曰郅君柏。（《寰宇记》卷四九《代州·雁门县》）

3344

（纥真山）望之数百里内夏恒积雪，故彼人语曰：纥真山头冻死雀，何不飞去生处乐。（《御览》卷四五《地部·纥真山》）

3345

金河府，自平城遥登台出渴钵口，梁元帝《横吹》诗曰："朝登青陂道，暮宿白登台。"天女神即生，后魏始祖神元也。（《御览》卷一七八《居处部·台下》）

3346

金河府青台，方山北五里。文明太后恒于六宫游戏。因歌曰："青台雀，青台雀，缘山采花额颈着。"其曲并在大乐部。（同上）

河北道

3347

冀州华阳亭，即稽叔夜学琴于此。（《御览》卷一四九《州郡部·亭》）

3348

信都堂阳九门城有古台二所，并号为尧台。（《寰宇记》卷六三《冀州·堂阳县》、《路史》卷二〇《后纪·陶唐氏》）

3349

共城有汎亭，《诗》凡伯国。隐十年，戎伐凡伯者。（《路史》卷二八《国名纪·周氏》）

3350

卫州有狗城，盖纣养狗之处也。（《御览》卷一九三《居处部·城下》）

3351

卫州有酒城。（同上）

3352

卫州苑城北十四里，沙丘台也，俗称妲己[1]台。去二里有一台，南临淇水，俗称为上宫也。（《御览》卷一七八《居处部·台下》）

3353

卫州有凤凰台。（同上）

3354

卫州鹿台在预城内，纣自投火处。《纪年》曰，武王擒纣于南单之台，盖鹿台之异名也。糟丘、酒池，去城南一里，基迹犹存。（同上）

3355

卫县有干城，《邶风》[2] 所谓“出宿于干”。（《寰宇记》卷五七《澶州·顿丘县》）

3356

河内郡朝歌北，有邶国。（《诗地理考》卷一《邶》）

3357

（石）勒尸别在渠山，葬之夜，为十余棺，分道出埋，以惑百姓。（《寰宇记》卷五九《邢州·龙冈县》）

3358

邢州尚书坊东井地，周百余步。其所鸣响，人马行上，轰作雷声，掘之即火出。（《寰宇记》卷五九《邢州·龙岗县》、《天中记》卷七《地》）

3359

（南和）县西有鸳鸯水，冬日常温和。（《寰宇记》卷五九《邢州·南和县》）

3360

牛缺遇盗于沙、湡之间。（《寰宇记》卷五九《邢州·沙河县》）

3361

洺[3]州夫人城，即赵武灵王夫人筑也。（《御览》卷一九三《居处

① 妲己：为纣妃，原文笔误作“妲已”，径改。

② 邶风：原文误作“卫诗”。《诗经·卫风》无“出宿于干”，诗句在《诗经·邶风·泉水》，据改。

③ 洺：原文误作“洛”。毅按，战国时赵都邯郸，其疆域未逾河，洛州在河之南，当以形似而误，径改。

部·城下》)

3362

洺州温明台，后汉世祖昼卧此殿，耿弇入造床下，劝即位处。(《御览》卷一七八《居处部·台下》、《天中记》卷一五《台》)

3363

漳水，建武十一年造紫陌浮桥于水上。有天井堰。魏文侯[①]时西门豹为邺令沉巫处也。(《御览》卷七三《地部·桥》)

3364

恒州野望台，赵武灵王以登高望，亦曰寒台。(《御览》卷一七八《居处部·台下》)

3365

定州安县城上楼，谓之神女楼。(《御览》卷一七六《居处部·楼》)

3366

定州博陵县乐羊城，魏文侯使乐羊取中山造。(《御览》卷一九三《居处部·城下》)

3367

新市侯国有离乡聚、缘林山。〔《通鉴》卷三八“(汉王莽天凤四年)诸亡命者藏于绿林山中”注〕

3368

相州魏县景穆寺西，有遭官，有石窦桥，鸣鹤飞集、赤马飞龙等舟。(《御览》卷七七〇《舟部·舟下》)

3369

相州隆虑山有一洞，去地千仞，俗谓圣人窟。下有小山孤竦，谓之玉女楼仙人台，亦曰香炉峰也。(《御览》卷五五《地部·窟》)

3370

常山国高邑，故鄗，光武更名。(《天中记》卷一四《亭》)

3371

恒州九门县新市城西，蔺相如宅。(《御览》卷一八〇《居处部·

① 侯：原文误作“帝”，《史记》卷四四《魏世家》：魏文侯“任西门豹守邺”。而“魏文帝”则系三国魏曹丕，径改。

宅》）

3372

恒州常穿井得白玉，方四尺。下有石，石有龟，长二尺许。（《御览》卷一八九《居处部·井》）

3373

隋清阳城内有汉清河王庆陵，在今郡东南三十里故厝城是也。（《寰宇记》卷五八《贝州·清河县》）

3374

（鲋鰅山）颛顼所葬，俗云青冢山焉。（《寰宇记》卷五七《澶州·顿丘县》、《御览》卷四五《地部·鲋鰅山》）

3375

顿城在武阳东南十里，臧洪为东郡守，理于此城。（《寰宇记》卷五四《魏州·莘县》）

3376

（黄河）俗名黄垒。（《寰宇记》卷五四《魏州·冠氏县》）

3377

鄚县有易京城，后汉末公孙瓒筑京以自固。围堑十重[①]，以铁为门。诸将家家作楼，以千计，并高五六丈，为袁绍所攻破，楼皆陷没。（《御览》卷一六二《州郡部·莫州》、《寰宇记》卷六六《莫州·鄚县》）

3378

安次县楼桑村，即蜀先主刘备宅于此村。（《寰宇记》卷六九《幽州·安次县》）

3379

（楼桑村）昭烈涿郡人，舍东南隅有桑高五丈，如车盖。往来者怪之。遂号其里曰楼桑。（《大典》卷三五八〇《村·楼桑村》）

3380

胡苏河，在东光县。（《寰宇记》卷六八《定远军·东光县》）

3381

易县有斜安城，傅冈不正，因以名之。（《寰宇记》卷六七《易

① 十重：《寰宇记》作“十二里”。

州·易县》)

3382

驳牛山，山色黑白斑驳，形如牛，故以为名。易水出其东。(同上)

3383

周时人多学道于白马山。(《寰宇记》卷六七《易州·易县》)

3384

(茅焦塚)秦人劝始皇与母相见者。(《寰宇记》卷六五《沧州·临津县》)

3385

(蒲萦台)始皇东游海上，于台萦蒲系马。今犹有蒲，似水杨而劲，勘为箭。(《寰宇记》卷六五《沧州·无棣县》)

3386

燕留城，即齐桓公割地与燕处。(《寰宇记》卷六五《沧州·乐陵县》)

3387

麻姑城，即汉武东巡至此祀麻姑，故有此名。(《寰宇记》卷六五《沧州·清池县》)

3388

长芦县有盟亭，即为燕、齐之界。二国尝盟于此，故名[①]。(《寰宇记》卷六五《沧州·清池县》、《清一统志》卷二五《天津府·古迹》)

3389

(邵城)后为厌次城。(《寰宇记》卷六四《棣州·厌次县》)

3390

(绎幕故城)殷至祖乙时，置驿于此。(《寰宇记》卷六四《德州·平原县》)

3391

妫州涿[②]鹿城，即黄帝擒蚩尤处。黄帝泉，今枯而不流，即古之

① 二国尝盟于此，故名：今点校本《寰宇记》脱，据《清一统志》卷二五《天津府》引《寰宇记》补。

② 涿：原文误作“逐”，《水经注》引《魏土地记》曰：“下洛城东南六十里有涿鹿城”，据改。

阪[1]泉也。（《御览》卷一九三《居处部·城下》）

3392

箕星散为幽州，分为燕国。其气躁急，南通齐、赵、渤、碣之间，一都会也。（《寰宇记》卷六九《幽州·风俗》、《御览》卷一六二《州郡部·幽州》）

3393

圣水，俗名回城水。源出（良乡）县西北玉石山，东流经县北四里，又南流入范阳县界。又有清定水出固安界，东注圣水，谓之刘公口。（《寰宇记》卷六九《幽州·良乡县》）

3394

雍奴县，即汉执金吾寇恂侯。雍奴，亦薮泽之名。四面有水曰雍，澄而不流曰奴。（《寰宇记》卷六九《幽州·蓟县》）

3395

箕子城，石勒每破一城，必简别衣冠，号君子城。洎平幽州，擢荀绰、裴宪等还襄国。经此，后俗讹为箕子城。（同上）

3396

蓟城南北九里，东西七里，开十门。慕容儁铸铜为马，因名铜马门。（同上）

3397

今有张华村，临桑干河。（同上）

3398

徐野云：方城县有督亢亭。（《寰宇记》卷七〇《涿州·固安县》）

3399

（督亢）陂见有海龙王神祠在焉。（《寰宇记》卷七〇《涿州·范阳县》）

3400

（故方城）在今（固安）县南十五里故方城，即六国时燕之旧邑也。汉改属[2]涿郡，高齐天保七年省入涿县。此城尚存。（同上）

---

① 阪：原文误作“板”，《史记》卷一《五帝本纪》：黄帝“与炎帝战于阪泉之野”，径改。

② 属：原文讹为“为”。《汉书》卷二八《地理志下》：广阳国有方城县。《后汉书》卷二三《郡国五》：涿郡有方城县。径改。

3401

桃花山，在渔阳西北十五里。（《寰宇记》卷七一《檀州·密云县》）

3402

瀛州以地带沧海，物产滋瀛，故以名之。又云以瀛海为名。（《御览》卷一六一《州郡部·瀛州》）

3403

（乞活城）太安中，并州刺史、东瀛公司马腾掠羯胡万户于山东，卖为生口，值岁俭难售。恐其有叛不听入州郡，筑此城以居之，任自乞活。（《寰宇记》卷六六《瀛州·河间县》）

3404

瀛州平舒县古五渠水，魏延兴初文安县人孙愿等捕鱼此水。先祭，忽有群鱼从西而来，有一人谓愿曰：若得大鱼勿杀。及下网鱼，果得大鱼，乃杀之，腹中尽得其祭食，群鱼并飞，遂不复得，因名此处为飞鱼口。（《御览》卷七五《地部·渠》）

3405

卢龙镇，在平州西百九里。其土色黑，有山如龙，故名。（《寰宇通志》卷三《永平府·古迹》）

3406

地当营室分，故曰营州。（《寰宇记》卷七一《营州·柳城县》、《御览》卷一六二《州郡部·营州》）

3407

白狼山，一曰鹿首山。魏武于此山逢狮子，使格之。狮子哮吼奋越，左右咸惊。王忽见一物从林出，如狸，超上王车轭上。狮子将至，此兽跳上狮子头上。狮子即伏不敢起，于是杀之，得狮子而反。未至洛阳四十里，鸡狗皆不鸣吠。（《寰宇记》卷七一《营州·柳城县》；《御览》卷四五《地部·白狼山》稍略）

陇右道

3408

兰州[①]狄道县有梁泉，昔梁晖者后周之将，为群羌围于白石山，无

---

① 州：原文误作“舟”。《寰宇记》卷一五一《兰州·狄道县》：“有梁泉，记梁晖事。”径改。

水。晖以鞭扣地，以青羊祈山神，而飞泉涌出，榆木成林。(《天中记》卷一〇《泉》、《御览》卷七〇《地部·泉水》)

3409

肃州延寿城有山，出泉注地，水肥如肉汁，燃之极明，与膏无异，但不可食。此方人谓石漆，得水愈炽。(《御览》卷七〇《地部·泉水》)

3410

肃州福禄城，因谢艾所筑也。(《御览》卷一九三《居处部·城下》)

3411

秦州上邽县北十六里，有无疆古殿基，后魏太武筑也。(《御览》卷一七五《居处部·殿》)

3412

凉州昌松县有鸾鸟城。魏改为神鸟城。张轨时有五色鸟集于其处筑城。(《御览》卷一九三《居处部·城下》)

3413

凉州卧龙城，又云鸟城，亦名多翅城。(同上)

3414

张掖郡窦融筑千秋城、万岁城。(《御览》卷一九三《居处部·城下》)

3415

伊州，铁勒国也。而路多沙碛，碛内时闻叫唤声，不见人，或闻歌笑之声，盖鬼物也。(《御览》卷七四《地部·沙》)

3416

武都沮水之西有角弩谷，即蜀将姜维剿五部氐羌[①]之所。(《御览》卷一六七《州郡部·武州》、《寰宇记》卷一五四《阶州·将利县》)

3417

(嶓冢山)上有异草，花名骨容，若食之无子。(《寰宇记》卷一五

---

① 氐羌：《御览》误作“五部溪蛮”。据《水经注》卷三七《沅水注》：武陵有五溪……谓此蛮为五溪蛮。其地在今湖南境。而诸葛亮遣姜维攻掠之角弩谷，为氐羌所据，其地在今甘肃武都县。《诗地理考》卷五《氐羌》引孔氏曰：“氐羌之种，汉世仍存，其居在秦陇之西。”故以《寰宇记》作“氐羌”为是。

〇《秦州·清水县》)

3418

瓜州常乐县有风穴，恒以大石栈之。若开，暴风起连日。(《御览》卷五四《地部·穴》)

3419

庭州灞水滴滴，若以金银铜铁器盛之皆漏，唯瓠叶则不漏，人掌中亦漏。服之少臭，毛落得仙。(《御览》卷五九《地部·水下》)

江南东道

3420

(金陵)昔楚威王以此地有王气，因埋金以镇之，故曰金陵。(《新定九域志》卷六《江宁府》)

3421

(金陵)通门内有桥，即汉皋伯通居此，桥以得名。(《〔景定〕建康志》卷一六《疆域志·桥梁》)

3422

金陵西浦亦云项口，即张硕捕鱼遇杜兰香处。(《寰宇记》卷九〇《升州·上元县》、《御览》卷七五《地部·浦》、《纪胜》卷一七《建康府·景物上》)

3423

(润州)东通吴会，西连都邑，南接江湖。(《胜览》卷三《镇江府·形胜》)

3424

润州覆舟山有阆风亭。(《御览》卷一四九《居处部·亭》)

3425

润州长命洲，梁武放生处。后魏使李谐来聘武帝，问曰："彼国亦放生否?"谐曰："不取不放。"帝大惭。(《御览》卷六九《地部·洲》)

3426

润州遏陂有湖，名龙目湖。京口出好酒，人习战。故桓温云："京口土瘠人窭无可恋，唯酒可饮、兵可用耳。"(《御览》卷六六《地部·湖》、《天中记》卷一〇《湖》)

3427

（葛仙公墓）勾曲有葛洪冢。（《寰宇记》卷九〇《升州·句容县》）

3428

芙蓉湖西马鞍山，季札让位耕于此。（《寰宇记》卷九二《江阴军·江阴县》）

3429

（东西湖）在常州晋陵县东[①]，有上湖大陂，陂吏丁初曾沿陂见一少妇女，衣青衣。呼之，初惧疾走，顾视，妇人乃自投陂水中，即是一大獭。验其衣，乃芰制耳。（《大典》卷二二七〇《湖·东西湖》、《寰宇记》卷九二《常州·晋陵县》）

3430

武花山北有新妇山。（《寰宇记》卷九二《常州·宜兴县》）

3431

义兴县计山西一峰，名金鹅峰。昔有金鹅飞集此峰，因以名。（同上）

3432

九龙山，亦曰冠龙山。（《寰宇记》卷九二《常州·无锡县》）

3433

吴兴、义兴、吴郡为三吴[②]。（《吴郡志》卷四八《考证·三吴之说》）

3434

洞庭山，有宫五门，东通林屋，西达峨眉，南接罗浮，北连岱岳。东有石楼，楼下两石鼓，扣之即清越，所谓神钲也[③]。（《大典》卷三五二七《门·洞庭宫五门》、《寰宇记》卷九一《苏州·吴县》）

3435

林屋洞，在太湖中。有一石门，名隔凡门。至此不容人入。（《大

---

① （东西湖）在常州晋陵县东：《寰宇记》作“晋陵”。

② 三吴：历来说法不一。《水经注》卷四〇《渐江水》以吴郡、吴兴、会稽三郡为三吴。《元和志》卷二五《江南道·苏州》以吴郡、吴兴、丹阳三郡为三吴。《十道四蕃志》以吴郡、丹阳、吴兴三郡为三吴。

③ 东有石楼……神钲也：《寰宇记》脱。

典》卷三五二七《门·隔凡门》）

3436

娄县山下有巫咸故宅。（《玉峰续志·山川》）

3437

（苏州）俗好用剑轻死，盖湛卢属镂，干将、要离之遗风耳。东北有海盐县，复有章山之铜，擅三江五湖之利，亦江东一都会也。海外鳀人，岁时往来。（《寰宇记》卷九一《苏州·风俗》、《御览》卷一七〇《州郡部·苏州》）

3438

（石城山）吴王离宫处此山，越王献西施于此山。山有石马，望之如人骑。南有石鼓，鼓鸣即兵起，南又有石射棚。（《寰宇记》卷九一《苏州·吴县》）

3439

《禹贡》三江，吴郡南松江、钱塘江、浦阳江是也。（同上）

3440

（黄堂）今太守所居屋，即春申君令子假君之殿也。因数失火，故涂以雌黄，令子以此守母，故曰黄堂。（《寰宇记》卷九一《苏州·吴县》、《吴郡图经续集》卷上《州宅上》）

3441

（阊阖门）吴由此伐楚国，改为破楚门。（《寰宇记》卷九一《苏州·吴县》）

3442

阊[①]门内有皋桥，即汉皋伯通居此，桥以得名，梁鸿赁舂之所。（《寰宇记》卷九一《苏州·吴县》、《御览》卷七三《桥》）

3443

（阊门）旧阊阖门，春申君改为昌门。陆机诗云："阊门何峨峨，飞阁跨通波。"亦孙坚母梦肠绕出之所。（同上）

3444

鱼城下水中有石首鱼，即秋化为凫，凫头中尚存石子。（《寰宇记》卷九一《苏州·吴江县》）

---

① 阊：《御览》作"通"。

3445

三女坟，在郭西。云阖庐食蒸鱼，尝半而与女。女怒，自杀。阖庐痛之，葬于国西阊门外。文石为椁，金鼎、玉环、银罇、珠襦，悉以送女。(《寰宇记》卷九一《苏州·吴县》)

3446

(阖庐墓)铜椁三重，以水银为池，金玉为凫雁。(同上)

3447

(盘门)古作蟠，吴尝刻木为蟠桃之象，以压胜越。(《胜览》卷二《平江府·古迹》)

3448

巫臣冢，在(吴县)匠门西南，亦曰巫门。(《吴郡志》卷三九《冢墓》)

3449

包山下有石洞，名洞庭，即此林屋山也。(《寰宇记》卷九一《苏州·长洲县》)

3450

余杭山，一名万安山，山下即干隧，擒夫差处。(同上)

3451

(鸕鸟)翎下有青红相映若垂绶，状如蜀鸡，背如朱蛇。(《寰宇记》卷一〇四《歙州》)

3452

陵阳山在石碌县北三里，按《舆地志》，陵阳令窦子明于溪侧钓鱼，一日钓得白龙，子明怜而放之。后数年又钓得一白鱼，割其腹中，乃有书教子明烧炼食饵之术。三年后，白龙来迎子明，遂得上升。其溪环绕山足，今有仙坛醮祭不绝。(《御览》卷六七《地部·溪》)

3453

汉末有桑君，养犬数年不吠，孙文台微时经此，犬忽吠之。桑谓台曰："君其异相乎!"及贵欲报，桑无所好，唯好张箪捕鱼，文台为作九里箪以贶之。(《寰宇记》卷九三《杭州·富阳县》)

3454

金鹅山山鸣，即县有贵人寓此。古防风氏封此，山下有风渚，即古鄋瞒国也。(《寰宇记》卷九三《杭州·钱塘县》)

3455

（余杭）夏禹东去，舍舟船登陆于此，仍以为名。（《寰宇记》卷九三《杭州·余杭县》）

3456

青障山高峻为最，在（余杭）县南十八里。（同上）

3457

（严山）一名白鹿山，晋朝严晁葬此山，有二白鹿来夹冢[①]，因名太守山。（同上）

3458

（石镜）径二尺七寸，其光照如镜之鉴物，分毫不差。（《寰宇记》卷九三《杭州·临安县》）

3459

杭州浙江有江沙涨，昔武列为郡吏赴府，乡人饯之会此沙上，父老曰：此沙狭而长，君必为长沙太守。果然。（《御览》卷七四《地部·沙》）

3460

乌程南十八里有五孤城。吴时郑妪善相人者居此。（同上）

3461

（废菰城县）春申君立菰城县，秦改为乌程。（同上）

3462

（金沙泉）即每岁造茶所也。按茶产于邑界，有生顾渚中者，与峡州同。生山桑、儒师二坞、白茅山、悬脚岭者，与襄、荆、申三州同。生凤亭山、伏翼阁、飞云、曲水寺、青岘、啄木二岭者，与寿州同。（《寰宇记》卷九四《湖州·长兴县》）

3463

（巨石山）上有七层古塔。王僧儒云，巧绝人工。山北有落星二石存。吴越王钱氏号寿星宝石山，后改为巨石山[②]。（《寰宇记》卷九三《杭州·钱塘县》、《〔淳祐〕临安志》卷八《山川·城西诸山》）

3464

杭之吴山，吴人怜子胥以谏死立祠。其上又名胥山。左临大江，

---

① 夹冢：语意当为“守冢”之误。

② 吴越王……巨石山：《寰宇记》脱。

右瞰西湖，为一郡胜概。（《天中记》卷七《山》）

3465

（定山）涛至此辄抑声，过此便雷吼霆怒。上有可避涛处，行者赖之。云是海神妇冢。（《寰宇记》卷九三《杭州·钱塘县》）

3466

（马嗥山）吴伐越至此山，大风，车破骑死，有马嗥呼求其主，遂名之。（同上）

3467

杭州庭市山，余石乡亭市村人，悉作大瓮，今谓之浙瓮，是此地所出。（《寰宇记》卷九三《杭州·钱塘县》、《〔淳祐〕临安志》卷二四《山川·城东北诸山》）

3468

天目山上有数百年树，名曰“翔凤林”。（《寰宇记》卷九三《杭州·於潜县》）

3469

石甑山，一名天姥山，有石危如甑，三石支在下，一人摇之辄动，更加千[①]人摇之终不落。（同上）

3470

青山有石穴，冬夏常暖，石色如黛，故号曰青山，下有吴均宅墓。（同上）

3471

（灵山）山有石鼓，临涧。若鸣，则野雉翔鸣，故曰灵山。（《寰宇记》卷九八《明州·鄮县》）

3472

句章县，本是平山，四明接其东岭，天台续其南峰是也。（同上）

3473

鄮县有陈国冢，一名鹤[②]栖墓。昔国为日南太守，死有双鹤随柩而归会稽，栖于墓上。三年然后去。（《寰宇记》卷九八《明州·鄮县》、《纪胜》卷一一《庆元府·古迹》）

---

① 千：疑为“十”之笔误。

② 鹤：《纪胜》误作“雁”。

3474

句曲有葛玄冢。(《六朝事迹编类》卷下《坟陵门·吴葛仙公墓》)

3475

(俏山)上有夫人祠，山北湖阴又有萧御史庙。孤石耸出，似妇女艳妆而坐。(《寰宇记》卷九八《台州·临海县》)

3476

(白鹤山)汉末有徐公于此山成道，控鹤腾空而去。又有鹤挂岭，犹翱翔之势。(同上)

3477

(崛门山)山在大海中，腹有孔，上达于顶，有声即大风，不风即水涌出，必有大兵。吴将平，孔内有声，远闻千里。(《御览》卷四七《地部·崛门山》、《寰宇记》卷九八《台州·临海县》)

3478

永嘉为东瓯，郁林为西瓯。其地蚕一年八熟。(《寰宇记》卷九九《温州·土产》、《御览》卷一七一《州郡部·温州》、《锦绣万花谷前集》卷五《地·温州》)

3479

(王表祠)罗阳有神曰王表，周旋民间，有婢名访绩，即孙权所迎者。(《寰宇记》卷九九《温州·瑞安县》)

3480

兰风山，琅邪王弘之每钓于此，人或遇得鱼，问卖不，答曰，钓得亦不卖。(《寰宇记》卷九六《越州·上虞县》)

3481

上虞县东，今有姚丘，即舜葬之所。东又有谷林，即舜生之地。复有历山，舜耕于此，嘉禾降此山也。(同上)

3482

石壁山南对小山，山形方正如楼，有飞翼楼在山南，世号鼓吹楼。又，西南有陈音山，山即楚之善射者陈音葬于此，因名。(同上)

3483

(江郎山)上有三峰，峰上各有一巨石，高数十丈。岁渐长。昔有江家在山下居，兄弟三人神化于此，故有三石峰在焉。又有湛满者，亦居山下。其子仕洛，遭永嘉之乱不得归。满乃使祝宗言于三石之灵，能致其子，靡爱斯牲。旬日中，湛子出洛水边，见三少年，使闭目入车栏中，但闻去如疾风，俄顷间从空堕，恍然不知所以。良久乃觉是家园中也。（《寰宇记》卷九七《衢州·江山县》、《御览》卷四七《地部·江郎山》）

3484

（婺州）扬州东境婺州，正得东越之地。汉时其地属会稽郡，吴为东阳郡[①]。民俗轻躁，少信用，好淫祀。（《寰宇记》卷九七《婺州·风俗》、《御览》卷一七一《州郡部·婺州》）

3485

金华县因山为石城，南临溪水。高阜上有楼，名曰玄畅楼。宋沈约造次吟咏于此处。（《寰宇记》卷九七《婺州·金华县》）

3486

（徐公湖）在长山上，周回四百八十六步。昔山下居人徐公登山至湖，逢二人共博。自称赤松子、安期先生，酌湖中水为酒饮。徐公醉，及醒不见二人，而宿莽攒聚其上。徐公方追悔，因名山焉。（同上）

3487

东阳歌山，山下水通临海。昔有人乘船从下望见女子于山下汲水，登峰而歌，姿态端美。船人挑之，神怒，因坠三大石塞水源，遂不通舟船。山侧有石步庙，临流虚构，高数丈，长四十丈，可容百人坐。（《寰宇记》卷九七《婺州·义乌县》）

3488

（金胜山）昔有人于此拾得金胜，因名之。山有赵炳祠。炳善方术。庙今无蚊虫。（《寰宇记》卷九七《婺州·永康县》）

3489

（三雄山）山有显庭、石门故关，多牛马迹在石上。（《寰宇记》卷九五《睦州·建德县》、《〔淳熙〕严州图经》卷二《山》）

3490

（界山）山欲雨，则闻钟鼓之声，与人击之声无异。（《寰宇记》卷九五《睦州·建德县》）

---

① 东阳郡：《御览》误作“东杨州”。《元和志》卷二六《浙东观察使·婺州》“孙晧始分会稽置东阳郡”。当从《寰宇记》。

3491

越王北面以事吴，后终越吴。（《御览》卷一七一《州郡部·越州》、《寰宇记》卷九六《越州·山阴县》）

3492

千秋亭，一名柯亭。（《寰宇记》卷九六《越州·山阴县》）

3493

秽山，一名稷山，越王种菜于此。后汉谢夷吾少为秽乡啬夫是也。（《寰宇记》卷九六《越州·会稽县》）

3494

阳堂山有鲍郎祠，本名盖，一名信，后汉人，生好猎，死葬于此。儿忽梦当更生，开棺视尸俨然，但无气尔，人事之颇有灵验。（同上）

3495

鹤鸣山上有石鹤，时复鸣，云是仙乘上飞者。（同上）

3496

（会稽）东南有会稽山，一名茅山，一名覆釜，亦曰苗山。又名拣山，即会稽一峰《周礼》“其山镇曰会稽”也。（同上）

3497

（翁洲）徐偃王昔居于翁洲。（同上）

3498

（上虞故县城）上虞县，即禹与诸侯与会稽事至此，因相虞乐以为名[①]。（《寰宇记》卷九六《越州·余姚县》）

3499

台州桃都山上有大桃树。上有天鸡，日初出，桃树天鸡即鸣，鸡下[②]闻之而鸣。树下有两鬼持苇索取不祥之鬼食之。（《御览》卷四七《地部·桃都》）

3500

越州椒山，吴王遣木客入山，求大木不得，工人忧思作《木客吟》。一旦神木自生，合抱长二十丈，伐造姑苏台。（《御览》卷四七

① 因相虞乐以为名：此说为孤说。《水经注》卷四〇《渐江水注》引《晋太康地志》曰：“舜避丹朱于此，故以名县。”《方舆纪要》卷九二《上虞县》谓：“秦置县，亦因舜后所封而名。”

② 下：当衍，否则文字不通。

《地部·山》）

3501

台州覆釜山，云夏帝登此得龙符处，有巨迹。云是夸父逐日之所践。（《御览》卷四七《地部·覆釜山》）

3502

天姥山与括苍山相连，石壁上有刊字，科斗形，高不可识。春月樵者闻箫鼓笳吹之声聒耳，元嘉中遣名画写状于圆扇，即此山也。（《御览》卷四七《地部·天姥山》、《天中记》卷七《山》）

3503

越州百涂山有石舡一丈，禹所乘者。宋元嘉中有人于舡侧得铁履一、量一。云：有圣姑从海中乘舟，张石帆至此获二物。庙中有周时乐器，名淳于，铜作，似钟而有颈。映水用芒拂则鸣。（《御览》卷七七〇《舟部·叙舟》）

3504

吴王离宫在石鼓山，越王献西施于此山。山有石马，望之如人骑。南有石鼓，鼓鸣即兵起。（《御览》卷四六《地部·石鼓山》）

3505

会稽山[①]上有草，茎赤叶青，人死覆之便活。（《御览》卷四一《地部·会稽山》、《寰宇记》卷九六《越州·会稽县》）

3506

天目山上有数百年树，名曰翔风树。（《御览》卷四六《地部·天目山》）

3507

卞山，卞和采玉处。山东足有一名篑高数尺，晋太康中人开之，风雨晦冥遂止，历代莫知所封。（《御览》卷四六《地部·卞山》）

3508

涂山，禹会万国之所，有石船，长一丈。云禹所乘者。宋元嘉中有人于船侧掘得铁履一双。（《御览》卷四七《地部·涂山》、《寰宇记》卷九六《越州·山阴县》；《纪胜》卷一〇《绍兴府·景物上》甚简）

3509

括州，即处州也。括苍县缙云山，黄帝游仙之处。有孤石特起，

① 会稽山：《寰宇记》作“横山”。

高二百丈，峰数十。或如羊角，或似莲花，谓之三天子都。有龙须草，云群臣攀龙髯所坠者。（《御览》卷四七《地部·缙云山》、《天中记》卷七《山》）

3510

雷门，勾践所立。以吴有蛇门，得雷而发，表事吴之意。吴以越在辰巳之地，作蛇门焉。有蛇象如龙，象越以鼓威于龙也。（《寰宇记》卷九六《越州·会稽县》）

3511

（若耶溪）欧冶子铸剑处。（同上）

3512

欧冶子铸剑处下有狐潭，深而清。有孤石耸出潭上。有大栎树，谢客儿与弟惠连作诗，连句刻于树上。（《御览》卷六七《地部·溪》）

3513

（白楼亭）沛国桓俨避地至会稽，闻陈业贤而往候之，不见。临去入交州，留书系白楼亭柱而别。（《寰宇记》卷九六《越州·山阴县》）

3514

（石楼山）石壁上有山，山形如楼，有飞翼楼，即此。（《纪胜》卷一〇《绍兴府·景物下》）

3515

（都督山）山极高峻，临江。以占吉凶。石若崩坠水内者死；半山而止者吉[①]；消散至水际者免。又有承金山，相次以占焉。（《寰宇记》卷九五《睦州·建德县》、《〔淳熙〕严州图经》卷二《山》）

3516

公山江[②]水有桔，自然泛来，行人噉之，恣饱则可，将去则病。（《御览》卷六五《地部·公山江》、《寰宇记》卷九五《睦州·建德县》、《〔淳熙〕严州图经》卷二《山》）

3517

永嘉有三京湾，无所不容。谚曰：人有能食者，云腹如三京湾，即此也。（《寰宇记》卷九九《温州·永嘉县》）

---

① 吉：《寰宇记》原文作“去住”，文字不通。据《〔淳熙〕严州图经》改。

② 江：《严州图经》误作“出”。

3518

东海信郎神，破石为帆。今东海有信郎祠即是也。（《寰宇记》卷九九《温州·永嘉县》）

3519

桑城山上有海眼。（同上）

3520

缙云有瀑布，日照如晴虹，风吹如细雨，即此山。（《寰宇记》卷九九《处州·缙云县》）

3521

古有乌氏、程氏①居此，能酝酒，故以名县。（《御览》卷一七〇《州郡部·湖州》、《寰宇记》卷九四《湖州·乌程县》、《清一统志》卷二八九《湖州府·古迹》）

3522

（湖州）五湖之表，州以为名也。（同上）

3523

（侯官县）闽越之地。东闽，在岐海中；西越，今建安郡是也；东瓯，今永宁郡是也。（《寰宇记》卷一〇〇《福州·侯官县》）

3524

（福山）上有神人，裸身散发，人见必获福，因以名之。（《纪胜》卷一二八《福州·景物上》、《寰宇记》卷一〇〇《福州·侯官县》）

3525

营头戍，即越王无诸置。（《寰宇记》卷一〇〇《福州·侯官县》）

3526

都圆浦，斯地多杉鸡。长栖止于杉树。（同上）

3527

建州梦水有涉虱。又云短独虫，一名蜮，似龟，射人所中之处生疮。（《寰宇记》卷一〇一《建州·建安县》）

3528

（武夷山）汉武好祀天下岳渎，此山与祭故曰汉祀山。（同上）

---

① 乌氏、程氏：《寰宇记》《清一统志》均误作“乌程氏”。《纪胜》卷四《安吉州·县沿革》作“乌氏、程氏”。《中国人名大辞典·姓氏考略》有乌氏、程氏，而无“乌程氏”。

3529

建安县有古东瓯城，汉吴王世子刘驹发兵围东瓯即此。（《胜览》卷一一《建宁府·郡名》）

3530

汉立郡于东溪南覆船山下，宋元嘉元年徙于溪北黄花山西。梁承圣三年封萧基为长乐侯于此。梁末，城池被盗陵夷，其后谢竭为太守，于西溪之右编木栅为理所。陈太康四年，郡守骆文广复徙于覆船山下。祯明元年又移于今所。（《寰宇记》卷一〇一《建州》）

3531

骑石山，如人骑马[①]而无头。昔有神巫以印指马，马头即落，则此山也。（《御览》卷四七《地部·骑石山》、《寰宇记》卷九七《衢州·江山县》）

3532

梁山有漳浦水，一云漳溪水。（《御览》卷一七〇《州郡部·漳州》、《寰宇记》卷一〇二《漳州》）

3533

九龙山，一名鬼候山，背有金溪水。山中多山魈，一名羊花子。（《寰宇记》卷一〇二《漳州·龙溪县》）

3534

漳浦蜡湖，随潮之盈缩。（同上）

3535

（梁屿洲）在中洲，有水豹、水人。（同上）

3536

闽县有行山，一名霍山，形似香钟。（《新定九域志》卷九《福州》）

3537

余杭大辟山，本名余杭山，一名由拳。高峻为最，旁有由拳村，出藤纸。（《御览》卷四六《地部·大辟山》）

3538

东海郡有谢禄山。按《汉书》，王莽时东海徐宣、谢禄等击王莽将

① 骑马：《寰宇记》脱。

田况大破之，曾屯兵于此，因名谢禄山。在县西一里。（《御览》卷四二《地部·谢禄山》）

3539

汉武元鼎六年立都尉居侯[1]官，以御两越，所谓东北一尉，西南一侯[2]也。（《御览》卷一七〇《州郡部·福州》）

3540

《禹贡》三江，吴郡南松江、钱塘江是也。《禹贡》曰："三江既入，震泽底定。"韦昭曰：三江[3]谓吴郡南松江、钱塘江、浦阳江。（《御览》卷六五《地部·三江水》；《寰宇记》卷九一《苏州·吴县》稍简）

3541

晋明为太子时，尝戏殿前。以玉手板弄铜蟠螭口，手倾溜入螭腹中不能出。人后见一白鼠出入螭口。（《御览》卷六九二《服章部·笏》）

3542

木客山，吴王遣木官入山，求木不得，工人忧思，作《木客吟》。一旦神木自生，长二十丈，作姑苏台。（《御览》卷一七八《居处部·台下》）

3543

石室山，一名石桥山，一名空石山。晋中朝时有王质者，尝入山伐木，至石室有童子数四弹琴而歌，质因放斧柯而听之。童子以一物与质，状如枣梅，含之不复饥，遂复小停。亦谓俄顷，童子语曰：汝来已久何不速去。质应声而起，柯已烂尽。（《御览》卷四七《地部·石室山》）

3544

歙县有灵山，天欲雨先闻鼓角声。此山有圆石如车盖。县以鼓鸣为候。一鸣令迁，不鸣令不去。山一名三姑山，三年野火烧数未满，人烧之即雨。（《御览》卷四六《地部·灵山》）

---

①② 侯：原文误作"候"，据《汉书》卷二八上《地理志》改。

③ 三江：所指说法不一。《初学记》引郑玄注谓"左合汉为北江，右会彭蠡为南江，岷江居其中，则为中江"。《汉书》卷二八上《地理志》颜师古注：南江、北江、中江为三江。韦昭《国语》所说为大江下游之三江。

江南西道

3545

（宣城）故县地名青弋。（《寰宇记》卷一〇三《宣州·宣城县》）

3546

宛陵北有敬亭山，山有神祠，即谢脁赛雨赋诗之所。其神云梓华府君，颇有灵验。（《寰宇记》卷一〇三《宣州·宣城县》、《御览》卷四六《地部·敬亭山》）

3547

洪州庞源山，山上有风雨池，言山高水深流激，着树洒如风雨，云是洪崖之井。（《御览》卷一八九《居处部·井》）

3548

庐山在柴桑、彭泽二县之郊，叠障九重[①]，崇岩万仞。《山海经》所谓三天子障亦曰三[②]天子都。（《御览》卷一五六《州郡部·叙京都》）

3549

庐山叠障九层，崇岩万仞，怀灵抱异，包诸仙迹。张野《庐山记》。（《大典》卷六六九七《江·九江府九》）

3550

庐山，周武王时有匡[③]俗先生，字君孝。兄弟七人皆有道术，结庐于此仙去，空庐尚存，故曰庐山。汉武帝时，封俗为大明公，称庐君焉[④]。（《御览》卷一八一《居处部·庐》、《纪胜》卷三〇《江州·人物》）

3551

庐山有三宫，上宫在悬崖之表，人所不及。次宫在山岩下，两边有阴阳沟，有石羊马夹道相对。下宫在彭蠡湖际。（《天中记》卷一三《宫》）

---

① 重：原文误写“成”，其意不通，据慧远《庐山记》改。

② 三：原文脱，据《山海经·海内经》《舆地志》补。

③ 匡：宋人避赵匡胤讳作“康”。庐山之所以又称匡山，盖因匡俗学道于此而名。

④ 汉武帝……庐君焉：《御览》脱。

3552

夏禹石刻在上霄峰石刻中，世传夏禹所刻。其大如掌，文皆隐起，仅百余言。（《纪胜》卷三〇《江州·碑记》）

3553

江州五女山，始皇死，五女葬此。山天昏每闻筝笛之声。（《御览》卷四八《地部·五女山》）

3554

射的山者，古老相传云，上有玉在石壁内。南面遥望似有白处曾有胡人来取，上山后遇风雨不果得，今远望颇似射侯，故名射的焉。（《御览》卷四八《地部·射的山》）

3555

（温汤）铜山下有温泉，常涌沸，可煮鱼肉。（《新定九域志》卷六《抚州》）

3556

寻阳郡湓城有陶潜宅。（《御览》卷一八〇《居处部·宅》）

3557

（当涂）其民安，其俗阜。（《胜览》卷一五《太平州·风俗》）

3558

天门山，亦曰峨眉山。楚获吴艅艎于此。（《寰宇记》卷一〇五《太平州·当涂县》、《纪胜》卷一八《太平州·景物下》）

3559

（饶州）以山川蕴物珍奇，故名饶。（《寰宇记》卷一〇七《饶州》）

3560

（石虹山）山形似虹。（《新定九域志》卷六《饶州》）

3561

鄱阳之土出金，披沙淘之，粒大者如豆，小者如麸。亦生银苗于山中。（《寰宇记》卷一〇七《饶州·土产》）

3562

（陆鸿渐宅）陆羽，字鸿渐。居吴兴，号竟陵子。居此，号东冈子。（《寰宇记》卷一〇七《信州·上饶县》）

3563

太和县有木山庙，民祈雨颇有应。后有道士烧之，岁为之不熟。

(《寰宇记》卷一〇九《吉州·太和县》)

3564

(封溪)有大樟树，即聂支系樟舸处。今邑有聂支祠墓存。(《寰宇记》卷一〇九《吉州·安福县》)

3565

(宜春县)南乡有温泉，以生鸡卵投之即熟，水中犹有鱼焉。(《寰宇记》卷一〇九《袁州·宜春县》)

3566

鹤门洞[①]，陶侃微时丧母，忽有二客来吊，化为双白鹤飞去，后因以名焉。(《寰宇记》卷一一一《江州·德化县》、《御览》卷六六《地部·湖》)

3567

彭蠡湖，周回四百五十里。内有石，高数十丈。大禹刻其石以纪功焉。有乞饭乌随船行，舟人掷抟饭，乌接之，高下不失粒。(《寰宇记》卷一一一《江州·德化县》、《胜览》卷二二《江州·山川》、《大典》卷二二六〇《湖·彭蠡湖》)

3568

盆浦[②]，有人此处洗铜盆，忽水暴涨，乃失盆。遂投水取之，即见一龙衔盆，夺之而出，故曰盆水。又云，源出青盆山，因以为名。(《寰宇记》卷一一一《江州·德化县》;《御览》卷六五《地部·湓浦水》、《胜览》卷二二《江州·山川》均稍简)

3569

龙姥庙，在(袁)州东六十里。其庙宇在康州悦城县。唐开成中，县令卢崿常游宦南越，假康州录事参军。至是祠姥见梦，曰："子当为此官，今且北矣。"旦占之，得见龙之贞，遂祠其形像。大和[③]六年，崿理县有善政，郡守阙，摄司马、知州。岁大旱，遂祈焉，以响应，置祠宇昌山渡，往来祠之甚验。(《寰宇记》卷一〇九《袁州·宜春县》)

---

① 洞：《御览》作"湖"。

② 盆浦：《御览》作"湓浦水"，《御览》卷五九《地部·水下》又作"湓水"。

③ 大和：误，唐开成(836—840)后无"大和"年号，其时间待考。

3570

萍乡多虫毒。其家绝灭则飞游，值之者毙。（《寰宇记》卷一〇九《袁州·萍乡县》）

3571

钟山，永嘉元年，因水有大钟从山坠水中，验铭是秦时乐器，因名之。（《新定九域志》卷六《袁州》）

3572

空山在（南康）郡南，山多林木、果实、食物，一郡皆资此山。虽名空山，其出物百倍与他山。（《御览》卷四八《地部·空山》）

3573

夏口、鲁口，吴置督将于此。三国争衡，吴之要害。（《胜览》卷二八《鄂州·形胜》）

3574

鄂州西塞山黄婉宅、丁固宅。（《御览》卷一八〇《居处部·宅》）

3575

金胜山，昔有人于此拾得金胜因以名之。山有赵炳祠，炳善方术，庙至今无蚊虫。（《御览》卷四七《地部·金胜山》）

3576

巴陵之地有鸭栏矶，即建昌侯孙虑作斗鸭栏于此。陆逊谏止之所，因得名。（《寰宇记》卷一一三《岳州·巴陵县》、《纪胜》卷六九《岳州·景物下》）

3577

巴陵望夫山，昔妇人望夫，因化为石。（《寰宇记》卷一一三《岳州·巴陵县》）

3578

（龙陂水）即樟树木倒此没水，挽之不出，即此陂。（《寰宇记》卷一〇九《吉州·安福县》）

3579

浮冈山，石壁光明，五色迭相照耀，望之如龙虎之状。（同上）

3580

木客鸟，左翼后有文。飞特高者，谓之五马；前正黑翎下霜色而赭者，谓之功曹；右胁有毛，状貌似盘囊者，谓之主簿。是五曹官局，

土人次第呼之。凡鸟飞不过百余步。又有山都兽，似人。（《寰宇记》卷一〇九《吉州·太和县》）

3581

（钓矶山）晋陶侃尝钓于此，后得一梭化为龙而去。（《胜览》卷一七《南康军·山川》）

3582

衡州郡城，诸葛诞筑。（《寰宇记》卷一一五《衡州》）

3583

益阳故城，鲁肃筑。登之望见长沙，城邑、人马形色宛然。相去三百里。故老云：长沙益阳，一时相望[①]。（《寰宇记》卷一一四《潭州·益阳县》、《御览》卷一九三《居处部·城下》）

3584

湘水边有石鱼山，本名玄石山。高八十余丈。石色黑而重叠若云母。每发一重，则有自然鱼形，有若刻画。长数寸，烧之作鱼膏腥。（《寰宇记》卷一一四《潭州·长沙县》）

3585

邵阳有仙人石室，到则往往闻讽诵之声。（《寰宇记》卷一一五《邵州·邵阳县》、《纪胜》卷五九《宝庆府·景物下》）

3586

（桃花源）此源有夫人祠在焉。（《寰宇记》卷一一五《邵州·邵阳县》、《纪胜》卷五九《宝庆府·古迹》）

3587

蔡伦宅，在（耒阳）县西南一里。后汉小黄门蔡伦，桂阳人也。今有蔡子池，又有鱼池，并捣网为纸，石臼存。（《寰宇记》卷一一五《衡州·耒阳县》）

3588

耒阳有历水，一名池水。中有大历，可容百斛。其字应作鬲，鼎镬类也。（同上）

3589

（翻石山）耒阳与湘潭争界，立碑为志，翻覆偷送，因以为名。

---

① 故老云……相望：《寰宇记》脱。

（《寰宇记》卷一一五《衡州·耒阳县》）

3590

鳌山[①]口，即耒阳也。（同上）

3591

（临蒸故城）俯临蒸水，水气如蒸，故曰临蒸。（《寰宇记》卷一一五《衡州·衡阳》、《胜览》卷二四《衡州·山川》）

3592

郴州城东北有仙人苏耽宅。（《御览》卷一八〇《居处部·宅》）

3593

郴州马岭山，本名牛脾山。山上有仙人苏耽坛，即郴人也。为儿童时与众童牧更直守牛，每耽守牛，牛不敢散。尝与众儿猎即乘鹿，人笑之曰：龙也。去郡百二十里，母临食晚往买鲊，须臾即还。一旦有众宾来，耽启母曰：受性当仙，仙人合召耽去，今年疾疫甚，饮家中井水即无恙。又种药于园梅树下，可治百病。卖此水及药过于供养，便去。母遽视之，众宾皆白鹤也。以耽常乘白马故号马岭山。（《御览》卷四九《地部·马岭山》）

3594

郴州武丁岗有栾亭，即太守栾巴所建也。（《御览》卷一九四《居处部·亭》）

3595

长沙南寺贾谊宅，亦陶侃宅在焉。（《御览》卷一八〇《居处部·宅》）

3596

长沙金牛堤，汉武时有异人牵金牛走入此堤内，因以名焉。（《御览》卷七四《地部·堤》）

3597

炎帝神农氏葬于长沙，长沙之尾东至江夏，谓之沙羡，是其地。（《寰宇记》卷一一四《潭州》、《御览》卷一七一《州郡部·潭州》）

3598

抱黄洞在长沙县，昔真君于此修道。（《海录碎事》卷三上《地

---

① 鳌山：《纪胜》卷五五《衡州·景物上》作“鹜山”。

门》）

3599

万寿山有灵寿杖，汉平帝赐孔光灵寿杖出于此。（《胜览》卷二五《郴州·山川》）

3600

邵阳有仙人石室，至则往往闻讽诵之声。（《新定九域志》卷六《邵州》）

3601

衡山石廪峰，一如仓庾。有二户，一开一闭，闭者亦有关钥之形。（《大典》卷七五一八《仓·山峰如仓》）

3602

大宾县，汉布山县地，有糖牛与蛇同穴。牛嗜盐，俚人以皮裹手涂盐入穴探之，牛舐之出外，则不得入。取其角为器一曰糖牛。（《御览》卷一七二《州郡部·浔州》）

3603

虔州帰义山，梦水出焉。有石室，金色，号为金穴。室内常有金鼠出入。（《御览》卷五四《地部·穴》）

3604

郴州城北七十里有话石山，孤石特竦，仙人于此处谈话。（《御览》卷五二《地部·石下》）

3605

万岁山有灵寿杖。汉平帝赐孔光灵寿杖出于此山。天宝六年改为灵寿山。（《寰宇记》卷五七《郴州·景物下》）

3606

（三翁塞井）土富山有银井，凿之转深，于半道见三老翁以杖授之，忽不见。视其杖悉是银，因名为三翁塞井。（《纪胜》卷五七《郴州·古迹》）

3607

资水岸有石头城，即吴将周瑜筑也。（《御览》卷六五《地部·资水》）

3608

长湖在长沙府[1]攸县北一百三十里。(《大典》卷二二六七《湖·长湖》)

3609

层步山侧有石，亭立三尺，如人形，号曰层山神。(《寰宇记》卷一一八《澧州·石门县》)

3610

(孱陵故城)刘备妻孙夫人居处。(同上)

3611

连钱、铜盘、石马，此澧阳之滩险也。大寒、钻鄮，皆陂名。(《寰宇记》卷一一八《澧州·慈利县》)

3612

清陵馆，汉李陵为临沅令，后没匈奴。邑人思之而立是馆。(《纪胜》卷六八《常德府·景物下》)

3613

(猎山)永州有黄山，昔人见猎者得二鹿，因此改名。(《纪胜》卷六〇《全州·景物上》)

3614

武陵明月池，深百丈，见底。(《寰宇记》卷一一八《郎州·武陵县》)

3615

(放鹤陂)梁崔穆于此陂罗双鹤，因放之，后鹤衔玉璧一双送穆庭中。(同上)

3616

武陵娘子祠，即范蠡女之神也。(同上)

3617

武冈接武陵，因以得名。〔《通鉴》卷二六七“(后梁太祖开平四年)金盛寇武冈”注〕

3618

后汉武陵蛮，为汉所伐，来保此冈，故曰武冈。(《纪胜》卷六二

① 府：为明人所加。长沙在唐为县，明洪武五年始称长沙府。

《武冈军·县沿革》）

3619

丹砂井，即廖立宅也。（《纪胜》卷六二《武冈军·景物下》）

3620

渔父亭，即屈原见渔父处。（同上）

3621

武冈有招屈亭。（同上）

3622

武冈有白香湖。（同上）

3623

阳山县若官长临之，擢辄非次。太史观云地势使然，乃凿断连冈，流血成川，城因倾焉。（《寰宇记》卷一一七《连州·阳山县》）

3624

箭山溪有鸬鹚戍。狸头砺石出焉。（同上）

3625

秦伐樟树，造大鼓，径一丈二尺。一夕自飞至桂阳郡临武界，因号为圣鼓。（同上）

3626

（黄蘖岭）卢水北出黄蘖岭，复有进水出焉。（《寰宇记》卷一一七《连州·桂阳县》、《大典》卷一一九八〇《岭·黄蘖岭》）

3627

白水出潭头山，望之皓然也。（《寰宇记》卷一一七《连州·桂阳县》）

3628

贞女峡有石临水，状若妇人。云秦时女子采螺于此，遇暴风雨，昼晦，忽化为石。（同上）

3629

方山对九疑山，高下相类。（同上）

3630

连山县出金及石碌、钟乳。（《寰宇记》卷一一七《连州》）

3631

九疑山有九峰：一曰丹朱峰；二曰石城峰；三曰楼溪峰，形如楼；四曰娥皇峰，峰下有舜池，池傍春月百鸟生卵，人取之则迷路，致本处可得还；五曰舜源峰，此峰最高，上多紫兰；六曰女英峰，舜墓于此峰下；七曰箫韶峰，峰下即象耕、鸟耘之处；八曰纪峰，马明生遇安期生，授金液神丹之处；九曰纪林峰，周义山，字秀通，开石函得《李山经》，读之得仙也。有九水，七则流归岭北，二则翻注广南。①（《御览》卷四一《地部·九疑山》）

3632

唐《郡国志》于郎州不载他山水，独志陂堰十余处，未尽水之利，以裕民力，使雨旸不能贫之者，自古贤守令皆然矣。（《大典》卷二七五五《陂·陂名四》）

3633

湘水边有水鱼山，本名立石山，高八十丈，阔十里。石色黑而重叠，每发一重，则有自然鱼形，女人多刻画为戏，长数寸，烧之鱼膏腥。（《御览》卷六五《地部·湘水》）

3634

后汉伏波将军马援开湘水为渠六十里，穿度城。今城南流者是，因秦旧渎耳。至宝历初，渠道崩坏。舟楫不通。观察使李渤遂叠石造堤，分二水。每水置石斗门一，使制之，在人开闭。开，漓水则全入于桂江，拥桂江则尽归于湘水。（《御览》卷六五《地部·漓水》）

淮南道

3635

（大江）西北②自六合县界流入，旧阔四十余里。昔魏文帝登广陵，观兵，戍卒数十万，旌旗数百里，临江见波涛汹涌，叹曰：吾武骑万队，何所用之？嗟乎，固天地所以限南北也。（《胜览》卷四四《扬州·山川》）

3636

（扬州）其俗躁劲。（《胜览》卷四五《真州·风俗》）

---

① 本条所谓九峰，世有异说。《胜览》卷二四《道州》谓九疑山之九峰为：一、朱明峰；二、石城峰；三、石楼峰；四、娥皇峰；五、舜源峰；六、女英峰；七、萧韶峰；八、桂林峰；九、梓林峰。

② 西北：《寰宇记》卷一二三《扬州》作“西南”，依《中国历史地图集》审视，以“西南”为是。

3637

广陵王胥塚，岁旱鸣鼓攻之，辄雨。（《纪胜》卷三七《扬州·古迹》）

3638

射阳湖，广陵郡射阳注梁湖。《地道记》曰，有博支湖。（《大典》卷二二七一《湖·射阳湖》）

3639

长湖，在德安府[①]云梦县。（《大典》卷二二六七《湖·长湖》）

3640

红湖，在德安府[②]云梦县西北一十五里。（《大典》卷二二六七《湖·红湖》）

3641

（茱萸湾）在江阳县东北九里。隋仁寿四年开，以通漕运。其侧有茱萸村，故名。（《胜览》卷四四《扬州·山川》）

3642

（扬）州城置在陵上。（《寰宇记》卷一二三《扬州·江都县》）

3643

广陵厉王胥冢，岁旱鸣鼓攻之，辄致云雨。（同上）

3644

（楚州）北对清、泗，临淮守险。有阳平石鳖，田稻丰饶。（《寰宇记》卷一二四《楚州》、《御览》卷一六九《州郡部·楚州》）

3645

石鳖山有石鳖游，因名之。今山下有邓艾筑城存。（《寰宇记》卷一二四《楚州·山阳县》）

3646

历阳西遏胡城，即晋王遵筑以御石虎。（《寰宇记》卷一二四《和州》）

3647

（历阳湖）昔有一书生遇一姥，姥待之甚厚。生谓姥曰："此县门

①② 德安府：为明人所加。德安府始置于北宋宣和元年，唐时为安州。原文当为"安州"。

前石龟眼赤血出，此地当陷为湖。”姥后数往候之，门吏问姥，姥具以对。吏因以硃点龟眼，姥见遂走上西山，顾城遂陷为湖。（《寰宇记》卷一二四《和州·历阳县》）

3648

（四顶山）魏伯阳炼丹之所。（《纪胜》卷四五《庐州·仙释》、《胜览》卷四八《无为军·山川》）

3649

古罗城，汉将灌婴筑。（《新定九域志》卷五《和州》）

3650

麻湖，古历阳城所陷。（同上）

3651

六合县有铜城，即吴王铸铜[1]处。（《寰宇记》卷一二三《扬州·六合县》、《纪胜》卷三八《真州·景物上》）

3652

濡须水，自巢湖出，谓之马尾沟，有偃月坞焉。（《寰宇记》卷一二六《庐州·合肥县》、《御览》卷一六九《州郡部·庐州》）

3653

（松湖）昔陂有乔松，故谓之松湖。（《寰宇记》卷一三一《黄州·黄陂县》）

3654

（新市）《后汉书》谓王凤、王常起新市、平林之兵，是此。（《寰宇记》卷一三二《安州·孝感县》）

3655

（浮城）吉阳县东有蒲骚城，今俗名浮城，即《左传》谓“郧人军于蒲骚”即此也。（同上）

3656

郧城，《春秋》为郧国。（《寰宇记》卷一三二《安州·云梦县》）

3657

（监乡）按《七贤传》曰：汉武出淮阳到监乡，帝问曰：“此名何？”陈翼对曰：“乡名为监。”上曰：“万乘主问，何欺乎？”欲举火燔

---

① 铜：《纪胜》作“钱”。

之。翼曰："不可燔，臣言不欺，佩刀当生白毛；若欺，则当无毛。"视之，刃果有毛，长寸余。（《寰宇记》卷一二六《庐州·庐江县》）

3658

安丰南有鹤父亭。（《寰宇记》卷一二九《寿州·安丰县》）

3659

平阿县有当涂山，淮水出于荆山之左、当涂之右，奔流二山之间，而杨涛北注也。（《御览》卷四三《地部·商洛襄邓淮蔡诸山》）

黔中道

3660

龙标有小西山、武阳山，有美人①。每土人聚即来。人众莫能辨，惟脚指向后，而踵向前。以刀斧斩之不死，惟以杉木为刀拟之即去。（《寰宇记》卷一二二《沅州·浣溪县》、《胜览》卷三一《沅州·山川》）

3661

汉武元封二年，有白羊出庸涧，初出一羊，野中妇人大惊拍手，羊因止。今俗生羊禁妇人拍手是也。（《御览》卷六九《地部·涧》）

3662

思州金鸡石，每有鸡金色鸣于石上。（《御览》卷五二《地部·石下》）

3663

仙人石曾有仙人飞下此石，一曰仙人床。（同上）

山南东道

3664

荆州华容县东六十里有章华台，楚灵王筑。台东即荆台县也。（《御览》卷一七八《居处部·台下》）

3665

荆州龙陂山有楚王台。（同上）

3666

复州竟陵云梦城，城西大泽，即古云梦泽也。却月城在河口，魏

---

① 美人：《胜览》作"仙人"。

将黄祖所守处。（《御览》卷一九三《居处部·城下》；《寰宇记》卷一四四《复州·景陵县》稍略）

3667

巴郡鱼复扞水有扞关。（《天中记》卷一六《关塞》）

3668

硖州远安县有狼尾滩，有陆抗故城，南有孤山。袁山松为郡尝登以四望。俯见大江如萦[①]带，舟舡如凫雁。（《御览》卷七七〇《舟部·舟下》、《寰宇记》卷一四七《峡州·远安县》、《元一统志》卷三《峡州路·山川》）

3669

长湖，在荆州府[②]枝江县南门。（《大典》卷二二六七《湖·长湖》）

3670

筑阳县之涉都乡，均水于此入沔，谓之均口。〔《通鉴》卷一四二“（齐东昏侯永元元年）广阳王嘉断均口”注〕

3671

竟陵有偃月城，城三面漳水拥焉。（《寰宇记》卷一四四《郢州·长寿县》、《纪胜》卷八四《郢州·景物下》）

3672

（武陵山）《左传》谓“楚武王卒于樠木之下”。即此山也。（同上）

3673

（夏水）古沧浪之水，渔父所歌，歌于此水。其侧又有熨斗陂存。（《寰宇记》卷一四四《复州·景陵县》）

3674

襄阳县西七里曰隆中。《汉晋春秋》：诸葛亮家南阳，在襄阳城西二十里，号曰隆中。[③]（《元一统志》卷三《襄阳路·古迹》）

3675

南阳县有小长安聚，光武攻淯阳不下，引兵攻宛，至小长安，与

---

① 萦：《御览》误作“索”。

② 府：为明人所加。荆州为元末朱元璋改中兴路置荆州府。唐时名荆州。

③ 本条书名《郡国志》，赵万里误勘谓：“《后汉书·郡国志》、《元和郡县图志》俱无此文，径补‘元和’二字。”此为赵氏不知唐代有《郡国志》而误校耳。

甄阜梁邱赐战败于此。(《元一统志》卷三《南阳府·古迹》)

3676

沔阳县即楚王城也。(《寰宇记》卷一四四《复州·沔阳县》)

3677

沔阳有白猿庙，即楚平王获白猿于此，立庙。(同上)

3678

(七谷村)西陵县有七谷村，有石马穴，一曰马穿穴。昔日常有白马出穴，人逐之入穴，潜行出汉中。汉中人失马，亦出此穴。相去数千里相通。(《寰宇记》卷一四七《峡州·夷陵县》)

3679

(夔子城)昔周成王封楚熊绎，初都丹阳，后移枝江即此地，亦曰丹阳。后又徙都郢。(《寰宇记》卷一四八《归州·秭归县》)

3680

郢城内有市名蒲胥，故南齐校尉府也。(《天中记》卷一六《市》)

3681

硖州宜阳山有风井穴，大如瓮。夏出冬入，有樵人置笠穴口，风翕之入，后于长溪口得笠，则知潜通也。(《御览》卷一八九《居处部·井》)

3682

(夷陵)郡置在石鼻山上，县即白起所焚之地。(《寰宇记》卷一四七《峡州·夷陵县》)

3683

王昭君，秭归人也。有香溪，即昭君游处。(《御览》卷六七《地部·溪》)

3684

五龙山，山有五峰，若龙伏，因以名之。(《寰宇记》卷一四七《峡州·远安县》)

3685

(远安县)有石鹅在仙室山西，复连丹山。(《寰宇记》卷一四七《峡州·远安县》、《纪胜》卷七三《峡州·景物上》、《元一统志》卷三《峡州路·山川》)

3686

苦菜山即黄城山也。自叶至沘阳[①]，南北相毗连，且百里，亦曰长城山，即长沮桀溺耦耕处。下有东流水，即子路问津之所。《尸子》云：楚狂接舆，耕于方城，即此山也。《春秋》曰：方城以为城是也。（《御览》卷四三《地部·苦菜山》）

3687

秭归县屈原乡里南岸曰归乡，西岸曰秭归。屈原既放蹔归乡里，因曰归乡县。屈原姊女须闻原还，亦来喻之。因曰秭归也。（《御览》卷一五七《州郡部·乡》）

3688

丹水，楚之商密地。（《寰宇记》卷一四二《邓州·内乡县》）

3689

邓州皇后城，即迎阴后处。城西张平子读书堂。（《御览》卷一七八《居处部·台下》）

3690

湍水，出南阳穰县。（《寰宇记》卷一四二《邓州·穰县》）

3691

戴将军，汉武帝遣之此山采药，遂得道不返。（《纪胜》卷八五《均州·仙释》）

山南西道

3692

白帝城即公孙述至鱼复，有白龙出井中，因号鱼复为白帝城。刘备因改鱼復为永安。又《后汉书》公孙述自以承汉土德，故号曰白帝城。（《御览》卷一六七《州郡部·夔州》；《寰宇记》卷一四八《夔州》稍略）

3693

葭萌县玉女房，昔有玉女入石穴，空有竹数茎，下有青石坛，每

① 沘阳：原文误作“泚阳”。两《唐书·地理志》有沘阳，而无“泚阳”。《寰宇记》卷一四二《唐州·比阳县》谓：苦菜山“即黄城山，自叶至沘阳，南北相毗，连亘百里，亦曰长城山”。径改。

因风恒自扫坛。(《御览》卷一八五《居处部·房》)

3694

褒谷，北口曰斜，南口曰褒，长四百七十里。同为一谷。两谷高峻，中间谷道，褒水所流。乃张良送高祖至褒中，说烧栈道。曹操出斜谷遮要，以临汉平，诸葛亮由斜谷耶郿，皆此道也。(《胜览》卷六六《兴元府·山川》;《寰宇记》卷一三八《洋州·真符县》较简)

3695

(箕山)郑子真隐于此山谷。(《新定九域志》卷八《兴元府》)

3696

(阆中)秦惠王执巴子以归，分其地为三十县①。(《新定九域志》卷八《阆州》)

3697

彭道鱼池在(阆)州西②南。(《寰宇记》卷八六《阆州·阆中县》)

3698

(车骑崖)冯车骑，后汉为将，于此镌崖刊石十有余处，是车骑将军冯绲所治处也。故后有斯名。(《寰宇记》卷八六《果州·南充县》)

3699

灵山，昔有神女于此捣衣，因号捣衣山。山南绝岩有方石明莹，谓之玉女捣练砧。又有盘龙山以山形如盘龙也。(《御览》卷四四《地部·灵山》、《寰宇记》卷八三《绵州·巴西县》)

3700

隆州析五县置果州，阆中有阴水，其民锐气而善舞也。(《御览》卷五九《地部·水下》)

3701

梁州女郎山，张鲁女浣衣石上，女便怀孕。鲁谓邪淫，乃放之。后生二龙，及女死将殡，柩车忽腾跃升此山，遂葬焉。其水旁浣衣石犹在，谓之女郎山。(《御览》卷五二《地部·石下》)

---

① 三十县：《寰宇记》卷八六《阆州·阆中县》引《华阳国志》谓“三十一县”,《纪胜》卷一八五《阆州·阆中县》亦谓“三十一县”。

② 西：原文笔误为“面”。《纪胜》卷一八五《阆州·古迹》作“彭道鱼池在州西南”，径改。

剑南道

3702

成都郡城，秦惠王二十七年张仪筑，以象咸阳，沃野千里，号曰陆海。有万岁池，即筑城取土之处也。（《御览》卷一九三《居处部·城下》）

3703

賨人劲勇锐气而善舞，故古有巴渝舞。（《寰宇记》卷八三《绵州·风俗》、《御览》卷一六六《州郡部·绵州》）

3704

梓潼东接巴西，南接广汉，西接阴平，北接汉中。（《寰宇记》卷八三《绵州》、《胜览》卷五四《绵州·形胜》）

3705

梓橦县北有华容水，则《蜀都赋》曰“却背华容”是也。（《御览》卷一六六《州郡部·剑州》）

3706

（张）恶子昔至长安，见姚苌，谓曰：“却后九年，君当入蜀。若至梓橦七曲山，幸当见寻。”至建元十二年，苌随杨安南伐，未至七曲山，迷路，游骑贾君蒙，忽见一鹿驰，逐至庙门，鹿自死。追骑共剥之，有顷苌至，悟曰：“此是张君为我设主客之礼。”烹食而去。（《寰宇记》卷八四《剑州·梓橦县》）

3707

汉有金山县，县东二里有一水濑。有碎金珠随波东注，傍水居人，采以为业。（《寰宇记》卷八三《绵州·巴西县》）

3708

（威州）衣羯羊皮。（《胜览》卷五六《威州·风俗》）

3709

妇人多戴金花，穿悬珠为饰。（同上）

3710

（白马山）昔汉高帝乘白马过此，遂有祀。（《寰宇记》卷八三《绵州·巴西县》）

3711

魏城县有甚冈，东枕水，每夏洪水朝触，金粟散出。（《寰宇记》

卷八三《绵州·魏城县》)

3712

蕨山[1]有钟乳穴十九。又西岸有自然石，塞其下流。水上有悬石，似磬，击之有磬可听。(《寰宇记》卷八三《绵州·彰明县》、《御览》卷四四《地部·关中蜀汉诸山》)

3713

(神泉)县西三十里有泉十四穴，甘香异常。痼疾饮之即差，故曰神泉。(《寰宇记》卷八三《绵州·神泉县》、《御览》卷一六六《州郡部·绵州》)

3714

灵台山天柱崖下有一桃树，高五丈，外皮似桃，内心似松。道陵与王长[2]、赵升试法于此四百余年。桃迄今未朽，小碑记之。(《寰宇记》卷八三《绵州·彰明县》、《御览》卷四四《地部·灵台山》)

3715

(鼎鼻山)周之九鼎，沦一于此，故后人往往见鼎耳，因名之。(《寰宇记》卷八五《陵州·仁寿县》、《御览》卷一六六《州郡部·陵州》)

3716

(朝女山)昔有一女于此山得道，今肘、胫、足迹尚存，故曰朝女。(《寰宇记》卷八五《陵州·仁寿县》)

3717

(陵井)昔张道陵于此得盐井，因被纸排车，引役人唱排车乐，愿心齐力，祀玉女于井内。玉女无夫，后每年取一少年掷盐井中，若不送，水即竭。又，蜀郡西山有大蟒蛇吸人，上有祠，号曰西山神。每岁土人庄严一女置祠傍，以为神妻，蛇即吸将去，不尔，则乱伤人。周氏平蜀，许国公宇文贵为益州总管，乃改画为神婚，合谋婚姻，择日设乐，送玉女像以配西山神。自尔之后，无复此害，始因张道陵，今谓之陵井。(《寰宇记》卷八五《陵州·仁寿县》;《御览》卷一六六《州郡部·陵州》甚简)

3718

青神县当羌蜀之要，汉武使唐蒙破西南夷，即路始于此。(《御览》

---

① 蕨山：《御览》作“黄厥山”。

② 王长：《御览》作“王良”，何者为是，待考。

卷一六六《州郡部·眉州》）

3719

汉源县有离崖，即蜀守李冰所凿离堆，“崖”即古为“雅”也。（《寰宇记》卷七七《雅州》、《御览》卷一六六《州郡部·雅州》）

3720

昔巴蜀争界，历岁不决。汉高八年，山自裂，如索所界。巴蜀之民惧天戒，乃息所争。（《御览》卷一六六《州郡部·遂州》）

3721

汶江，即大江，发源在当州，故当州号江源郡。（《胜览》卷五五《茂州·山川》）

3722

（维州）衣羯羊皮鞈鞢。妇人多戴金花，穿悬珠为饰。（《胜览》卷五六《威州·风俗》）

3723

狼山出野狼，眼在背上，能食诸兽。（《胜览》卷六〇《绍庆府·山川》）

3724

宝山，一名泸峰山，高三十丈，地多瘴，三四月度之必死，唯五月上旬度之即无害。故诸葛亮云“五月度泸”，即今之宝山。（《胜览》卷六二《泸州·山川》）

3725

内江县有水，深百丈，实群[1]川总会之所。(《寰宇记》卷七六《资州·内江县》、《御览》卷一六六《州郡部·资州》）

3726

资阳县有环溪百丈池，即谓“溪流如环、池深百丈”也。（《寰宇记》卷七六《资州·资阳县》、《御览》卷六七《地部·溪》）

3727

龙游县有二石阙，即汉武使唐蒙下夜郎而置焉。（《寰宇记》卷七四《嘉州·龙游县》）

3728

（青神县）汉武帝使唐蒙破西南夷路，即始于此邑也。（《寰宇记》

---

① 群：《御览》作“郡”。

卷七四《眉州·青神县》）

3729

嘉鱼，细麟似鳟鱼，蜀中谓之拙鱼，蜀郡山中处处有之。每年春从石穴出，大者长五六尺。（《寰宇记》卷七二《益州·土产》）

3730

（兴古郡）有大蛇，长数丈，其尾有两歧如钓，在水中以尾钩取岸上人马食之。（《寰宇记》卷八〇《嶲州·会川县》）

3731

纽村，禹生于石纽。（《寰宇记》卷七八《茂州·汶川县》、《元一统志》卷四《茂州·古迹》）

3732

金水县，即汉处士段翳宅也。（《寰宇记》卷七六《怀安军·金水县》）

3733

（女正人）僰道县玉女冢是也。其县属戎州。（《海录碎事》卷二一《官政门》）

3734

汉有金山县，县东二里有一水濑，有金碎珠随波东注，傍水居人，采以为业。（《御览》卷六五《地部·孱山水》）

3735

南乡峡峡西八十里有巴乡村，善酿酒，故俗称巴乡酒也。村傍有溪，溪中多灵寿木焉。（《御览》卷五三《地部·峡》）

3736

久留岗，昔太守卫飒罢郡还京，故老送别久留此岗。（《御览》卷五三《地部·岗》）

3737

乞子石在马湖南岸，东石腹中出一小石，西石腹中怀一小石。故僰人乞子于此有验，因号乞子石。（《御览》卷五二《地部·石下》）

3738

协州弄栋县晴蛉水下有石猪峰，有石猪母子数十头。云夷人昔牧于此，猪化为石。今夷人不敢于此牧。（《御览》卷五二《地部·石下》、《寰宇记》卷七九《姚州·姚城县》）

3739

滇池周回五百里，中出骏马。（同上）

3740

南溪县西三十里有津[1]，津南有鸳鸯圻是也。（《寰宇记》卷七九《戎州·南溪县》、《御览》卷一六六《州郡部·戎州》）

3741

僰住施夷中最贤者，古所谓僰僮之富，多以荔枝为业。园植万株树，收一百五十斛。（《寰宇记》卷七九《戎州·僰道县》、《胜览》卷六五《叙州·土产》）

3742

僰道有玉女冢。（《寰宇记》卷七九《戎州·僰道县》）

岭南道

3743

广州万人城，即尉佗故城也。（《御览》卷一九三《居处部·城下》）

3744

广州越井冈，一云越王井，云赵佗误坠酒杯于井，遂浮出石门，故诗云，“石门通越井”是也。（《御览》卷一八九《居处部·井》）

3745

吕嘉拒汉，积石江中为门，水名贪泉。（《纪胜》卷八九《广州·景物上》、《胜览》卷三四《广州·山川》）

3746

卢循袭广州民死三万，循葬之，共冢名之曰万民冢。（《海录碎事》卷二一《官政门》）

3747

广州吴孙皓时以滕修为刺史，未至州，有五仙人骑五色羊，负五谷来迎而去。今州厅事梁上画五仙人骑五色羊为瑞。（《御览》卷一八五《居处部·厅事》）

3748

广州南四十里有白鹿岗，高五百丈。（《寰宇记》卷一五七《广州·南海县》）

---

① 津：《御览》作“鱼津”。

3749

广州尧山，高四千丈，起自番禺，迄交趾见之。有巨风发屋、折树、翻湖①焉。（《御览》卷四九《地部·尧山》、《寰宇记》卷一五七《广州·南海县》）

3750

歌舞岗，南越王佗三月三日登高处。（《纪胜》卷八九《广州·景物下》）

3751

东官郡有芜城，即吴时司盐都尉垒。（《寰宇记》卷一五七《广州·南海县》）

3752

潮阳五子树，实如梨，有五核，治金疮及霍乱。（《寰宇记》卷一五八《潮州·土产》、《纪胜》卷一〇〇《潮州·景物下》）

3753

潮阳白屿洲，亦自海浮来。后会稽人姓丁识之，云：曾藏铜熨斗于洲上，往取果得。（《寰宇记》卷一五八《潮州·潮阳县》、《御览》卷六九《地部·洲》）

3754

（韶石）韶州科斗劳水间有韶石，两石相峙，相去一里，大小略均，有似双阙。永和二年有飞仙衣冠分游二石上。昔舜游登此石，奏韶乐，因以名之。（《寰宇记》卷一五九《韶州·曲江县》、《王荆公诗注》卷三〇《贵州虞部使君访及道》注；《御览》卷一七二《州郡部·韶州》、《纪胜》卷九〇《韶州·景物上》均稍略）

3755

（芙蓉冈）冈之半有石室伏洞，深不可测。汉末道士康容②得仙于此。（《寰宇记》卷一五九《韶州·曲江县》、《纪胜》卷九〇《韶州·景物下》）

3756

韶州潼溪里有三枫亭。（《御览》卷一九四《居处部·亭》、《天中

---

① 湖：《寰宇记》作“潮”。

② 康容：《纪胜》作“容康”。

记》卷一四《亭》）

3757

仁化县有锦石溪，里人绩竹为布。（《寰宇记》卷一五九《韶州·乐昌县》）

3758

庾岭一名塞岭，又曰塞上。（《纪胜》卷九三《南雄州·景物上》）

3759

高州有帽山，以其状如帽。（《纪胜》卷一一七《高州·景物下》）

3760

（端州）土旷民惰，不力于耕，惟运盐钞以为业。夷僚[①]杂居。（《胜览》卷三四《肇庆府·风俗》）

3761

（烂柯山）昔有道士王质负斧入山，采桐为琴。遇赤松子与安期生下棋而斧柯烂处。（《寰宇记》卷一五九《端州·高要县》、《纪胜》卷九六《肇庆府·古迹》）

3762

端州零羊峡有羊化石，因名之。又名高要峡。（《纪胜》卷九六《肇庆府·景物下》）

3763

奢山南有砦，又有茱萸。江东谓之山枣，叶似梅，九月熟果。似荔枝，子似胡桃。（《纪胜》卷九六《肇庆府·景物下》）

3764

合浦县海曲出珠，号曰珠池。唐贞观五年置珠池县[②]。又有夷人号越裔，多采甲香为业[③]。（《御览》卷六七《地部·池》、《纪胜》卷一二〇《廉州·景物上》）

3765

廉州，宋太始年陈伯绍平夷至合浦，见三青牛，围之不获，即其处置城，俗号青牛城。（《御览》卷一九三《居处部·城下》、《寰宇记》

---

① 僚：详本书第0734条校注。

② 唐贞观五年置珠池县：《御览》脱。

③ 又有夷人……为业：《纪胜》脱。

卷一六九《太平军·石康县》）

3766

冈州地边大海，晴少雨多，时遇甚风，林宇悉拔。俗织竹为釜，以蛎壳屑泥之煮盐，转久弥密。（《御览》卷一七二《州郡部·冈州》）

3767

贺州封阳有堤陂，龙水深百寻。大鱼自掷登此门化为龙，不过者曝鳃点额也。（《御览》卷一八三《居处部·门下》）

3768

（龙门滩）鱼登此门，化而为龙。不过者曝腮点额，故号龙溪。（《纪胜》卷一二三《贺州·景物上》）

3769

甑山，旧名幽山。唐太和中，李郃以中台郎出刺是州。宽惠爱民。山有彩烟覆其上，旬日不散，易名甑山。（同上）

3770

（博罗山）循州有博罗山，浮海而来，博著罗山，故名。（《新定九域志》卷九《循州》、《胜览》卷三七《循州》；《海录碎事》卷三上《地门》稍简）

3771

循州有龙穴，潜通于海，傍于洞庭。《吴都赋》云“目龙川而带坰”此也①。（《御览》卷五四《地部·穴》、《天中记》卷八《穴》）

3772

儋州昌化湖明山，山有二石如人形。云有兄弟二人向海捕鱼，因化为石，号曰兄弟石也。（《御览》卷五二《地部·石下》）

3773

（金鸡石）石上每有鸡见，金色，鸣于石上。（《寰宇记》卷一五八《恩州·阳江县》）

3774

（仙人室）又名仙人床。（《新定九域志》卷九《南恩州》）

3775

（龙鼍山）山有龙鼍水。（同上）

---

① 《吴都赋》云……此也：《御览》脱。

3776

庞山洞人去其两齿为饰，刻胸作花纹。山中立市，十日一会。铸铜为器，大如盘，名旁旁，以为财布①。朱吾以南又有狼野人。居无屋舍，依树止宿，食生肉，采香为业。与人交易，若上皇之人。又有狼朧人，倮身，犹耻，无蔽衣。夜与贾人交易，暗中嗅金，便知好恶。（《寰宇记》卷一七一《驩州》；《御览》卷一七二《州郡部·驩州》稍略）

3777

（竹皇祠）竹王者，女子浣衣水次，有三节竹入足间，推之不去。中有声，破之，得一男儿，养之，有材武，遂雄诸夷地。今宁州始兴三狼乌浒，即竹王之遗裔。故有竹王三郎祠于此地。（《寰宇记》卷一六二《桂州·阳朔县》）

3778

后汉伏波将军马援开湘水，为渠六十里，穿度城。今城南流者是，因秦旧渎耳。至唐宝历初，渠道崩坏，舟楫不通，观察使李渤遂垒石造堤，如铧觜，劈水分二水，置石斗门一，使制之，在人开闭。开漓水，则全入于桂江；拥桂江，则尽归于湘水。又于湘水凿分水渠三十五步，以便行舟。漓水经县郭中而流。（《寰宇记》卷一六二《桂州·兴安县》）

3779

（卧石）其形似人，而举体青黄隐起，或谓之石人。可以祈雨。小举则小雨，大举即大雨。（《寰宇记》卷一六二《桂州·荔浦县》）

3780

永嘉为东瓯，郁林为西瓯。（《胜览》卷三九《郁林州·郡名》）

3781

禺州石印似印形，石文②如篆。（《寰宇记》卷一六七《容州·陆川县》、《纪胜》卷一〇四《容州·景物上》、《元一统志》卷一〇《容州·古迹》）

3782

董奉死，人见于鸣石之山。（同上）

---

① 布：《御览》作“市”。

② 石文：应以《元一统志》“石纹”为是。

3783

鼎石之神在江中随波出没。即赤松子炼水玉金丹处。侧有赤松子祠。(《纪胜》卷一〇一《德庆府·景物上》)

3784

(容州)此地多瘴气，春为青草瘴，秋为黄茆瘴。瘴江水，即马援云"仰视飞鸢，跕跕坠水中"，即此地也。(《寰宇记》卷一六七《容州·风俗》、《御览》卷一七二《州郡部·容州》;《元一统志》卷一〇《容州·风俗形胜》较简)

3785

容州以容山得名。(《纪胜》卷一〇四《容州·风俗形胜》、《海录碎事》卷三《地门》)

3786

(藤州)俗以青石为刀剑，如铜铁法。妇人亦为环玦，以代珠玉也。夷人死，死则往往化为貙。貙，少虎也。其初穴棺而出如鼠，渐如狗大，并是人肝所感。(《寰宇记》卷一五八《藤州·风俗》、《纪胜》卷一〇九《藤州·风俗形胜》)

3787

孤夷，夷人[1]名也。有两牙，长二寸，食人。性重人掌蹠，得人即悬之室内，当面铺坐，击钟鼓，歌舞饮酒，稍割而啖之。方于农时，猎人以祀田神。(《寰宇记》卷一五八《藤州·镡津县》、《纪胜》卷一〇九《藤州·景物上》)

3788

阳朔县有夷人，名乌浒，在深山洞内，能织班[2]文布，以射翠取羽、割蚌取珠为业。(《寰宇记》卷一六二《桂州·阳朔县》、《纪胜》卷一〇三《静江府·景物上》)

3789

桂州兴安县有卧石一枚，其形似人，而举体青黄隐起而谓之石人。可以祈雨，小举则雨小，大举则雨大。(《御览》卷五二《地部·石下》)

3790

柳州昔相岭西麓下有潮井，广半亩，一日三涌三落。(《御览》卷

---

① 夷人:《寰宇记》脱。

② 班:《寰宇记》脱。

一八九《居处部·井》）

3791

（柳州）当柳星之下，故曰柳州。（《寰宇记》卷一六八《柳州》）

3792

严州州门有长水，深八丈，从牂柯流下。（《寰宇记》卷一六五《象州·来宾县》、《纪胜》卷一〇五《象州·古迹》）

3793

窦州悉以高栏为居，号曰千兰，三日一市。（《御览》卷一七二《州郡部·窦州》）

3794

特亮县在河洞水北，昔有白牛夜出，光影照村。村人见此牛光，号为特亮也。（同上）

3795

（东区）有蚺蛇，大数丈，围可一丈，吞鹿食之。鹿烂，则绕树，腹中骨穿鳞出。又有文鱼，如鲵，有鸟名山鹳，毛羽朱素鲜明，皎然可爱。《礼》谓“鹳雉”是也。（《寰宇记》卷一六三《蒙州·东区县》）

3796

（崆峒岩）岩穴中有金膏银液，灵芝玉髓。（《纪胜》卷九八《南恩州·景物下》）

3797

元嘉中开郡堑，得石黑数斛，可以书。（《纪胜》卷九八《南恩州·景物上》）

3798

鹄山，在罗水县界。（同上）

3799

（蝲蝺）形如蝉，味[①]美可食。子如蚕种，著草叶中，得其子则母飞来就，谓之青凫。束晳云青凫可以还钱，或云青蚨。（《寰宇记》卷一六五《宾州·土产》、《纪胜》卷一一五《宾州·景物上》）

3800

辩州在陵、罗二水之间。（《御览》卷一七二《州郡部·辩州》）

---

① 味：《寰宇记》作“新”，以《纪胜》所引“味”为宜。

3801

贵州有洞池，周十数丈。下有石牛，时出池间。岁旱民杀牛祈雨，以血和泥涂牛即雨，尽即晴，以为恒。（《御览》卷五二《地部·石下》；《新定九域志》卷九《贵州》较略）

3802

（泷水县）有鼎石之神在于江中，随波出没，即赤松子炼水玉金丹处。侧有赤松子祠存。（《寰宇记》卷一六四《康州·泷水县》）

3803

（铜船）马援造铜船济海，既归，付程安令沉于渚。天晴水澄，往往望见船楼。上恒有以四寸水，不知几十丈也。一名越王船。（《寰宇记》卷一六五《郁林州·南流县》；《纪胜》卷一一一《郁林州·景物上》较简）

3804

封溪有猩猩，如黄狗，人面善言，声音如妇人。（《寰宇记》卷一六五《郁林州·南流县》、《纪胜》卷一一一《郁林州·景物上》）

3805

（渐大山）党州山北渐大，状如塔，一名宝塔山。（《新定九域志》卷九《郁林州》、《大典》卷二三四〇《梧州·山川·梧州府》）

3806

（鬼门山）在牢州界。谚云："若度鬼门关，十去九不还。"言多瘴也。（《新定九域志》卷九《郁林州》、《胜览》卷三九《郁林州·山川》）

3807

显朝岗在郁平县，陆绩制浑仪处。（《御览》卷五三《地部·岗》、《纪胜》卷一一一《贵州·景物下》）

3808

（长围石）以居人绕之，故名。（《寰宇记》卷一五八《春州·阳春县》）

3809

元嘉中，开郡堑，得石墨数斛，可以书。（同上）

3810

（临封）其俗荒陋，市肆鲜陶瓦，而多茅檐苇屋。（《胜览》卷三五《封州·风俗》）

3811

（圣鼓）秦伐樟树造大鼓，径一丈二尺。一夕自飞至桂阳郡临武界，因名。（《纪胜》卷九二《连州·景物上》）

3812

（方山）在桂阳县，对九疑山，高下相类。（同上）

3813

白水出潭头山，望之皓然也。（同上）

3814

卢水北出黄蘖岭，复有进水出焉。（《纪胜》卷九二《连州·景物下》）

3815

（梧）州有朱丘临水，南枕广江，左带郁江，谓之三江[①]。（《新定九域志》卷九《梧州》、《元一统志》卷一〇《梧州路·山川》）

3816

梧州俗尚犀渠舞。（《纪胜》卷一〇八《梧州·风俗形胜》）

① 三江：《元一统志》作“三江口”。

九州要记四卷　唐

清王谟《汉唐地理书钞》将其与晋代《九州记》混为一书。《中国古方志考》亦误认为是晋代之作。然佚文记及西魏恭帝二年（555）始置的阳安县、北周建德四年（575）始置的黔州、宣政元年（578）始置的费州、隋仁寿三年（603）始置的简州，及唐贞观八年（634）置的百丈县、天宝元年（742）置的和义郡等等；而又为北宋初年之《太平御览》《太平寰宇记》征引，故此书必为唐代天宝以后之作。《通志·艺文略四》："《九州要记》四卷。"《秘书省续编到四库阙书目》卷一同。《太平御览经史图书纲目》："《九州记要》。""九州"之名始见《尚书·禹贡》，后人泛称全国。本书按唐代十道分列。

河南道

3817

（大石山）晋惠帝于此山请雨，七日大霖。魏孝文帝测之高二百丈。魏武乐府有《南山篇》云："南上大石山"，即此山也。（《寰宇记》卷三《河南府·洛阳县》）

3818

（乾脯山）周敬王于此曝乾脯，因以为名。（《寰宇记》卷五《河南道·偃师县》）

3819

（覆舟山）昔卢世明登嵩岳，望覆舟如蚁蛭，黄河如带。（同上）

3820

（鹿蹄山）弘农县有鹿山，山中石上有自然鹿迹，非人功所为。（《寰宇记》卷六《虢州·恒农县》）

3821

（扇子山）山石壁中分，其形似扇，故名之。（同上）

3822

杨震宅在柏谷亭。(《寰宇记》卷六《虢州·恒农县》)

3823

许昌灵井，亦曰灵泉。今石砌方正，水旱民必祷焉。(《寰宇记》卷七《许州·长社县》、《清一统志》卷二一八《许州·山川》)

3824

(广成城)广成子为黄帝师，始居此城，后于崆峒山成道。今此城犹有庙像存焉。(《寰宇记》卷八《汝州·梁县》)

3825

(厄井)丁公抱石欲填之。(《寰宇记》卷五二《孟州·汜水县》)

3826

(女几山)富禄县有女几，年八十，居陈留沽酒，得道后飞升于此山，因名之。(《寰宇记》卷六《陕州·陕县》)

3827

睢阳水在宋城西。(《御览》卷六三《地部·河南诸水》)

3828

(尧沟)陶即尧国。昔帝尧于此开沟也，因名之。(《寰宇记》卷一三《曹州·济阴县》)

3829

(龙池)春秋飂叔氏有裔子董父，好龙。舜遣养龙于陶丘，是为豢龙氏。(《寰宇记》卷一三《曹州·济阴县》、《新定九域志》卷一《曹州》;《路史》卷二六《国名纪·高阳氏后》稍略)

河北道

3830

唐县，本白狄种，最为夷狄大国。(《寰宇记》卷六二《定州·唐县》)

3831

中山有鸿山关者，昔项羽于此关见群鸿，乃誓众曰："我当南面，而中其一。"引满射之，莫有中者。乃折弓投地而去，时知项羽不能济。(同上)

3832

鸿城，俗号为鸿郎城，即帝尧时丹朱所居此城也。(同上)

3833

尧时丹朱所居，相之冢为是矣。（《路史》卷二〇《后纪·陶唐氏》）

3834

武邑县滏水[1]，西南自衡水县界而东，经县城西过。（《寰宇记》卷六三《冀州·武邑县》）

3835

汉南阳太守高阳侯蔡仲冢在城北，仲晓厌胜之术，其冢至今无狐狸之穴。（《寰宇记》卷六六《瀛州·高阳县》）

3836

（黑山）墨子[2]昔居汲郡黑山采茯苓饵，五百岁或老或少。（《御览》卷四五《地部·黑山》、《寰宇通志》卷六《大名府·古迹》）

3837

（黑山）《魏志》：汉献帝初平二年，黑山贼为毒，自统眭固等十万余众以掠魏郡也。一名青山。（《御览》卷四五《地部·黑山》）

3838

（黄戈谷）谷中有冢，俗谓佛母冢。今牛马不敢近。（《寰宇记》卷五五《相州·邺县》）

3839

天门山有三水，嵇康采药，逢孙登一弦琴，即此山。（《寰宇记》卷五六《卫州·共城县》、《新定九域志》卷二《卫州》）

3840

荆轲城北临濡水，即轲以金圆投龟处。轲入秦，樊于期刎头付轲于此城。（《寰宇记》卷六七《易州·易县》）

3841

古渔阳北有无终山，上有昭王冢。前有千岁狐，化为书生谒张华，华识之，因以昭王冢前华表木照之，遂变。（《寰宇记》卷六九《幽州·蓟县》）

---

① 滏水：原文作“降水”，《方舆纪要》卷一三《交河县》有滏河，《清一统志》卷四九《冀州》引《寰宇记》亦作“滏河”，故改“降”为“滏”。

② 墨子：《寰宇通志》误作“黑子”。

3842

卢龙柳羌城南有新妇山。（《寰宇记》卷七〇《平州·卢龙县》）

3843

乐寿县有房渊，方三百里。石勒之建平二年，水忽变为赤，燕慕容隽二年水忽生盐如印形。其渊一日再长再减不失其度。居近者时见龙狗之状戏于傍。叶落于渊者，辄有群燕衔出。（《寰宇记》卷六三《深州·乐寿县》）

陇右道

3844

凉州，古武威郡[①]。有天山，黄帝受金液神丹于此山。山近崆峒山，山顶有魏太祖马坪焉。（《御览》卷五〇《地部·天山》）

3845

（金山）山有赤弹木，堪为漆用。（《寰宇记》卷一五二《肃州·玉门县》）

江南道

3846

（朱买臣冢）此是招魂葬处，极高大。其真冢在洛阳北市东南大街中。有碑云，是朱买臣冢。（《寰宇记》卷九五《秀州·嘉兴县》）

3847

（会骸山）古有金牛入此山，皋伯通兄弟凿山取牛，山崩，二人同死此穴中，因曰会骸山。（《寰宇记》卷九五《秀州·嘉兴县》、《元一统志》卷八《嘉兴路·山川》）

3848

（秦望山）始皇登此山望海，因以名。始皇碑，在嘉兴县。吴主立于长水县，土人谣曰“水市出天子”。始皇东游从此过，见人乘舟水中交易，应其谣遂改由拳县。（《寰宇记》卷九五《秀州·嘉兴县》；《纪胜》卷三《嘉兴府·景物下》甚简）

---

① 武威郡：原文笔误为“武成郡”，史无“武成郡”，据《汉书·地理志》改。

山南道

3849

青县有青石山，天下青石无佳于此，可为钟磬。（《御览》卷一六六《州郡部·遂州》、《寰宇记》卷八七《遂州·青石县》、《纪胜》卷一五五《遂宁府·景物下》、《锦绣万花谷续集》卷一三《潼川路·遂宁府》、《蜀中广记》卷三〇《名胜记·蓬溪县》）

3850

（白马穴）即黄牛山有穴，晋有白马奔出故名。（《寰宇记》卷一三九《巴州·化城县》、《蜀中广记》卷二五《名胜记·川北道·巴州》）

3851

牛头山，葛仙翁多游于此。（《蜀中广记》卷二九《名胜记·川北道·潼川州》）

3852

黔州有彭水，在信[1]宁县。即古之黔中地。（《寰宇记》卷一二〇《黔州·彭水县》、《纪胜》卷一七六《黔州·景物上》、《蜀中广记》卷一九《名胜记·彭水县》）

3853

九丘之外有费州。（《寰宇记》卷一二一《费州》、《御览》卷一七一《州郡部·费州》）

剑南道

3854

金堤，即李冰所筑，地岸有石如猪。（《寰宇记》卷七二《益州·华阳县》）

3855

简州在赤水之地[2]。（《寰宇记》卷七六《简州》）

3856

蒙山者，沐也。言雨露常蒙，因以为名。山顶受全阳气，其茶芳

① 信：《寰宇记》《纪胜》皆误作“侯”。史无侯宁县。以《蜀中广记》作“信”为是。据改。

② 地：《寰宇记》卷七六《简州·阳安县》作“北”。

香。（《寰宇记》卷七七《雅州·名山县》）

3857

汶山郡，有□鹿，又有五角牛，又旄牛无角。一曰童牛，肉重千斤。（《寰宇记》卷七八《茂州·土产》）

3858

台登县有奴诺川，鹦鹉山、黑水之间，若水出其下。黄帝子昌意降居若水，即此。〔《寰宇记》卷八〇《嶲州·台登县》、《御览》卷一六六《州郡部·嶲州》、《通鉴》卷九二“（晋明帝太宁元年）成李骧，任回寇台登”胡三省注〕

3859

夜郎自古非臣服州郡之地。昔汉武帝开拓南边，始置夜郎县。（《蜀中广记》卷二〇《名胜记·遵义府·桐梓县》）

3860

（南州）僰溪生僚[①]招慰以置之，即此郡也。（《寰宇记》卷一二二《南州》）

3861

嶲之西有文夸人，身青而有文，如龙鳞于臂胫之间。将婚，会于路，歌谣相感，合以为夫妇焉。又有穿鼻儋耳种，瘴气有声著人，人死著木，木折号曰鬼巢也。有濮夸，在郡界千里，常居木上作屋，有尾长二寸，若损尾立死。若欲地上居，则预穿穴以安尾，亦名尾濮。有木耳夸，死积薪烧之，烟正则大杀牛羊相贺，以作乐。若遇风，烟旁散乃大悲哭。（《蜀中广记》卷三四《边防记·上川南道》；《寰宇记》卷八〇《嶲州》、《御览》卷一六六《州郡部·嶲州》均稍略）

3862

（石室山）在汶江之北，昔樵人王质入山，见二仙人围棋，质乃坐斧而观。二仙棋罢，质亦起，见斧柯既烂，方悟是二仙人。（《寰宇记》卷八〇《嶲州·越嶲县》）

3863

玄武山，一名赤雀山，一名宜君山。山有鹿尾入贡。（《御览》卷一六六《州郡部·梓州》、《寰宇记》卷八二《梓州·元城县》）

---

① 僚：详本书0734条校注。

3864

云南郡山山有祠处石室称黄石公。祀之必用纸一百张、笔一双、墨一丸，室内有启必知吉凶，但不见其形。（《御览》卷四四《地部·云南山》）

3865

禺同山有金马、碧鸡之祠。（《御览》卷四四《地部·禺同山》）

3866

吊鸟山在叶榆[①]县，叶榆[②]则云南郡废邑也。山上有鸟千百，群飞啁啾一岁必一度大集，即凤皇死也。（《御览》卷四四《地部·吊鸟山》）

3867

阳安县南七十步有赤水如绛，源出隆州。（《蜀中广记》卷八《名胜记·成都府·简州》）

3868

（石楼）沉黎县即武侯征羌之路也。每十里作一石楼，令鼓声相应。今夷人效之。所居悉以石为楼，地多长松而无杂木。[③]（《寰宇记》卷七五《邛州·火井县》、《蜀中广记》卷五六《风俗记·邛雅》）

3869

和义郡，古夜郎之地。武帝时有南中令使通僰道无功，唐蒙因杀之。令曰，恨不见成都市而死。蒙即立市如成都以杀之。故曰成都市。（《寰宇记》卷八五《荣州·旭川县》、《御览》卷一六六《州郡部·荣州》）

3870

百丈县，本严道县也。（《蜀中广记》卷一四《名胜记·上川南道·名山县》）

---

①② 叶榆：原文误作“叶检”。《汉书·地理志》：益州郡有叶榆县。《后汉书》卷一一三《郡国志》注引《广志》称：“叶榆县有吊鸟山，众鸟千百群共会，鸣呼啁唽。”径改。

③ 本条书名原文误为《九州记》，而佚文中的“沉黎县”，为隋“开皇中置县”（《隋书·地理志》），故书名当为《九州要记》，而非晋人之《九州记》。

唐地域记　唐

不见著录，书名从《元一统志》。录存佚文三条。

河南道

3871

定陵故城在舞阳旧县北六十里。《后汉书》：光武破王寻于昆阳，士卒争赴溺死，滍水为之不流，即此。（《元一统志》卷三《南阳府·山川》）

3872

滍水俗称沙河，上源汝州宝丰县和口村，下流许州郾城县，东合入淮何。（同上）

江南西道

3873

唐景龙中，彭泽县南门置陶狄祠，马泽传记。（《元一统志》卷九《江州路·古迹》）

附：方舆记一百三十卷　南唐徐锴撰

徐锴，五代会稽（今浙江绍兴）人。字楚金，博学能文，与兄铉同名于江左，时号二徐。历南唐秘书省正字，内史舍人。著《说文系传》《说文解字韵谱》《古今国典岁时广记》等。《宋史·艺文志三》："徐锴《方舆记》一百三十卷。"《太平御览经史图书纲目》："《方舆记》。"《国史经籍志》卷三："《方舆记》一百三十卷，徐锴。"徐氏虽生活在五代十国的分裂动乱中，斯志仍按唐代疆域记述。本书亦以《中国历史地图集·唐图》分列。

京畿道

3874

太上皇庙在金坞北大道南。（《长安志》卷五《宫室·太上皇庙》）

3875

竹水，俗谓之赤水，出于媚谷。（《长安志》卷一一《县一·万年》）

3876

龙台泽，在丰水西北，近谓。（《长安志》卷一五《县五·鄠县》）

3877

醴泉，汉宣帝时开泉，味如酒，故以名县。亦汉宫之名也。（《长安志》卷一六《县六·醴泉》）

3878

（荆山）昔黄帝铸鼎于此。（《长安志》卷一九《县九·富平》、《类编长安志》卷六《山水·山》）

3879

汉灞桥在古长安城灞城门东二十里灞店。南北两桥以通新丰道。汉人送客至此赠别，谓之销魂桥。（《类编长安志》卷七《桥渡·桥》）

3880

（终南山）东方朔谓“天之大阻”。其终南多金、银、铁、玉石、樟、檀异类之物。此百工取给，万姓所仰足也。（《御览》卷三八《地部·终南山》）

河南道

3881

新蔡县葛陂，费长房化竹之所。后汉于此立葛陂县。（《御览》卷七二《地部·陂》）

关内道

3882

吴山在汧阳，乃华山亚岳。（《类编长安志》卷六《山水·山》）

3883

大统十四年，分泾州新平县置南豳州。废帝三年去“南”为豳州。（《大事记续编》卷四一）

3884

（门山废县）在延安路[①]东南一百八十里，一乡。本汉定阳县地。周宣帝大象元年分汾川、云岩二县于本县南六里置门山县。北有山，其形肖像如门，因名。唐武德六年徙于宗斯堡，不通人马，总章二年移于原上。（《元一统志》卷四《延安路·古迹》）

3885

（临真废县）汉高奴县地，后魏太武置临真县[②]，属偏城郡。周武天和元年稽胡畔，攻破郡城，遂移于流川。隋大业十二年贼张诮攻破，又移就曷鸡城权住。（同上）

---

① 延安路：此为元代政区名，为元人所改。《方舆记》原文应为唐代之“延州”。

② 后魏太武置临真县：《魏书》卷一〇六下《地形志》定阳郡有临真县，但未言置于何时。《元和志》卷三《延州·临真县》作“后魏文成帝置临真县，属偏城郡”。而《寰宇记》卷三六《延州·临真县》又作“后魏太武帝置临真县，属偏城郡”。对此，张驹贤《元和郡县志考证》谓“偏城郡立于孝文太和元年，时不相及。乐史改‘文成’为‘太武’，失之愈远”。当从《元和志》说。

3886

（凤山寺）山在鄜城，尝有五色雀见，因以立寺。（《大元大一统志》卷五四五《鄜州·古迹》）

陇右道

3887

（酒泉）汉宣帝时开泉，味如酒，故以名县。（《天中记》卷一〇《泉》）

河东道

3888

忻州北三十里至范池驿，又北二十五里至忻口驿。（《大事记续编》卷七七）

3889

忻口东北三十里至代州界阳武驿。（《大事记续编》卷七五）

3890

牵招，字子经，为广武太守。郡中井多盐苦，人远汲水。招乃望势凿原，开渠注入城中，人赖之，号曰牵渠。[①]（《新定九域志》卷一《郑州》）

河北道

3891

顺州顺义郡在范阳郡，唐天宝初置，又改为顺义、归化二郡。（《御览》卷一六二《州郡部·顺州》）

3892

归顺州，其地乃燕之北境。燕太子丹使荆轲献地图即谓此也。即元顺州之北境。唐天宝初以置归化、顺义二郡。同领怀柔一县，复又立归顺州以理焉。（《御览》卷一六二《州郡部·归顺州》）

---

① 本条王存列入郑州，误。应入“代州”。郑州之广武县始置于隋。且汉代牵招任雁门太守，郡治广武（今山西代县）。“广武太守”亦误，当为“雁门太守”。其牵渠在今山西定襄，详《三国志》卷二六《魏书·牵招传》。

3893

（毛苌冢）今郡有毛苌冢宅。（《新定九域志》卷二《瀛州》）

江南东道

3894

楚灭越置金陵，吴大帝改名石头城，宋景和中修为长乐宫。（《大事记续编》卷二九）

3895

始皇登会稽，从江乘还，过吴。（《〔景定〕建康志》卷一五《所统县名·江乘县》、《〔至大〕金陵新志》卷四上《疆域志·历代废县名》）

3896

（竹里山）行者以其途倾崄，号曰翻车[1]岘。鲍昭有《行翻车岘诗》。（《六朝事迹编类》卷下《竹里山》、《〔景定〕建康志》卷一七《山川志·山阜》、《〔乾隆〕江南通志》卷一一《舆地志·山川·江宁府》）

3897

（华山）梁武帝舆驾东行，至此山，因问华山何如蒋山高，谢[2]对曰，华山高九里，似与蒋山等，泉水倍多。（《〔景定〕建康志》卷一七《山川志·山阜》、《〔至正〕金陵新志》卷五上《山川志·山阜》）

3898

秦置江乘县，汉因之。晋蔡谟守江，所戍东至土山，西至江乘。（《纪胜》卷一七《建康府·古迹》）

3899

吴大帝分宛陵置怀安县，属丹阳郡。至晋永嘉废入宣城。（《纪胜》卷一九《宁国府·古迹·怀安故城》）

3900

（孔子井）孔子入吴所凿。（《纪胜》卷一九《宁国府·古迹》）

---

① 车：《六朝事迹编类》作“山”。

② 谢：《〔至正〕金陵新志》作“薛”。

3901

浦城县本汉东部侯官[1]之北乡也。吴永安三年改为吴兴县。(《御览》卷一七〇《州郡部·建州》、《胜览》卷一一《建宁府》)

3902

(越王石)常隐云雾,惟清廉太守乃得见,宋虞愿观见之。(《新定九域志》卷九《福州》)

3903

(梅福山)梅福炼丹于此,今有升仙坛。(《新定九域志》卷九《建州》、《胜览》卷一一《建宁府·山川》)

3904

琵琶山,以形为名。(《纪胜》卷一八《太平州·景物下》)

3905

湛卢山,山形峭峻,常有云雾凝其上。《唐拾遗记》云,昔湛王铸剑于上。(《纪胜》卷一二九《建宁府·古迹》)

3906

(吴村)昔吴王为灭越,句践流其三子。长子鸿逃于此死,因葬焉,遂名其葬处为吴山里。(《大典》卷三五七九《村·吴村》)

3907

(绩溪县)本歙之华阳镇。梁大同元年置为梁安县[2]。武德中废。至永泰二年,旌德贼王万敌入寇。其地贼平置县[3],以界内乳溪与徽溪相去一里,离而复合,有如绩焉,故以为名。(《纪胜》卷二〇《徽州·县沿革·绩溪县》、《新安志》卷五《绩溪沿革》)

3908

(阶坑)即吴废太子和之地也。阶迹犹存。和死,孙休封和子皓为乌程侯。及皓即位,追谥和改葬明陵。(《纪胜》卷二〇《徽州·景物上》;《新安志》卷三《古迹》稍简)

3909

(大鳙山)尧时洪水溪谷皆满,有大鳙上至此,及水涸而毙,鳞骨

① 东部侯官:《御览》作"东侯官"。

② 梁安县:《新安志》作"良安县"。

③ 永泰二年……置县:《元和志》卷二八《绩溪县》谓:"大历二年刺史长孙全绪奏分歙县置。"今地方史志从《元和志》说。

鳍鬣积如山阜。（《纪胜》卷二〇《徽州·景物下》、《新安志》卷五《山阜》、《寰宇通志》卷一二《徽州府·山川》）

3910

临溪石在县北三里溪岸上，其方二丈，其平如砥。溪水甚宜浣纱。数里妇人悉来浣纱去家既远，遂绩其旁以守之。春时多丽服，群绩于此。虽不浣纱者，亦会绩焉。（绩溪）县名亦兼取此义。（《新安志》卷五《水源》）

3911

（梓山庙）初于山下置良安县，旧有方白石，忽化为双白鸟飞向山。遂于山下鸟栖处立庙，邑人敬之。（《新安志》卷五《祠庙》）

3912

（鱼亭山）每岁西江鱼船至祁门县舍舟登陆此山。东水次淹流待船，故曰鱼亭。（《新安志》卷五《山阜》）

3913

（复山）山甚孤峻，石壁四绝，亦谓之五硠二砾，两边皆石坛，中央有沟才五六尺许，水甚悬迅，扪萝挽葛时有至者。山翠激流，为群峰之秀。东南水流入休宁界。（同上）

3914

墨岭上出石墨，土人采之以书。采处成井，今为水所淙。其井转深。（《新安志》卷五《古迹》、《纪胜》卷二〇《徽州·景物下》、《新定九域志》卷六《歙州》）

3915

黟县北缘岭得樵贵谷。昔有人山行七日，至一斜穴，入穴，廓状，周三十里，土甚平沃。中有十余家。云是秦时离乱入此避地。（《新安志》卷五《古迹》）

江南西道

3916

（栖真山）昔窦子明弃官学道于此山上升。（《新定九域志》卷六《宣州》）

3917

（葛洪山）葛仙曾游于此。（《新定九域志》卷六《江州》）

3918

（望夫山）夫行役未回，其妻登山而望，每登山辄以藤箱盛土，积日累功，渐益高峻，故以名焉。（《纪胜》卷三〇《江州·景物下》；《〔康熙〕江西通志》卷一二《山川·九江府》有小异）

3919

（静山）其山回耸，有曲涧茂林，可以栖息，故以静名。（《纪胜》卷六六《鄂州上·景物上》）

3920

（鸡翅山）昔有金鸡飞集于此，故名。（同上）

3921

（吴真人宅）在武宁县。（《新定九域志》卷六《洪州》）

3922

（王乔坛）西山中峰最高顶，名鹤岭，即王子乔之遗坛。在岭侧。（《新定九域志》卷六《洪州》、《纪胜》卷二六《隆兴府·仙释》）

3923

铜山下有天井，广一丈余，有石倒坠如莲花覆盖。天欲雨，井中即有白雾上腾。（《纪胜》卷二一《信州·景物上》）

3924

（石鼓）在宜黄水边，形如鼓。（《纪胜》卷二九《抚州·景物上》、《新定九域志》卷六《抚州》）

3925

（尧城）尧南巡至此城。（《新定九域志》卷六《池州》）

3926

（洪崖山）洪崖先生居此，有洪崖坛。（《新定九域志》卷六《饶州》）

3927

（毛仙山）昔人行过此山，逢一人遍体有毛，言词聪智，异于凡人，故名。（《纪胜》卷二八《袁州·景物下》、《胜览》卷一九《袁州·山川》）

3928

（甘卓岭）晋甘卓领兵于（萍乡）县东。（《纪胜》卷二八《袁州·古迹》）

3929

（吴猛泉）人有疮疾者，或饮或洗悉愈。是吴猛游息之处。其泉清冷，异于余水，泉侧有冷水台。（《纪胜》卷二五《南康军·景物下》）

3930

（太史）在新吴县西十五里，周回三里余。（《大典》卷八〇九一《城·太史城》）

3931

庐陵故城，在今庐陵县南一里。晋咸康末太守孔伦所筑。（《大典》卷八〇九二《城·吉安府城》）

3932

永淳元年移（吉）州治于旧石阳县。（同上）

3933

（安城）在今吉州安福县。（《大事记续编》卷三三）

3934

（琵琶山）以形似名。（《新定九域志》卷六《太平州》）

3935

（白纻亭）宋武帝会群臣于此，为白纻之歌。（同上）

3936

蹲山，吴时有女子居樟木下，木大数十围。孙皓遣人伐之，斧斤莫克，丁夫苦之。女祝曰，汝今且去，他时更生。遂克之，后果复生。下有更生夫人庙。（《〔康熙〕江西通志》卷九《山川·吉安府》）

3937

（怀玉山）天帝遣玉此山，山神藏焉，故名怀玉。或云山有异光夜烛，因名辉山。唐贾耽《华彝图记》云：其山上干天际，势联北斗，又名玉斗山。（《〔康熙〕江西通志》卷一一《山川·广信府》）

3938

黄唐山，中有石室、石人，每丙日辄闻箫鼓音，盖仙灵窟宅也。（《〔康熙〕江西通志》卷一三《山川·赣州府》）

3939

（谢山）即谢仙君上升之处。（《新定九域志》卷六《筠州》、《纪胜》卷二七《瑞州·景物上》）

3940

上高县北五里有敖岭，敖真君得道飞升之处。（《纪胜》卷二七

《瑞州·仙释》、《大元大一统志》卷九五六《瑞州路》；《新定九域志》卷六《筠州》较简）

3941

（凤岭山）在上高县西七里。唐靖州应刺史率邑人归附，百姓康宁。数年之中，凤凰见山。（《纪胜》卷二七《瑞州·景物下》）

3942

（凤岭山）刺史应智顼尝屯兵其上，岭势峻拔，远望如凤。（《〔康熙〕江西通志》卷八《山川·瑞州府》）

3943

（八叠山）在高安县西北三百二十里，以盘曲之数而名。（《纪胜》卷二七《瑞州·景物下》）

3944

（八叠山）叠嶂纵横，断而复耸，故名。（《〔康熙〕江西通志》卷八《山川·瑞州府》）

3945

（蒙山）峭壁横险，厥材千寻，常有白云、清霭蒙蔽其上。（同上）

3946

（正女石）昔有正女尝浣于此。（《纪胜》卷二一《信州·景物下》）

3947

（积翠岩）每蓄烟霭，与五面山相对。（《纪胜》卷二一《信州·景物下》、《新定九域志》卷六《信州》、《〔康熙〕江西通志》卷一一《山川·广信府》）

3948

（败伏山）陈武帝与贼战此，破其伏兵故名。（《〔康熙〕江西通志》卷八《山川·瑞州府》）

3949

（五面山）南一峰屹立，削成五面。欲登峰顶，必泛贵溪而入，攀萝葛乃可上。（《纪胜》卷二一《信州·景物下》）

3950

仙人城，山之峰壁高五十丈，形如层城。霞驭云蔚，群仙之室南有屈曲而上，绝顶平坦，有池水清冷，亦名赭石。（同上）

3951

（龙虎山）两石相峙，山峰屹立，状若龙虎，乃汉张道陵所居处。（《纪胜》卷二一《信州·景物下》、《胜览》卷一八《信州·山川》）

3952

（信义港）土地良沃，人多信义。（《纪胜》卷二一《信州·景物下》、《〔康熙〕江西通志》卷一一《山川·广信府》）

3953

（军阳山）昔有将兵屯于此山之阳，因以名。又尝为宝丰镇。（同上）

3954

（铜山）下有天井，广一丈余，有石倒坠如莲花覆盖，其水碧色莫深浅，春夏不竭[①]。天欲雨，井中即有白雾上腾。（《纪胜》卷二一《信州·景物上》、《〔康熙〕江西通志》卷一一《山川·广信府》）

3955

（弋阳江）溪涯有大石，面如镌弋字，因名。（《〔康熙〕江西通志》卷一一《山川·广信府》）

3956

（师溪）昔有隐士居此，乡人远近皆师之。（《纪胜》卷二一《信州·景物上》）

3957

（鹤山）下有天井，广二丈，有悬石如莲花覆盖。其水碧色，四时不减。（同上）

3958

（仙人城）山之峰壁高五十丈，形如层城，霞驭云蔚，群仙之室。南有屈曲而上，绝顶平坦，有池水清冷，亦名赭石。（《纪胜》卷二一《信州·景物下》；《新定九域志》卷六《信州》甚简）

3959

申明城澧阳县。申明，楚大夫，邑于是地。（《清一统志》卷三七四《澧州·古迹》）

3960

（白马湖）颜真卿书《横山庙汉碑》谓，神居武陵，其地有湖。每

---

① 其水碧色……不竭：《纪胜》脱。

出，则神兽前道，形如白马。名当始此。一曰白马陂。（《大典》卷二二六一《湖·白马湖》）

3961

丹砂井，泉水赤如绛。武陵《廖氏谱》云：廖平以丹砂三十斛，置所居井中，饮食是水，以祈延龄。（《纪胜》卷六八《常德府·景物下》）

3962

湘乡县北五十里有悬钟石，屹峙云表，与韶山相接。其北一峰曰黄竹岐，连亘数百里。下有鲤鱼峰。（《方舆纪要》卷八〇《湖广六·长沙府·韶山》）

3963

（丹阳太守聂友墓）在（洪）州南二十九里。（《〔康熙〕江西通志》卷一一〇《邱墓·南昌府》）

3964

（参军胡蕃墓）在（洪）州南十九里。（同上）

淮南道

3965

寿州县，晋马头戍在县北。（《大事记续编》卷七七）

3966

棘门，寿春城门也。（《新定九域志》卷五《寿州》）

3967

穆陵山，旧有关。（《新定九域志》卷五《黄州》、《纪胜》卷四九《黄州·景物下》）

3968

安陆县东四十里，南有凤凰岗。晋孝武永和四年凤产其上。（同上）

3969

（九嵕山）有宝陁器、仙人洞等处。（《纪胜》卷七七《德安府·景物下》）

3970

（梁城）梁武帝筑城于此。（《纪胜》卷七九《汉阳军·景物上》）

3971

《淮南子》谓今罗山冥厄之塞，即罗山九塞之一。(《纪胜》卷八〇《信阳军·风俗形胜》)

3972

(皖)旧皖城，武德五年王弘让析置，在古逢龙城内。(《路史》卷二五《国名纪·少昊后》)

黔中道

3973

(壶头山)山形似壶，马援曾战于此。(《新定九域志》卷八《黔州》、《纪胜》卷一七六《黔州·景物下》、《胜览》卷六〇《绍庆府·山川》)

3974

(伏牛山)山左右有盐井，州人置灶以充食用。(《纪胜》卷一七六《黔州·景物下》)

3975

(小酉山)山下有石穴，中有书千卷。秦人避地隐学于此。梁湘东王[1]谓"访酉阳之逸典"是也。耆旧相传，尧时善卷、唐张果老，皆尝隐居于此。又名为大酉。(《胜览》卷三〇《辰州·山川》、《纪胜》卷七五《辰州·古迹》)

3976

丹砂井，泉水赤如绛。《武陵廖氏谱》云，廖平以丹砂三十斛，置所居井中，饮食是水，以祈延寿。(《纪胜》卷六八《常德府·景物下》)

山南东道

3977

(尔雅台)郭璞注《尔雅》于此台上，见有郭先生塑像。庙宇春秋祠祭。(《新定九域志》卷六《峡州》、《纪胜》卷七三《峡州·景物下》、《胜览》卷二九《峡州·楼台》)

---

① 梁湘东王:《纪胜》作"梁湘中王绎"。

3978

（古巴子城）一名故石城。（《新定九域志》卷八《忠州》）

山南西道

3979

兴元府南郑县天池山上有池，方二十里，冬夏不竭，久饮之可愈瘤疾，故号天池。（《御览》卷六七《地部·池》）

3980

（诸葛城）孔明拔陇西千余家，还汉中筑此城居之。（《纪胜》卷一八三《兴元府·古迹》）

3981

（沔阳故城）曹魏末梁州理此。蜀先主于此设坛即位。隋开皇三年废。（同上）

3982

清凉川在兴道县北。（《御览》卷六八《地部·川》）

3983

绫锦山，在万寿县。（《纪胜》卷一七五《重庆府·景物下》）

3984

（宕渠山）一名大青山。（《新定九域志》卷七《渠州》）

3985

（西乐城）其城险固。（《新定九域志》卷八《兴元府》）

3986

有仙鹤在郡城后子城上，下瞰嘉陵江。（《蜀中广记》卷二七《名胜记·顺庆府》）

剑南道

3987

（系龙桥）仙人翟君自峨眉山来，系一龙于此。（《新定九域志》卷七《梓州》）

3988

蜀青城有延庆宫，西有常道观。其南有六时水。六时洒水以代漏刻。于阳时即洒然而下阴时即无。昼夜凡六时洒水，故名六时水。

（《天中记》卷九《水》）

3989

（梓州）有铜梁。（《新定九域志》卷七《梓州》）

3990

（苌弘祠）弘无辜受戮，死而血碧，后人立祠。（《新定九域志》卷七《资州》）

3991

东蜀道院在郡治内，晁子西为记。（《蜀中广记》卷三〇《名胜记·遂宁县》）

3992

（鱼梁城）每于其地造梁采鱼。近前溪，俯临大江。今土人云城头是也。（《大典》卷八〇九二《城·鱼梁城》）

3993

东岩在（嘉州）城东佛峡，即圣冈山。（《蜀中广记》卷一一《名胜记·嘉定州》）

3994

绥山废县在峨眉县西四十里。（《蜀中广记》卷一一《名胜记·嘉定州·峨眉县》）

3995

（彭山）县界有乐黎城。（《蜀中广记》卷一二《名胜记·眉州·彭山县》）

3996

西楼在（眉）州治。（《蜀中广记》卷一五《名胜记·叙州府》）

岭南道

3997

韶州曲江县修仁水，西南注连水。北有三枫亭、五渡水斋。范云为始兴太守至修仁水，酌而饮之，赋诗曰："三枫何习习，五渡何悠悠，且饮修仁水，不挹偕邪流。"（《御览》卷五九《地部·水下》）

3998

廉州合浦郡，秦象郡地，汉置合浦郡，后汉同。吴改为珠官，晋又为合浦郡。宋因之，兼置临瘴郡及越州。齐又因之，隋改为禄州，

寻又改为合州，置廉州。（《御览》卷一七二《州郡部·廉州》）

3999

合浦水，去合浦八十里。有围洲，其地产珠。（《纪胜》卷一二〇《廉州·景物下》）

4000

（狼头山）昔南越王尉佗屯军于此，舂谷而如山。（《新定九域志》卷九《廉州》）

4001

雷州海康郡，秦象郡地。二汉以后并属合浦郡，梁分置合州，大同末为南合州，隋炀帝初废，唐为雷州。（《御览》卷一七二《州郡部·雷州》）

4002

（高州）故潘州。（《新定九域志》卷九《高州》）

4003

巴山，在电白县。（《纪胜》卷一一七《高州·景物上》）

4004

楼山，在电白县。（同上）

4005

太花山，在电白县。（《纪胜》卷一一七《高州·景物下》）

4006

百禄山，在茂名县南一十五里。（同上）

4007

（合浦水）去合浦八十里有围洲[①]，其地产珠。（《新定九域志》卷九《廉州》、《纪胜》卷一二〇《廉州·景物下》）

4008

绛水，在阳安县南，色赤如绛。（《纪胜》卷一四五《简州·景物上》）

4009

容州普宁郡，古越地。秦属象郡，二汉属合浦郡，宋太始七年分合浦县于此立南流郡。齐梁陈不改，隋废。唐武德四年置铜州，贞观

① 洲：《新定九域志》误作“州”。

八年改为容州，因容山为名。(《御览》卷一七二《州郡部·容州》)

4010

铜湖鲤鱼石，状如横鲤。新妇石状如妇人，并与铜石相连。(《元一统志》卷一〇《容州·山川》)

4011

(牛山)石如牛。(《新定九域志》卷九《容州》、《纪胜》卷一〇四《容州·景物上》、《元一统志》卷一〇《容州·山川》)

4012

(石抱山)山多竹木，葱翠如抱。(《新定九域志》卷九《容州》)

4013

鸡笼山，在北流县界[①]。(《元一统志》卷一〇《容州·山川》、《大典》卷二三四〇《梧·山川·北流县》)

4014

破石山，在北流县界。(《大典》卷二三四〇《梧·山川·北流县》)

4015

牛山，石形似牛故名。(《大典》卷二三四〇《梧·山川·陆川县》)

4016

龙化水，在北流县界。(《大典》卷二三四〇《梧·山川·北流县》)

4017

昆仑水、金溪水、漳江水，并在(容)县界。(《大典》卷二三四〇《梧·山川·容县》)

4018

(通星山)汉太守刘曜常登之仰观，故名通星。(《大典》卷二三四〇《梧·山川·梧州府》)

4019

崖州朱崖郡，郡地海中之洲也。洲方千里，與今海康郡之徐闻县对，自徐闻径度，便风扬帆一日一夕即至。梁置崖州。(《御览》卷一

① 在北流县界：《元一统志》作“在陆川县界”。

七二《州郡部·崖州》)

4020

振州延德郡，土地与朱崖郡同，隋置临振郡，唐置振州。(《御览》卷一七二《州郡部·振州》)

4021

琼州琼山郡，土地与朱崖郡同，唐贞观五年[1]割崖州置琼州。(《御览》卷一七二《州郡部·琼州》)

4022

万安州万安郡，土地与朱崖郡同，唐置万安州或为万安郡。(《御览》卷一七二《州郡部·万安州》)

4023

峰州承化郡，古文郎国，有文郎水。亦陆梁地。秦属象郡，二汉属交趾郡。吴分置新兴郡，晋改为新昌，陈置兴州，隋平陈改为峰州，炀帝初废，唐复置峰州。(《御览》卷一七二《州郡部·峰州》)

4024

陆州玉山郡，秦象郡地，汉以来属交趾郡，梁分置黄州及宁海郡。隋平陈郡废，改黄州为玉州。炀帝初州废，唐复置玉州。上元二年改为陆州，州有陆水。(《御览》卷一七二《州郡部·陆州》)

4025

铜船湖，马援铸铜船五只，一留此湖中，四只将过海，征林邑。(《御览》卷六六《地部·湖》、《大典》卷二二七〇《湖·铜船湖》)

4026

岩州安乐郡，土地与合浦郡同，唐为岩州，或为安乐郡。(《御览》卷一七二《州郡部·岩州》)

4027

山州龙池郡，土地与严州同。唐为山州，或为龙池郡。(《御览》卷一七二《州郡部·山州》)

4028

粤州龙水郡，土地与安南府[2]同。唐为粤州或为龙水郡。(《御览》

---

① 贞观五年：原文误作“贞观六年”，据两《唐书·地理志》改。

② 安南府：史无安南府，据两《唐书·地理志》，当为“安南都护府”。

卷一七二《州郡部·粤州》）

4029

芝州忻城郡，土地与安南府[1]同，唐为芝州或为忻城郡。（《御览》卷一七二《州郡部·芝州》）

4030

淳州永定县，秦属桂林郡地，唐武德四年置。至永贞以犯宪宗庙讳，改淳州[2]为峦州，以峦山为名。（《御览》卷一七二《州郡部·淳州》）

4031

安南府，今理宋平县。古越地，《禹贡》杨州之地，号为百越。在周为越裳重译之地。秦属象郡，汉为交阯、日南二郡界。后汉因之，唐为交州。（《御览》卷一七二《州郡部·安南都护府》）

4032

人俗杂蛮夷之风。其人皆服布如单被，穿中央以贯其首。男子耕农，女子织絍，兵则矛楯、长刀、木弓、竹矢，或骨为镞。（同上）

4033

武峨州武峨郡，土地与安南府同，唐置武峨州。（《御览》卷一七二《州郡部·武峨州》）

4034

驩州日南郡，古越裳氏国[3]九译所通者也。秦属象郡，二汉属九真郡，吴分置九德郡。晋宋齐因之，隋置驩州，后为日南郡，唐为驩州。（《御览》卷一七二《州郡部·驩州》）

4035

汤州汤泉县，秦属象郡，唐置汤州，或为汤泉州。（《御览》卷一七二《州郡部·汤州》）

① 安南府：史无安南府，据两《唐书·地理志》，当为“安南都护府”。

② 淳州：原文脱。“以犯宪宗庙讳改为峦州”者仅指淳州，并不包括主语中的永定县。为避免歧义而加。

③ 越裳氏国：《御览》误作“氐”为“氏”。《后汉书》卷八六《南蛮传》：“交趾之南，有越裳国。”《梁书》卷五四《海南诸国》：林邑国象林县，“古越裳之界也”。不当云“氐”。

4036

福禄州福禄郡，土地与九真郡同，唐为福禄州。（《御览》卷一七二《州郡部·福禄州》）

4037

长州文阳郡，土地与九真同，唐为长州。（《御览》卷一七二《州郡部·长州》）

4038

爱州九真郡，秦象郡地，汉武置九真郡，后汉亦同。晋亦属九真郡，宋齐因之。梁置爱州，隋为九真郡，唐又为爱州。（《御览》卷一七二《州郡部·爱州》）

引用参考书目

古今事文类聚前集六十卷后集五十卷　宋祝穆编　清乾隆二十八年（1763）积秀堂刊本

遂初堂书目一卷　宋尤袤撰　清道光二十六年（1846）《海山仙馆丛书》本

舆地纪胜二百卷校勘记五十二卷补阙十卷　宋王象之撰　清刘文淇校勘　岑建功补阙　清道光二十九年（1849）惧盈斋刻本

世说新语六卷　南朝宋刘义庆撰　南朝梁刘孝标注　清光绪元年（1875）湖北崇文书局刻本

直斋书录解题二十二卷　宋陈振孙撰　清光绪九年（1883）江苏书局刻本

玉海二百卷　宋王应麟撰　清光绪九年（1883）浙江书局刻本

衢本郡斋读书志二十卷附志四卷　宋晁公武撰　宋姚应续编　清王先谦校　清光绪十年（1884）长沙王氏刊本

蜀中广记一百零八卷　明曹学佺纂修　商务印书馆民国年间（1911—1949）影印《四库全书珍本初集》本

嘉庆重修一统志五百六十卷　清穆彰阿等纂修　上海商务印书馆民国二十三年（1934）影印本

洞霄图志六卷　元邓牧编　商务印书馆民国二十四年（1935）《丛书集成初编》本

六朝事迹编类二卷　宋张敦颐编　明吴琯校　商务印书馆民国二十四年（1935）《丛书集成初编》本

岁时广记四十卷　宋陈元靓编　商务印书馆民国二十四年（1935）《丛书集成初编》本

大事记二十七卷　宋吕祖谦撰　商务印书馆民国二十四年（1935）

《丛书集成初编》本

齐民要术十卷　北魏贾思勰撰　商务印书馆民国二十四年（1935）《丛书案成初编》本

舆地广记三十八卷　宋欧阳忞撰　商务印书馆民国二十四年（1935）《丛书集成初编》本

寰宇通志一百一十九卷　明陈循修纂　郑振铎辑　《玄览堂丛书续集》　民国三十六年（1947）国立中央图书馆影印本

后汉艺文志四卷　清姚振宗撰　《廿五史补编》本　中华书局1955年版

补晋书艺文志六卷　清文廷式撰　《廿五史补编》本　中华书局1955年版

隋书经籍志考证十三卷　清章宗源撰　《廿五史补编》本　中华书局1955年版

隋书经籍志考证四十卷　清姚振宗撰　《廿五史补编》本　中华书局1955年版

补陈疆域志四卷　臧励龢撰　《廿五史补编》本　中华书局1955年版

读史方舆纪要一百三十卷　清顾祖禹撰　中华书局1955年排印本

新斠注地理志集释十六卷　清钱坫撰　清徐松集释　《廿五史补编》本　中华书局1955年版

资治通鉴二百九十四卷　宋司马光撰　元胡三省音注　中华书局1956年版

三国志六十五卷　晋陈寿撰　南朝宋裴松之注　中华书局1959年版

史记一百三十卷　汉司马迁撰　南朝宋裴骃集解　唐司马贞索隐　唐张守节正义　中华书局1960年版

太平御览一千卷　宋李昉等撰　中华书局1960年影印商务印书馆影宋刻本

汉书一百卷　汉班固撰　唐颜师古注　中华书局1960年版

中国古方志考　张国淦著　中华书局1962年版

初学记三十卷　唐徐坚等撰　中华书局1962年版

后汉书一百二十卷　南朝宋范晔撰　南朝梁刘昭补志　唐李贤注

中华书局 1965 年版
元一统志十卷　赵万里辑　中华书局 1966 年版
南齐书五十九卷　南朝梁萧子显著　中华书局 1970 年版
魏书一百三十卷　北齐魏收撰　中华书局 1970 年版
北齐书五十卷　唐李百药撰　中华书局 1970 年版
宋史四百九十六卷　元脱脱等修　中华书局 1970 年版
隋书八十五卷　唐魏征等撰　中华书局 1973 年版
宋书一百卷　南朝梁沈约撰　中华书局 1974 年版
旧唐书二百卷　五代晋刘昫撰　中华书局 1975 年版
新唐书二百二十五卷　宋欧阳修撰　中华书局 1975 年版
春秋左传正义六十卷　晋杜预注　唐孔颖达等正义　中华书局 1980 年影印《十三经注疏》本
艺文类聚一百卷　唐欧阳询撰　上海古籍出版社 1982 年版
中国历史地图集　谭其骧主编　地图出版社 1982 年版
全芳备祖前集二十七卷后集三十一卷　宋陈景怡撰　农业出版社 1982 年版
元和郡县志四十卷　唐李吉甫撰　贺次君点校　中华书局 1983 年版
元丰九域志十卷附新定九域志九卷　宋王存撰　中华书局 1984 年版
永乐大典　明解缙等编　中华书局 1986 年影印本
通典二百卷　唐杜佑纂　浙江古籍出版社 1987 年版
通志二百卷　宋郑樵撰　浙江古籍出版社 1987 年版
路史四十七卷　宋罗泌撰　上海古籍出版社 1987 年影印《四库全书》本
大事记续编七十七卷　明王袆撰　上海古籍出版社 1987 年影印《四库全书》本
事类赋三十卷　宋吴淑撰并注　上海古籍出版社 1987 年影印《四库全书》本
锦绣万花谷前集四十卷后集四十卷　宋佚名撰　上海古籍出版社 1987 年影印《四库全书》本
六臣注文选六十卷　南朝梁萧统编　唐李善等注　中华书局 1987

年影印《四部丛刊》本

古今事文类聚前集六十卷后集五十卷　宋祝穆撰　上海古籍出版社 1987 年影印《四库全书》本

广博物志五十卷　明董斯张撰　上海古籍出版社 1987 年影印《四库全书》本

记纂渊海一百卷　宋潘自牧撰　上海古籍出版社 1987 年影印《四库全书》本

建康实录二十卷　唐许嵩撰　上海古籍出版社 1987 年影印《四库全书》本

海录碎事二十二卷　宋叶庭珪撰　上海古籍出版社 1987 年影印《四库全书》本

渊鉴类函四百五十卷　清张英等编　上海古籍出版社 1987 年影印《四库全书》本

北堂书钞一百六十卷　唐虞世南辑　中国书店 1989 年影印清光绪十四年（1888）南海孔氏刻本

太平广记五百卷　宋李昉等编　上海古籍出版社 1990 年影印《四库全书》本

水经注四十卷　北魏郦道元注　陈桥驿点校　上海古籍出版社 1990 年版

〔乾道〕临安志十五卷　宋周淙纂修　《宋元方志丛刊》本　中华书局 1990 年版

〔淳祐〕临安志五十二卷　宋施愕纂　《宋元方志丛刊》本　中华书局 1990 年版

〔咸淳〕临安志一百卷　宋潜说友纂修　《宋元方志丛刊》本中华书局 1990 年版

〔嘉泰〕会稽志二十卷　宋沈作宾修　宋施宿等纂　《宋元方志丛刊》本　中华书局 1990 年版

〔宝庆〕会稽续志八卷　宋张淏纂　《宋元方志丛刊》本　中华书局 1990 年版

〔淳熙〕三山志四十二卷　宋梁克家修　《宋元方志丛刊》本中华书局 1990 年版

新安志十卷　宋赵不悔修　宋罗愿纂　《宋元方志丛刊》本　中

华书局 1990 年版
〔咸淳〕毗陵志三十卷　宋史能之纂修　《宋元方志丛刊》本中华书局 1990 年版
〔景定〕建康志五十卷　宋马光祖修　宋周应合纂　《宋元方志丛刊》本　中华书局 1990 年版
〔至正〕金陵志十五卷　元张铉纂　《宋元方志丛刊》本　中华书局 1990 年版
云间志三卷　宋杨潜修　宋朱端常等纂　《宋元方志丛刊》本　中华书局 1990 年版
〔嘉定〕赤城志四十卷　宋齐硕修　宋陈耆卿纂　《宋元方志丛刊》本　中华书局 1990 年版
剡录十卷　宋史安之修　宋高似孙纂　《宋元方志丛刊》本　中华书局 1990 年版
琴川志十五卷　宋孙应时修　元卢镇续修　《宋元方志丛刊》本　中华书局 1990 年版
寿昌乘不分卷　宋佚名纂　清文廷式辑　《宋元方志丛刊》本　中华书局 1990 年版
〔至顺〕镇江志二十一卷首一卷　元脱因修　元俞希鲁纂　《宋元方志丛刊》本　中华书局 1990 年版
无锡志四卷　元佚名纂　《宋元方志丛刊》本　中华书局 1990 年版
长安志二十卷　宋宋敏求纂修　《宋元方志丛刊》本　中华书局 1990 年版
长安志图三卷　元李好文编　《宋元方志丛刊》本　中华书局 1990 年版
类编长安志十卷　元骆天骧纂修　《宋元方志丛刊》本　中华书局 1990 年版
齐乘　元于钦纂　《宋元方志丛刊》本　中华书局 1990 年版
方舆胜览七十卷　宋祝穆编　宋祝洙补订　上海古籍出版社 1991 年影印宋刻本
中国历史大辞典　谭其骧主编　上海辞出版社 1996 年版
永乐大典索引　栾贵明编　作家出版社 1997 年版

汉唐方志辑佚　刘纬毅辑校　北京图书馆出版社 1997 年版

分省中国地图集　中国地图出版社编制　地图出版社 2000 年版

大元混一方舆胜览三卷　元刘应李纂　元詹友谅校　四川大学出版社 2003 年版

中国历史地名大辞典　史为乐主编　中国社会科学出版社 2005 年版

太平寰宇记二百卷　宋乐史撰　王文楚等点校　中华书局 2007 年版

天中记六十卷　明陈耀文撰　上海古籍出版社影印《四库全书》本

崇文总目五卷补遗一卷附录一卷　宋王尧臣等撰　清钱东垣等辑释　清刻《粤雅堂丛书》本

秘书省续编到四库阙书目二卷　清叶德辉考证　《观古堂书目丛刊》本

大元大一统志（残）　元札马剌丁、虞应龙纂修　《玄览堂丛书续集》收三十五卷　郑振铎辑　民国三十六年（1947）国立中央图书馆影印本；《辽海丛书》收十五卷　金毓绂、安文溥辑　辽海书社民国二十年至二十三年（1931—1934）排印本

地名索引

A

阿阳乡 0123
阿阳县 2860
阿头河 2173
哀牢 0734
艾县 0849 1246
爱州 1617 4038
安昌县 0887 1668
安成郡 0469 1512 1522 1526 2947
安成县 1512 1514 1529 2947
安城 0539 2777 3933
安次县 3378
安德县 0138 3043
安定 0296 0391 0392 0684 0693 0861 1083 2926 3000 3049
安东 3076
安丰 0366 0538 0539 0758 0761 3658
安福县 1512
安固郡 0784 0785
安故郡 0914
安故县 1774
安怀县 0931
安康郡 2428
安康县 3101
安乐郡 4026
安乐县 0605 3080
安乐州 2483
安陵 1657
安陵乡 0079
安陆 0770 0858 0906 0947 1545 1558 2494 3968
安蛮县 0947
安南府 4028 4029 4031 4033
安宁 0284 1514
安平 0376 1514 1824 2183 3033
安丘 0609
安县 3365
安乡郡 2475
安阳城 0023 0047 0312 1918
安阳 0699 1475 1737
安夷县 1779
安邑 0343 0347 0348 0824 0984 2805 3302 3323
安远 0811
安岳郡 2689
安州 2442 2494 2753 2792

印州　0009
敖岭　3940
敖亭　3188
鳌山　3590

B

八叠山　3943　3944
八公山　1258　2804
八桂岭　2964
八石山　2512
八特坂　2822
巴东　0488　0489　0905　2423
巴国　2050　2066　2407
巴汉郡　2430
巴郡　0487　0641　0698　2412　2687　2803　3667
巴陵　0262　1004　1587　2651　2652　2653　3576　3577
巴丘故城　1521
巴邱湖　0851
巴丘　1510　1569　2652
巴渠　0905　0921
巴山　4003
巴蜀　2679　2717　2989　3099　3720
巴西　2249　2695　3062　3704
巴县　2452
巴州　2026　2412　2441　3061
霸昌厩　3150
霸城　0955　1979
霸陵　1622　2824
霸陵城　3153
霸水　0586　2275　2824
灞桥　3879
灞水　1880　2804　3419
白莼　2039
白带山　2163
白帝城　3692
白都山　1162
白鹤山　3476
白湖　0209
白鸡城　2093
白君祠　3176
白狼山　3407
白狼水　1976
白龙堆　0328
白楼　2558　3334
白楼山　2558
白楼亭　2558　3513
白鹿岗　3748
白鹿山　2019　2804　3457
白马城　3063
白马湖　3960
白马山　2344　3107　3383　3710
白马潭　1404
白马县　0832　0889　0940　2333
白马穴　3850

白茅山　3462
白峤山　1480
白沙　1554
白沙山　2987
白沙水　2987
白沙曲　1557
白山　1148　1149　1150
白石县　1782
白水　0873　0978　2283　2452　3627　3813
白檀县　2181
白土城　1770
白土埭　1519
白土冈　1173
白下城　1137　1187　1188　2930
白香湖　3622
白薤山　3338
白雁城　3231
白屿洲　3753
白猿庙　2450　3677
白州　2748　2753
白纻亭　3935
百尺浦　1432
百尺堰　0201
百胍水　3282
百官桥　0447　2581
百禄山　4006
百楼山　2549
百涂山　3503
百雁关　2983
百丈山　1349
百丈县　3870
柏乡故城　0026
败伏山　3948
班氏故城　3339
班氏县　1742
般县　0127
阪泉　0411　1935　1946　2390
板桥城　3307
半阳泉　1194
包山　1385　2527　3449
苞县　0789
褒谷　0675　0866　1860　2063　3694
褒信　0367
褒斜　1859
褒中　0322　1586　2070　3694
抱犊山　2099　2144　2220
抱黄洞　3598
抱罕　2806
抱月城　3291
宝安县　0931
宝丰县　3872
宝鸡山　2816
宝山　3724
宝塔山　3805
宝云殿　1213
保定府　0720
鲍郎祠　3494
簸箕城　0016　0039
北巴西郡　0797　0798

北亳　0046　1663
北地　0402　0505　0589
　0996　1013　1080
　2003　2294　2825
　2828　2926
北都城　2889
北固楼　1318
北固山　1290　1319
北海郡　2332
北海县　3233
北湖塘　2943
北华州　3092
北吉阳　0790
北京兆　0955
北利城　1678
北梁县　1247
北陵城　0432
北流县　2791　4013　4014
　4016
北邙山　3178
北沛　0890
北皮城　0094
北平郡　2392
北平县　2149
北谯县　1247
北上洛　0955
北新蔡　0975
北新城　0102　1745　2398
北徐州　1249
北岈　2015
北阴平郡　0794　0958
北雍州　1994
北舆县　1725
北苑　1215
北岳　2255
贝丘县　0078
贝州　2249　2376　2792
　3051
奔牛堰　1300
本东陵　1825
比景县　0300　1866
比水　0156
比阳古城　2085
比阳县　0156　0781　0895
泚阳　3686
璧玉台　3217
壁州　2413
贲古　0651
卑　2188
卑山　2220
滭发水　2213
边城郡　0943
编县　2969
卞山　1395　3507
汴城　3206
汴水　0036　1026　1033
　2841　3205
汴州　2842　3205
辩州　2747　3800
彪池　2342
滮池　2274
宾平　0811　0933
宾州　2777
邠宁　3121

豳 0314 2810
丙穴 1587 1588 2079
冰池 2342
并州 0380 0381 1713 1896 2193 2198 2792 2806 2893 3301
播川郡 2705
播州 2705 3082
嶓冢 0692 2804 3417
嶓冢山 0872
嶓冢县 2071 3063
驳牛山 1967 3382
泊櫓山 1346
亳阪 0341
亳城 0323
亳州 0021 0685 1672 2312 2792 3226
渤海 1688 2394
博昌 0139 1821
博固城 2186
博浪城 3186
博林 0809
博陵 0099 0100 0376 0684 1698 1824 2142 2381 3366
博罗山 3770
博望 0781 0895 1256
博县 3253
博野县 2385
僰道县 2710 3733 3742
僰口 2055
薄薄城 3227 3290
薄姑 0966 1103
逋宁 0810
不狼山 0647
不其 0426 2863
不夜城 3237 3238
布山县 3602
步阴山 2161

C

蔡伦宅 3587
蔡水 0152
蔡阳 0152 0782 0896
蔡仲冢 3835
蔡州 2249 2316
蔡洲 1184
蔡子池 0843 3587
参合乡 0111
参户亭 0101
仓垣城 1026 2806
苍梧郡 0283 0285 0684 0808 1599 2743 2744 2758 2759 2760 2763 2765 2768 2770 2771 2772
沧景 3121
沧浪水 0855 0991 3673
沧浪洲 2227
沧州 1060 2374 2792 2919
苍松县 1804

曹　2871
曹洪宅　2107
曹南山　2347
曹田洲　1004
曹阳亭　0515
曹州　2317　2353　2792　3229　3230　3231
漕河　1303
岑原丘　2349
层步山　3609
层城观　1217　1228
柴桑县　0852　3548
孱陵城　1848
孱陵故城　3610
孱陵县　0473　2434　2654
澶水　1809
单于城　3264　3295
浐坡　2269
浐水　2271　2804　2824
缠缩城　1795
昌安　0421
昌城　0096　1706
昌都　3029　3232
昌化　2755　3772
昌门　3443
昌平　0497　1964　2178　2179　3096
昌山　0834　1523
昌水　0834
昌松县　3412
昌阳县　0834　1102　3236
昌邑故城　3266
昌邑县　0742
昌州　3113
阊阖门　3441　3443
阊门　3442　3443
长安　0005　0325　0686　1253　1978　1979　2265　2274　2806　2808　2996　3074　3138　3147　3150　3706　3879
长安故城　1980
长白山　1098　3298
长城　0417　0468　1373　1759　2000　2095　2204　3069
长城县　1371　1372
长城山　3686
长春宫　2268
长道县　2805
长度县　0813
长广郡　0426　1102
长广溪　1310
长广县　2864　2884
长湖　3608　3639　3669
长乐郡　2613　2615　2616　3050
长乐坡　2269
长乐桥　1233
长乐山　2483
长利圮　3283
长陵　0175　0325
长芦县　3388

长命洲 1183 3425
长宁县 2731
长平 0369 1879 2856
长桥 0971
长清县 2330
长沙 0262 0684 1013 1512 1856 2674 2675 2752 2947 3583 3595 3596 3597 3598 3608
长沙国 2655 2658 2677
长山 0238 1452 3486
长社县 0550 0762
长寿山 0845
长水 0225
长水县 3848
长松山 2074
长塘湖 1299 1304 1305
长泰县 1538
长乡县 0107 0412
长兴 1372 1382 1399 1404 2525
长垣 0620
长垣县 2846
长源城 2484
长泽县 2805
长州 4037
苌弘祠 3177 3990
苌平 0888 0942
苌寿 0907
常乐 0292 3418
常林郡 2779
常山 0238 1735
常山郡 0188 0372 0561 2380 2913
常山国 0684 3370
常溪水 3336
常州 2519 2520 2534 2933 3429
巢湖 0829 1259 1269 2804 3652
朝歌 0351 0512 1037 1625 2113 2872
朝那 0392
朝女山 3716
朝阳 0154 0773 0897 0949
朝邑县 0994 3004
潮沟 1195
潮阳 0683 0934 2739 3752 3753
潮州 2739
车盖山 1389
车骑崖 3698
郴程 0260
郴县 0268 1577 1852
郴州 2659 2792 3592 3593 3594 3604
辰阳县 1567
辰州 0261 2666 2669
沉黎县 2077 3868
沉酿埭 2594
陈伯先墓 0044

陈仓县　1082　1993
陈国冢　3473
陈郡　0888　0942
陈陵县　0542
陈留　0090　0753　0763　0889　0940　1033　2311　2843　2882
陈　0365
陈县　0830　0972　3225
陈州　2314　2792
成都　0168　0675　2017　2687　3111　3112　3702　3869
成皋　0178　0336　0615　2838
成乐城　1931
成武　0626　1817　3228
成乡县　3027
成州　2473　2474　2760　2772　2792　3084
承化郡　4023
承匡城　0621
城父　0364　0829　0973　1247　1669　1672　3226
城固县　2067　3066
城乐县　1932
城平　0374
城武　0428
乘黄署　1222
乘丘邑　0141
乘氏县　0141　0615
程安　0811
蚩尤城　1935　3321
池阳县　0394　0398　0585　0774　2276
斥邱　1699　1810
斥漳县　2388
赤壁山　1005
赤城山　1483
赤湖　2457
赤雀山　3863
赤山　1486　2916
赤水　1481　3113　3855　3875
赤松子祠　3783　3802
赤岩山　1481
充州　1865　2706
崇德　0960
崇高县　2838
崇化　0960
崇义县　0759　0972
重合县　0081
重平乡　0081
重丘乡　0138
重山　1416
犨县　0781
仇池山　3097
稠阳县　2829
初安　0887
初宁县　0960
滁水　2501
滁州　2501　2502
厨宰城　2122

储潭山祠 1542
楚 1280
楚丘 0045 2871
楚丘亭 3228
楚水 1655
楚王城 3676
楚王台 3665
楚州 2792 3644
处州 2792 2946 3086 3108 3509
穿山 2567
穿石山 2535
穿针楼 1228
垂脚岭 2536
春城门 3966
春申君祠 1284
春州 2742
淳于县 0136 0421
淳州 4030
鹑觚县 0392 0693 1999 2000 2001 2291 2294 2297 3069
慈峨山 3005
慈利县 2662
慈姥山 1012 1164
兹氏故城 2237
刺奸屯 1306
刺山 1951
厝城 3373

D

大坂 0593
大宾县 3602
大昌县 1562
大城 2128
大城山 1150
大非川 3141
大夫种墓 1444
大谷 2350
大寒陂 3611
大河 1799 2135 2186
大鹄山 1349
大魏山 0831
大翮山 2141
大洪县 2059
大基县 3009
大剑山 2031
大江 3635 3721
大碣石山 2910
大兰山 1298
大劳山 3240
大雷尖山 2550 2551
大里 1411
大连淀 1066
大廉县 3116
大梁城 0036
大辽水 1757
大陆 2135
大陆县 2133
大鹿 2135
大辂 3319
大吕亭 0552 3220
大茂山 2137 2255
大明城 2889

大宁城　1945　1947
大伾山　2190
大秦　0013
大青山　3984
大辟山　3537
大石山　3817
大唐渠　2921
大同镇　3200
大屯戍　1569
大夏县　0591　1775
大岘　1268
大乡县　2671
大兴城　2811
大徐城　3227
大阳　0064　1640
大鳙山　3909
大西山　2671
大庾　1600　2804
大庾山　0247
大禹庙　3110
大震关　2252
大朱山　3260
代城　1948　1949　1951　1952　1954　1955　1956　1957
代郡　0575　0684　1001　1013　1742　2209　3337
代水　1949
代州　2897　3889
戴陂　0319
戴水　0319
丹砂井　3619　3961　3976
丹山　0131　3685
丹书台　3221
丹水　0131　1559　2228　3688
丹徒　0214　0216　0453　0744　1235　1274　1278　1318　1323　1324　1328　1330
丹徒宫　1315
丹兴县　0490
丹阳　0670　0684　1124　1198　1210　1211　1214　1220　1233　1278　1279　1326　1374　1381　1563　2515　2538　2574　2929　2945　3679　3899
丹杨郡　1224
丹朱城　3140
单城　0935
单牒　0809
儋耳　0198　0499　2755
儋州　2249　2755　3772
当城　0113　1735
当利县　1826　1827
当路城　1876　1927
当涂山　3659
当涂　0452　0632　3557
当阳县　2433　2436
当州　2684　3721

党州 2785 3805
砀山 0072 2857
砀县 0072
宕昌 2222 2734
宕渠 0788 0796 2412 2413 2414 2441
宕渠山 3984
宕州 2222 2471 2734 3084
荡康 0808 0812
荡沙渠 2890
道人城 0111 1751
道人县 0110
道州 2658 2792
德安府 3639 3640
德阳 0486
德州 2792 3051
登州 2321 2729 3237
澄州 2778
邓城 0461
邓县 0782 0896
邓州 2432 2792 3689
滴河县 2372
狄道 1782 1783 3080 3408
滌山 0530
邸阁城 2907
邸阁溪 1396
砥柱山 2804
帝丘 3211
棣河 1061
滇池 0492 2710 3739
电白县 4003 4004 4005
垫江县 0487
吊鸟山 3866
钓矶山 3581
叠州 2249 2479 3083 3084
丁城 2100
丁固宅 3574
丁卯埭 1313
鼎鼻山 2719 3715
鼎湖 1908
鼎足山 2183 3275
定城 1054 1855 2492
定川郡 2717
定军山 0869
定陵城 2855
定陵故城 3871
定陵县 1374
定山 1425 2881 3465
定陶县 0743
定乡城 0080
定襄城 1924
定襄 0684 1713 1719
定阳县 0119 3884
定远 2256
定州 1606 2381 2792 2922 3049 3365 3366
东安平 0611 1824
东安县 1508
东安阳县 0112 1001 1737
东巴山 1591

东昌县 1511
东朝阳县 0125
东城 1140 2835 2889
东城故城 2256
东阿 0430 0756 3262
东府城 1139 1140 1141
东古复 0494 0807
东关 0919 0921 0956 1259
东关口 1267
东官郡 0683 0931 2739 3751
东莞 0627 1836
东光县 3380
东海 0450 3518
东海国 0684 3030
东海郡 2327 3538
东侯官 0446
东郡 0684 0753 1013 2333 2869 3212 3213 3214
东莱郡 0615 2320 2321
东岪 1491
东缗县 0059 1816
东瓯 2798 3478 3523 3529 3780
东平 0890 1836 2311 2331
东平舒县 1971
东迁县 1371
东秦州 3092
东区县 3795
东武城 0143 0144 0145 2377 2907
东武关 1325
东武山 2527
东夏堂 1316
东箱山 2584
东岩 3993
东阳城 1693
东阳 0231 0438 1117 1425 1450 1453 2609 3484 3487
东冶 0446
东阴盘县 2001 2291
东垣县 1683 2848
东岳庙 3257
东云阳渎 1307
东郓 1836
董政山 2722
董卓宅 3168
洞山 0256 2916
洞庭山 3434
洞玄观 1227
都安县 0482 1905
都昌县 0610
都城 1130 1131
都督山 3515
都卢国 0396
都罗 0808
都庞岭 1600
都庞县 0288 0289 0876 0937
都峤山 1612

都田贵山　3341
都阳　0929
斗城　1980
斗山　2069
豆箅山　0729
豆山　0310
窦冢　2152
窦州　2751　3793
督护门　2593
督亢　0311
督亢陂　3399
督亢亭　3398
独头山　1644
独山　2101
犊山　0879
笃马河　0570　1062　2861
杜城　3148
杜姥宅　1225
杜阳县　1651　3014
妒女泉　2213
度城　3634　3778
秺城　0626
渡水　2136
端山　0274　1604
端溪山　0276
端溪县　0274　0808
端州　0275　2744　3760　3762
段石岗　0249
敦煌　0166　0410　0684　1806　2465　2466
燉煌郡　1759
蹲山　1525　1530　3936
顿城　3375
顿丘　0349　0752　1808　1809　2972

E

峨眉山　2047　2048　3558　3987
峨眉县　3994
娥皇女英台　3249
厄井　3825
恶溪　1492
鄂　0726
鄂县　0465
鄂州　1005　1546　2648　2792　3574
鄂渚　1551
阏与　1716　2367
恩平郡　2741
恩平县　2742
恩州　2741
尔雅台　3977
二横山　1297

F

发干县　2869
法性寺　1229
法宝圆寂寺　1231
番县　2736
番禺县　0273　2735
番州　2733
蕃　1627

蕃县 2843
翻石山 3589
凡山 3270
凡县 0773
樊川 2270
樊县故城 3250
樊舆城 1074
樊舆亭 0102
繁城 1809
繁台 1034 3206
繁县 2694
繁阳县 0082 0193
氾水 0182
汎阳县 0773 0897
范池驿 3888
范蠡城 1282
范蠡宅 1008
范县 0949
范阳郡 2399 3121 3891
方城 0468
方城山 1556
方城县 0108 0109 1556 3398
方渠县 2800
方山 0826 1159 1161 1335 2916 3010 3346 3629 3812
坊州 0996 2820
防城 2104
防海塘 2961
防山 2162
防水 2177
房陵 1862 2429 2982
房山 2142
房渊 0719 3843
房州 2429
房子 0572
放鹤陂 3615
飞狐县 1748
飞来峰 1354
飞龙山 2160
飞彭城 2138
飞乌县 2221
肥如城 1972
肥如县 0415 0750 0891 3054
肥水 2916
肥乡县 0338 0513 0533 1887
肥阳城 0038
吠狗山 2878
废昌亭 1457
废菰城县 3461
废龙亢县 1245
废平都县 1514
废台 1928
废尉城 1501
废西曲阳县 0450
废徐城县 0321
废燕州 2244
肺山 2224
费城 3296
费县 0738
费州 2665 3082 3853

汾川县 3884
汾水 0980 1731 1922
2195 2212 2890
2903 3303
汾阳宫 2212
汾阳故城 2239
汾阳县 2903
汾阴 1913 2249 2903
汾州 1720 2237 2366
丰 0554
丰城 1097
丰城县 1496
丰亭山 2502
丰水 1496 2826
丰阳县 1996 2806
丰州 2228 2799 2830
风伯祠 2196
封龙山 2160 2804
封丘 0317 0615 0763
2843
封山县 0879
封统郡 2004
封溪 3564 3804
封兴 0808 0812
封阳 3767
封州 2760 2772
峰火山 3105
峰州 4023
烽燧台 1323 1324
澧水 1652
澧州 2663
逢陵 0951
逢龙城 3972
凤凰谷 2819
凤凰山 2062
凤凰台 3353
凤岭山 3941 3942
凤山寺 3886
凤翔 3121
凤州 2472 2792
奉高 0509
奉新县 1498 1499
夫椒山 1385
夫宁 0810
夫人城 2125
夫阮 0812
鄜城 3194 3886
鄜坊 3121
鄜州 2249 2295 2792
3092 3195
伏流岭 0825
伏陆县 3195
伏牛山 3974
伏虞郡 2026
扶风 0394 0776 0881
0899 0977 1651
2263 2283 2304
扶沟县 2103
扶乐 2845
扶柳城 2153
扶柳县 0097 1691 1692
3049
扶南郡 2766
扶阳 3058

扶州 2688 3083
芙蓉冈 3755
芙蓉湖 3428
祓禊堂 1219
浮城 3655
浮墩 1531
浮冈山 3579
浮苴井 0010
浮山 3268
浮水 1063 1703 1708
浮阳 1703 2375
浮阳城 1066
符离县 0751
符阳郡 2441
枹罕县 1771 1772
涪川 2665 3058
涪陵 0490 0638 0639 2052 2408
涪陵故城 3065
涪陵江 2053
涪县 3111
涪州 2408 3082
福昌县 2258 3008
福禄城 3410
福山 3524
福源地 2842
福州 2612 2613 2792 3085 3086
抚宁 0808
抚州 2578 2580 2640 2645
辅公祏城 1209
滏口山 2115
滏阳县 2117
父子崖神 2076
负黍 3124 3179
阜城 0562 1706 3044
复山 3913
复阳亭 0144
复州 2424 2792 2984 2986 3666
富安县 0790
富川县 1599
富春县 0228 0229
富乐山 2037 3111
富平 0130 1059 1080 1792 1831 2371 2805 3159 3160 3183
富陂县 1664 3218
富水 1496 1599 2442 2771 2986 2987
富阳浦 0232
富州 2249 2771
腹陂水 2286
鲋鰅山 3374
覆舡山 2801
覆船山 1330 2721 3530
覆釜山 0221 1414 1479 3496 3501
覆笥山 1537
覆舟山 1154 1155 1156 1157 1190 1215 1218 3424 3819

G

盖县　0739

盖竹山　1484　1485

甘草岭　3928

甘东　0809

甘陵　0076　0077　0093

甘露亭　1218

甘泉宫　2266　3093

甘泉渠　2890

甘泉水　2279

甘水　2902

甘州　2461

感义郡　2758

干城　3355

干泉　2157

干山　2563

赣台县　2644

赣县　0239　0457　1540　2576　2637

赣榆　3030

赣州　2576

冈州　2769　3766

皋石山　1603

皋兹　1285

高安县　0292　0847　0904　0936　3943

高昌壁　1806

高昌郡　1084　2249

高城县　1970

高都县　0576　0995　2362

高凉　0684　0813　2742　2762　2786

高陵关　3299

高陵山　0551

高陵水　1308

高柳　1735　1736　1751　1754　2173

高楼城　3194

高陆县　0399

高密　0129　0421　2322　2873　3244

高奴　3194　3885

高平　0755　2902

高迁桥　2582

高迁乡　1838

高阙　2897

高沙湖　2447

高是山　0207

高堂县　0786

高唐故县　0060

高唐县　1828　1829

高望堆　0004

高辛城　2339　2851

高阳郡　0373

高要郡　0808　2744

高要县　0285

高邑　2131　2379　2400　3370

高邮　0950

高苑县　3284

高州　2249　2762　3759　4002

高座寺　2532

部城　1817
歌山　3487
歌舞岗　3750
革音县　0946
鬲津　1065
滆湖　1303
葛陂县　3881
葛璝山　2021
葛洪山　3917
葛孽城　2125
葛鹅城　2125
葛仙公墓　3427
葛玄冢　3474
弓高城　2156
公安县　2434
公山　3516
宫亭湖　2631　2967
龚州　2249　2768
巩县　0536　0615　2349　2350　2831
共城县　3039　3349
共山　1626　1642
共县　0688　2863
勾陈垒　3182　3183
钩盘河　1064
缑氏县　0778　0901　1016　1634　2346　2831　2837
狗城　0622　3350
孤山　0826　1712　2978　3668
孤竹　0607
孤竹城　3054
姑衍州　3203
古巴子城　3978
古当涂山城　1252
古定襄城　1924
古鬲国　3043
古晋阳城　2232
古京陵　0048
古临城县　1375
古酸枣城　0040
古唐城　2231
古汶阳城　1052
古徐城　0034
古鄣郡　1381
古斟观　0122
谷昌　0492
谷城　0429　0615　3261
谷城山　1920
谷来岭　2562
谷山　1532
谷熟城　0046
谷熟县　1663　1665　2851
谷水　0599　1532
谷阳　0368　0888　0942
谷远县　2364　2365
縠江　1454
鼓城县　2383
鼓鸣山　1538
鼓山　0827　2192
固安县　3400
故大陵城　2202
故道县　0783　2472

故顿子城　1674
故鄂县城　1546
故方城　3400
故韩城　2258
故丽城　3032
故卷城　3021
故武城县　2091
故中水县　3042
固始县　2493
顾儒岭　1491
瓜州　1759　2464　3418
关城　0863
关龙逢墓　0019
关内道　2249　2804　2821
关西道　2792
观津城　1058　2152
观津冢　1058
官塘　2942
管岑山　0980
管仲陂　3275
冠龙山　3432
冠石山　0151
贯城　1661
丱兮城　1067
光禄城　2829
光武台　3297
光州　1053　2491
广昌　0680　0790　1950
广成城　3824
广川　0089　1694　3050
广大阪　1771
广德　0883　1225
广阿泽　1697　1902
广汉郡　0168　0484　0486　0638　0698　1592　2695　2698　2730　3704
广化县　0813
广陵　0437　0684　0736　0750　0808　0891　0950　1117　1118　1168　1290　1313　1472　1725　2929　3637　3638　3643
广宁郡　0414
广平城　0061　1752　1753
广平　0338　0513　0533　0736　0744　0779　0902　2387
广魏　0913
广武　0949
广武涧　2352
广县　0627
广信　0685　1605　2760
广阳县　0741　1381
广阳乡　1669
广州　0247　0272　1618　2733　3743　3744　3746　3747　3748　3749
归安　0918
归诚郡　2685
归德县　2825
归化　0811　2930　3891

	3892		
归美山	1533		
归顺州	3892		
归州	2423		
龟山	3253		
妫川郡	2395		
妫水	0981	2090	
妫州	2395	3391	
鬼谷	0585	2278	
鬼候山	3533		
鬼门关	2791		
鬼门山	3806		
鬼市	3259		
癸山	2531		
贵池	1402	1403	
贵州	2784	3801	
桂林	0500	1013	1616
	2765	2768	2771
	2772	2773	2775
	2777	2778	2779
	2780	2781	2783
	2784	2785	4030
桂林山	2589		
桂陵郡	2659		
桂阳	0268	0467	1573
	1574	1852	2675
	2752	2994	3625
	3811	3812	
桂州	1606	2249	2764
	2792	3789	
郭城	2185		
郭林山	2260		
郭山	1350		
国山	1295	1296	
虢城	3326		
虢亭	0067		
虢州	2308	3325	
果山	2419		
果州	2419	2420	2792
	2803	3700	
过城	0614		

H

海昌郡	0959		
海丰郡	2738		
海丰县	0931		
海康郡	4001	4019	
海陵	0736	0749	0950
	2805		
海宁	0235	0683	0934
海曲县	1837	3024	
海盐县	0838	1367	2541
	3437		
海阳城	1973	1974	
海阳县	0683	2740	
海虞县	1287		
海州	1115	2327	2608
	3030	3139	
解县	2805	3129	
邯郸	0779	0902	1013
邯郸阜	0192		
邯沟县	0084		
函谷关	0514	2252	2822
韩城	2292	3190	

韩信山 2140
韩原 3123 3165 3190
韩州 2292
汉安 0481
汉昌县 0189 0488 0798 0923
汉城 2097
汉德 0643 0799
汉东郡 2440
汉丰 0905
汉复 0490
汉葭 0490
汉嘉郡 0483
汉宁郡 0640 0699
汉平 0490
汉水 0692 0870 0872 1554 1583 2226 2227
汉祀山 3528
汉武台 1070
汉兴 0796
汉阳 0479 0506 0593 0684 0913 2488
汉源县 2728 3719
汉中 0639 0684 0698 0789 0990 1013 1586 2070 2426 2687 2975 3099 3704 3980
汉县 1832
旱山 2065 2454 2975
捍海塘 2944
杭州 2539 2792 2935 2936 3459 3467
濠州 1401 2249 2497
好畤县 3162
浩亹河 1787
浩亹山 1786
镐池 2265
合城 0094
合川郡 2479
合肥 1268 1269 2505
合河县 2204
合黎山 2804
合黎水 2462
合浦 0278 0279 0281 0496 0684 2741 2742 2746 2747 2748 2749 2750 2762 2780 2786 3117 3764 3765 3998 4001
合浦水 3999 4007
合州 2792 2803 3998 4001
何后宅 1367
和城县 1241 1244
和顺县 2367
和义郡 2704 3869
和政郡 2477
和州 1269 2973
河北道 2249 2402 2792 2804
河池 0596 0783 2472

河东道 2249 2792
河东 0347 0352 0363 0529 0684 0697 0969 0981 0982 0984 1013 1683 1913 2215 2356 2805 2888 2893 2905 3121 3320 3323
河关 0406
河间 0374 0559 1745 2165 2384
河牧城 3214
河南城 0511
河南道 2249 2309 2792 2804
河南 0065 0066 0337 0350 0521 0537 0677 0778 0901 1634 1658 2310 2831 2836 2837 2841 2848 2849 2871 3006 3020 3188 3223 3224
河内 0063 1910 2832 2871 2872 3356
河平 0120
河清县 3009
河曲 2095 2887
河上郡 2289
河西县 2292
河阳县 0687 1587 1631 1632
河阴 0901 1633 2847
河中府 2792 2852 2891 2892 2894
河州 2475 2806
纥真山 3344
郃阳 2292 3192
郃阳城 2997
阖庐墓 3446
贺水郡 2778
贺州 2743 3767
鹤城 0041
鹤门洞 3566
鹤鸣山 3495
鹤栖墓 3473
鹤山 3957
黑山 1682 2094 3836 3837
黑水 1596 3858
很子山 2226
恒山 0188 0380 0575 1895 2137
恒岳 2922
恒州 2249 3364 3371 3372
横桥 0005
横山 2549
横山郡 2787
横州 2786
衡山 1414 2655 3104 3601
衡阳郡 2655

衡州 2655 3582
弘静县 2097
弘农 0055 0514 0515 0684 0997 1449 1636 2088 2308 3008 3020 3128 3820
红湖 3640
虹县 1046
洪洞县 2218
洪崖山 2579 3926
洪州 1505 2249 2575 2639 3547
鸿城 3832
鸿郎城 3832
鸿头 0563
鸿郄陂 1042
侯官县 1494 3523 3539
侯水 1756
候井县 3052
候台 3072
厚丘县 0737
虖河城 2829
滹沲 2151
滹沱河 1072 2142
狐谷亭 3311
狐讘县 2363
胡城 0357 3646
胡蕃墓 3964
胡苏河 3380
壶关 0372 1077 1873 2899
壶口山 2219
壶头山 2668 3973
鹄山 3798
湖陆县 0619
湖明山 3772
湖阳县 1849 2081
湖州 2524 2792 2935 3522
虎候山 0584
虎林城 1379
虎圈 3149
扈渎 1362
扈水 2286
扈阳谷水 2286
鄠杜 2809
鄠 1984
鄠县 0580 1652 2288
濩泽 2361
滑州 2333 2792
华不注山 1105
华光殿 1212
华莱山 2876
华林园 1217
华清宫 2264 2814
华容县 0464 0636 0851 0853 2654 2969 3664
华山 0308 0587 0964 1174 1360 2804 2815 3089 3882 3897
华阳郡 2071

华阳台　2255
华阳亭　3347
华阳　0871　0978　2071　3089
华阴　0587　0977　2290
华州　2290
化城山　2032　2049
化城县　2032　2049
化隆县　2005　0935
话石山　3604
怀安　0789　0811　0922　2800　2945　3899
怀道郡　2471
怀德　0887　2751
怀宁郡　0804
怀仁郡　2044
怀仁县　2875　3030　3288
怀戎　0507　2158　2390
怀玉山　3937
淮陵郡　0741　2885
淮南道　2249　2792
淮南郡　1053　1125　3121
淮浦　0437
淮水　1140　1174　1181　1253　1258　2085　2885　3022　3293　3659
淮西　0760　3121
淮阳城　0544
淮阳郡　2314　3022
淮阳县　3291
淮阴　0196　0437
淮州　2085
槐里县　0898　2263
槐水　2136
欢乐井　2230
驩举山　0970
驩州　2249　4034
洹水　0312　1918　2111
桓道　0978
桓陵　0784　0914　0923
環州　2767
轘辕道　1635
轘辕山　2346
晥城　3972
浣纱溪　1431
皇城　1133
皇后城　3689
皇山　1292　1339
皇子陂　2272
黄安县　2030
黄蘖岭　3626
黄城　1284
黄城山　1006　3686
黄鹤山　1320
黄花水　2110
黄家山　1556
黄戋谷　3838
黄垒　3376
黄陵　1570
黄岭山　2804
黄龙城　1889　1975　1977
黄龙亭　1755
黄牛川　2443

黄陂县 2487
黄山 1294 1873 2533 3613
黄石湖 1550
黄堂 3440
黄唐山 1540
黄婉宅 3574
黄县 0612
黄岘关 1558
黄衣水 2105
黄唐山 3938
黄州 2486 4024
湟河郡 2007
湟水 1784 1785 1798 1801
徽州 2574
回城水 3393
回浦乡 0456
会骸山 0838 3847
会宁郡 2296
会水 1766 1803
会州 2296
浍高山 3313
秽山 3493
惠轮殿 1214
获鹿 2921
霍邱县 2499
霍山 2218 3104 3536
霍山县 1262 2500
霍水 2218
霍邑 2360

J

鸡翅山 2514 3920
鸡笼山 1157 2629 4013
鸡鸣桥 1196
鸡鸣山 1940 2988
鸡台 3173
鸡延城 3200
积翠岩 3947
积石山 2804
笄头山 1081 1743 2172
箕山 0179 3269 3695
箕子城 3395
吉安县 2060
吉阳山 2577 2642
吉阳县 0859 0919 0956 1518 2060 3655
吉州 2577 2641 2642 3932 3933
汲郡 0351 3836
即墨城 3241
即丘县 0738
棘 1095
棘城 2189
棘道县 0169 1596
棘门 3966
棘蒲 1686
棘下 3271
棘阳 0782 0896 0901
棘邑 1685
集州 2441 2792
纪侯冢 3269

季子庙 1338
济北郡 0756
济堤 0318
济南郡 0764 0893 0951 2318
济水 0716 0717 0966 1815 2136 2804
济阳 0684 0748 1811 2335
济阴 0046 0141 0182 0318 0323 0326 0428 2311 2317 2868
济源山 0717
济源县 0716
济州 2335 3264 3268 3295
绩溪县 3907 3910
蓟城 1961 1962 1964 1966 2806 3396
蓟门关 2401
蓟县 2912
蓟州 3075
稷山 2217 2597 3493
冀城 1776
冀州 1680 1733 2378 2792 2915 3044 3049 3051 3127 3347
羁马故城 3318
系龙桥 2047 3987
加子洲 1186
葭芦川 2905
葭芦泽 3193
葭萌县 2712 3103 3693
嘉昌 0918
嘉陵 3098
嘉陵江 2803 2985 3986
嘉陵水 2034
嘉兴县 2523 2805 3848
嘉州 1592 2700 2701 3993
夹山 2875
郏鄏城 2834 3166
郏山 3178
贾谊宅 3595
监洗石 1358
监乡 3657
拣山 3496
简州 0924 2046 2221 2702 2786 3855
建安 0251 0253 0254 0255 0766 0909 0811 0953 2617 3523 3529
建昌 0262 1246
建初 0811 0933
建康宫 1201
建康县 1210 1211 1212 1213 1214
建伶 0492
建陵 0749 0808
建宁 0491 0492 0928 0930 0960

建平县　0769　1562
建始县　0769
建兴郡　1909　1914
建阳县　0255
建邺　2931
建州　2617　2792　2798　3085　3086　3527
剑南道　2249　2718　2792　2803　2804　3082　3083
剑山　2508
舰澳　1191
涧水　1647
渐大山　3805
箭山　3624
江乘县　0217　1124　1127　1152　1194　3895　3898
江都县　0146　0950　2212　2517
江华郡　2658
江津县　2445　3067
江郎山　2569　3483
江陵　0157　1553　1847　2435
江南道　2249　2774　2792　2804　3082
江宁　1138　1185　1186　1224　1307　2531　2930　2931
江潭苑　1216
江夏　0155　0678　0684　1546　1579　2442　2495　2650　2969　3597
江阳　0481　0639　3641
江油郡　2040　2693
江源郡　2684　3721
江源县　2680
江州　2624　3553
将乐县　0253
蒋陵　1236
蒋山　0008　0212　1144　1872　3897
降水　1000
洚水　3834
绛水　0117　4008
绛州　2792　2895　2896　3036
交城县　2210
交川郡　2699
交河郡　2467
交阯　0293　0294　0295　0296　0297　0298　0299　0500　1013　1614　1615　4031
交趾　0501　0502　0684　0880　1543　1616　2791　3749　4023　4024
交州　0271　0500　0667　0685　0878　2249　2733　3513　4031
浇河郡　2005

郊坛冈　1584
胶山　1341
胶阳亭　0136
椒山　3500
角城　3022　3293
校亭县　1823
阶坑　3908
阶州　3142
揭鸿岭　1539
揭阳县　2740
节度石　1548
节女山　3233
结绌山　0578　1732　3303
碣石山　0415　0416　0417
巀薛山　0585　3005
介山　0346　0695　0823
2804　3308
介休县　1720　2365
界山　3490
金城　0684　0871　0917
1253　1777　1778
1779　1791　1795
1799　2460　2835
金城关　1777
金城河　1779　1787　1791
金川县　0871
金堤　3854
金鹅山　3454
金凤渠　2909
金谷　3167
金河　3201　3340
金河府　3345　3346
金华宫　1205　1206
金华山　1451
金华县　2804　3485
金姜寺　2456
金津　1723
金陵　0213　0842　1139
1146　2930　3420
3421　3422　3894
金门　0715
金牛堤　3596
金牛洞　1291　1302
金牛堆　1549
金牛山　1335　1351　1352
金纽城　1775
金迁郡　3064
金桥　2904
金泉　1312
金沙泉　3462
金山　2995　3845
金山县　3707　3734
金胜山　3488　3575
金水　1019　3167
金水郡　2045
金水县　2221　3732
金坛县　1276
金坞　3874
金溪水　3533　4017
金乡县　0623
金舆山　1105
金州　2428　2429　2430
2472　2712　2792
津里山　2534

津乡 0157

锦石溪 3757

锦绣谷 2632

锦绣洲 2054

锦州 2669 3057

浕口城 3063

晋安郡 0910 0954 2613 2614

晋安县 0923 3064

晋褒城 3145

晋昌郡 0919 0956 2464

晋城县 0923 1874 2362 3064

晋故台城 1132

晋康郡 0812 2759 2762

晋陵 1275 1278 1297 1334 2528 3429

晋宁县 1574

晋山 1874

晋山简墓 1237

晋十六州 0332

晋寿郡 0791

晋寿县 0920 2694

晋水 0578 1732 1895 1896 3303

晋绥 0929

晋兴城 1790 1794

晋兴县 0801

晋兴郡 2783

晋阳 0881 0979 1241 1242 1921 1922 2806 3302 3303

晋州 2358 2359 2792 3312

缙云山 1467 2452 3509

缙云堂 0844 1489

缙云县 3520

京口 1289

京县 0518

京邑 0395

京兆郡 0398 0399 0774 2261 2806

泾水 0878 2804 3017

泾原 3121

泾州 2001 2792 3883

经县 1701

荆 1280

荆轲城 3840

荆山 0991 1908 2804 3659 3878

荆台县 3664

荆溪 0443 1280

荆州 0209 0469 0667 0684 0767 1553 1565 1566 2249 2435 2446 2661 2806 3132 3462 3664 3665 3669

菁山 1503

井城 3193

井陉 2402 2804

景安陵 1335

景亳 1662 1663

景城郡 2374

竟陵 0771 0907 2424 2442 2449 2984 3135 3666 3671
敬本故城 3016
敬亭山 0846 3546
敬丘 2858
敬武垒 1707
敬武亭 1707
静山 3919
静岩山 3306
镜湖 2543
鸠兹 1285
九德郡 0503 0659 0660 0661
九斗山 1295
九真郡 0289 0290 0662 0876 0937 4034
九渡水 2514
九侯城 2116
九华山 1387 1388
九江 0449 0684 1013 2505 2575 2576 2577 2637 2641 2642 2929
九江口 2636
九京 2357
九龙山 3432 3533
九陇山 2008
九陇县 2221 2990
九门城 0032 3348
九门县 2144 3371
九日台 1236 2529
九疑山 3629 3631 3812
九原 0010 1013 1713 1714 1723 2357 2369 3016 3200
九原山 1714
九子山 1386
九嵕山 0850 0859 2804 3017 3969
久留岗 3736
酒城 3351
酒官水 0467
酒泉 0166 0684 1768 2008 2463 3887
居延城 1788
居延县 2927
居庸关 2401
橘洲 1568
沮水 0996 1648 1649 2804 3416
沮阳城 1936 1937
沮阳县 0904
莒子国 2865
莒县 0419 2805 2866
巨神岛 3236
巨石山 3463
句漏县 0294
句町县 0170
句曲 3474
句容 0219 1124 1178 1286 1307 2931
句无 1842
句阳县 0743

句章　1009　1842　1843　3472
拒阳　0792
具茨　1028
钜鹿　0684　1013　1695　1697　1902　2130　2389　2805　2920
钜野　0742　1899
钜野泽　0892
俱利城　3180
俱山　0839
剧阳县　1729
涓涓水　2182
鄄城县　0745　2334
掘鲤淀　2170
崛门山　3477
厥西　0474
蕨山　3712
军都山　3096
军都县　0413
军阳山　3953
均水　3670
均州　2438
君山　1293
浚城　3207
浚遒县　2506
浚仪　0752　0763　0889　0940　1107　3205

K

开城　0810
开封　2842
开化　0943
开江郡　2771
开宁　0935
开平　0812
开阳　2761
开州　2416
凯州　2221
慨口　2966
康州　2759　2760　3569
柯亭　3492
可泉县　2728
刻石山　2567
空山　3572
空石山　3543
空侯城　3185
崆峒岩　3796
孔山　2191
孔子井　3900
孔子岭　1056
孔子庙　1233
孔子寺　1233
孔子巷　1233
滱水　1075　2147
枯绛渠　0999
堀门山　1478
苦菜山　3686
苦泉　2293
苦县　0022　0359　0557
苦杏城　3145
苦陉　0189
蒯　0589
蒯成县　1082

蒯乡 0537
会稽 0220 0221 0455 0684 1009 1013 1175 1276 1345 1369 1406 1412 1419 1423 1424 1442 1474 1845 2542 2548 2585 2587 2607 2610 2617 2804 2929 2949 2952 2960 2961 3026 3473 3484 3496 3498 3513
会稽山 1414 2543 2559 2960 3496 3505
夔州 2249 2411 2417 2423 2713 2792
夔子城 3679
昆仑山 0014 1800
昆仑山庙 0066
昆仑水 4017
昆明 1003 2728 3068
昆吾国 3213
昆吾亭 3323
昆阳县 1587 2977
昆州 2781
括苍山 0233 3502
括州 3509
阔山 3046
廓州 2478

L

蜡湖 3534
莱芜县 0057 0754 3256
莱柞邑 0057
莱州 2320
涞水县 2397
兰池宫 0003
兰风湖 1428
兰风山 3480
兰陵 1278 1335 1833
兰台府 2255
兰岩山 1029
兰州 2249 2460 3408
兰渚 1441
蓝山 1885 1888
蓝田谷 2824
蓝田山 1880
蓝田县 0007 0205 0206 0393 0584 0774 0955 3158
烂柯山 3761
郎宁郡 2783
郎州 2705 3632
狼河 1977
狼山 3723
狼头山 4000
狼尾滩 3668
阆中 0798 2034 3696 3700
阆州 2057 2249 2803 3697

琅槐乡 0139
琅邪郡 1127 1871 2328 3024 3026
琅邪台 3031
朗州 2249 2660 2792
浪荡渠 0306 0962 2882
劳劳楼 1220
牢固坟 2732
牢山 2197
牢州 2249 2717 3806
老子祠 1045 3226
乐安县 0978 1473
乐成县 1481
乐城 2797
乐黎城 3995
乐陵国 0371
乐蟠县 2298
乐平郡 0386 1715
乐平县 0387 0560 2242
乐寿县 0719 3843
乐羊城 3366
乐野 2565
乐游苑 1155 1156 1215 1218 1233 1237
乐州 2765
勒姐河 1779
勒且河 1787
雷公山 2159
雷门 2588 3510
雷首山 0530 1644 2804 3317 3320
雷乡 0810
雷州 2993 4001
耒阳县 1853 3587 3588 3590
灅水 2176
离狐县 0428 3229
离里山 1295
离石郡 0382
离乡聚 3367
骊城县 2910
骊山 0205 0963
漓水 1772 1782 3634 3778
嫠妇墓 1535
黎阳 0820 2862
黎阳东山 2190
黎园 3089
黎州 2077
蠡城 2089 3008
蠡渎 1309
蠡湖 2932 2933
蠡吾县 0099 0373
澧阳 2661 3611 3959
澧州 2661 2663
醴泉县 3877
历城 0949 1820 2318
历陵城 2120
历山 1284 1310 1315 1882 1941 2215 3215 3320 3481
历水 2503 3588
历阳 0685 0757 0885 0944 1123 1245

2503 2504 3646
3650
历阳湖 3647
历王胥冢 3643
立石山 3633
枥乡城 0127
枥县 2372
丽水 0648
利城 1287
利浦 1287
利州 2712 2792 2980
3098 3103
荔浦县 1601 2770
荔溪 1602
栎阳 2270 3001
砺阜 3244
溧水 1304
溧阳县 0218 1124 1304
2931
连城郡 2763
连浑府 0329
连钱 3611
连然 0492
连山 0653
连山郡 2675 2752
连山县 3630
连州 1573 2675 2752
2774
莲华岭 2821
莲勺县 0581
莲芍县 1628
廉平水 2735
廉县 1792
廉州 3117 3765 3998
练塘 1308
凉州 0163 0597 0684
1013 2249 2472
2481 3412 3413
3844
梁安县 2030 3907
梁伯国 0313 1900
梁城 0522 3970
梁大县 2032 2049
梁侯园 2850
梁郡 1247
梁南 1250
梁期城 0087
梁山 1256 1257 1912
2031 3532
梁西 1125 1250
梁县 0204 1658 2849
3020
梁屿洲 3535
梁州 0168 0388 0484
0489 0638 0639
0788 0796 0797
0864 0923 1544
2981 3063 3205
3701 3981
两东山 1170
两观城 3248
亮善郡 2078
辽安 0812
辽水 0606 3076

辽西郡 0114 0684 1013 3053
辽阳城 0049
辽州 1715 2249 2792
聊城县 2341 2403
缭城 1701
蓼国 0357
廖立宅 3619
蓼山 2585
轑阳 1715
列女宫 2255
列仙吹台 3206
烈洲 1182
猎山 3613
林谷水 2281
林虑山 2111 2804
林屋洞 3435
林屋山 3449
临沧观 1220
临川郡 2578 2580 2640
临汾县 3312
临封 2760 3810
临海县 0455 1486 2608
临海郡 1473 1484
临贺郡 1599 2743
临贺县 0493 0655
临淮 0438 0439 0628 0740 1120 2498 2886 2929
临济县 0121 0424
临江郡 2421 2768
临江县 0749
临津 1060 1304
临晋 0994 3004
临沮 0472 0668
临龙谷 3315
临洺 2124
临平山 1356
临羌县 1778
临羌新县 1784 1796
临邛郡 2681
临朐 0132 3023
临泉县 2905
临戎县 1724
临汝郡 2337
临汝县 2578
临水县 2116
临潭郡 2757
临洮 1759 1782 2006 2476
临汀郡 2616
临潼县 1983
临涂县 0752
临渭 0408
临武县 1578 3625
临溪石 3910
临乡城 0108
临沂县 1127 1128 1168 2328
临邑县 0756
临元县 2749
临沅县 0269 3612
临漳 0025
临瘴郡 3998

临真废县 3885
临振郡 4020
临烝 0476
临蒸 3591
临州 3080
临泽县 0749
临淄 0685 0949 0966 1093 1103 3278
潾山郡 2409
廪丘 0616 0746
廪山 1392 1536
蔺相如宅 3371
灵昌郡 2333
灵长渠 2890
灵江 1426
灵井 3823
灵门 3028
灵丘县 0103 3335
灵山 1462 1463 1464 1886 2033 2036 2121 2583 3471 3544 3699
灵石县 3306
灵寿 1684
灵汜桥 1437
灵台山 2720 3714
灵台神庙 2273
灵台县 2294
灵溪郡 2670
灵盐 3121
灵阳县 2671
灵隐山 1355
灵州 2249 2300 2301 3090 3137
凌水 0150
凌县 0150 1111
陵井 2042 3717
陵水郡 2747
陵乡 0079 0145
陵阳 1124 1381
陵阳山 1390 3452
陵州 2042 2692
绫锦山 3983
零陵县 0270 0635 0684 2656 2657 2671
零陵郡 1572
零阳县 2661 2662
酃县 0265 1853 2655 2826
岭方县 2777 2778 2783
岭南道 2249 2774 2792 2804
令支城 1974
流江县 3102
柳城 2187 2188 2393 2795 3158
柳谷水 2998
柳亭故县 0095
柳州 2249 2781 2782 3790 3791
六壁府 3305
六合县 2507 3635 3651
六门堰 2080 2284
六盘山 1991

六镇	2300		
龙安	1085		
龙陂山	3665		
龙陂水	3578		
龙编县	0299	0878	0880
龙标	3660		
龙城	2781	2806	
龙池	3829		
龙池郡	4027		
龙虎山	3951		
龙化水	4016		
龙亢县	0555	0757	0944
	1048	1245	
龙姥庙	3569		
龙楼门	0181		
龙门	2108	2894	
龙门山	0969	1912	1917
龙门滩	3768		
龙南县	1534		
龙女山	2075		
龙平	0811	0933	
龙丘县	1450		
龙山	0578	0656	1732
	3303		
龙水郡	4028		
龙台泽	3876		
龙鼍山	3775		
龙望原	3325		
龙溪	2708	3768	
龙乡	0812		
龙岩县	2968		
龙阳	0908		

龙夷城	1796		
龙游县	3727		
龙州	2040	2693	
龙舟堰	2510		
泷水县	3802		
泷州	2249	2761	
笼水	1099		
笼州	2766		
隆城郡	2026		
隆虑山	2112	3369	
隆虑县	2110	2111	
隆中	3100	3674	
隆州	2026	2249	3700
	3867		
陇坻	0593	2804	
陇山	0593	1995	2009
	3090	3120	3178
陇西	0406	0593	0684
	1013	1772	1774
	1782	2469	2472
	2923	2926	3980
陇右道	2249	2792	2804
	3083		
陇州	2792	3013	3090
娄湖苑	1176		
娄县	0252	0836	3436
溇中县	0463		
楼烦	0949	2241	
楼桑村	3378	3379	
楼山	4004		
楼石山	1488		
镂方县	1758		

卢 0429
卢宾县 0286
卢关 2252
卢津关 3299
卢龙县 0415 1884 1888 2917
卢龙镇 3075 3405
卢奴城 1075 1689
卢平 0810
卢朐 0197
卢氏 0353 0526 0534 1630 3038
卢水 3626 3814
卢溪郡 2666
卢县 1885
庐江 0159 0445 2929 2934
庐江郡 0939
庐陵故城 0848 3931
庐陵 0239 0240 0241 0684 0911 0952 1509 1513 1514 1515 1521 2576 2577 2635 2637 2641 2642 2947
庐山 2967 3548 3549 3550 3551
庐县 0615 2335
庐阳郡 1574 2669
庐阳县 1574
庐州 2505 2792
泸川郡 2682
泸峰山 3724
泸津关 2724
泸水 2724 2725
泸州 2249 2682 2992 3082
卤城 0207
鲁郡 2326
鲁口 2898 3573
鲁山 0856 1579 1580 1851
鲁阳县 0781 0895 1850 1851
橹鸣水 1260
陆海 1859 2809 3702
陆鸿渐宅 3562
陆浑 0350 0825 1646 2874
陆抗故城 3668
陆州 4024
鹿城县 3049
鹿鸣城 3210
鹿泉县 2141
鹿山 2540 3820
鹿首山 3407
鹿台 3354
鹿台祠 3164
鹿蹄山 3820
鹿邑城 2248
鹿苑寺 1232
禄州 3998
潞水 1733
潞县 0750 1733 1903

	1959		
潞州	2249	2902	3137
绿林山	3367		
闾丘	0701	0702	
闾丘乡	0058	1814	
吕梁	2325	2354	
吕县	2325	2355	
吕州	3130		
虑虒县	2368		
峦山	4030		
峦州	4030		
栾亭	3594		
鸾鸟城	3412		
略阳	0405	0407	0408
	0787	0913	2012
略阳道	1776		
纶邑	2338		
罗城	2233	3649	
罗浮山	2455		
罗山	1560	2804	3115
	3971		
罗阳县	1475	3479	
罗州	2745		
螺山	1960		
洛城	0334	0664	
洛交郡	2295		
洛水	0985	0986	0997
	2310	2825	2883
	2998		
洛思山	1419		
洛阳	0304	0330	0685
	0714	0814	1015
	1017	1020	1021
	1022	1023	1024
	2128	2149	2212
	2310	2348	2792
	3006	3007	3168
	3169	3171	3172
	3173	3174	3175
	3180	3407	3846
洛阳故宫	0305	0961	
洛州	1996	2249	2258
	2305	2806	3006
	3124	3166	
落马河	2176		
雒水	2804		
雒县	0168		
雒阳	1867	2831	3170
雒邑	2831	2833	
骆越	1609	1614	
漯水	0126		
漯沃城	0137		
漯阴县	0123	0124	

M

麻城	2487		
麻姑城	3387		
麻姑山	2645		
麻湖	2504	3650	
蟆颐山	2029		
马安关	0567		
马鞍山	3428	0836	
马鞍溪	2425	2458	
马城	1754	2173	

马嗥山　3466
马岭　2302　2898
马岭山　1575　1576　1577　3593
马岭县　2800
马头城　1255
马头山　1948
马陉山　2157　2176
马邑　0385　0721　2209　3342
马冢　3163
曼头城　2484
邙山　2348　2835
毛苌冢　3893
毛仙山　3927
茅焦墓　2340　3384
茅山　1300　2559　3496
旄牛　0483
茂陵　0977　3156
茂陵故城　2282
茂名县　4006
茂州　2249　2683
鄚县　3377
帽山　3759
栎山　1412
鄮山　2603
鄮县　1407　1443　2600　2951　3473
枚回岭　0207
眉州　2041　2716　3996
梅福山　3903
梅根监　2621
梅根山　0246
梅里平墟　1281
梅里山　1339
梅岭冈　1171
梅溪湖　2571
梅溪山　2229
郿县　0583　0776　0899　3196
门山废县　3884
萌诸　1600
蒙城　0046　1247
蒙山　0732　2879　3856　3945
蒙山郡　2690　2770
蒙县　0972　1661
蒙峄　2804
蒙阴县　1116　2879
蒙泽　1667
蒙州　2770
盟津　1901　1906
濛阳郡　2694
濛州　2221
孟渎　2933
孟河　2932
孟津河　1631　1643　1911　1912
孟陵县　2768　2863
孟门　1645
糜竺冢　3259
密水　0129
密须　2297
密云　2181　2391

密州 0419 2322 2792
绵上县 2365 3306
绵州 0728 2695
绵竹 0654 0794 1593 2221 3111
沔口 0855 1583
沔水 0872 0967
沔阳城 0867 0868
沔阳故城 3981
沔阳县 0856 2071 2448 3134 3676 3677
沔阳郡 2986
沔州 2488
渑池县 2089 3006 3008 3128 3180
渑水 3272 3273
苗山 0221 2559 3496
岷山 2718 1425
岷州 2477
闽县 3536
闽中郡 1013 2613 2617
闽州 2613 2617 2798
黾阳 0905
明阳郡 2707
明州 2601 2792 3068
鸣犊河 0568 1711
鸣鸡山 2158
鸣沙山 2924
鸣条亭 3324
洺水 1398 2119
洺水县 2388
洺州 2249 2387 3361 3362
冥軨坂 3131
冥声庙 1495
磨笄山 2158 2211
末杯城 2127
莫州 2386
秣陵 0213 0215 1220 2931
秣陵浦 1193
墨岭 3914
牟平县 0613 1819 2321
木瓜岭 2821
木客山 3542
牧牛泉 1938
牧牛山 1936
幕府山 1168
睦州 2604
穆陵山 3967

N

纳厥 0062
南安 0590 0684 0916 0978 2041
南安固郡 0785
南霸城 0774
南北二城 3066
南宾郡 2417
南亳 0046 1663 1665
南亳城 0323
南昌水 1090
南昌 1501 1507 1520 2578 2748

南充郡　2420
南川郡　2691
南宕州　2746
南定州　1606　2775
南东莞郡　0739
南东海郡　0737
南东平郡　0949
南都　0331
南顿县　1244　3297
南方州　2778
南高平郡　0742　0748
南耿城　0983
南宫　1203　1204　2154　2915
南广县　1596
南海　0493　1013　2455　2733　2736　2738　2739　2741　2743　2744　2750　2756　2758　2759
南汉中郡　0957
南和县　3359
南济阴国　0743
南济阴郡　0748
南郊坛　1226
南晋寿县　0791
南郡　0157　0684　0903　1013　1553　1566　2411　2421　2422　2423　2433　2434　2435　2969
南康郡　0457　2576　2637　3572
南康县　2638
南琅邪郡　0738　1871
南梁郡　0360　0758　0884　0941　0972
南梁水　2843
南梁州　2030
南陵郡　1377　2620　2742
南陵县　0661　0769　0937　1378　1391　1598　2824
南流郡　1612　4009
南鲁郡　0748
南宁州　1596
南潘郡　2746
南沛　0736　0751
南皮　0028　0094　1063　1705
南平郡　0473　0684　2407
南平昌郡　0748
南平州　3067
南濮阳郡　0745　0748
南浦　0905　2418
南谯郡　0973　0974
南曲亭　0092
南山　0599　0600
南上洛郡　0777　0792　0900
南始平郡　1544
南松江　3540
南太原郡　0786　0915
南泰山郡　0744　0748
南武城县　1108

南溪郡　2710
南溪县　3740
南下湖　1361　2939
南乡郡　0462
南乡峡　1564　3735
南新巴郡　0923　0976
南兴　0809　0932
南兴安　0791
南兴乐　0791
南徐　0736　1128　1274　1277
南岈　2015
南兖州　0748　0890　0948　1118
南阳　0063　0125　0462　0958　1553　2205　2225　3　3690　3835
南阳郡　0331　0781　0895　0896　1013　2082　2440　2976
南阳县　0466　0634　2432　3675
南野　0247　1534　2576　2638
南义阳郡　1566　2661
南义州　2763
南易水　1749　1887　3072
南阴平郡　0793
南营州　3072
南豫州　0938　2619
南越　0657　2739　2766　2768　2770　3569
3750　4000
南郑县　2975　3979
南州　2691　2748　3082　3860
内黄　0090　0183
内江县　3725
尼丘山　1049
泥阳　1080
娘子祠　3616
鸟巢泽　0431
鸟城　3413
鸟道　1290
鸟鼠山　0015　0409　0988
鸟鼠同穴山　0173　0598　2804
聂友墓　3963
涅县　0696
宁海　0749　1472　1480　4024
宁海乡　1472
宁化县　0959
宁浦　0281　0496　0497　0498　1606　2786
宁塞郡　2478
宁蜀郡　0800
宁仁郡　2785
宁新　0808
宁夷郡　2664
宁越郡　2753
宁州　0874
牛鞞　0480　0924
牛栏村　3258
牛脾山　3593

牛泉峤 1468
牛山 4011 4015
牛头山 0722 1132 1167 3851
牛渚矶 1264
牛渚山 1254
纽村 2727 2802 3731
弄拣县 2703
奴诺川 3858
女观山 1391 1598
女几山 3826
女郎山 3235 3701
女阳县 1676
诺水县 2413

O

偶亭 1520

P

潘城 1743 1882 1883 1941
潘县 0061 0414 1753
潘州 2249 2746 2763 2792 4002
盘古祠 3112
盘门 3447
般阳 0425
蟠曲 0979
庞山 3776
庞源山 3547
裴城 0084 0088
沛 0553 2311
沛郡 1673 2312
沛县 0752 3285
湨水县 1758
盆口城 2627
盆浦 3568
彭城 0321 0835 1033 1109 1150 2323 2324 2354 3174
彭蠡湖 0259 3551 3567
彭卢水 1890
彭坡 1091
彭山县 2047 2048 3995
彭水 3852
彭亡山 2723
彭衙水 2998
彭泽 0242 3548 3873
彭州 2694 2792 2805
蓬池 2842
蓬莱山 1519
蓬山 1681 2026
蓬州 2026 2414
皮氏县 0346 0823 0983
毗陵 0442 1275 1276 1278 1351 2519
郫县 2221
琵琶圻 1438
琵琶山 3904 3934
辟亭 0095
辟阳亭 0089
偏城郡 3885
频山 1982 3091
频阳县 0068 1982 3091

平阿县 0780 3659
平昌县 0135 0420 0422
平城 0557 1875 1930 1943 2898 3345
平道县 0502
平定州 2247
平都四乡 1527
平都县 1083 1514 1528 2947
平恩县 0091 0092
平逢山 3178
平湖城 1736
平棘 1685 1686
平康县 1905
平乐郡 2765
平乐县 0769
平凉郡 2299
平林县 1668
平陵故城 3156
平陵县 1279 1825
平陆县 3182
平琴郡 2776
平琴州 2776
平泉县 2221
平丘县 0752
平襄城 1793
平山 0281 2219 2921 3472
平氏县 0955 1668
平舒城 1752 1955
平舒县 0101 3404
平武 0794
平兴县 0809 0960
平遥 2235 2238
平阳 0056 0058 0775 1814 1915 1916 2219 2359 3302
平阳鄗 0470
平邑城 1746
平阴县 0065 1633 2831 2847
平與县 1054
平原 0060 0120 0124 0570 0574 0890 0949 1828 1832 2860 2861
平周县 1720
平州 0641 2392 2806 2916 3405
萍乡县 2947 3570 3928
鄱阳 0248 0448 0684 0845 2622 2635 3561
破羌县 0165 1798
破石山 4014
蒲坂 0352 0822 0982 1637 2356 2806 3317 3320
蒲城 1728
蒲谷乡 0390
蒲领乡 0085 3044
蒲骚城 3655
蒲台 2373
浦涛县 0749

蒲吾县 2913
蒲胥 3680
蒲阴县 0565 0566
蒲蒙台 3385
蒲州 2356 3317 3321
濮渠水 1812 2843
濮水 0831
濮阳郡 0753 2334
濮阳县 3211 3212 3213
濮州 2334 2792 3215 3216 3217
浦城县 3901
浦亭县 2043
浦阳江 1845 2553 2555 3439 3540
浦阳县 0659
普宁郡 4009
普宁县 2044
普州 2689

Q

七度水 2178
七谷村 3678
七里沔 2073
七里滩 1469
七里渠 0002
七门郡 2055
七女冢 3209
七曲山 3706
漆水 1650 1651
漆乡 0056
漆园城 3230
齐安郡 2486
齐桓公冢 2183
齐乐郡 3071
齐乐县 3071
齐兴郡 1544
齐州 2249 2318
祁山 0723
祁山城 2014
祁县 2248
祁阳 1571
岐安冢 2118
岐山 1650 1651 1990 2804 3154
岐山县 3013
岐阳 1992 3198
岐州 2230 2304 2817
奇华殿 1986
奇章山 1590
奇章县 1590
畦畤祠 0400
淇水 1808 2804 3352
骐县 3035 3037
骑石山 3531
骑田 1600
蕲县 0974 1259
蕲阳郡 2496
蕲州 2496
乞活城 3403
杞州 2846
起县邑 0176
千乘县 0126 0137 1103 3284

千亩渠　2890
千秋城　3414
千秋亭　3492
千童城　1067
汧水　1654　1655　2818
汧县　0390　0582　1654　2823
汧阳　3882
前王陵　2146
虔化县　0240
虔州　1534　1541　2576　2637　2644　2792　3603
钱岭　1453
钱塘　1841　2941
钱塘江　1425　2938　3439　3540
钳卢陂　2083
乾安殿　1987
乾脯山　3818
犍为　0168　0479　0480　0639　0684　0698　1595　1861　2700　2710　3062
犍为山　1861
灊山　2804
灊县　2500
潜丘　2889
潜山　2971
黔府　2724
黔山　2671
黔阳　0261
黔中　1013　2223　2661　2667　2672　2678　2705　3065　3852
黔州　2249　2678　2792　3057　3058　3082　3852
黔陬　0421　0691　3025
羌水　2804
强山　1864　2343
强水　1864
侨宁　0808
桥山　0650　1944
谯贵谷　1465
谯国　0364　1245
谯郡　0828　1051　2312
谯陵城　0021
谯县　2312
俏山　3475
箧山　1968
钦州　2249　2753
秦谷　1764　2923
秦淮　1175
秦迳山　0713
秦郡　0752
秦履山　2534
秦台　3300
秦亭　1764　2923
秦望山　1345　1418　1423　2596　3848
秦臧　0492
秦州　0785　0912　0958　2009　2034　2249

	2468	2727	2792
	2802	2806	3411
秦庄山	1344		
勤州	2750		
沁水	1910		
沁州	2364		
青草县	3118		
青城	2521	2804	2991
青城县	2025		
青海	1780		
青涧水	2013		
青陵台	3243	3265	
青蛉	0494	0735	
青山	1058	1527	2094
	3470	3837	
青神县	3718	3728	
青石山	3849		
青檀山	2190		
青台	3346		
青维泥城	3158		
青溪	11901233		
青县	3849		
青要山	2343		
青衣县	2701		
青障山	3456		
青州	0418	0685	1093
	1094	1100	1101
	1103	1807	2041
	2311	2332	2701
	2792		
清池县	2375		
清河国	0558		
清河县	0786	2126	2157
清江	2410	2411	
清凉川	3982		
清陵馆	3612		
清溪	1189		
清泉河	1963	2176	
清水谷	2278		
清水郡	2012		
清水县	0407	0775	0787
	0898		
清岩山	2540		
清阳城	3373		
清源郡	2614		
庆州	3015		
磬石山	3289		
邛部县	2728		
邛都国	2715		
邛来山	2051		
邛原县	2680		
邛州	2051	2681	
穷谷	0677		
穷桑	3247		
琼州	2754	2756	4021
琼山郡	4021		
遒县	2397		
裘氏城	0035		
龟兹	1868		
渠丘城	0609		
渠山	3357		
渠州	1589	2409	
衢州	2606	3086	
朐山县	2327		

朐县 1113 1115
朐䏰县 1863 2416 2418
曲阿 0454 1123 1277 1278 1291 1300 1301 1302 1329 1330 1331 1336
曲阜 3251
曲江县 3997
曲蠡 0200
曲沃 0525 2896
曲阳县 0372 1247 2922
曲周 0744 0779 0902
屈顿城 0053
取虑 1112 1835
去留城 1742
全州 2792 3101
泉州 2614 2617 3087
泉陵县 2657
狋氏县 1747
鹊城 0076
鹊头山 1263
鹊洲 2620
阙里 3246

R

瀼州 2757
穰县 3690
让水 0865
饶安县 0080 1709 3045
饶州 2622 2623 2634 2955 3559
仁化县 3757
仁水 1846
仁寿郡 2692
茌平县 0140 0949
任城县 0755
日华山 1852
日华水 1852
日南郡 0171 0300 0301 0302 0658 0663 0684 0685 1433 1867 4031 4034
戎州 2249 2710 3733
荣州 2704
容山 3785 4009
容州 2790 3784 3785 4009
融水郡 2782
融州 2782
如口城 1953
如皋县 0749
茹由县 1055
濡水 0128 0187 1972 3840
濡须口 1273
濡须水 3652
汝城县 1574
汝罗 3076
汝罗故城 3053
汝南郡 1244 3220
汝水 0551 1676 2804
汝阳 2316
汝阴 0367 0548 1125 1250 1664 2315

3218
汝州 2337 2792 2849
芮城 0342
芮水 2823
汭水 0981 2090
润州 1871 2515 2930
3423 3424 3425
3426
若水 3858
若耶 1434
若耶山 2561
若耶溪 3511
弱水 1002 2804

S

塞岭 3758
塞上 1600 3758
三白渠 2277
三封县 1724
三风村 2595
三枫亭 3756
三姑山 1463
三户 0190
三江 3439 3540
三京湾 3517
三良冢 3279
三辂山 3319
三女坟 3445
三女陵 2164
三曲城 2813
三山 1158 2215
三蜀 1592
三天子都 0208
三亭县 0261 2671 3057
三涂山 1646 2874
三危之山 0015 0988
三翁塞井 3606
三吴 2538 3433
三峭山 2804
三雄山 3489
三业城 2813
三嵎山 2068
三原县 1994
三畤原 2280
桑城山 3519
桑干城 1954
桑干河 2176
桑干水 1942 2157
沙村 0766 0909 0953
沙河 3872
沙河塘 2938
沙丘 1696 2920
沙羡县 1579 2650 3597
沙州 2465 2482
莎题县 3051
山南道 2249 2792 2803
2804
山茌县 0754
山桑县 0364 0689 1050
1666
山阳 0058 0059 0684
0736 0747 1814
1816
山阴县 1429 1437 1441

山月江 1601
山州 4027
陕郡 2307
陕县 2087 2088 3095 3181
陕州 2307 2792 2852 3137 3182
睒子窟 1089
剡 0433 0685 1421 1436 2545 2546 2548 2568
扇子山 3821
善权洞 2537
善无城 1717
善无县 1718 1719 1730
善源城 0033
禅陵 0816
鄯善 1760
鄯州 2007 2480 3074
商洛 1035
商洛郡 1996
商密 3688
商县 0309 1996
商州 2427
上蔡 1497 1678
上程聚 3170
上党 0684 0881 1715 2099 2205 2899 2900 2904
上党郡 1013 2908
上高县 3940
上谷城 1744 1939
上谷 1739 1744
上谷郡 0414 0604 0684 1013 1939 2396
上邽 0403 0404 2806 3411
上郡 2926
上林 2285
上廉县 2060
上洛郡 0353 0519 0777 2427
上洛山 1541
上洛县 0309 0520 0997
上马县 2084
上曲阳县 1687
上饶县 0448
上善泉 2820
上唐县 1832
上庸 0639 0680 0699 0790 2060
上虞县 0674 0882 1408 1413 1421 1840 2581 2592 3481 3498
尚安县 2011
尚书城 3237
芍陂 1261 1262
韶州 2737 3754 3756 3997
少室山 1030 1031 2804 3179
邵城 3389
邵欢 0791

邵陵 0370
邵阳 2676 2677 3585
3600
邵州 2249 2676 2895
奢山 3763
蛇丘 0429
社山 3274
社树 2225
射的山 1417 2963 3554
射贵 1303
射阳湖 3638
射阳县 0149 0629
涉都乡 3670
摄山 1010 1152 1153
歙县 3544
歙州 2574 2630 2792
申伯国 2976
申明城 3959
申州 2489 2490 3462
莘国 3192
莘县 1039 2404
莘州 2404
深泽县 2151 3040
深州 2792 3049
神鸟城 3412
神农城 1878 1926 3328
神泉 2175
神泉县 3713
神沙山 2924
神亭 1321
神岳 2309
神州 0014
沈黎郡 0802
慎县 2506
慎阳县 0075 1671
升迁 0478
升山 1295
升原渠 2817 2818
圣冈山 3993
圣女泉 2274 2342
圣水 3276 3393
盛山郡 2416
嵊亭 2545
尸乡 0341 0818
尸乡山 0819
失山 2216
师溪 3956
施州 2410
湿沃 0375 0423 2373
十二斤沟 3282
十宫 2517
石苞墓 0028
石抱山 4012
石鼻山 3682
石壁山 3482
石城 3978
石城津 1795
石城山 0208 0227 1504
2513 3438
石城县 1377 1773 2005
石池 1301
石崇宅 3169
石埭县 1376
石筏山 2518

石帆　2557　2598
石帆山　2560
石鼓山　3337　3504
石郭山　1393
石虹山　3560
石窌　2330
石阶山　2224
石井冈　2092
石镜山　2628　2633
石篑　1395
石兰山　1298
石姥祠　3309
石廪峰　3601
石岭关　2243
石楼　3868
石楼山　3514
石卢城　1931
石碌县　3452
石马县　2084
石门　2663
石门山　1586
石门县　0813
石纽　1597
石牌山　2518
石桥山　3543
石泉亭　0135
石室山　3543　3862
石笥　1436
石头城　3607　3894
石头山　1146　1147
石崖城　1723　1727
石堰渠　2984
石阳　1509　1510　1515　1846　3932
石鱼山　3584
石甑山　3469
石子冈　1172　2120
石州　2905
史水县　0943
始安　0256　0257　0921　2764　2765　2781
始昌县　0594
始定县　0498
始皇表　2252
始皇陵　3146
始宁　0882　1591　2413　2568
始平郡　0397　0775　0898
始平县　0775　0898　1471　2263
始新县　0939
始兴郡　2675　2737　2752
始兴县　0266　0267　0921
始兴山　0267
始阳　0256
市柏乡　0018
市邱　3294
首山　0981　1908　2090
首阳　0595
寿安县　2306
寿昌县　1456
寿春　1123　1125　1250　1253　3966
寿良县　0142

寿阳城 1253
寿阳县 1877 2203 2234
寿张 0142 0622 1818
寿州 2792 3462 3965
受降城 2830
舒县 2934
舒州 0445 2495
熟城县 1675
黍室山 3179
蜀郡 0477 0698 2020 2680 2687 3729
蜀山 1857
蜀州 2680 2792
戍山 1382
束鹿 3049
束州 3047
双柏 0492
水章 1622
顺阳郡 0462 0773 0897
顺阳县 0153 0897 2099
顺义郡 3891 3892
顺政郡 2431
顺州 3891 3892
朔方郡 0684 1013 3199
朔方县 1801 1934 2821
朔方故城 1892
朔州 1904 3332 3333
司吾 0439
司州 1621 3006
司马城 3267
司天台 3151
思安 0808 0812
思城 0356
思州 2664 2792 3058 3662
斯津 0202
四顶山 3648
四鼎山 0829
汜水 0817 3010
汜水县 3189
泗水 0436 0617 1013 1033 2325 2355 2868 3022 3246 3285 3293
泗水国 1111
死汝水 1676
松湖 3653
松江 0841
松陵冈 2516
松门山 1502
松陕水 0600
松阳县 1476
松原县 0662
松州 2249 2661 2699
松滋县 0363 0975 2499 3132
嵩高 2309 2804
嵩梁山 2663
嵩岩 1032
宋安郡 2675 2752
宋安县 0918
宋城 2311 3827
宋嘉 0898
宋康县 0813 0935

宋宁县 0898
宋平县 4031
宋寿郡 2753
宋熙郡 0918 0960
宋县 0907
宋州 2311
颂阳县 1967
苏耽宅 3592
苏岭 2406
苏门山 2406
苏平 0810
苏祁县 2078 2728
苏秦宅 3171
苏州 2522 3077 3078 3437
肃州 2463 3409 3410
涑水 2451
粟山 1357
宿虏城 2829
酸枣县 0763 1106 3208
睢水 2882
睢阳 0046 0362 0545 0546 0760 0886 0945 0972 2311
睢阳水 3827
隋化县 2770
绥安 0683 0934
绥成 0766 0909 0953
绥城 0887
绥定 0935
绥宁 0811
绥山 3994
绥阳县 2707
随阳郡 0946
随州 2440
随阳县 0471
遂安 0234
遂成 0808
遂城县 0416 2398 3072
遂度 0935
遂段县 0805
遂水 1516
遂宁郡 0803 2696
遂兴县 0911 0952 1516
遂州 2249 2696
碎叶 2928
孙坚墓 0210
孙陵 1236
孙洲 0228
索县 1854
琐阳城 0527

T

拓州 2724
台城 1132 1133 1134 1205 1210 1212 1213 1214
藁城 1623 1624
台登县 2728 3858
台岭 1600
台州 0250 2607 2608 2792 3499 3501
邰亭 3196
太巴岭山 2066

太白山 1989 2137 2804
太伯宅 1281 1292
太行山 1645 1895 2253
太和县 3563
太湖 0223 0840 1298 1303 1310 2525 2804 3144
太花山 4005
太极殿 1985
太罗城 1717 1730
太蔑县 1450
太末县 1449 1450
太平城 3332
太平谷水 2281
太平山 1422
太平县 2968
太山 0057 0427 0684 1853 3094
太尉山 1603
太武城 3187
太阳桥 3095
太乙宫 2255
太阴山 2345
太原郡 1076 1241 1242 1244 1895 1923 2903 2906
太原县 0754 2197
太岳 3306
太岳山 2804
泰安陵 1335
泰伯渎 2933
泰山 0184 0510 1092 3094 3253 3270
泰山郡 0754 1108
贪泉 3745
郯 1114
弹琴台 2453
潭头山 3627 3813
潭阳郡 2672
潭州 2249 2674 2792 2935 3106
檀城 1143
檀谷水 2287
檀公城 1666
檀柘 2809
檀宴山 2566
檀州 2181 2391 2792 2794
汤泉县 4035
汤山 0217 1163 2129
汤州 4035
唐 0833
唐安郡 2680
唐城 0984 1896
唐昌县 2145
唐河 2147
唐颓山 1317
唐县 0098 0185 0310 1689 2148 2382 2914 3830
唐州 2358
堂水 0031
堂阳 0031 0096 3348
棠邑县 2507

洮河郡 2007
洮湖 1305
洮水 1783 2804
洮州 2476 2792
桃都山 3499
桃花山 3401
桃花源 3586
桃丘聚 0055 1636
桃山 2876 2877 3287
陶 0833
陶侃宅 3595
陶潜宅 3556
陶丘城 1898 3829
陶丘亭 0326
陶朱冢 0464 0636 853
特亮县 3794
腾休 0495
藤州 2758 3786
天池 3979
天池山 3979
天井关 2900
天井山 1456
天姥山 3469 3502
天门 0270 0463 0995 1256 1257 2599 2661 2900
天门山 3558 3839
天目山 1347 1348 3468 3506
天山 3844
天水 0594 0916 0989 1793
天水郡 0403 0404 0405 2468
天水县 1241 1243 2926
天台山 1477 2552 2964
天台县 1471
天柱山 2720
天竺 0676 1229 1354 1870
田地县 1084
苕溪 1363 1364
箬溪 1397
蓨县 2370
帖夷县 2010
帖夷郡 2010
铁勒国 3415
铁山 2043 2913
铁瓮城 1288
铁冶山 1165
汀州 2616 3086
庭市山 3467
亭乡县 0871
庭州 2470 3419
挺县 0426
通川郡 2430
通化郡 2683
通灵山 2024 2038
通星山 4018
通谊郡 2041
通义郡 2716
通州 1119 2409 2412 2418 2430
同昌郡 2688

同昌县　2004
同川县　2800
同谷郡　2473
同泰寺　1134　1230　1231
同夏县　1126　1173
同州　2292　2792　3002
　3190　3191
桐柏大复山　1849　2885
桐庐县　0232　1458　1460
　1461　2605
桐乡　1266
桐乡故城　2207
铜城　3651
铜船湖　4025
铜鞮　0384
铜关　0532
铜官山　1394
铜梁山　2804
铜陵　2750
铜虏山　0652
铜山　1166　1238　2579
　2698　2730　3555
　3923　3954
铜州　4009
童乡亭　1709
童子谷　2210
僮阳　0904
头曼城　2829
嵎山　1421
徒合塞　2200
涂山　0452　1265　1401
　2192　2498　2559
　3508
涂阳城　2246
涂阳县　1734
屠申泽　1722
土富山　3606
土门县　1982
土山　1160
土垠故城　2917
土中　0337
吐蕃　3114
托台水　2175
沱水　2975

W

外黄　0090　0183　0752
宛陵　0846　1124　1238
　2945　3546　3899
宛丘县　2314
宛县　1555　2976
皖公山　1272
万安郡　2756　4022
万安山　3450
万安州　2756　4022
万根谷　2241
万谷根山　2216
万民冢　3746
万年县　1648　1979　2267
万宁　0490
万棚湖　2530
万匹梁　3244
万石潭　2009
万寿山　3599

万岁城 3414
万岁山 3605
万州 2418
王表祠 3479
王官城 0054
王母祠 2109
王母山 2142
王乔坛 3922
王水 1528
王屋山 3126 3127
王屋县 2254 3184
王游苑 1216
王尊冢 2167
枉人山 2114
望都县 0186 0564 0567
望蔡县 1497
望夫山 3327 3577 3918
望县 0297
望夷宫 0175
威定 0811
威宁 0959
威化 0811 0933
威平 0809
威州 2792 3708
隈厓 0004
微子城 2341 2403
韦游沟 2973
围川水 2283
维川 2686
维州 2686 3722
隗嚣 2299
潍水 3029
苇泽城 2247
洧水 2856
卫县 3355
卫州 3350 3351 3352 3353 3354
未陋山 1487
渭水 0325 2817 3003 3088
渭州 2469 3210
蔚州故城 0051
魏博 3121
魏昌县 0776 0899
魏城 2853
魏城县 3711
魏任城 3185
魏县 3368
魏兴郡 0639 1561
魏兴县 0777 0900
魏州 2792
温江县 0929 2020
温麻 0910 0954
温麻江 1426
温明台 3362
温泉 0007
温水郡 2734
温汤 3555
温县 0645
温州 2610 3085
文安郡 2386
文安县 2170 3404
文德殿 1211
文登郡 2321

文登县 3237
文王城 3013
文学城 2262 2263
文阳郡 4037
文州 2711 3083
阌乡 0344
汶江 3721 3862
汶山郡 0477 0478 0482 0639 1859 1905 3857
汶阳郡 0904
翁同山 2161
翁洲 2556 3497
沃县 0503
沃野县 1892 1893
卧龙城 3413
卧龙山 1416
卧牛山 1270
卧石 3779
乌程县 1369 1371 1372 3460 3521
乌叠城 2490
乌江 0757 0944
乌伤 0231 1448 2611
乌水 0588
乌孙国 1869
乌县 0355 0460
乌衣巷 1011 1221
乌衣宅 1221
乌枝 0588
邬 2238
邬阜 0115
邬县 0115
巫臣冢 3448
巫山县 1562
巫咸故宅 3436
巫咸山 0531
巫县 2411
巫州 2249 2672
无棣河 2919
无棣县 1065
无锡县 1309
无阳县 1567
无终山 0724 2161 3841
毋掇 0495 0650
芜城 3751
吴坂 3131
吴村 3906
吴渎塘 1178
吴房县 0549 1041 3219
吴皇象墓 1368
吴郡 0229 0230 0684 1276 1406 2522 2538 3433 3439 3540
吴猛泉 3929
吴山 1641 2804 2823 2854 3464 3882
吴山县 3013
吴太初公宫 0441
吴王里 1410
吴兴 1240 1370 1372 2229 2524 2538 3433 3901

吴县 1322
吴真人宅 3921
郚城亭 0134
浯溪 1571
梧台 3281
梧州 0685 2772 3119 3815 3816
五步塘 2526
五父衢 0624
五妇山 0642
五孤城 3460
五官廨 2591
五湖 0223 2525 3522
五华山 2072
五硍二砾 1466
五垒城 1068
五梁城 0097 3049
五岭 1600
五龙山 3684
五垄山 2080
五鹿 0690
五面山 3947 3949
五女山 3553
五泉渠 2304
五台县 2368
五溪 2667 3055 3056
五泄溪 1430
五原 1737 2095 2829
五原寨 0402
五指山 3329
五柞宫 0177
五畤祠 1656
武安 1125 1250
武昌 0726 1500 1546 1548 2648
武成县 1730
武城 2377 2771
武当 0773 0897 2438
武德 3012
武帝台 1969
武都 0639 0684 0783 2079 2431 2474 3416
武峨州 4033
武父城 1811
武冈 3617 3618 3621 3622
武功县 0397 1544 2280 2304
武关 0339
武侯道 0992 1003
武花山 3430
武江 0977
武进 1278 2011 2521
武康郡 2046
武康县 1369 2260 2949
武林山 1841 2937
武临县 2338
武陵 0261 0269 1565 2223 2660 2661 2671 3055 3614 3616 3617
武陵山 3136 3672
武宁县 0501 3921

武讫岭　1879
武强故县　3041
武丘　0199
武始　1765　1783
武遂县　2398
武威郡　0684　2481　3844
武乡谷　2444
武乡县　2070
武学城　2262
武岩山　2406
武阳关　1558
武阳山　3660
武阳　1544　1692　2100　3375
武夷山　1493　3528
武义县　1448
武邑县　3834
武阴城　0020
武垣城　2167
武垣故城　2165
武垣县　0374
武州　1565　1717　1731　1930　2474　2792　3083　3084
武周县　0980
舞阳县　2855　3871
婺州　2553　2606　2609　3484

X

西安　0937
西安故县　3133
西蚕所　1208
西昌故城　1513
西昌县　1513
西御　2991
西城郡　0699
西充　2805
西川　0391　0392
西垫江县　0800
西鄂　0155　0781　0895
西洱河　3068
西古复县　0807
西光城　2171
西虢　1079　3038
西海　1781　1778
西河　0383　0577　0684　2108　2366　2828　2926
西河国　0382
西华　0888　0942
西卷县　0171
西乐城　3985
西梁城　0097
西陵　1236
西陵县　1548　2487　2969　3678
西门豹祠　2106
西宁县　0806　0929
西宁州　2728
西瓯　1609　1614　3478
西平郡　0358　0806　0929　1780　1781　1786　1797　2480

西平亭 1789
西倾山 2804
西曲阳 0160
西塞山 3574
西水 2804
西水县 1243 3064
西隋 0495
西台寺 2547
西王母祠 2002
西隰县 0737
西县 0692 0804
西乡 2981
西阳郡 0772
西阳县 0543
西于县 0298
西余山 1383
西云阳渎 1307
西郓 1836
西州 1139 2467 2482
西州城 1142
栖真山 3916
夕阳聚 0694
析水 3059
析县 0773 0897 3060
郗公峄 3255
郗鉴郗愔墓 1340
奚养泽 2884
奚仲冢 0434 0625
悉州 2685
犀丘城 3243
溪州 2670 3057
锡城县 0871
锡县 0990
熙穆县 0960
巂州 2715 2728 2729
细柳仓 0001
峡州 2421 3462
硖州 3668 3681
瑕丘县 2326
下鼻浦 1306
下蔡 0780 1251
下邽县 0926 0993 3002 3003
下隽县 2652
下洛城 1940 1941 1942 1943 1944 1945 1946
下雒城 1883
下邳 0148 0160 0685 1120 1838
下邳城 3292
下曲阳县 1687 2383
下乡县 0196
下相县 0741
下邑 0998
夏侯皋墓 3242
夏口 0770 0872 0906 1379 2653 3573
夏水 0854 1568 1669 2073 3673
夏阳县 2292
夏禹祠 3302
夏州 2249 2821 3199
仙都山 1490

仙人城 3950 3958
仙人床 3663 3774
仙人石 3663
仙人石室 3585
仙室山 3685
鲜卑山 2187 2189
咸安郡 2414
咸阳 0003 2806 2818 3017 3088 3157 3702
咸阳谷 0050
显朝岗 3807
岘山 2459
相城 1673
相如县 2027
相思川 3195
相思乡 3195
相唐 0216
相州 2792 2909 3368 3369
相子城 1047
湘东郡 0263 0476 2655
湘水 0860 3584 3633 3634 3778
襄贲县 0737
襄城县 0541
襄陵 0525 2844
襄平城 3076
襄水 0967 2451
襄乡 0901 0968 0955
襄阳 0472 0668 0912 0968 1557 2437 3100 3674
襄邑县 0621 0889 0940 2339
襄州 0461 2437 2792 3462
降狄道 1765
向城 0555 1629
向水 1104
项城 0888 0942
项县 0547
象郡 0171 1013 1608 2717 2734 2742 2747 2748 2749 2780 2786 3998 4001 4009 4023 4024 4034 4035 4038
象山城 1409
象州 2780 2781
消山 1482
逍遥郡 2771
萧关 2299
霄城 0771 0907
洨县 0073 0751
崤山 2088
崤县 2088
小巴岭 2050
小长安聚 3675
小黄 0889 0940
小兰山 1298
小劳山 3240
小辂 3319

小峄山 1299
小松水 2242
小宛 1760
小岘 1268
小沂水 3283
小西山 2671 3660 3975
小震居 1280
孝水县 2221
效谷县 1763
协州 3738
斜安城 3381
谢禄山 3538
谢山 3939
蟹浦 1187 1188
忻城郡 4029
忻口 1875 3888 3889
忻州 2369 2792 3888
新安郡 1459 1470 2574 2630
新安县 0350 0790 1449
新蔡 1044 1054 3220 3881
新昌 2972 4023
新城 0226 0377 0639 0826 0839 0901 1255 1545 2100 2792
新祠 0042 0043
新茨 1512
新定 0234 2604
新丰县 0006 0805 3000
新妇山 3430 3842
新妇岩 2602
新淦县 1510 1515 1520
新怀县 0887
新汲 0762 0972 1670
新绛渠 2896
新津市 2022
新津县 2022 2023
新康县 0774
新乐县 0371 0573 2150
新林 0811 0933
新林浦 1192 1216
新林桥 0842
新律国 2484
新罗县 2616
新宁郡 0809 1618 2749
新平县 0263 0264 3883
新平郡 0693
新浦 0905
新始县 1470
新市县 0678 0750 0891 0907 3367 3654
新市城 3371
新沓县 1096
新亭 1216 1220
新吴县 3930
新息县 0074
新兴郡 1713 1714 2749 4023
新兴县 0590 0799 0801 0809 0919 0956 1516
新阳 0071 0771 0907

新野郡 0782 0896
新喻 2947
新州 1618 2058 2749
2792
鐔封 0495
信安郡 2606 2750 2759
信安县 1449 2606
信都 0999 1000 2378
3048 3348
信郎祠 3518
信陵县 0769
信乡 0093
信义港 3952
兴安陵 1335
兴安县 3789
兴道县 0281 3089 3982
兴古郡 0491 0495 0645
0875 0928 3730
兴固县 0927
兴乐 0918
兴宁县 3193
兴平县 0843 1517
兴山县 0769
兴势 2981
兴州 1544 2431 2985
4023
邢州 2389 2792 3358
行唐县 0378 0379 2143
荥播 1653
荥阳 0066 0067 0306
0516 0962 1025
1653 2336 2793
2838 2840 2841
3187 3188
荥泽县 2352
杏城镇 3092
熊耳山 2257 2804
休宁县 1400
休阳 0235
修德郡 2788
修武 1907 2329
修阳县 0773
脩市城 0086
脩县 0079 0085 0086
1710
秀容县 1929 2369
秀山 1403
绣州 2779
盱眙 0736 0740 1120
须昌县 2331 3243
须江县 2569
欻起冢 2166
胥城 2528
胥浦县 0290
胥山 0194 3464
胥塚 3637
徐公湖 3486
徐孺子台 1507
徐闻县 0278 4019
徐无城 1958 1965
徐县 0439 2886
徐州 0434 0685 0747
0748 0749 1249
1255 1807 2249

	2323	3137	
许昌	0762	2313	2806
	3823		
许城	0553		
许州	0024	2313	2792
	3221	3222	3872
叙州	2672		
宣城	1124	2618	3545
	3899		
宣汉	0796	2413	
宣武城	1135	1136	
宣务山	0027	1712	
宣扬门	1234		
宣州	1169	2618	2619
玄石山	3584		
玄武湖	1177	1180	
玄武山	1154	3863	
玄孝县	2221		
玄州	2181		
悬瓮山	3303		
薛	0147		
薛城	0618	3286	
寻阳	0631	1521	2624
	3556		
荀轹	3319		
浔江郡	2773		
浔州	2773		
循州	2738	3770	3771

Y

鸭城	1283		
鸭栏矶	3576		
崖州	2249	4019	4021
衙城	2998		
雅州	2690		
焉耆	2928		
鄢陵	0762	1040	
延德郡	4020		
延河	1940		
延津	3229		
延陵	0458	0459	1275
	1276	1286	1299
	1304	1307	1321
	1337	1338	
延陵乡	0113		
延寿	1768	3002	
延寿城	2837	3409	
延乡	0317		
延州	0459	1271	
严道县	3870		
严光墓	1445		
严陵山	1458		
严陵坞	2586		
严山	1469	3457	
严州	2728	2788	3081
	3122	3792	4027
岩州	4026		
盐仓城	3030		
盐城	2805	3075	
盐池	0347	1785	1801
	1934	3131	3193
盐池泽	0649		
盐官	0230	0451	0713
	1343	2541	

盐亭县 2057
盐州 2249 2302 2827
阎仓城 2103
颜罗县 2754
奄蔡 1769
兖州 0685 0753 1807 1836 2318 2326 2846 3248 3249
郾城县 3872
偃师 2831
偃月城 3135 3671
罨画溪 1311
厌次 0130 0375 0423 0574 1059 1830 1831 2371 3389
晏官 0925
晏州 2992
雁门郡 0684 0685 0890 1013 1713 2918 3335 3336 3343
雁门山 1148 1150 1151 2174
雁门水 2173 2174
雁塞山 0864
燕国 0413 2912 3392
燕京山 1731
燕乐县 2181
燕岭 2203
燕留城 3386
燕雀湖 1179
燕山 0316 1897 2169
燕州 2003 2234 2244 3053
扬 0535
扬州 0195 0440 0632 0684 1123 1839 2249 2509 2542 2574 2575 2792 2931 3137 3484 3636 3642
羊肠坂 0372 0979 2216 2899 3304
羊涧 1679
羊角城 3216
羊门水 2174
羊头山 1878 1926 3328
阳阿县 1909 1914
阳安关 0565 0566
阳安郡 2702
阳安县 2046 2221 3867 4008
阳陂湖 2940
阳城 0179 0337 0566 0778 0901 2364 2838 3124 3172 3331
阳城山 2856
阳池城 3018
阳都 0628 0738
阳口 1849
阳乐城 1973
阳乐县 0114 1497 1827
阳平郡 0746 1039
阳乾山 0528

阳渠水　1017
阳曲　1076　1925　2239　2369
阳泉县　1593
阳山郡　2675　2752
阳山县　2728　2729　3623
阳朔县　3788
阳堂山　1420　3494
阳亭　0792　0955　1693
阳武县　3018
阳武驿　3889
阳夏　0758　0884　0941
阳羡　0443　1280　1293
阳乡亭　0107
阳信　0375　0423
阳翟　0521　0540　0762　1046
阳周县　1881　1933
阳子台　3172
杨班湫　1997
杨氏县　1707
杨县　0116　1915
杨越　0195
杨震宅　3822
洋川郡　2426　2981
洋州　2426　2981　3089
漾水　0862
尧城　0523　3925
尧沟　3828
尧井　3189
尧陵　0052
尧庙　0017　0310　1943　3272
尧山　0186　0310　2914　3749
尧台　1233　3348
峣关　0206　0339　0520
峣柳道　0206
姚兴　1979　1985
姚墟　3215
姚州　2703
药妇山　2061
冶阪城　1911
冶城　0837　1138
冶山　2056
野井亭　3234
掖县　0614　2320　2804
叶县　0781　0895　1006
叶榆县　3866
叶州　2708
邺　0965　3356
邺城　1918　2119
邺县　0312　2106　2909
夜郎　0731　1595　1865　2705　2706　3859　3869
谒泉山石室　2214
楪榆　0494　0805
一升泉　2201
伊阙　2835
伊水　2804
伊吾郡　2466
伊州　2249　3415
猗氏县　0524　1639　3322

黟县 1463 1464 1465 1466 3915
夷安 0421
夷陵郡 2421 3682
夷县 2422
夷州 2707 3082
沂水 2804 3028
沂州 1113 1115 2328
宜安城 1057
宜昌县 0669
宜春观 2303
宜春 0245 0633 2643 2947 3565
宜都郡 0258 0669 0857 0903
宜都县 2422
宜丰县 1497
宜禾县 0410
宜君山 3863
宜君县 2819
宜梁城 1723
宜梁县 1723
宜禄县 2001 2291
宜兴 1293
宜阳城 2258
宜阳山 3681
宜阳县 2306 2806
宜州 2421
移风县 0291 1617
乙速狐 2209
弋阳江 3955
弋阳郡 1053 1054 2491
弋阳县 0772 1054 2492
义安郡 0934
义昌县 0761 0884 0941
义成 0780 0929
义城县 3103
义川 2098
义存 0922
义纶县 2805
义宁郡 2769
义清县 3103
义泉县 2707
义乌 2611
义县 2970
义兴县 3431 3433
义阳 0466 0470 0471 0474 0634 0767 0768 0955 1558 1668 2489
义州 2717 2763
义珠山 3287
易定 3121
易京城 3377
易水 1740 1749 1750
易县 0725 0894 2168 2169 3381
易阳 0744 0779 0902
易州 2396
峄山 2880
绎落山 2483
绎幕故城 3390
益昌城 0109
益昌郡 2712

益都县 1094 2332
益阳县 0158 3073 3583
益州 0167 0168 0684 0698 0733 0796 0802 0803 1085 1592 1593 1905 2018 2221 2249 2687 2703 2715
裔山县 3103
毅州 2918
阴安 0349
阴观 0949
阴馆县 1729
阴陵 1839
阴密 0392 2297
阴平郡 1085 2711
阴平县 0639 0793 0794 0976 1864 3704
阴山 2095 2897
阴县 0897 0902
阴崖 2852
阴阳里 3278
圁阴县 0118
尹州 2775
鄞县 1411
银城 0505
银夏 3121
隐矶山 2448 3134
婴山 2198
鹦鹉山 3858
鹦鹉洲 1582
迎风观 0307 0965
迎河 1063
营城 0949
营陵 0421
营丘城 1891
营州 1891 2393 2795 3053 3072 3076 3406
嬴偻县 0293
瀛州 2384 3402 3404
郢城 3680
郢州 1053 2072 2442 2986 2987
颍川郡 0369 0370 0540 0762 1013 3020
颍考叔墓 0024
颍水 0070 0528 1674 2804
颍阳县 0070 2338
颍阴 0762
颍阴城 1674
颍州 2315 2792
应山县 1558 2983
邕州 2249 2783 2792
庸涧 3661
雍城 3012 3222
雍洛城 1942
雍门 3280
雍奴县 3394
雍丘 0752 0885 0889 0940 0944 1033
雍水 2283
雍县 0389 0579

雍召 3197
雍州 0164 0388 0777 0900 0955 1013 2261 2263 2470 2792 2806 2812 3148 3149 3150 3151 3152 3153 3157 3159
永安 1369 2949 3130 3692
永安宫 1202 1207 1564
永昌县 0684 0930
永昌郡 0685 0698
永城 0809
永定县 4030
永和县 2363
永嘉 1474 1486 2610 3517 3780
永建县 0959
永康县 0227 0844 1448 1489
永乐郎山 2206
永宁县 0769 1474 2610
永平郡 0810 2758 2773
永平县 1279
永石郡 0382
永世县 0670 1299 1304
永新县 0769 2947
永兴县 1419
永修县 1246
永阳县 0946
永州 2656 3613
幽都县 3053
幽山 3769
幽州 0311 0602 0603 0684 0685 2181 2204 2249 2399 2792 3053 3137 3392 3395
由拳县 0225 2523 2541 3537 3848
右北平 1013 1958 1966 2910 2916
右扶风 2810 2823 3154 3196
於陵县 0764
於潜 0224 1124
于延水 2173
余杭 1363 1364 2539 2939 3455 3456 3537
余杭山 3450 3537
余暨县 0162
余姚郡 2601
余姚县 1408 1422 1426 1433
余甖水 1399
盂县 2240
鱼复县 2713
鱼梁城 3992
鱼亭山 3912
禺山 0273
禺同山 3865
禺州 2734 3781

俞元 0492
雩都县 0241
雩娄 0366 0538 0943
渔浦湖 1427 2554
渔阳 0684 0724 1013 1960 2180 2181 3401 3841
嵎山 1384
渝州 2249 2407
榆次 1734 2194 3301
榆中 0917
虞城 0324 0345 1641 3326
虞县 0758 0884 0941
舆县 0750
隃麋县 0203
屿山 1433
羽池 2351
羽泉 3245 3288
羽山 2351
羽潭 2351
雨师祠 2196
禹庙 0220 1446 1447 1917
圉城 1027
窳浑县 1721
窳浑泽 1722
玉华宫 2819
玉环山 1487
玉门 0178
玉门县 1767 2805
玉女冈 1524
玉女冢 3742
玉山郡 4024
玉石洞 1296
玉州 4024
郁林郡 0172 0282 0811 1606 2773 2775 2776 2777 2778 2779 2780 2783 2784 3478 3780
郁林州 1607 2575 2775
郁平县 3807
郁郅城 0601 1998
淯水 2101 2257 2804
御儿 1342
御亭 1322
豫宁郡 1246
豫宁县 1246
豫章 0243 0765 1512 1513 1514 1515 1521 2575 2576 2577 2578 2579 2637 2639 2641 2642 2929 2947 2950 2966
豫州 0354 0357 0684 0685 0760 0886 0887 0945 1250 1255 1807 2311 2806 3219
潏水 3690
冤句县 3232
渊泉 1802

渊水 1647
元城 0527
元氏县 0561 0571 1690
元寿 0918
沅陵县 2671
沅陵郡 1565
沅水 0646 0880
沅州 2672 2673 3145
垣曲县 2895
垣水 0105 0106 1741
垣县 0106 0529 1036 1683 2895
袁州 2643 3569
原亭城 1726
原州 2299
缘林山 3367
远安县 3668 3685
远望楼 1220
岳庙 0327
岳州 2651
越常 0937
越嶲郡 0168 0684 0698 0801 2078 2715 2728
越井冈 3744
越岭 1600
越王井 3744
越王石 3902
越州 2249 2542 2607 3500 3503 3998
粤州 4028
云安郡 2713 2929
云杜 0907
云和楼 1988
云梦城 3666
云梦宫 2969
云梦县 3639 3640
云梦泽 0851 2449
云南 0494 0807 0930 2703 3864
云内镇 2199
云台山 2035
云岩县 3884
云中 0684 1013 1713 1904 1932 2199 3201 3202 3340
云中城 1931 2095
云阳 1277
允吾县 1780 1790 1794
郧城 0858 3656
郧乡 2439
运道塘 2962
郓州 2331 3243
熨斗陂 3673
贠乡 0810

Z

赞皇山 2136
赞皇县 1056 2134
鄮县 0773 0828 0885 0897 0944 1051 3125
牂柯 0168 0491 0645 3792

牂牁 0731 1865 1905 2705 2706 2707 2710 2717
牂州 2709
凿樊岭 1547
凿台 3301
枣户城 2208
枣强县 0143 2155 3050
造阳 0402 0505 0506
泽州 2792 2902 2361
增城县 2789
甑山 3769
霅水 1398
栅城渠 2890
栅江口 1273
宅城 1110
翟道 3194
沾县 0387 2367
站鸟圻 1239
湛卢山 3905
张澹冢 2102
张公洲 1185
张华村 3397
张良城 0037
张掖 0166 0684 1797 2008 2461 2462 2927 3414
章安县 0244 0455 0456 0666 1475 1476 1479 1484
章华台 3664
章乡县 3045
章武 0107 1705 1969 1971
彰明县 2720
漳江水 4017
漳浦 2615 3534
漳浦水 3532
漳水 0025 0191 1061 1733 1887 2908 3135 3363 3671
漳溪水 3532
漳州 2615 3087
长子县 1926 3140
招怀 0959
招兴县 0960
招义郡 2745
招远县 0887
昭陵县 2677
昭明宫 0335 0441
昭山 0860
昭州 2765
召陵 1659
召州 0529
赵惠文王陵 2146
赵简子祠 0029
赵母井 2148
赵平郡 2001
赵州 0685 2130 2132 2249
赭阳 0781 0895
浙江 1406 1425 1845 2804 3459
浙山 1425

贞女庙 2511
贞女峡 3628
珍州 2706 3082
湞石山 0277
真定县 0561 0750 1683 2139 2792
真符县 3089
溱南州 3067
溱溪郡 2415
溱州 2415 2445 2979 3067
振武 3121
振州 4020
震泽 0222 0840
镇淮桥 1199
镇冀 3121
镇戎 1793
镇州 2380 2792 2921 3137
正女石 3946
正平 2357 2767 3036 3315
征羌 1660
郑城 3244
郑县 0774 2290 2999 3979
郑州 2336 2792 3185 3186 3205
支就城 2829
枝江县 3669
芝州 4029
直渎 1175 1187
直市城 3159
止军城 2245
郅都墓 3343
枳城郡 3065
枳县 3065
轵道 0586 3152
轵县 1629 3011
智城 3129
智州 2717
雉县 0781
毚县 2360
滍水 3871 3872
中都 2235 2236 2572
仲虺城 0618
中郎城 3239
中牟县 3019 3223 3224
中丘 0569 1681 2911
中邱埭 1314
中山 0185 1684 1687 1689 1702 2146 2148 3040 3831
中山城 0083 2145
中山亭 0098
中水县 0559
中阳城 0383 0577
中岳 1295
中胄 0811
忠诚郡 0871
忠州 2417 2792
终南山 2275 2287 3880
终南县 3161
钟离 0161 0736 0890

	1249	1401	2497
	3245	3288	
钟山	0008	0212	0215
	1131	1144	1145
	1188	1189	1190
	1601	1872	3571
钟武	0768		
种山	1416		
冢岭山	0970	2883	
周城	3154	3155	
周南	0330		
周山	2086		
周首亭	3263		
周氏曲	0003		
周瑜埭	1521		
盩厔县	0177	2096	2263
	3161		
胄旨	0794	0795	
鲖阳	0069		
朱城	1380		
朱方	1277		
朱买臣冢	3846		
朱雀航	1198	1199	
朱雀门	1130	1133	1181
	1197	1234	
朱雀桥	1197		
朱提郡	0479		
朱桐县	0303		
朱吾县	0663		
朱虚县	0134	0279	0422
	1822		
朱崖	0298	0499	2755
	2756	4019	4020
	4021	4022	
朱阳山	1630		
朱圉山	1762	2804	
朱戴县	0295		
邾	0361	0637	
茱萸湾	3641		
珠池县	3764		
珠官郡	3117	3998	
珠厓	0198		
株邑	3225		
诸城县	2322		
诸暨县	2544	2965	
竹格渡	1200		
竹皇祠	3777		
竹里山	3896		
竹山县	1556	3107	
竹水	3875		
竹堂山	1148	1150	
竹叶山	1485		
竹邑县	0751		
烛溪湖	2570		
主簿山	2626	2647	
渚水	2911		
祝阿县	0764		
祝其城	0433		
祝其县	0433	0737	
筑水	0967		
筑县	0773	0897	
筑阳县	3670		
杼秋	0751	1834	
苧罗山	2573		

苎萝山 1415
颛帝冢 3212
庄州 2796
壮武城 0987
涿郡 0104 0311 0684 1738 1739 1740 1749 3400
涿鹿 0411 1091 1744 1935 1946 3391
涿鹿河 1739
涿水 1738
涿县 0107 3400
菑县 0319
訾城 0536
资水 3607
资阳 2221 2714 3726
资中 0794
资州 2046 2221 2714
淄川 2319
淄青 3121
淄水 0128 1093 3273
淄州 2249 2319
滋水 2143
鄑城 0610
子推冢 3308
子午道 2251 3101
子午关 2252
子午山 1881 1933
秭归 0475 1562 1563 2423 2805 3683 3687
梓山庙 3911
梓檀郡 0799
梓潼 0485 0639 0642 0643 3704
梓橦 0862 2697 3705 3706
梓泽 0815 3167
梓州 0730 2697 3109 3989
紫柏桥 2908
紫柏山 2064
紫泥水 1086
紫山 2124
紫团山 2901
紫微宫 2255
紫溪 1365 1366
紫霄峰 2625
棕山 2597
枞阳 2974
邹山 3255
邹县 2880 3254
稡泽 1018
左南津 1770
左县 0939
左右池 3277
作中县 0789

《水经注》逸文钩沉

北魏郦道元撰的《水经注》，是以水道为纲，记其流域内自然地理和人文地理之作。三国时的《水经》原文三卷，一万余字。郦道元认为“简而不周”，或“周而不备”。遂以毕生精力为《水经》作注，以详其略、补其缺、正其误、拓其囿，终于写成四十卷、三十余万字的《水经注》，为原文的约三十倍。其篇幅之巨、涵盖之广、记述之详、影响之大，在专类地理书中是空前绝后的，历来深受官方和学人的重视。但在历代传抄、翻刻中，也时有脱衍错简，次序紊乱，经文、注文不分的情况。在流传中，篇帙也有散佚者。明代朱谋玮首次对此书作了认真的校勘、纂辑，撰成《水经注笺》一书。被顾炎武誉为“三百年来一部书”。

清代朴学之兴起，使我国古代典籍得到空前的整理与阐扬。对《水经注》的整理也达到了巅峰。全祖望毕生对《水经注》作了七次校勘，今有五校本、七校本存世。赵一清数十年苦心考订的《水经注释》，被认为“四库官本外首屈一指”。所谓四库官本，即戴震的校勘本，成为旧时流传最广的模本。此后杨守敬、王国维及至胡适，也都对《水经注》作了卓有建树的注疏、注、考证与研究，使“郦学”迈入“显学”之林，受到国内外学界的重视。

但传世本皆有遗逸。唐张九龄撰的《唐六典》卷六《尚书工部·水部郎中员外郎》谓：“桑钦《水经》所引天下之水百三十七，江河在焉。”而今本《水经注》，只记一百二十三条，尚缺十四条。《四库总目提要》亦指出：《水经注》“今惟道元所注存，《崇文总目》称其中已佚五卷……然今书仍作四十卷，盖宋人重刊，分析以足原数也”。赵一清考释谓：“《水经注》卷一一缺滹沱水、派水、滋水；卷一六缺洛水；卷一九缺丰水、泾水、汭水（见王先谦《合校水经注》），但未辑佚文。”今郦学专家陈桥驿先生1990年在其点校本《水经注·前言》中也不无遗憾地指出：“北宋太平兴国至景祐之间所亡佚的五卷，至今无法弥补。”

愚阅读、使用《水经注》三十余年。今将从唐宋类书、地志中辑录的逸文整理为篇，为补苴罅漏，贡献一己之力。所录逸文为《水经》者，在脚注中予以标明。

滹沱水

滹沱水，发源于山西繁峙县泰戏山西麓，南流至盂县，东流入河北省，至献县与滏阳河汇合称子牙河，东流入海。今本《水经注》全逸。

雁门郡北对勾注，东陉其南，九塞之一也。晋咸宁元年《勾注碑》云，“盖北方之险，有卢龙、飞狐，勾注为之首。天下之阻，所以分别外内也”。汉高祖欲伐匈奴[①]，不从娄敬之说，械系于广武，遂逾勾注，困于平城，谓此也。（《寰宇记》卷四九《代州·雁门县》、《大典》卷五二〇二《原·太原府四·代州》）

《魏氏土地记》曰，汉高祖至平城，为北军所围。用陈平记，得免还师，而南次于滹沱水曲，六军忻庆，举口而笑，故谓之忻口。（《大典》卷五二〇〇《原·太原府二·崞县》）

（云母山）北俗谓云母为独担，故又名独担山[②]。上有一穴，出玉芝。（《大典》卷五二〇二《原·太原府四·忻州》）

---

① 匈奴：《〔洪武〕太原志》沿用元人习称作“北塞”，原文当以“匈奴”为是。

② 山：原文缺“山”，据《〔光绪〕山西通志·山川考》补。

（新兴郡）后[1]魏天赐中，治四芦镇，因四芦川为名。后徙九原城。（《大典》卷五二〇〇《原·太原府二·忻州》）

龙泉水出雁门县西平地，其大三轮，泉源涌沸，腾波奋发。以巨石投之，水辄喷出。亦云潜通燕京山之天池也。（《寰宇记》卷四九《代州·雁门县》、《大典》卷五二〇二《原·太原府四·代州》）

忻水东历程侯山北，山甚层锐。其下旧有采金处，俗谓之金山。（《寰宇记》卷四二《忻州·秀容县》；《新定九域志》卷四《忻州》稍简）

滹沱南历忻口[2]，俯会忻川水。水出西管涔东山也。（《寰宇记》卷四二《忻州·秀容县》）

三会水出九原县西，东流入滹沱水，经定襄界。（《寰宇记》卷四二《忻州·定襄县》、《方舆纪要》卷四〇《忻州·定襄县·三会水》）

（圣人阜）滹沱水东流经圣人阜，阜下有泉，泉侧石有十二手迹，其西复有二脚迹甚大，莫穷所自。在县西南四十八里[3]。（《初学记》卷八《河东道》、《寰宇记》卷四九《代州·五台县》、《大典》卷五二〇二《原·太原府·山川》）

五台山，五峦巍然，故谓之五台。晋永嘉三年，雁门郡葰人县百余家避乱入此山，见山人为之先驱，因而不返，遂宁岩野。往还之士，稀有望见其村居者。至诣访，莫知所在。故俗人以此山为仙者之都矣。（《寰宇记》卷四九《代州·五台县》、《御览》卷四五《地部·五台山》）

---

① 后：此为后人所加，非郦氏原文。

② 忻口：《寰宇记》讹作“忻中口”。《魏氏土地记》作“忻口”，后世地志均从，据改。

③ 里：《大典》误作“步”。

泽[①]发水出董卓垒东。(《元和志》卷一三《太原府·广阳县》、《寰宇记》卷五〇《平定军·平定县》)

汉章帝北巡至高邑，亦光武即位于此，有石坛，坛有珪头碑，即帝所建。(《寰宇记》卷六〇《赵州·高邑县》)

泜水又东南经干言山北。(《新定九域志》卷二《相州》)

泜水东出房子城西，出白土，细滑如膏，可用濯锦，色夺霜雪，光彩鲜洁，异于常锦，俗以为美谈，言房子之纩也。抑亦似蜀锦之得濯江矣。岁贡其绵，以充御府。(《寰宇记》卷六〇《赵州·临城县》)

泜水东经柏畅亭。(同上)

洨水出常山郡，即石邑县也。(《寰宇记》卷六一《镇州·石邑县》)

洨水东经飞龙山北。是井陉口。(《寰宇记》卷六一《镇州·获鹿县》)

卫水出常山灵寿县西，东北入于滹沱河。(《寰宇记》卷六一《镇州·灵寿县》)

汶水又东经平棘县南。(《寰宇记》卷六〇《赵州·平棘县》)

平棘城南门，夹道有两石柱，翼路若阙焉。(同上)

行唐城上西南隅有大井若轮，水深不测。(《初学记》卷八《河北道》、《寰宇记》卷六一《镇州·行唐县》)

---

① 泽：《寰宇记》作“毕”，疑误。《御览》卷六四引《隋图经》作“浕”，《元丰九域志》《清一统志》《平定州志》均从《元和志》作“泽”。

行唐城内北门东侧，（王山）祠后有神女庙，前有碑，其文曰："王山将军，故燕蓟之神童，后为城神。圣女者，此土华族石神夫人之元女。赵武灵王初营斯邑城，弥载不立，圣女发叹，应与人俱，遂妃神童，潜刊真石，百堵皆兴，不日而就，故此神后之灵应不泯焉。"（《寰宇记》卷六一《镇州·行唐县》；《初学记》卷八《河北道》较简）

滹沱河水又东经常山城北，又东南为蒲泽，济水有梁焉，俗谓之蒲泽口。（《寰宇记》卷六一《镇州·真定县》）

滋水又东至新市县，入滹沱河。[①]（同上）

安城，即魏昌之安乡也。（《寰宇记》卷六〇《祁州·无极县》）

（故新城）后[②]魏太武帝南巡行营筑，亦曰资城。（同上）

槐水，出黄石山，山连邑界赞皇山别阜。（《寰宇记》卷六一《镇州·元氏县》）

（白马沟）滹沱河又东，自白马渠出。（《寰宇记》卷六三《深州·饶阳县》）

大浦下导陂沟竞奔，咸注滹沱，是故人因决入之处，谓之百道口。（《寰宇记》卷六六《瀛州·河间县》）

鄚县东南隅水有狐狸淀，俗亦谓之掘鲤淀，非也。（《寰宇记》卷六六《莫州·任丘县》）

（故魏昌城）李克书曰："魏文侯时，克为中山相，苦陉之吏上计而入多其前。克曰苦陉上无山源林麓之饶，下无溪谷牛马之息，而入

① 此条为《水经》之逸文。

② 后：此为后人所加，非郦氏原文。

多其前，是苦吾百姓，遂执而免之。”汉光武封大将军杜茂为苦陉侯，汉章帝北巡改曰汉昌，至魏文帝改汉昌为魏昌城。（《寰宇记》卷六〇《祁州·无极县》）

（北）洛水

《水经注》原卷有二洛水，今书只有河南境内洛水，陕西中部的洛水全逸。为区别发源商州市洛南县、东流经洛宁至洛阳注入黄河的洛水，姑称陕西洛水为“（北）洛水”。其源在豳州北端（今陕西定边县东南白于山、吴旗县西北），东南流至大荔县东注入渭河。

洛水源出（庆阳）县北白于山。[1]（《御览》卷四三《地部·白于山》）

白于山，今名女郎山，上多松柏，下多栎檀。其兽多牸牛、羬羊。鸟多白鸮。洛水出于其阳，东注于渭[2]也。（同上）

免川，西南流注洛水。（《初学记》卷八《关内道·鸡水》）

苇谷水，东南流入三川。（《寰宇记》卷三五《鄜州·三川县》）

破罗谷水，南流经黄原祠东，合苇川（水）是也。（同上）

白水，源出分水岭西[3]。（《初学记》卷八《关内道·蒲川》、《寰宇记》卷三五《鄜州·洛交县》）

---

① 此条为《水经》之逸文。

② 渭：原文作“泾”，据《中国历史地图集》所记水系改。此条为《水经》之逸文。

③ 西：《寰宇记》脱。

小[1]蒲川水，东南流入坊州。（《初学记》卷八《关内道·蒲川》、《寰宇记》卷三五《鄜州·洛交县》）

蒲川水，自鄜州洛川县流入丹阳川。（《寰宇记》卷三五《丹州·宜川县》）

猪水，西出翟道县西石堂山。（《寰宇记》卷三五《坊州·中部县》）

浅石川，出翟道山。[2]（同上）

香川水，源出中部县。北香水，在县西南三十七里，自宜君县界来。南香水，在县南三十五里，源出遗谷。（同上）

蒲谷水，源出中部县蒲谷。（同上）

洛水东南，沮水入焉，故洛水亦名漆沮水。其境东南谷金白土，因名白水。（《寰宇记》卷二八《同州·白水县》）

温泉有三原，奇川鸿泻，西注于洛。亦曰帝喾温泉。（《寰宇记》卷二八《同州·澄城县》、《方舆纪要》卷五四《陕西·同州》）

洛水东经沙阜北，其阜东西八十里，南北三十里，俗名沙苑。（《寰宇记》卷二八《同州·冯翊县》）

洛水南经商原西，俗谓许原也。（同上）

洛水东南，历强梁原，俗谓之朝坂。（《寰宇记》卷二八《同州·朝邑县》）

---

① 小：疑《初学记》衍。

② 此条为《水经》之逸文。

九嵕山东，仲山西，谓之谷口，即寒门也。（《寰宇记》卷二六《雍州·醴泉县》）

泾　水

今本《水经注》全逸。其源有二：北源宁夏固原西南六盘山东麓，东南流经甘肃平凉会南源；南源出甘肃泾源山西南大关山，东北流会北源后，东南流经陕西泾阳，至高陵县入渭。

泾水出安定泾阳县高山泾谷。《山海经》曰“高山，泾水出焉，东流注于渭”。入关，谓之八水。（《寰宇记》卷三三《原州·百泉县》）

泾水导源安定朝那县西笄头山。秦始皇巡地，西出笄头山，即是山也。盖大陇之异名。（《御览》卷六二《地部·泾》、《长安志》卷一六《醴泉》）

（笄头山）盖大陇之山异名耳。（《寰宇记》卷三三《原州·平高县》、《御览》卷四四《地部·笄头山》）

九嵕山东、仲山西，谓之谷口、即古寒门也。（《长安志》卷一六《醴泉》）

珊瑚水，东南至栒邑人泾[1]。（《寰宇记》卷三四《宁州·安定县》）

泾水东南经都卢山，山路之中常有如弹筝之声。行者闻之，鼓舞乐而后去。即弦歌之山也。故谓此山峡为弹筝峡。（《御览》卷五三《地部·峡》；《寰宇记》卷三三《原州·百泉县》引至“鼓舞而去”，其后另作一条谓：“弦歌之山，峡口水流风吹，滴崖响如弹筝之韵，因名之。”）

① 泾：原文误作“洛”，据《中国历史地图集》改。

芮水流入泾。（《初学记》卷八《关内道·芮水》）

宜禄县北有芹川。（同上）

泾水东流历峡，谓之泾峡。（《初学记》卷六《泾水》、《寰宇记》卷三一《耀州·云阳县》）

泾水经望夷宫北，临泾水以望北夷。秦二世将祠泾，沉四白马于泾，斋于此宫内。（《初学记》卷六《泾水》）

泾水经长平观北，甘露三年呼韩邪单于入朝，上登长平观。诏单于无谒，即是观也。（同上）

梁邱谷水，西南注于泾。（《初学记》卷八《关内道·梁邱》）

潘原县有铜城山，水出历白石城。（《寰宇记》卷一五一《渭州·潘原县》）

（鄠水）出西南溪下，东北至鄠县南。万年川水出南山，东北流注之。（《寰宇记》卷一五一《渭州·鄠县》）

泾水东南流经瓠口，郑、伯二渠出焉。（《寰宇记》卷二六《雍州·泾阳县》）

五龙水出云阳宫西南。（《寰宇记》卷三一《耀州·云阳县》）

铜官水出祋祤县东北，西南经铜官川，谓之铜官水。（《寰宇记》卷三一《耀州·同官县》）

甘泉，即高泉山也。（《寰宇记》卷三一《乾州·永寿县》）

蒲水出南山蒲谷，东北合细川水，又东北流合细川水，又东北流

合且氏川水焉。(寰宇记)卷三二《泾州·灵台县》)

蒲水南自洛川县流入丹阳川。(《初学记》卷八《关内道·丹川》)

乌川水源出汾川县西北。(《初学记》卷八《关内道·乌水》)

河水补

令居县西北塞外瓦街容水，文成龙试搅破之，寻手成龙。畜生将饮皆畏而走。又，敦煌西有马蹄谷。汉武帝闻大宛有天马，遣李广利伐而得之，甚以为奇，故赋天马之歌。[①] (《御览》卷五四《地部·谷》)

乌川水，源出汾川县西北。[②] (《初学记》卷八《关内道》)

汾川县西有杀狗岭。[③] (《寰宇记》卷三五《丹州·汾川县》)

河水又南为采桑津。[④] (《方舆纪要》卷四一《吉州·采桑津》)

(曝鳃龙门)其鱼，出巩县巩穴，每三月则上渡龙门，得则为龙；否则点额而还。[⑤] (《元和志》卷十二《绛州·龙门县》)

雷泽西南十许里有一小山，孤立峻上，停停嶕峙。《诗》谓之历山。山北有小阜，南属迤泽之东，北有陶墟。绿生言，舜耕陶所在，

---

① 此条当在卷二《河水》篇经文“又东过金城允吾县北”之注文“河水又东南径石城南……阚骃曰，在金城西北矣”后。

② 毅按，乌川水，即黑水，此文当在卷三《河水》篇末“定水又东注于黑水”后。

③ 此条当在卷三《河水》篇末紧接上条。

④ 此条当在卷四《河水》篇经文“又南过河东北屈县西”注文之首。

⑤ 此条当在卷四《河水》篇经文“又南出龙门口”之注文“即《经》所谓龙门矣”后。

墟阜联属，滨带瓠河也。郑玄云，历山，河东今有舜井。皇甫谧曰，或言今济阳历山是也。与雷泽相比，余谓郑玄之言为然。故扬雄《河东赋》曰，“登历观而遥望兮，聊浮济河之岩”。今雷首、历观，历山西枕大河，校之图纬，于事为安。[①]（《御览》卷四二《地部·历山》）

门水北经弘农县故城东，城即故谷关校尉旧治处，终军弃繻之所。老子西入关，尹喜望气于此也。[②]（《寰宇记》卷六《陕州·灵宝县》）

京水发源京县黄堆山东，亦名祝东，泉势沸涌，状若鼎扬汤，俗谓之京水也。[③]（《御览》卷六三《地部·京水》）

索水出京县西南嵩渚山，与关水同源分流，即古旃然水也。《左传》谓，“楚伐郑，次旃然”即此水名。[④]（《御览》卷六三《地部·索水》）

（碻磝城）宋元嘉七年，到彦之北征破之，后失。[⑤]（《通典》卷一八〇《州郡十·古兖州·济州》）

武水东流从石柱北。[⑥]（《寰宇记》卷五四《博州·聊城县》）

---

① 此条当在卷四《河水》篇经文“又南过蒲坂县西”之注文“郡南有历山，谓之历观”后。

② 此条当在卷四《河水》篇经文“又南至华阴潼关”之注文“历北出东崤，通谓之函谷关也”后。

③ 此条当在卷五《河水》篇经文“又东过成皋县北”之注文“汜水又北，右合石城水”之前。

④ 此条当在卷五《河水》篇经文“又东过成皋县北”之注文“东为索水，西为东关之水”后。

⑤ 此条当在卷五《河水》篇经文“又东北过茌平县西”之注文“又东北径碻磝城西”后。

⑥ 此条当入卷五《河水》篇经文“又东北过卫县南”之注文“戴延之谓之武水也”后。

河水又东北流，为四渎津。[①]（《寰宇记》卷四《博州·聊城县》）

汾水补

（霍太山）此则《禹贡》岳阳也。[②]（《御览》卷四〇《地部·霍太山》）

晋水补

晋祠南有难老、善利二泉，大旱不涸，隆冬不冻。溉田百余顷。又有泉出祠下，曰滴沥泉，其泉导流为晋水，潴为晋泽。[③]（《方舆纪要》卷四〇《太原府·太原县·台骀泽》）

济水补

（孔山）山上石穴洞开，穴内石上有车辙、马迹，自然成著，非人功所就。[④]（《寰宇记》卷五二《孟州·济源县》）

清水补

五里泉，在修武县[⑤]。（《寰宇记》卷五三《怀州·修武县》）

---

① 此条当入卷五《河水》篇经文“又东北过卫县南”之注文“范县西而东北流也”后。

② 此条当入卷六《汾水》篇“霍太山有岳庙……声绝则水竭”后。

③ 此条在卷六《晋水》篇经文“晋水出晋阳县”之注文后。

④ 此条当在卷七《济水》篇经文“济水出河东垣县东王屋山”之注文“涂沟水出轵县西南……屈而北流出轵郭”后。

⑤ 修武县：原文误作“修武乡”。据《汉书》卷二八上《地理志》、《元和志》卷一六《修武县》改。此条当在卷九《清水》篇经文“清水出河内修武县之北黑山”之注文“修武故宁也，亦曰南阳矣”后。

方山，在卫县西，以山四方，故曰方山。①（《寰宇记》卷五六《卫州·卫县》）

卷水出卫郡朝歌。②（《寰宇记》卷五六《卫州·卫县》）

长泉水，源出白鹿山。③（《寰宇记》卷五六《卫州·共城县》）

沁水补

害水出垣曲县界。③（《寰宇记》卷四四《泽州·沁水县》）

淇水补

汲县菀水，上承淇水，于元甫城西北，又东南流历五军东北，得旧石窦，故五水分流，世号五穴口。今惟分为二水，一水西注淇水，谓之天井沟，一水东分为蓼沟，东入白祠陂。④（《书钞》卷一五八《地部·穴篇》）

长芦，水名也。出洺州列人县、水傍多芦苇，因以为名。⑤（《元和志》卷一八《沧州·长芦县》、《寰宇记》卷六五《沧州·清池县》）

淇水南与清水合入白沟，右会宿胥，皆故渎之名。⑥（《寰宇记》卷

① 此条宜在卷九《清水》篇经文“又东过汲县北”之注文“清水又东与仓水合，水出西北方山”后。

②③ 此条疑在卷九《清水篇》经文“又东过汲县北”之注文内。

③ 此条当在卷九《沁水》篇经文“南过谷远县东”之注文“又西南迳端氏县故城东”前。

④ 此条宜在卷九《淇水》篇经文“淇水出河内隆虑县”之注文“左为菀水，右则淇水”后。

⑤ 此条当为卷九《淇水》篇经文“清河又东北过南皮县西”之注文。

⑥ 此条疑为卷九《淇水》篇经文“淇水出河内隆虑县”注文“淇水右合宿胥故渎”之原文。

五六《卫州·新乡县》）

洹水补

仓谷溪东北迳鲁般门，其门立阙昂藏，石壁霞举。其北有偏桥，即林虑之峤岭抱犊固也。[①]（《寰宇记》卷五五《相州·林虑县》）

黄花谷内西洪边有一洞，深数丈，去里千余仞，谓之圣人窟。[②]（《书钞》卷一五八《地部·穴篇》；《寰宇记》卷五五《相州·林虑县》稍简）

浊漳水补

涅县胡甲山有长岭，谓之胡甲岭。刘歆《述初赋》云"登侯甲而长驱"是也。[③]（《寰宇记》卷五〇《威胜军·武乡县》）

铜鞮西有梯山，高一千九百尺。[④]（《寰宇记》卷五〇《威胜军·铜鞮县》）

卫漳水又北经邸阁西。[⑤]（《寰宇记》卷五八《洺州·曲周县》）

槐水经平山南。[⑥]（《新定九域志》卷二《赵州》）

---

① 此条当为卷九《洹水》篇经文"东过隆虑县北"之注文。

② 圣人窟，《寰宇记》作"圣水窟"。此条当在卷九《洹水》篇经文"东过隆虑县北"注文内。

③ 此条宜在卷一〇《浊漳水》篇经文"潞县北"之注文"白鸡水东南流入涅水"后。

④ 此条宜在卷一〇《浊漳水》篇经文"又东过壶关县北"之注文"东北流入铜鞮水"后。

⑤ 此条宜为卷一〇《浊漳水》篇经文"又东北过斥漳县南"之注文。

⑥ 此条当为卷一〇《浊漳水》篇经文"又东北过扶柳县北"之注文。

清漳水补

《淮南子》曰，清漳水出揭戾山之大黾谷，北流十八里复折而南，土人谓之溯流水。又南合入梁榆水。[①]（《大典》卷五二〇二《太原志》）

洺水出易阳县西山。[②]（《寰宇记》卷五六《磁州·武安县》）

清漳水经历城南。[③]（《新定九域志》卷三《冀州》）

易水补

易水东流容城，大泥淀注之，泥同口之谓也。[④]（《寰宇记》卷六七《雄州·容城县》）

泥同口有浑泥城。[⑤]（同上）

滱水补

（五回山）委折五回，下望层山，若蚁蛭也。下有三碑，即后魏所立。文云："皇帝太延元年，车驾东巡，援弓而射，飞矢逾于岩山三百余步，后镇军将军、定州刺史乐良公乞文于射所造亭立碑，中山安喜

---

① 此条当为卷一〇《清漳水》篇经文"清漳水出上党沾县"之注文"《淮南子》曰"全文。

② 此条当为卷一〇《清漳水》篇经文"东过涉县西，屈从县南"之注文。

③ 此条当在卷一〇《清漳水》篇末。

④ 此条宜为卷一一《易水》篇经文"东过范阳县南，又东过容城县南"之注文。

⑤ 此条宜紧接上条。

贾聪书。"[1]（《寰宇记》卷六七《易州·满城县》）

五回山南七里有斗鸡台，传曰燕太子丹斗鸡于此。[2]（同上）

广昌县南有古板殿城。[3]（《寰宇记》卷五一《蔚州·飞狐县》）

广昌县南有交牙城。[4]（同上）

㶟[5]水补

御河水[6]，西南合桑干河水。[7]（《寰宇记》卷四九《云州·云中县》

鲍丘水补

雍奴，薮泽之名，四面有水曰雍，水不流曰奴。[8]（《寰宇记》卷六九《幽州·武清县》）

---

① 此条宜为卷一一《滱水》篇经文"又东过博陵县南"之注文"故岭有五廻之名……径五廻之险邃"，然文异，故录此。

② 此条宜紧接上条。

③ 此条当为卷一一《滱水》篇经文"东南过广昌县南"之注文。

④ 此条当在卷一一《滱水》篇经文"东南过广昌县南"之注文"寇水东径嘉牙川"后。

⑤ 㶟：毅按，清刻《水经注》讹作"漯"，王国维《水经注校》作"湿"。而《说文·水部》谓："㶟，水。出雁门阴馆累头山，东入海。"杨守敬《水经注疏》据《说文》作"㶟"。今本《水经注》从杨说。

⑥ 御河水：原文笔误为"街"，据《方舆纪要》《大同府志》改。

⑦ 此文当在卷一三《㶟水》篇经文"㶟水出雁门阳馆县"之注文"如浑水又南与武州川水会"前。

⑧ 此条宜为卷一四《鲍丘水》篇经文"又南至雍奴县北，屈东入于海"之注文。

鲍丘水东历夏谦泽。[1]（《寰宇记》卷六九《幽州·潞县》）

石门水在燕乐县北，与桑溪水合。[2]（《寰宇记》卷七一《檀州·燕乐县》）

濡水补

素河水出令音零支音岐县兰山，南与新河合。[3]（《寰宇记》卷七〇《平川·卢龙县》）

洛水补

汉建安间，曹公西讨巴汉，恶南路之险，更开北道。自后行旅率多从之。附侧路有石铭云：晋太康三年，弘农太守梁柳修复旧路。[4]（《通典》卷一七七《河南府·永宁》））

谷水东经建春门石桥下，即上东门也。一曰上升门。晋有建阳门。[5]（《初学记》卷二四《门》）

神兽门，东对云龙风虎一门，衡栿之上，皆刻云龙风虎之状。[6]（同上）

---

① 此条宜为卷一四《鲍丘水》篇经文“又南至雍奴县北，屈东入于海”之注文。

② 此条宜在卷一四《鲍丘水》篇经文“鲍丘水从塞外来”之注文“又西北迳伏凌山南，与石门水合”后。

③ 此条宜在卷一四《濡水》篇经文“濡水从塞外来”之注文“辽西郡令支隶焉”后。

④ 此文当在卷一五《洛水》篇经文“东北过卢氏县南”之注文内。

⑤ 此条宜入卷一五《洛水》篇经文“又东过洛阳县南”之注文“董督京畿后，因名司州焉”后。

⑥ 此条应紧接上条。

伊水补

陆浑山，伊水出焉。今亦号方山。汉末隐士颍川胡昭隐居山中，有石城，远望之，有金坛、玉匮，皛然间出。尤好竹木泉石。时有野人居之，长生不死。春秋时，迁陆浑之戎，意其遗类。[①]（《御览》卷四二《地部·陆浑山》）

谷水补

梓泽西有一原，古旧亭处，即街邮也。[②]（《文选》卷一〇《西征赋》“尔乃越平乐过街邮”李善注）

渭水补

秦孝公筑冀阙，临渭水，在咸阳西四十里。[③]（《御览》卷一九七《阙》）

咸阳，本离宫，东出北头第二门，本名清明门。又曰阊阖，汉之西上门。[④]（《初学记》卷二四《门》）

睢水补

陈留县有仓颉师旷城。上有列仙吹台，梁王曾筑以为吹台。[⑤]（《初学记》卷二四《台》）

---

① 此文当为卷一五《伊水》篇经文“又东北过陆浑县南”之注文。

② 据《初学记》卷二四《苑囿》引《河南十二县境簿》，梓泽在洛阳城西，故此条宜为卷一六《谷水》篇经文“又东过河南县北，东南入于洛”之注文。

③ 此文当在卷一九《渭水》篇经文“又东丰水从南来注之”之注文“筑冀阙而徙都之”后。

④ 此条当在卷一九《渭水》篇经文“又东过长安县北”之注文“即咸阳也”后。

⑤ 此条宜在卷二四《睢水》篇经文“睢水出梁郡鄢县”之注文“睢水出陈留县西蒗蕩渠”后。

睢阳县城中有掠马台，台东有曲池，池东有一台，渭之清冷台。[①]（《初学记》卷二四《台》）

沂水补

沂水出鲁城东南尼丘山。西北山即颜母所祈而生孔丘也。山东一十里有颜母病。防山南数里，孔子父葬处。《礼》所谓“防墓崩者”也。[②]（《御览》卷四二《地部·尼丘山》）

淄水补

临淄人发古冢，得铜棺，前秘外隐起为隶字，云：“齐太公六代孙胡公之棺”也。唯三字是古，余同今书，证知隶字出古，非始于秦。[③]（《初学记》卷二一《文字》）

沔水补

南乡故城，城南外旧有郡社，柏树大三十围，萧欣为郡伐之，言有大蛇也从树腹中坠下，大数十围，长三丈，小蛇数十，随之入南山，声如风雨。伐树之前，见梦于欣，欣不以厝意，及伐之，少日果死。[④]（《御览》卷九三三《鳞介部·蛇》）

淮水补

寿春县八公山，山无树木，唯重阜耳。山上有淮南王刘安庙。刘安是汉高帝之孙、厉王长之长子也。折节下士，笃好儒学，养方术之

① 此条当为卷二四《睢水》篇经文“东过睢阳县”之注文。

② 此条当在卷二五《沂水》篇经文“沂水出泰山盖县艾山”之注文“郑玄云，（沂水）出沂山，亦或云临乐山”后。

③ 此文当在卷二六《淄水》篇经文“东北过临淄县东”注文内。

④ 毅按，南乡县系三国刘备分成固县地置，此条当为卷二七《沔水》篇经文“又东过成固县南”注文。

徒数千人。多神仙秘法鸿宝之道。忽有八公皆须眉皓素诣门，希见门者曰：吾王好长生，今先生无住衰之术未敢闻。八公咸变成童，王甚敬之。八士并能炼金化丹，从有入无，乃与安登山埋金于地。白日升天，余药在器，鸡犬舐之者，俱得上升。其所升之处，践石皆陷入焉，故山即以八公为目。[①]（《御览》卷四三《地部·八公山》；《胜览》卷四八《淮西路·无为军》所引稍略）

初济水至乘氏县西，分流为二，其一东北流，今所入海者；其一东南流，东过昌邑县北、金乡县南，至方舆为沛水，过沛县东北，至下邳而入淮。[②]（《初学记》卷六《济》）

淯水补

光武征秦丰，幸旧宅。张衡以为真人南巡观旧里也。[③]（《文选》卷四《南都赋》"永世克孝怀桑梓马"李善注）

沮水补

荆山，在南郡临沮县东北。[④]（《类聚》卷七《山部·荆山》）

涪水补

涪江水又东南流，合射江。[⑤]（《寰宇记》卷八二《梓州·射洪县》）

---

① 此文宜在卷三〇《淮水》篇经文"又东过寿春县北"之注文"淮水东径八公山北"后。

② 此条当在卷三〇《淮水》篇经文"又东北至下邳淮阴县西，泗水从西北来流注之"后。

③ 此条当在卷三一《淯水》篇经文"淯水出弘农卢氏县"注文内。

④ 此文当在卷三二《沮水》篇经文"沮水出汉中房陵县"之注文"沮出荆山"后。

⑤ 此条当在卷三二《涪水》篇经文"涪水出广魏涪县西北"注文内。

羌水补

小剑去大剑飞阁惧，故谓之剑阁。[①]（《文选》卷六《魏都赋》“剑阁虽凭之者”李善注）

江水补

（滟滪滩）士人云，滟滪大如象，瞿唐不可止，滟滪大如马，瞿唐不可下。峡人以此为水候。[②]（《胜览》卷五七《夔州路·夔州》）

（石钟山）下临深潭，微风鼓浪，水石相搏，响若洪钟。[③]（《胜览》卷二二《江西路·江州》）

焦泉发于天门之左，南流成溪谓之焦泉。[④]（《文选》卷一三谢惠连《雪赋》“焦溪涸汤谷凝”李善注）

曲阿季子庙前井及潭常沸，故名井曰沸井，潭曰沸潭。[⑤]（《文选》卷一三谢惠连《雪赋》“沸潭无涌炎风不兴”李善注）

温水补

石鱼山，本名立石山，高八十余丈，广十里。石色黑，而理若云母。开发一重，辄有鱼形，鳞鳍首尾，有若刻画，长数寸，鱼形备足

---

① 此条当在卷三二《羌水》篇经文“羌水出羌中参狼谷”之注文“（姜维）渡桥头入剑阁”后。

② 此文当在卷三三《江水》篇经文“又东过鱼复县南”之注文“瞿塘滩上有神庙”前。

③ 此文当在卷三五《江水》篇末。

④⑤ 此文当在卷三五《江水》之后。今本《江水》仅记至江西境寻阳，其下游俱缺，《江水》篇当不止三卷。

烧之，作鱼膏腥，因以名之。[①]（《御览》卷四三《地部·石鱼山》）

叶榆河补

任延为九真太守，教民耕艺法，与华同名曰田种。白谷七月大作，十月登熟，名赤田种。赤谷十二月作，四月登熟，所谓两熟之稻也。[②]（《御览》卷八三九《百谷部·稻》）

交州丹渊有神龙，每旱村人以岗草置渊上流，鱼则多死，龙怒，当时大雨。[③]（《御览》卷九〇《鳞介部·龙》）

沅水补

沅水之北有奇山，山有秀峰，上枝缘萝濛，幕颓岩临水，实钓渚渔泳之胜也。其幽响若钟音，信神仙之所居。[③]（《御览》卷六五《地部·沅水》）

浪水补

雕题国在郁水南。[④]（《文选》卷五《吴都赋》"雕题之士镂身之卒"李善注）

赣水补

（石钟山）下临深潭，微风鼓浪，水石相传，响若洪钟。[⑤]（《胜览》

① 毅按，石鱼山在柳州，故此文当在卷三六《温水》篇经文"东北入于郁"之注文"潭水东流迳郁林郡潭中县"后。

②③ 此文当为卷三七《叶榆河》篇经文"过交趾麊泠县"之注文。

③ 此条宜入卷三七《沅水》篇经文"又东北过临沅县南"之注文内。

④ 此条当在卷三七《浪水》篇经文"又东至苍梧猛陵县"之注文"郁水出郁林之阿林县"后。

⑤ 此文当在卷三九《赣水》篇经文"又北过南昌县西"之注文内。

卷二二《江洲·山川》）

渐江水补

山阴县西四十里有二溪。东溪广一丈九尺，冬暖夏冷；西溪广三丈五尺，冬冷夏暖。二溪北出行三里，至徐村合成一溪，广五丈余，而温凉不杂，盖《山海经》所谓茗水也。[1]（《御览》卷六七《地部·溪》）

① 此文当在卷四〇《渐江水》篇经文“北过余杭”之注文“（渐江）又径会稽山阴县”后。

国家出版基金项目
NATIONAL PUBLICATION FOUNDATION

汉唐地理总志钩沉

刘纬毅 郑梅玲 刘鹰◎辑校

上册

NLCPH

國家圖書館出版社

图书在版编目（CIP）数据

汉唐地理总志钩沉：全二册/刘纬毅，郑梅玲，刘鹰辑校 .--北京：国家图书馆出版社，2016.3

ISBN 978－7－5013－5626－3

Ⅰ.①汉… Ⅱ.①刘… ②郑… ③刘… Ⅲ.①历史地理—研究—中国—汉代 ②历史地理—研究—中国—唐代 Ⅳ.①K928.62

中国版本图书馆 CIP 数据核字（2015）第 152623 号

书　名	汉唐地理总志钩沉（全二册）
著　者	刘纬毅　郑梅玲　刘鹰辑校
责任编辑	景　晶
出　版	国家图书馆出版社（100034　北京市西城区文津街 7 号） （原书目文献出版社　北京图书馆出版社）
发　行	010－66114536　66126153　66151313　66175620 66121706（传真），66126156（门市部）
E-mail	nlcpress@nlc.cn（邮购）
Website	www.nlcpress.com→投稿中心
经　销	新华书店
印　装	北京盛天行健艺术印刷有限公司
版　次	2016 年 3 月第 1 版　2016 年 3 月第 1 次印刷
开　本	710×1000（毫米）　1/16
印　张	41.25
字　数	600 千字
印　数	1—3000 册
书　号	ISBN 978－7－5013－5626－3
定　价	68.00 元

前　言

“地者，元气之所生，万物之祖也。”（《白虎通·天地》）《管子·乘马》强调“地者，政之本也，是知地可以正政也”。故我国早在三千多年前的西周时期就设有职官掌管舆地。《周礼·地官司徒·大司徒》谓：

> 大司徒之职，掌建邦之土地之图与其人民之数，以佐王安、扰邦国。以天下土地之图，周知九州之地域广轮之数，辨其山林、川泽、丘陵、坟衍、原隰之名物。

在“百家之鸣”的战国时期，就创作出《山海经》《禹贡》两部地理名著，开辟了舆地学之先河。

秦始皇统一中国后，将“西涉流沙，南尽北户，东有大海，北过大夏”的广袤版图，划分为三十六郡（后增为四十郡），郡辖县若干。为铭刻“大一统”之伟业，御史编撰了图文并茂的《秦地图》。当汉军攻入咸阳时，为萧何所获，使刘邦“具知天下厄塞、户口多少，强弱之处，民所疾苦者，以何具得秦图书也”。终于打败项羽，建立了汉朝。

汉承郡县制。武帝时，令郡县上报“计书”于太史公，进而编就《汉舆地图》。元狩六年（前117）立刘闳为齐王时，御史即“奏《舆地图》”。何以称《舆地图》呢？《史记索引》谓：“天地有覆载之德，故谓天为‘盖’，谓地为‘舆’，故地图称《舆地图》。”

东汉班固继承其父班彪未竟之业，撰写《汉书》。其中《地理志》以政区为纲目，记郡县建置沿革、户籍、人口及山川、关隘、古迹、聚落、风俗、民情等。“详而有法，约而能该”，是为地理总志的滥觞。由于具有“明天下，察郡邑，振纪纲，固社稷”之功能，不仅后世正史多设《地理志》，而且官修、私撰了众多独立成书的地理总志。

公元280年，晋武帝灭吴，结束六十多年的三国纷争，再次实现了统一。遂命秘书监挚虞撰集规模空前宏大、涵盖更为广博的《畿服经》一百七十卷。由于政区、人口、田土不断有所变化，故在太康年间（280—289）又三次编撰《郡国志》和《地志》。

西晋“八王之乱”后，招致十六国纷争与南北朝的对峙。即使在分裂割据状态下，北魏阚骃、南朝陈顾野王，仍心系神州，突破其供职政权疆域，编撰大一统的《十三州志》《舆地志》。他们不愧为杰出的炎黄子孙。

隋朝代周灭陈后，我国出现了再一次的统一安定局面。为顺应民意，巩固社稷，在短短三十七年间，便修纂《区宇图志》一百二十九卷，《诸州图经集》一百卷，《诸郡土俗物产》一百一十卷。

唐朝是我国历史上最为辉煌的时期，舆地之作极为耀目。李世民励精图治，批准其四子李泰修纂五百五十卷的《括地志》，清儒刘汝贤评其为“经天纬地之辅翼”。德宗李适即位后，起用精于史地的贾耽为宰相。贾先后呈送《古今郡国县道四夷述》《地图》《贞元十道录》《皇华四达记》《海内华夷图》等。德宗以“熟谙疆土之广大、山川之壮丽而欣喜”，多次给予奖赏。宪宗时，宰相李吉甫深感“成当今之务，树将来之势，则莫若版图地理之为切”，故先后撰《元和郡县图志》《元和国计簿》等。元和年间之所以“清明安定，得以中兴”，和李吉甫之贡献大有关系。

据史书《艺文志》和历代文献目录学家统计，汉唐时期地理总志近二百种、三千余卷。但遗憾的是除了汉唐正史中九种《地理志》和残缺不全的《元和郡县志》《贞元十道录》之外，绝大多数皆在历代的“十二厄”和保管不善中毁灭了，笔者在《宋辽金元方志辑佚·前言》中写到：

包括方志遗产在内的文献古籍，历史上却屡遭严重毁坏。隋代牛弘列举“五厄”：一为秦皇焚书，二为王莽燔宫，三为董卓祸乱，四为刘渊陷洛，五为萧绎毁书。明代胡应麟历数隋唐至宋末又经历五次大的灾厄：一为隋炀帝被杀，一时大乱，图书被焚；二为安史之乱，文献损失殆尽；三为黄巢入京，书籍被焚；四为靖康之难，图籍散佚无算；五为伯颜攻入临安，图书礼器洗劫一空。其后李自成、太平天国造反时，不仅官府所藏书籍遭严重毁坏，连私人藏书也难于幸免。如吴伟业私藏古籍就被焚于一旦，其作诗以记其事：“金元图籍到如今，半自宣和出禁林。封记中山玉印在，一般烽火竟消沉。”再如太平军所到之处，凡遇儒家典籍文献，“不投之于溷厕，则置于水火”（吴枫《中国古典文献学》）。因而加上前述的“十厄”，当为“十二厄”。此外由于保管不善，如虫蛀、鼠啮、湿霉、火患等，也是图书散佚的重要原因。致使汉唐宋元古籍存世者不及百分之一。

不幸之中值得庆幸的是，古代一些类书、史注、地志、文集中征引当时存世而后亡佚典籍中的文字，后世嗜学者视为遗珍予以钩沉，遂产生了辑佚之学。历来人们多据章学诚《校雠通义》，谓辑佚始于南宋王应麟之《三家诗考》。然近世著名藏书家叶德辉则称北宋已有辑佚之书。其《书林清话》卷八《辑刻古书不始于王应麟》谓：“古书散佚，复从他书所引搜辑成书，世皆以为自宋末王应麟辑《三家诗》始，不知其前即已有之。宋黄伯思《东观余论》中，有《跋慎汉公所藏〈相鹤经〉后》云：‘按《隋·经籍志》《唐·艺文志》，《相鹤经》皆一卷。今完书逸矣，特从马总《意林》及李善《文选注》、鲍照《舞鹤赋》抄出大略，今真静陈尊师所书即此也。今此本既精善，又笔势婉雅，有昔贤风概，殊可珍也。’据此，则辑佚之书，当以此经为鼻祖。”黄伯思所谓的“真静陈尊师”，就是北宋道士陈景元。景元，南城（今属江西）

人，读书到老不倦，宋神宗尝召对天章阁，赐号真人。所辑《相鹤经》又以其书法名世，惜北宋末年亡佚。

元明之际陶宗仪仿宋曾慥《类说》例，采摭汉魏至宋元之作，编《说郛》百卷，其中有晋黄义仲《十三州记》《太康地记》、唐李吉甫《十道志》等。此为辑佚汉唐地志之嚆矢。清代为辑佚之鼎盛期，其中辑汉唐地理总志者有王谟《汉唐地理书钞》、孙星衍《括地志》、毕沅《晋太康三年地志》《晋书地道记》、张澍《十三州志》等。前贤之功不可没。但限于当时的历史条件，诸如秘藏馆阁的宋元秘籍、《永乐大典》以及一些传抄本图书等无从获见，致使不少志书尚未挖掘出来。诸家辑佚也有缺失。有的不加校勘，以讹传讹；有的出处不详明；甚至还有误收、漏收者。

有鉴于此，笔者从20世纪80年代初，即开始在业余时间对古地志进行辑佚，1997年北京图书馆出版社（今国家图书馆出版社）出版拙著《汉唐方志辑佚》。尽管所收是残编断简，还有部分缺陷差错，但仍被方志学家傅振伦认为“麟光片羽，弥足珍贵”。此后笔者开始对宋元地志和汉唐总志进行钩沉。2011年《宋辽金元方志辑佚》由上海古籍出版社出版后，笔者即邀请郑梅玲、刘鹰二人参与本书辑校具体工作。外甥刘宏、侄儿刘铁也分别在国家图书馆和上海图书馆查阅、收集资料。现在终于如期脱稿。

本书辑录69种亡佚的汉唐地理总志。其中包括存世残卷《元和郡县志》和《贞元十道录》的佚文。另五代十国时南唐徐锴《方舆记》附在卷末。这样加上《宋辽金元方志辑佚》中的总志，亡佚的元代以前地理总志就全部展现出来了。

本书所收佚文有大量各地的建置沿革、城邑变迁、村落兴衰、名人踪影、文化遗迹以及山脉、河流、湖泊、关隘、道路、宫观、寺庙、物产、风景名胜等内容。其中许多记载为最早、最详或唯一者，具有权威性，因而为后世史书、地志屡屡征引。如郦道元注《水经》、裴松之注《三国志》、裴骃《史记集解》、司马贞《史记索隐》、张守节《史记正义》、胡三省注《资治通鉴》，及众多宋元方志等近百种经典古籍，均引录汉唐地理总志，以表明其时间、空间，阐述其原委、要旨。直至当今，凡研究历史地理、地方史和编纂新方志，莫不溯本求源，引用汉唐古志，以提高其学术性和可信度。

书中也有些迷信、荒诞的文字，这是由于古代生产力水平低下、科技不发达，人们对大自然和某些社会现象不能科学理解，以致借助虚幻的神灵鬼怪予以回答，或对人生信仰寻找的精神寄托。这些只能表明历史过程中的愚昧落后，读者自然不会信以为真。

限于水平，本书定有缺陷，甚至有舛误不当，祈望读者指正。

刘纬毅

2015 年 12 月于山阳书屋

编　例

一、本书辑录汉唐亡佚和存世残卷的地理总志69种（另附南唐《方舆记》），佚文4038则。

二、佚志按其成书朝代排列。同一朝代按时代顺序排列。时间不详者，排在该朝最后。

三、佚志和存世残卷，首为书名、卷数、撰人。次为解题，即撰人简介、历代目录学家之著录、前人钩沉。缺项则不录。

四、佚文按当时一级政区分列。政区名均为本书所加。

五、佚文均原文照录，加以标点。末端注明具体出处，包括书名、卷数、子目。多书同引一则佚文时，以最先者或最详者排在前。其文字有较大差异者，以脚注指明。

六、书名、撰人有误者，在解题中勘正。

七、古籍历经传抄、翻刻，常有鲁鱼亥豕现象或后人羼入、点窜之文字，在脚注中加以校勘。

八、佚文缺主语和实词者（此为引录者所略），本书依佚文之前后语境予以补写，并加（　）以示区别。

九、佚文字迹漫漶无法辨认者，以□代之，漫漶字数无法计数时，以“阙”字代替。

十、影宋本《太平御览》、《影印宋本方舆胜览》、清刻本宋元方志，均为宋、清帝王避讳，如玄、匡、贞、胤、祯、弘、宁等等，本书均予反正，不再一一标明。

十一、为节省文字，引用较多的《齐民要术》《世说新语》《北堂书钞》《元和郡县志》《太平御览》《太平寰宇记》《资治通鉴》《舆地纪胜》《方舆胜览》《大元混一方舆胜览》《永乐大典》《读史方舆纪要》等，依次简称为《要术》《新语》《书钞》《元和志》《御览》《寰宇记》《通鉴》《纪胜》《胜览》《元胜览》《大典》《方舆纪要》。《嘉庆重修一统志》，按今人习惯称《清一统志》。

十二、地名索引收录《汉唐地理总志钩沉》中各类地名。按音序编排，地名后为对应的佚文编号。

十三、鉴于《水经注》以水道为纲，有别于以政区为纲的地理总志，故《水经注逸文钩沉》另成体系，排列最后。

目　录

上册

汉舆地图　汉 …… 1
地记书　汉 …… 4
城冢记一卷　汉皇甫鉴撰 …… 5
十三州记　汉应劭撰 …… 9
地理风俗记　汉应劭撰 …… 11
地理记　魏张晏撰 …… 22
　附：张晏曰 …… 22
魏书郡国志　魏 …… 26
县道记　吴阚泽撰 …… 27
土地记　魏晋张氏纂 …… 28
禹贡地域图十八篇　晋裴秀撰 …… 30
吴录地理志　晋张勃纂 …… 31
地理书　晋皇甫谧撰 …… 43
国都城记二卷　晋皇甫谧撰 …… 45
郡国志　晋皇甫谧撰 …… 48
畿服经一百七十卷　晋挚虞纂 …… 50
太康三年地记六卷　晋 …… 51
太康郡国志　晋 …… 71
晋书地道记　晋王隐撰 …… 72
元康三年地记六卷　晋 …… 89
永宁地志　晋 …… 91

十三州记　晋黄恭撰 …… 92
晋地记　晋 …… 94
续汉书郡国志　晋袁山松撰 …… 96
九州记　晋荀绰撰 …… 101
九州记　晋乐资撰 …… 104
九州记　晋 …… 105
永初郡国志　南朝宋 …… 109
永初山川古今记二十卷　南朝宋刘澄之纂 …… 117
州郡志　南朝宋何承天纂 …… 127
州郡志　南朝宋徐爰纂 …… 134
地理书一百四十九卷录一卷　南齐陆澄纂 …… 138
地理书抄二十卷　南齐陆澄撰 …… 140
永元元年地志　南齐 …… 141
永元三年地志　南齐 …… 142
十二州记十六卷　南朝梁吴钧纂 …… 143
地记二百五十二卷　南朝梁任昉纂 …… 144
　附：地志 …… 147
舆地志三十卷　南朝陈顾野王撰 …… 150
十三州志十四卷　北魏阚骃撰 …… 226
舆地图　北魏李义徽撰 …… 255
后魏舆地图风土记　北魏陆恭之撰 …… 256
宗国都城记　北魏徐之才纂 …… 260
大魏诸州记二十一卷　北魏 …… 262
后魏兴国土地记　北魏 …… 264
周地图记一百零九卷　北周宇文护修 …… 273
隋区宇图志一百二十九卷　隋虞世基撰 …… 288
隋诸州图经集一百卷　隋郎蔚之撰 …… 290
方志图二卷　隋李播撰 …… 306
唐贞观十三年大簿 …… 309
括地志五百五十卷又序略五卷　唐李泰修　萧德言等纂 …… 313

下册

十道四蕃志十六卷　唐梁载言纂 …… 317
开元三年十道图十卷　唐 …… 378
唐开元十道要略　唐 …… 380
开元录　唐 …… 381
十道录　唐韦述纂 …… 382
唐新集地理志九卷　唐孔述睿纂 …… 384
古今郡国县道四夷述四十卷　唐贾耽纂 …… 406
地图十卷　唐贾耽纂 …… 417
皇华四达记十卷　唐贾耽纂 …… 419
唐国要图五卷　唐贾耽撰　褚璆重修 …… 420
贞元十道录四卷　唐贾耽纂 …… 421
贞元十道图　唐 …… 422
贞元略　唐 …… 423
元和郡县图志四十卷　唐李吉甫撰 …… 424
元和国计簿　唐李吉甫撰 …… 430
古今地名三卷　唐李吉甫撰 …… 431
十道图　唐 …… 434
郡国志　唐 …… 436
九州要记四卷　唐 …… 508
唐地域记　唐 …… 515
附：方舆记一百三十卷　南唐徐锴撰 …… 516

引用参考书目 …… 535
地名索引 …… 541
《水经注》逸文钩沉 …… 619

汉舆地图　汉

《汉书》等正史艺文志皆未著录。《史记·匈奴列传》索隐、《寰宇记》卷九〇《升州·上元县》并引《汉舆地图》。清姚振宗《汉书艺文志拾补》卷五、顾櫰三《补后汉书艺文志》卷五均予补录。姚氏称，《史记·三王世家》：元狩六年四月，丞相臣青翟"请令史官择吉日，具礼仪上，御史奏《舆地图》"。又，四月丙申，太仆臣贺行御史大夫，"昧死奏《舆地图》，请所立国名"。《史记·淮南衡山列传》：元朔五年，淮南王"日夜与伍被、左吴等案《舆地图》部署兵所从入"。唐司马贞《索隐》引《志林》云："《舆地图》，汉家所画，非出远古也。"顾櫰三称："《汉舆地图》散见诸书者，有《史记·文帝纪》注、潘岳《关中记》并引之《长安图》，《后汉书·郡国志》注引《关中图》，《文选·西征赋》注引《雍州图》，《思玄赋》注引《四海图》，《文选·游仙诗》注引《外国图》等。"今从顾说，并按汉十三刺史部分列。

司隶校尉部

0001

细柳仓在渭北，近石徼。（《史记》卷一〇《孝文本纪》"河内守周亚夫为将军，居细柳"裴骃案《长安图》）

0002

汉时七里渠，有饮马桥，夏侯婴冢在桥南三里。（《文选》卷一〇《西征赋》注引《长安图》）

0003

周氏曲，咸阳县东三十里。今名周氏陂，陂南一里，汉有兰池宫。

(《文选》卷一〇《西征赋》注引《长安图》、《长安志》卷一三《长安图》)

0004

高望堆，在延兴门南八里。限厓也。(《文选》卷一〇《西征赋》注引《长安图》)

0005

(横桥)在长安北二里，横门外也。(《文选》卷一〇《西征赋》注引《雍州图》)

0006

温汤在新丰县界谷温，即温泉也。(同上)

0007

温泉在蓝田县界。(同上)

扬州刺史部

0008

(蒋山)名钟山。(《寰宇记》卷九〇《升州·上元县》)

交趾刺史部

0009

交广南有印州，其处极热。(《文选》卷一五《思玄赋》注引《四海图》)

朔方刺史部

0010

(浮苴井)去九原二千里。(《史记》卷一一〇《匈奴列传》"故太仆贺将万五千骑出九原二千余里，至浮苴井而还"《索隐》引"臣瓒云，见《汉舆地图》")

域　外

0011

圆丘有不死树，食之乃寿。(《文选》卷二一郭景纯《游仙诗》注引《外国图》)

0012

高扬氏有同产而为夫妇者，帝怒放之，于是相抱而死。有神鸟以不死竹覆之，七年男女皆活。同颈异头，共身四足，是为蒙双民。（《要术》卷一〇《竹》引《外国图》）

0013

从隅臣北，有国亦名大秦。其种长大，身丈五六尺。（《寰宇记》卷一八四《大秦国》引《外国图》）

地记书　汉

不见著录，唐孔颖达《尚书正义》两引汉“郑玄曰《地记书》云”，必为汉书。《文选》注引称《地理书》，而文字同《地记书》，当同书异名。佚文按十三刺史部分列。

叙　略

0014

昆仑山东南，地方五千里，名曰神州。（《尚书正义》卷五《益稷》：“郑玄曰《地记书》云”、《文选》卷二一《左太冲咏史诗》注）

凉州刺史部

0015

三危之山，在鸟鼠之西。（《尚书正义》卷六《禹贡》：“郑玄曰《地记书》云”）

城冢记一卷　汉皇甫鉴撰

宋代诸书引此记时，均无撰人。唯《清一统志》卷一九二、二〇〇、二一八所引书名前冠以“皇甫鉴”。《宋史·艺文志三》：“《城冢记》一卷。按序，魏文帝三年，刘裕得此记。”魏文帝三年，即魏立国三年。据此皇甫鉴当为东汉末人。秦荣光《补晋书艺文志》：“《城冢记》一卷。”

司隶校尉部

0016

（簸箕城）禹治水时筑。（《清一统志》卷二〇〇《卫辉府·古迹》）

0017

（尧庙）尧于此登山，东瞻[①]洪水，访贤人，故立庙。[②]（《新定九域志》卷二《相州》）

0018

（市柏乡）尧所筑。（同上）

0019

（关龙逄墓）关龙逄葬在龟头原左胁，高三丈。（《寰宇记》卷六《陕州·灵宝县》）

豫州刺史部

0020

（武阴城）周武王祭南岳，回至汝水西野，宿于武邱。夜梦筑城于此，遂城于武邱，因名武阴城。（《寰宇记》卷一一《颍州·沈丘县》、《清一统志》卷一九二《陈州府·古迹》）

---

① 瞻：《新定九域志》错为“赠”。

② 本条与本书《冀州》所引“宣务山”条文字大同小异。据考宣务山又名尧山，在今河北隆尧县尧山乡。《新定九域志》不应记在“相州”。

0021

谯陵城，楚平王筑，今亳州是也。(《新定九域志》卷五《亳州》)

0022

(苦县)县之赖乡，老君所生之地，旧有宅。今太清宫是也。(同上)

0023

(安阳城)汉高祖与项羽相守，筑此城。(《寰宇记》卷一二《宋州·楚邱县》)

0024

颍考叔墓在许州城北二十里。(《清一统志》卷二一八《许州·陵墓》)

冀州刺史部

0025

鄃城北有漳水，今鄃郡临漳是也。(《寰宇记》卷五八《贝州·清河县》)

0026

(柏乡故城)尧时所筑。(《寰宇记》卷五九《邢州·尧山县》)

0027

(宣务山)尧登此山，东瞻洪水，务访贤人。其山西三里出文石，五色锦章，山上有尧祠。(同上)

0028

南皮有石苞墓。(《寰宇记》卷六五《沧州·南皮县》)

0029

(赵简子祠)赵简子筑北平城以拒燕，今满城是也。其祠在城北一百步眺山下。晋永康元年立。(《寰宇记》卷六七《易州·满城县》)

0030

燕魏二国各据一方，分易水为界，燕筑三台，登降耀武。汉赤眉贼起兵于此，亦增筑三台。(《寰宇记》卷六七《雄州·容城县》)

0031

商王太子封母弟才为堂阳侯。在堂水之阳，故名之。(《新定九域志》卷二《冀州》)

0032

（九门城）鲧所造。（《新定九域志》卷二《冀州》）

0033

（善源城）夏上刘緅造。（同上）

0034

（古徐城）周景王时大将军徐峻造。（《新定九域志》卷二《安肃军》）

兖州刺史部

0035

（裘氏城）秦时故县地。（《寰宇记》卷一《开封府·陈留县》）

0036

大梁城东三十里，汴水北五里有黄柏山，陈元方祖父墓二十区，有碑存。（同上）

0037

张城，汉高祖为张良筑，亦名张良城。（同上）

0038

（肥阳城）禹治洪水时，在肥泽之阳所筑。（《寰宇记》卷一《开封府·雍邱县》）

0039

（簸箕城）禹治水时所筑。（《寰宇记》卷二《开封府·考城县》）

0040

（古酸枣城）韩襄子所筑。（《寰宇记》卷二《开封府·酸枣县》）

0041

昔夏累养鹤于此，遂号鹤城。（《寰宇记》卷二《开封府·长垣县》）

0042

新祠城南有太尉虞翻墓。（《寰宇记》卷二《开封府·东明县》）

0043

新祠者，吴王孙休相虞翻，至晋伐孙皓时，怜翻忠节，设少牢以祭，筑城于亭上，因以名之。（同上）

0044

（陈伯先墓）汉宣帝时中郎将济阳侯荆州刺史伯先，即陈平之子孙

也。（《寰宇记》卷二《开封府·东明县》）

0045

楚丘，齐桓公筑，卫文公居。僖二年所城。（《路史》卷二八《国名纪·楚丘》）

0046

济阴界梁国有二亳，南亳，谷熟城，北亳在蒙城西北，属睢阳郡。（《寰宇记》卷一二《宋州·楚邱县》）

0047

（安阳城）汉高祖与项羽相守筑此城。（同上）

并州刺史部

0048

（古京陵）周宣王北伐猃狁时筑。（《新定九域志》卷四《汾州》、《〔成化〕山西通志》卷七《古迹》）

0049

辽阳城，祝融[①]所筑。（《新定九域志》卷四《辽州》）

0050

（咸阳谷）秦伐赵筑城，以咸阳兵戍之，城近此谷，因以名之。（《大典》卷五二〇二《原·太原府四·山川》）

0051

（蔚州故城）谓之屈顿城。（《清一统志》卷一四四《汾州府·古迹》）

0052

（尧陵）俗谓之神林，又曰神陵。陵高一百五十尺，广二百余步。（《清一统志》卷一三九《平阳府·陵墓》）

0053

（屈顿城）晋武帝于堤侧屈曲为顿。（《〔成化〕山西通志》卷七《古迹》）

0054

王官城，在虞乡南二里。（《〔光绪〕山西通志》卷五三《古迹考四》）

---

① 祝融：原文脱“融”字。《大典》卷五二四五《辽·辽州图经志》谓：“辽阳城，乃颛顼氏之子祝融所建。”径补。

十三州记　汉应劭撰

应劭，字仲远，汝南南顿（今河南项城市南顿镇）人。举孝廉，拜泰山太守。著有《风俗通义》《地理风俗记》《十三州记》等。《后汉书·应奉传》附传。是志正史艺文志无著录。清侯康《补后汉书艺文志》卷三、顾檏三《补后汉书艺文志》卷五、姚振宗《后汉艺文志》卷二、章宗源《隋书经籍志考证》卷六均补录。《水经注》《史记索隐》征引，皆称"应劭《十三州记》"。佚文按东汉十三州分列。

司隶校尉部

0055

弘农有桃丘聚，古桃林也。（《史记》卷五五《留侯世家》"放牛桃林之阴"《索隐》）

兖　州

0056

（平阳）漆乡，邾邑也。（《水经注》卷二五《泗水注》）

0057

太山[①]莱芜县，鲁之莱柞邑。（《水经注》卷二六《淄水注》）

0058

山阳南平阳县又有闾丘乡。（《水经注》卷二五《洙水注》）

0059

山阳有东缗县，邹衍曰："余登缗城以望宋都"者也。后汉世祖建

① 太山：《广韵·泰韵》称："泰"，古作"太"。然古今常作"泰山"，罕作"太山"。《汉书》卷二八上《地理志》载，莱芜县属泰山郡，当作"泰山"为宜。

武十一年封冯异长子璋为侯国也。(《清一统志》卷一八三《济宁州·古迹》)

青　州

0060

高唐故县在平原郡南五十里。(《清一统志》卷一六三《济南府·古迹》)

幽　州

0061

广平城东北百一十里有潘县。(《水经注》卷一三《瀔水注》)

荆　州

0062

江别入沔为夏水源，夫夏之为名，始于分江，冬竭夏流，故纳厥称。(《水经注》卷三二《夏水注》)

地理风俗记　汉应劭撰

应劭，《十三州记》解题已著录。是书正史艺文志未著录。《玉海》卷十五、侯康《补后汉书艺文志》卷三、顾櫰三《补后汉书艺文志》卷五、姚振宗《后汉艺文志》卷二、章宗源《隋书经籍志考证》卷六，均补录“应劭《地理风俗记》”。姚振宗并谓：《十三州记》与《地理风俗记》两书虽不传，其体制略可想见。《十三州记》如班书《地理志》，《风俗记》如班氏志郡国。以后系以分野、风俗，两书当合为一编。《寰宇记》征引称“应劭《地理记》”。王谟《汉唐地理书钞》有辑佚。本书按《中国历史地图集·东汉图》分列。

司隶校尉部

0063

河内，殷国也。周名之为南阳。（《水经注》卷九《清水注》、《路史》卷二七《国名纪·陶唐氏后》、《通鉴地理通释》卷九《七国形势考·南阳》）

0064

（大阳县）城在大河之阳。（《水经注》卷四《河水注》）

0065

河南平阴县，故晋阴地，阴戎之所居。（同上）

0066

昆仑山庙在河南荥阳县。（《水经注》卷五《河水注》）

0067

荥阳，故虢公之国也，今虢亭是矣。（《水经注》卷七《济水注》）

0068

（频阳）县在频水之阳。（《水经注》卷一六《沮水注》）

豫州刺史部

0069

（鲖阳）县在鲖水之阳。汉明帝永平中，封卫尉阴兴子庆为侯国也。（《水经注》卷二一《汝水注》）

0070

（颍阳）县在颍水之阳，故邑氏之。（《水经注》卷二二《颍水注》）

0071

（新阳）县在新水之阳。（同上）

0072

（砀）县有砀山。山在东，出文石。秦立砀郡，盖取山之名也。王莽之节砀县也。（《水经注》卷二三《获水注》）

0073

（洨县）洨水所出，音绞，《经》之绞也。（《水经注》卷三〇《淮水注》）

0074

（新息县）息后徙东，故加新也。（同上）

0075

（慎阳县）慎水所出，东北入淮。（同上）

冀州刺史部

0076

甘陵郡东南十七里有清河故城者，世谓之鹊城也。（《水经注》卷五《河水注》、《通鉴地理通释》卷一〇《齐·清河》）

0077

甘陵，故清河。清河在南十七里。今于甘陵县故城东南，无城以拟之。（《水经注》卷五《河水注》）

0078

（贝丘县）《左氏传》：齐襄公田于贝丘是也。（同上）

0079

脩县东四十里有安陵乡，故县也。（同上）

0080

饶安县东南三十里有定乡城，故县也。（《水经注》卷五《河水注》）

0081

重合县西南八十里有重平乡，故县也。（同上）

0082

（繁阳县）县在繁水之阳。（同上）

0083

中山城西北四十里有左人亭，鲜虞故邑。（《寰宇记》卷六二《定州·唐县》）

0084

（邯沟县）即裴城，西北二十里有邯沟城，故县也。（《水经注》卷一〇《浊漳水注》）

0085

脩县西北八十里有蒲领乡，故县也。（同上）

0086

脩县西北二十里有脩市城，故县也。（同上）

0087

鄡北五十里有梁期城，故县也。汉武帝元鼎五年，封任破胡不侯国。（同上）

0088

列人县西南六十里有即裴城，故县也。（《水经注》卷一〇《浊漳水注》、《清一统志》卷三三《广平府·古迹》）

0089

广川西南六十里有辟阳亭，故县也。汉高帝封审食其为侯国。〔《水经注》卷一〇《浊漳水注》、《通鉴》卷一〇五“（晋孝武帝太元九年）太原王楷乃屯于辟阳”胡三省注〕

0090

（内黄县）陈留有外黄，故加内。《史记》曰，赵廉颇伐魏取黄，即此县。（《水经注》卷九《淇水注》）

0091

（平恩县）故馆陶之别乡也。汉宣帝地节三年置，以封后父许伯为

侯国。(《水经注》卷九《淇水注》)

0092

平恩北四十里有南曲亭，故县也。(《清一统志》卷一八四《临清州·古迹》)

0093

甘陵西北十七里有信乡，故县也。(《水经注》卷九《淇水注》)

0094

(合城)南皮城北五十里北皮城，即是城也。(同上)

0095

高城县东北五十(里)有柳亭故县。世谓辟亭[①]。(《水经注》卷九《淇水注》、《路史》卷二八《国名纪·周氏》)

0096

堂阳县北三十里有昌城，故县也。世祖之下堂阳，昌城人刘植率宗亲子弟，据邑以奉世祖是也。(《水经注》卷一〇《浊漳水注》、《清一统志》卷四九《冀州直隶州·古迹》)

0097

扶柳县西北五十里有西梁城，故县[②]也。世以为五梁城，盖字状致谬耳[③]。(《水经注》卷一〇《浊漳水注》、《路史》卷二六《国名纪·高阳氏后》)

0098

唐县西四十里得中山亭。(《水经注》卷一一《滱水注》)

0099

(蠡吾县)，故饶阳之下乡者也，自河间分属博陵。(同上)

0100

博陵县，《史记》蠡吾故县矣。汉质帝本初元年，继孝冲为帝，追尊父翼陵曰博陵，因以为县，又置郡焉。(同上)

---

① 世谓辟亭：《水经注》脱。

② 故县：《路史》作“故汉西梁县”。

③ 世以为……谬耳：《路史》脱。

幽州刺史部

0101

平舒县西南五十里有参户亭，故县也。（《水经注》卷一〇《浊漳水注》）

0102

北新城县东二十里[①]有樊舆亭，故县也。（《水经注》卷一一《易水注》、《元胜览》卷上《腹里·大都路·涿州》）

0103

（灵丘）赵武灵王葬其东南二十里，故县氏之。（《水经注》卷一一《滱水注》）

0104

涿郡，故燕。汉高帝六年置，其南有涿水，郡盖氏焉。（《水经注》卷一二《圣水注》）

0105

垣水东入桃。（同上）

0106

垣水出良乡，东迳垣县故城北。（同上）

0107

涿县东五十里有阳乡亭，后分为县。王莽时更名章武，即长乡县也。（同上）

0108

方城南十里有临乡城，故县也。（《水经注》卷一二《巨马水注》）

0109

方城县东八十里有益昌城，故县也。（同上）

0110

（道人县）初筑此城，有仙人游其地，故因以为城名矣。（《水经注》卷一三《漯水注》）

---

① 北新城县东二十里：《元胜览》作“涿县新城东”，不够明确。《寰宇记》卷六八《保州·清苑县》称：“樊舆城，在清苑县东南三十五里。”宋清苑县在今保定市东北，仍应以《水经注》说为是。

0111

道人城北五十里有参合乡，故县也。（《水经注》卷一三《㶟水注》）

0112

（东安阳县）五原有西安阳，故此加东也。（同上）

0113

当城西北有延陵乡，故县也。（同上）

0114

阳乐，故燕地，辽西郡治，秦始皇二十二年置。（《水经注》卷一四《濡水注》）

并州刺史部

0115

（邬）县北有邬阜，盖县氏之。（《水经注》卷一〇《浊漳水注》）

0116

（杨县）故杨侯国，王莽更名有年亭也。（《水经注》卷六《汾水注》）

0117

绛水出绛县西南，盖以故绛为言也。（《水经注》卷六《浍水注》）

0118

圁阴[①]县西五十里有鸿门亭、天封苑、火井庙。火从地中出。（《水经注》卷三《河水注》）

0119

（定阳县）县在定水之阳也。（同上）

青州刺史部

0120

（平原县）原，博平也，故曰平原矣。县，故平原郡治矣。汉高帝

---

① 圁阴：《汉书·地理志》《后汉书志·郡国》均作“圜阴”，而不书“圁阴”。唐颜师古注曰：“圜字本作圁，县在圁水之阴，因以为名也。”

六年置①，王莽改曰河平也。(《水经注》卷五《河水注》)

0121

(临济县)乐安太守治。(《水经注》卷八《济水注》)

0122

古斟观②，夏有观扈，即此也。(《水经注》卷五《河水注》)

0123

漯阴县东南五十里有阿阳乡，故县也。(同上)

0124

平原漯阴县，今巨漯亭是也。(《水经注》卷五《河水注》、《清一统志》卷一六三《济南府·古迹》)

0125

(东朝阳县)南阳有朝阳县，故加东。(《水经注》卷五《河水注》)

0126

漯水东北至千乘入海，河盛则通津委海。水耗则微涓绝流。(同上)

0127

般县东南六十里有杨乡城，故县也。(同上)

0128

淄入濡。(《水经注》卷二六《淄水注》)

0129

县有密水故有高密之名也。(《水经注》卷二六《潍水注》)

0130

(富平县)明帝更名③厌次。(《水经注》卷五《河水注》)

0131

丹山在西南，丹水所出，东入海。(《水经注》卷二六《巨洋水注》)

---

① 汉高帝六年置：《汉书·地理志》《后汉书·郡国志》俱不载。《中国历史地图集》谓平原，秦县，属济北郡。《史记·项羽本纪》载，项羽北击齐，“田荣不胜，走至平原，平原民杀之”。即此。当谓“秦置县”。

② 斟观：误，当作“斟灌”。《汉书·地理志》北海郡寿光县注引应劭曰：“古斟灌，禹后，今灌亭是也。”《寰宇记》卷一八《寿光县》：“斟灌城，亦名东寿光。”

③ 更名：据《中国历史地图集》《中国历史地理纲要》，厌次县，秦置，属济北郡。当谓“复名”。

0132

临朐，山名也，故县氏之。朐，亦水名。（同上）

0133

齐所以为齐者，即天齐渊名也。（《水经注》卷二六《淄水注》）

0134

朱虚县东四十里有部城亭，故县也。（《水经注》卷二六《汶水注》、《清一统志》卷一七一《青州府·古迹》）

0135

平昌县东南四十里有石泉亭，故县也。（《水经注》卷二六《潍水注》、《清一统志》卷一七〇《青州府·古迹》）

0136

淳于县东南五十里有胶阳亭，故县也。（《水经注》卷二六《胶水注》、《清一统志》卷一七四《莱州府·古迹》）

0137

千乘县西北五十里有大河，河北有漯沃城，故县也。（《水经注》卷五《河水注》、《清一统志》卷一七六《武定府·古迹》）

0138

安德县北五十里有重丘乡，故县也。（《水经注》卷五《河水注》）

兖州刺史部

0139

博昌东北八十里有琅槐乡，故县也。（《水经注》卷八《济水注》、《清一统志》卷一七一《青州府·古迹》）

0140

（茬平县）茬，山名也。县在山之平地，故曰茬平也。（《水经注》卷五《河水注》）

0141

济阴乘氏县，故宋乘丘邑也。汉孝景中元五年，封梁孝王子买为侯国也。（《水经注》卷八《济水注》）

0142

（寿良县）世祖叔父名良，故光武改曰寿张也。（《水经注》卷二四《汶水注》）

徐州刺史部

0143

东武城县西北五十里有枣强城，故县也。（《水经注》卷九《淇水注》）

0144

东武城县西北三十里有复阳亭，故县也。（《水经注》卷九《淇水注》、《清一统志》卷一八四《临清州·古迹》）

0145

东武城西南七十里有陵乡，故县也。（同上）

0146

（江都县）为一都之会，故曰江都也。县有江水祠，俗谓之伍相庙也。（《水经注》卷三〇《淮水注》）

0147

邳在薛。（《水经注》卷二五《泗水注》）

0148

奚仲自薛徙居之，故曰下邳也。（同上）

0149

（射阳县）在射水之阳。汉高祖六年，封楚之左令尹项缠为侯国也。（《水经注》卷三〇《淮水注》）

0150

凌水出（凌）县西南入淮，即《经》之所谓小水者也。（同上）

0151

（冠石山）武水出马，盖水异名也。（《水经注》卷二五《沂水注》）

荆州刺史部

0152

蔡水出蔡阳，东入淮。（《水经注》卷二八《沔水注》）

0153

（顺阳）县在顺水之阳。（《水经注》卷二九《均水注》）

0154

（朝阳）县在朝水之阳。（《水经注》卷二九《白水注》）

0155

西鄂，江夏有鄂，故加西也。（《水经注》卷三一《淯水注》）

0156

比水出比阳县，东入蔡。（《水经注》卷二九《比水注》）

0157

南郡江陵有津乡。（《水经注》卷三四《江水注》）

0158

（益阳）县在益水之阳。（《水经注》卷三八《资水注》）

扬州刺史部

0159

（庐江）故庐子国也。（《水经注》卷三〇《淮水注》）

0160

（西曲阳）县在淮曲之阳，下邳有曲阳，故是加“西”也。（同上）

0161

（钟离）县，故钟离子国也，楚灭之以为县。（同上）

0162

（余暨县）阖闾弟夫概之所邑，王莽之馀衍也。（《水经注》卷四〇《渐江水注》）

凉州刺史部

0163

汉武帝元朔三年，改雍曰凉州[①]，以其金行土地，寒凉故也。（《水经注》卷四〇《禹贡山水泽地所在》）

0164

《禹贡》析支属雍州，在河关之西，东去河关千余里，羌人所居，谓之河曲羌也。（《水经注》卷二《河水注》）

0165

（破羌县）汉宣帝神爵二年置，城省南门。（同上）

0166

敦煌[②]，酒泉，其水甘若酒味故也；张掖，言张国臂掖，以威羌

① 改雍曰凉州：西汉无雍州，当谓“改古九州之雍曰凉州”。

② 敦煌：其后似有脱文，《汉书》注引应劭曰：“敦，大也；煌，盛也。”

狄。(《水经注》卷二《河水注》)

益州刺史部

0167

疆壤益广，故名益州。(《寰宇记》卷七二《益州》)

0168

(成都)华阳、黑水惟梁州。汉武帝元朔二年[①]，改梁曰益州，以新启犍为、牂柯、越巂，州之疆壤益广，故称益云。初治广汉之雒县，后乃徙此。(《水经注》卷三三《江水注》)

0169

(僰道县)夷中最仁，有仁道，故字从人。《秦纪》所谓僰僮之富者也。其邑，高后六年城之。(同上)

0170

(句町县)故句町国也。(《水经注》卷三六《温水注》)

交州刺史部

0171

日南，故秦象郡。汉武帝元鼎六年开日南郡，治西卷县。(《水经注》卷三六《温水注》)

0172

(郁林郡)《周礼》郁人掌祼器，凡祭醊宾客之祼事，和郁鬯以实樽彝。郁，芳草也，谓用[②]百草之华，煮以合酿黑黍，以降神香者也。或说今郁金香是也。一曰郁人所贡，因氏郡也。(《水经注》卷三六《温水注》、《御览》卷九八一《香部·郁香》)

---

① 元朔二年：误，《汉书》卷二八上《地理志·益州郡》作“武帝元封二年开”。

② 谓用：《水经注》作“水无”。

地理记　魏张晏撰

张晏，字子博，中山（今河北正定）人。著《西汉书音释》四十卷。姚振宗《三国艺文志》卷二："张晏《地理记》。"晋郭璞《尔雅·释鸟》注引"张晏《地理记》"。另，《水经注》、《史记集解》、《汉书》注、《寰宇记》、胡三省注《通鉴》引"张晏曰"者，可能是张晏《地理记》之省称，亦可能为张氏《汉书注》之文。姚振宗引洪亮吉《晓读书斋初录》谓"张晏《汉书注》，于地理最详"。然《汉书注》早佚，无从区分，谨录《张晏曰》于此备考。

凉　州

0173

（鸟鼠同穴）不为牝牡。（《尔雅》卷一〇《释鸟》郭璞注、《禹贡》"导渭自鸟鼠同穴"《正义》）

附：张晏曰

司隶校尉部

0174

武帝获麒麟时作此阁，图画其像于阁，遂以为名。〔《通鉴》卷二七"（汉宣帝甘露三年）乃图画其人于麒麟阁"胡三省注〕

0175

望夷宫在长陵西北长平观道东故亭处是也。临泾水作之，以望北夷。（《史记》卷六《秦始皇本纪》"二世乃斋于望夷宫"《集解》）

0176

起县邑，故筑城也。（《汉书》卷三《高后纪》"六月，城长陵"注）

0177

（五柞宫）宫有五柞树，在盩厔县西。（《水经注》卷一九《渭水注》）

0178

玉门，成皋北门。〔《通鉴》卷一〇“（汉高帝三年）与滕公共车出成皋玉门”胡三省注〕

0179

许由隐于箕山，在阳城，有许由祠。〔《通鉴》卷三七“（汉王莽始建国三年）小臣欲守箕山之节”胡三省注〕

0180

景帝作寿，陵起邑。（《汉书》卷五《景帝纪》“五年春正月作阳陵邑”注）

0181

龙楼门，门上有铜龙。（《御览》卷一八三《居外部·门》）

兖 州

0182

汜水在济阴界，取其汜爱弘大而润下也。〔《水经注》卷七《济水注》、《寰宇记》卷一三《曹州·济阴》、《通鉴》卷一一“（汉高帝五年）汉王即皇帝位于汜水之阳”注〕

0183

（外黄）魏郡有内黄，故加“外”。〔《通鉴》卷四“（周赧王四十二年）济阳婴城而魏氏服”注、《通鉴地理通释》卷九《七国形势考下·外黄》〕

0184

天高不可及，于泰山上立封禅以祭之，冀近神灵也。〔《通鉴》卷七“（秦始皇帝二十八年）由此绌儒生”胡三省注〕

冀 州

0185

尧为唐侯，国于中山，唐县是也。（《史记》卷一《五帝本纪》“帝尧为陶唐”《集解》；《汉书》卷二八《地理志》中山国唐注有小异）

0186

尧山在北，尧母庆都山在南，登尧山见都山，故望都县以为名也。〔《水经注》卷一一《滱水注》、《通鉴》卷二四二（唐穆宗长庆元年）注稍异〕

0187

濡水于城北，曲而西流，是受此名，故县亦因水名而氏曲逆矣。（《水经注》卷一一《滱水注》、《汉书》卷二八《地理志》中山国曲逆注）

0188

恒山在西，避文帝讳改曰常山郡。（《寰宇记》卷六一《镇州》）

0189

苦陉，汉章帝改曰汉昌。（《史记》卷八九《张耳陈余列传》“数游赵苦陉”《集解》）

0190

三户，地名也，在梁期西南。（《水经注》卷一〇《浊漳水注》）

0191

漳水之别，自城西南与邯山之水会。（同上）

0192

（邯郸阜）邯山在东城下者。（《水经注》卷一〇《浊漳水注》、《通鉴地理通释》卷八《七国形势考中·邯郸》）

0193

（繁阳）县有繁渊。（《水经注》卷五《河水注》）

扬　州

0194

胥山在太湖边，去江不远百里，故云江上。（《史记》卷六六《伍子胥列传》“吴人怜之，为立祠于江上”《集解》）

0195

（杨越）扬州之南越也。（《史记》卷一一三《南越列传》“秦时已并天下，略定杨越”《集解》）

0196

下乡县，属淮阴也。（《史记》卷九二《淮阴侯列传》“常数从其下乡”《集解》）

并　州

0197

（卢朐）山名。（《汉书》卷六《武帝纪》太初三年“西北至卢朐”注）

交　州

0198

《异物志》：（珠厓、儋耳）二郡在海中，东西千里，南北五百里。珠厓言珠若崖矣，儋耳之云镂其颊皮上连耳匡，分为数支，状似鸡肠累耳下垂。（《汉书》卷六《武帝纪》元鼎六年“日南珠厓儋耳郡”注）

魏书郡国志　魏

未见著录，佚文“宣王”条书名称《魏书郡国志》，其余均作《魏书国志》。《水经注》四引，记司马懿、司马师、曹丕事。疑为魏人之作。今按《中国历史地图集·三国魏图》分列。

豫　州

0199

宣王军次丘头，王凌面缚水次，故号武丘矣。（《水经注》卷二二《颍水注》）

0200

文帝以汉献帝延康元年，行至曲蠡，登坛受禅于是地，改元黄初。（同上）

扬　州

0201

（百尺堰）司马宣王讨太尉王凌，大军掩至百尺堨。即此堨也。（《水经注》卷二二《渠水注》）

0202

司马景王征毌丘俭，使镇东将军豫州刺史诸葛诞，从安风津先至寿春。俭败，与小弟秀藏水草中。安风津都尉部民斩之，传至京都。即斯津也。（《水经注》卷三〇《淮水注》）

县道记　吴阚泽撰

未见著录。阚泽，山阴（今浙江绍兴）人，字德润。吴嘉禾（232—238）年为中书令，加侍中，拜太子太傅。以儒学勤劳封都乡侯。是志不见著录，《寰宇记》引"阚泽《县道记》"。其书所记不限于吴国，今按《中国历史地图集·东汉图》分列。

司隶校尉部

0203

隃麋县，因原以为名。今县东古城是汉理之所。（《寰宇记》卷三二《陇州·汧阳县》）

0204

梁县西南十五里，古梁国城。（《路史》卷二八《国名纪·周氏》）

土地记　魏晋张氏纂

张氏不知何许人，郭璞注《山海经》已征引，疑张氏为魏晋人。文廷式《补晋书艺文志》卷二："张氏《土地记》，郭璞注《山海经·海内南经》引之。"另，《水经注》《史记正义》《寰宇记》所引《土地记》均未署撰人，疑为张氏之作，亦录此备考。王谟《汉唐地理书钞》辑有《张氏土地记》。佚文按《中国历史地图集·三国图》分列。

雍　州

0205

骊山即蓝田也。(《史记》卷四《周本纪》"遂杀幽王骊山下"《正义》)

0206

蓝田县南有峣关，地名峣柳道，通荆州。(《水经注》卷一九《渭水注》)

并　州

0207

卤城东三十八里有枚[①]回岭，北与高是连麓接势，通为高是山。(《寰宇记》卷五一《蔚州·灵丘县》;《元和志》卷一四《河东道·蔚州·灵丘县》稍略)

---

① 枚：《元和志》误作"枝"，《寰宇记》卷五一《蔚州·灵丘县》作"枚"，毕沅《山海经新校正》亦作"枚"，故改。

扬　州

0208

东海[①]永康县南四里有石城山，上有小石城，云黄帝曾游于此山，即三天子都也。(《山海经》卷一八《海内经·三天子之都山》“三天子都在闽西海北”郭璞注、《寰宇记》卷九七《婺州·永康县》)

① 东海：误，《寰宇记》作“东阳”是。永康县先属会稽郡，吴宝鼎元年(266)改属东阳郡。

禹贡地域图十八篇　晋裴秀撰

裴秀（224—271），字季彦，河东闻喜（今属山西）人。晋武帝时拜尚书令，后转司空。《晋书》有传。丁国钧《补晋书艺文志》卷二："《禹贡地域图》十八篇，裴秀。"秦荣光《补晋书艺文志》同。黄逢元《补晋书艺文志》亦同，并谓"是图虽以《禹贡》名篇，实晋舆地也。"《玉海》卷一四："晋《禹贡地域图》，裴秀撰。武帝时为司空，儒学洽闻，以职在地官。《禹贡》山川地名，从来久远，多有变易。说者或强牵引，渐渐暗闻。于是甄摘旧文，疑者则缺，古有名而今无者，皆随事注列，作《禹贡地域图》十八篇，奏之，藏于秘府。"今辑佚文题名《禹贡地理图》，当是书之异名耳。

荆　州

0209

（白湖）荆州之域。（《大典》卷二二六七《湖·白湖》）

吴录地理志　晋张勃纂

张勃，晋吴郡（今江苏苏州）人，晋武帝时为太子仆。唐司马贞谓“张勃，晋人，吴鸿胪俨之子，作《吴录》，故裴氏注引之”（《史记》卷六六《伍子胥传》索隐）。《隋书·经籍志二》：“晋有张勃《吴录》三十卷，亡。”文廷式《补晋书艺文志》卷二：“张勃《吴录》三十卷”，并谓“有记、有传、有志”。清王谟辑《张勃吴地理志》，录入《汉唐地理书钞》。《中国古方志考》谓：《吴录地理志》，晋张勃纂。《吴录》是全书，《地理志》是全书中之一部分。《要术》及晋唐诸书征引多称《吴录地理志》。另，凡记地理但称《吴录》者，当为《吴录地理志》之省称，本书亦收。是书专记三国时吴国地理。今按《中国历史地图集·三国吴图》分列。

扬　州

0210

孙坚墓上数有光，如云气五色，上属天，下蔓延数里。父老相谓曰：此非凡气，孙氏其兴乎！（《类聚》卷一〇《符名部·符名》）

0211

魏文帝至广陵，临江观兵，见波涛汹涌，叹曰：“此固天之所以隔北也”，遂归。（《类聚》卷一三《帝王部·魏文帝》）

0212

（钟山）大帝祖讳钟，因改名曰蒋山。（《六朝事迹编类》卷上《形势门·钟阜》）

0213

张纮言于孙权曰：秣陵，楚武王所置，名为金陵。秦始皇时，望气者云“金陵有王者气”，故断连岗，改名秣陵也。（《文选》卷二八谢玄晖《鼓吹曲》注）

0214

秦时望气者云，其地有天子气。始皇使赭衣徒三千人凿坑败其势，改云丹徒。（《御览》卷一七〇《州郡部·润州》、《寰宇记》卷八九《润州·丹徒县》）

0215

刘备曾使诸葛亮至京，因观秣陵山阜，乃叹曰："钟山龙盘，石头虎踞，帝王之宅也。"（《天中记》卷一三《都邑》）

0216

丹徒有吴王冢，在县北，其处名为相唐。（《史记》卷一〇六《吴王濞列传》"使人鏦杀吴王，盛其头"《正义》）

0217

丹阳江乘县有汤山，出温泉三所。（《初学记》卷七《骊山》、《至正金陵新志》卷五下《山川志·井泉》）

0218

子胥乞食处在丹阳溧阳县[1]。（《史记》卷六六《伍子胥传》"至吴而疾止，中道乞食"《集解》）

0219

句容县大皇时使陈勋凿开水道立十二埭，以通吴会诸郡，故船行不复由京口。（《御览》卷七三《地部·堰埭》）

0220

会稽有禹庙，始皇配食，王朗为太守黜之。（《类聚》卷三八《礼部上·宗庙》、《御览》卷五三一《礼仪部·宗庙》

0221

（会稽）本名苗山，一名覆釜，禹会诸侯计功，改曰会稽。上有孔，号曰禹穴也。（《史记》卷一三〇《太史公自序》"上会稽，探禹穴"《索隐》）

0222

《书》云："三江既入，震泽底定。"震泽，吴西南太湖也。（《类聚》卷八《江水》）

---

① 此条引"张勃曰"。疑为《吴录地理志》之省称。

0223

五湖者，太湖之别名也。以其周行五百余里，故以五湖[①]为名。(《初学记》卷七《湖》、《纪胜》卷六《常州·景物上》、《通鉴地理通释》卷一三《晋宋齐梁陈形势考》

0224

（於潜）县西暨山盖因山以立名，旧暨字无水，至隋加水[②]。〔《御览》卷一七〇《州郡部·杭州》、《寰宇记》卷九三《杭州·於潜县》、《通鉴》卷一九九“（唐高宗永徽四年）引兵二千攻陷睦州及於潜”注〕

0225

吴王时此地本名长水，故嘉兴亦曰长水。又，始皇东游至长水，闻土人谣曰“水市出天子”。从此过，见人乘舟交易。应其谣，遂改为由拳县。(《〔至元〕嘉禾志》卷五《陂塘》;《纪胜》卷三《嘉兴府·县沿革·嘉兴县》甚简)

0226

（新城）晋末立。(《宋书》卷三五《州郡一·吴郡太守》)

0227

永康有石城山。(《御览》卷四七《地部·石城山》、《寰宇记》卷九七《婺州·永康县》)

0228

富春县有沙涨，武烈为郡吏赴府，乡人饯之，会于沙上。父老曰此沙狭而长，君后当为长沙太守。后果然，因名孙洲。(《御览》卷六九《地部·洲》、《天中记》卷一〇《沙》)

0229

（富春县）属吴郡。(《寰宇记》卷九三《杭州·富阳县》)

0230

盐官，本名海昌，时改为盐官，属吴郡。(《寰宇记》卷九三《杭州·盐官县》)

---

① 五湖：历来说法不一。《后汉书·冯衍传》注引虞翻云：“太湖有五道，故谓之五湖。《史记·夏本纪》正义谓：“五湖孝、菱湖、游湖、莫湖、贡湖、胥湖，皆太湖东岸五湾为五湖。”《吴越春秋·夫差内传》注引韦昭曰：“胥湖、蠡湖、洮湖、滆湖，就太湖而五。”

② 旧暨字……隋加水：非张勃之文，为后人所加。

0231

乌伤，属东阳郡。（《寰宇记》卷九七《婺州·金华县》）

0232

富阳浦，汉末为吴县于津。吴大帝时有浦通浙江至庐溪及桐溪，故曰桐庐县。东有大溪注庐岩，渌波青岩。昔晋征士散骑侍郎戴勃游此，自言山水之极致也。（《御览》卷七五《地部·浦》）

0233

括苍山，登之俯视雷雨，有棠溪、赤溪、官溪三水。（《方舆纪要》卷五九《浙江·括苍山》）

0234

晋改新定为遂安。（《三国志·吴志》卷二《孙权传》注）

0235

晋改休阳为海宁。（同上）

0236

长城若下酒有名，溪南曰上若，北曰下若。并有村，村人取若下水以酿酒，醇美胜云阳。（《初学记》卷八《州郡部·江南道》）

0237

松梁山，山石间开处，容数十丈。其高以弩射之，不及其上。（同上）

0238

常山，仙人采药处谓之长山。山南有春草岩、折竹岩。岩间不生蔓草，尽出龙须，云赤松羽化处。又有似龙须而粗大者，名为虎须[①]，不中为席。但以其蓑[②]为灯炷。（《御览》卷四七《地部·金胜山》、《寰宇记》卷九七《婺州·金华县》）

0239

（赣县）属庐陵郡[③]。（《寰宇记》卷一〇八《虔州·赣县》、《纪胜》卷三二《赣州·县沿革·赣县》）

---

① 虎须：《寰宇记》误作“头”。

② 蓑：《寰宇记》作“穰”。

③ 属庐陵郡：误，《晋书》卷一六《地理志》：南康郡有赣县。《晋太康地志》亦称“属南康郡”。

0240

虔化县属庐陵郡之南部。(《寰宇记》卷一〇八《虔州·虔化县》)

0241

庐陵南部雩都县有槺树，其实如甘蕉，而核味亦如之。(《御览》卷九七四《果部·槺木》)

0242

彭泽有鸟，接食团饭，投之高下无失，巫山迎船鸟亦然。(《续博物志》卷九)

0243

景帝永安六年，赤雀见于豫章。(《类聚》卷九九《祥瑞部·雀》)

0244

赤乌十二年八月，白鸠见章安。(《类聚》卷九九《祥瑞部·鸠》)

0245

宜春县出美酒，每岁上贡封酒亲付计吏。(《御览》卷一七〇《州郡部·袁州》、《锦绣万花谷前集》卷五《地·袁州》;《初学记》卷二六《酒》较简)

0246

(梅根山)晋立梅塘冶，作铁冶于临城。(《纪胜》卷二二《池州·景物下》)

0247

南野县有大庾山。自大峤九磴二里，至岭下七里，平行十里至平亭。山有九岭峤，以通广州。(《胜览》卷二二《南安军·山川》、《御览》卷一七〇《州郡部·虔州》)

0248

鄱阳有筍竹，冬胜。(《要术》卷一〇《筍》)

0249

(段石岗)其文东观令华核作，其字大篆。或云是皇象书也。(《纪胜》一七《建康府·景物下》)

0250

(台州)东汉末，吴分冶县为东南二部都尉，东部临海，南部建安。(《纪胜》卷一二《台州·州沿革》)

0251

永安二年[1]，以会稽南部为建安郡。(《纪胜》卷一二《台州·州沿革》)

0252

娄县有石首鱼，至秋化为寇凫，凫头中犹有石也。(《类聚》卷九一《鸟部·鸭》)

0253

将乐县属建安郡。(《初学记》卷八《州郡部·岭南道》)

0254

朱光禄[2]为建安郡，中庭有桔。冬月于树上覆裹之。至明年春夏，色变青黑，味尤绝佳。(《要术》卷一〇《桔》、《御览》卷九六六《果部·桔》;《类聚》卷八六《桔》有小异)

0255

建安建阳县[3]多狖似猿，而露鼻，雨则以尾反塞鼻空，郡内及临海皆有之。(《御览》卷九一三《兽部·狖》)

0256

始安、始阳有洞山，山有穴，如洞庭，其中生石钟乳。(《御览》卷九八七《药部·石钟乳》)

0257

始安多廉姜。(《要术》卷一〇《廉姜》)

0258

蜀昭烈皇帝立宜都郡于西陵。(《寰宇记》卷一四七《峡州》、《御览》卷一六七《州郡部·峡州》、《宋书》卷三七《州郡三·宜都太守》)

0259

(彭蠡)今名洞庭湖。(《尚书》卷六《禹贡》“彭蠡既潴”《正义》)

---

① 永安二年：史书有多个“永安”年号，应标明“吴永安”。《寰宇记》卷一〇一《建州》作“吴永安三年割会稽南部”为建安郡。

② 朱光禄：《类聚》作“朱光”。

③ 建阳县：原文脱“建”，据《晋书》卷一五《地理志》建安郡补。

0260

郴程水乡出美酒。(《纪胜》卷五七《郴州·景物下》)

0261

黔阳属武陵郡,黔阳今辰州三亭县西,故城是也。(《御览》卷一七一《州郡部·黔州》)

荆　州

0262

晋分长沙之巴陵等六县置建昌郡,在巴陵。(《寰宇记》卷一一三《岳州》)

0263

新平属湘东郡。(《寰宇记》卷一一五《衡州·常宁县》)

0264

湘东新平县有龙穴,中有黑土。天旱,民共遏水渍此穴辄雨,常以此请雨。(《书钞》卷一五八《穴》)

0265

湘东酃县有酃水,以水为酒名。其湖周匝四十三里。(《书钞》卷一四八《酒》;《初学记》卷二六《酒》较简)

0266

始兴有扶留藤,缘木而生。味辛,可以食,槟榔。(《要术》卷一〇《扶留》、《御览》卷九七五《果部·扶留》)

0267

始兴县有始兴山,山出温泉,可以瀹鸡。(《御览》卷七一《地部·温泉》)

0268

桂阳郴县有菁茅,可染布。零陵有香茅,任土贡之。(《类聚》卷八二《草部下·茅》;《御览》卷九九六《百卉部·茅》有小异)

0269

武陵临沅县,多栟榈[①]木,生山中。(《类聚》卷八九《木部下·并闾》、《御览》卷九五九《木部·栟榈》)

---

① 栟榈:《类聚》作“并闾”。

0270

天门零陵县有溪水，山兽从数十里往饮之，越他水则不饮。（《御览》卷五九《地部·水下》）

交　州

0271

交州涨海中有珊瑚，以铁网收之。（《寰宇记》卷一七〇《交州·土产》）

0272

广州有木名古度，不华而实。（《御览》卷九六〇《木部·古度》）

0273

番禺县有禺山，尉佗所葬。（《御览》卷一七二《州郡部·广州》、《新定九域志》卷九《广州》）

0274

端溪县有端山。（《寰宇记》卷一六四《康州·端溪县》）

0275

端州有端溪石，山有五色香水。（《寰宇记》卷一五九《端州·高要县》）

0276

端溪山有五色石，石上多香草，俗谓香山。（《新定九域志》卷九《康州》、《初学记》卷八《州郡部·岭南道》）

0277

（湞石山）湞水所出，尉佗为城于此山上，名万人城也。（《寰宇记》卷一五七《广州·清远县》）

0278

合浦徐闻县多牛，其项上有持骨，大如覆斗，日行三百里。（《御览》卷八九八《兽部·牛》）

0279

合浦朱虚县有山鸡，黑色，树栖。（《御览》卷九一八《羽族部·鸡》）

0280

石首鱼至秋化为冠凫，凫头中犹有石。（《书钞》卷一六〇《石

篇》、《御览》卷九一九《羽族部·鸮》）

0281

孙休永安三年分合浦，立为合浦北部都尉，领平山、兴道、宁浦三县。（《宋书》卷三八《州郡四·宁浦太守》、《纪胜》卷一一三《横州·州沿革》）

0282

郁林郡有布山，多毒蛇。有冷石，色赤黑，味苦屑。此石著创中，以初齿立苏，一名初齿。（《书钞》卷一六〇《石篇》）

0283

苍梧多荔支，生山中，人家亦种之。（《类聚》卷八七《果部·荔支》、《御览》卷九七一《果部·荔支》）

0284

高凉安宁县有余甘，初食之味苦，后口中更甘。（《御览》卷九七三《果部·余甘》）

0285

苍梧高要县郡下人避瘴气，乘筏来停此，六月来十月去，岁岁如此。（《御览》卷七七一《舟部·筏》）

0286

岭南卢宾县涨海中玳瑁似龟而大。（《御览》卷八〇七《珍宝部·玳瑁》）

0287

象林海中有小洲，生柔金。自北南行三十里。有西属国，人自称汉子孙。有铜柱，云汉之疆场之表。（《初学记》卷六《地部·海》）

0288

（九真太守）有都庞。（《宋书》卷三八《州郡四·九真太守》）

0289

九真郡都庞县[1]多象，生山中，郡内及日南饶之。（《初学记》卷二九《象》、《御览》卷八九〇《兽部·象》）

---

① 都庞县：《初学记》《御览》原文均误作“庞县”。《汉书》卷二八下《地理志》、《后汉书》卷三三《郡国五》有“都庞县”而无“庞县”，径改。

0290

九真胥浦县[①]有兽，名果然，猿狖类也。色青赤有文，居树上。此郡及日南皆有之。（《类聚》卷九五《兽部·果然》、《初学记》卷二九《兽部·猴》、《御览》卷九一〇《兽部·果然》）

0291

九真移风县[②]，有土赤如胶。人视土知蚁，因垦以木枝其中，则蚁缘而生漆，坚凝如螳螂子蜱蛸，折漆以染絮，其色正赤，所谓赤絮，则此胶也。（《类聚》卷九七《虫豸部·蚁》、《御览》卷九四七《虫豸部·蚁》；《初学记》卷八《州郡部·岭南道》、《寰宇记》卷一七一《爱州·军宁县》均较略）

0292

晋分常乐立高安县。（《宋书》卷三八《州郡四·九真太守》）

0293

交阯羸偻县有刘子树，出山中，实如梨，而味酸美，郡内皆有之。（《御览》卷九七三《果部·刘》）

0294

交阯句漏县甘蔗大数寸。其味醇美，异于他处。笮以为餳曝之，凝如冰，破如博棋，入口消释。（《御览》卷九七四《果部·甘蔗》）

0295

交阯朱䳒县有槟榔树，直无枝条，高六七丈，叶大如莲。实房得古贲灰，扶留藤食之，则柔而美，郡内及九真、日南并有之。（《御览》卷九七一《果部·槟榔》）

0296

交阯安定县[③]有木绵树，高大，实如酒杯，中有绵，如蚕之绵也。

---

① 胥浦县：《御览》原文误作“鼻浦县”，《汉书》卷二八下《地理志》、《后汉书》卷三三《郡国五》有“胥浦县”而无“鼻浦县”，径改。

② 移风县：《初学记》《寰宇记》均误作“居风县”，《汉书·地理志》《后汉书·郡国志》、两晋盖无“居风县”，而有“移风县”，当从《类聚》《御览》作移风县为是。

③ 安定县：历来名称不一。《汉书》卷二八下《地理志》、《水经注》卷三七《叶榆河注》、《晋书》卷一五《地理下》作“安定”；而《后汉书》卷三三《郡国五》、《宋书》卷三八《州郡志》作“定安”。

可作布，又名曰白緤，一名毛布。（《要术》卷一〇《木绵》、《御览》卷九六〇《木部·木绵》）

0297

交阯望县[①]有欀木，其皮中有如白米屑者，干之水淋之似面，可作饼，郡内皆有之。（《御览》卷九六〇《木部·欀》、《要术》卷一〇《木棉》、《书钞》卷一一四《饼》、《事类赋》卷二四《木部》）

0298

交阯西于县[②]多孔雀，在山草中，郡内及朱崖皆有之。（《御览》卷九二四《羽族部·孔雀》）

0299

交阯龙编县有蚩，形如惠文，冠青黑色，十二足，似蟹，长五寸，腹中有子，如麻子，取以作酱尤美。（《御览》卷九四三《鳞介部·蚩》）

0300

日南比景县有火鼠，取毛为布，烧之而精，名火浣布。（《御览》卷八二〇《布帛部·布》）

0301

薛综上疏曰，日南远致翡翠，充备宝玩。（《类聚》卷九二《鸟部·翡翠》）

0302

日南有簗竹，劲利，削为矛。（《要术》卷一〇《竹》）

0303

南朱桐县[③]有文木，材坚，黑如水牛角，作马鞭。（《御览》卷九六〇《木部·文木》）

---

① 望县：《要术》脱。

② 西于县：原文误作"西子县"，据《汉书》《晋书》《宋书》诸书《地理志》改。

③ 南朱桐县：史无此名。《汉书》卷二八下《地理志》载，日南郡有"朱吾县"。《水经注》卷三六《温水注》有"朱吾县浦"。《宋书》卷九七《林邑国传》有"朱梧戍"。当为"日南郡朱吾县"之误。

司州[①]

0304

初汉黄门张让等劫天子，北至河上，掌玺投井中，及平顿洛阳，城南甄宫有井，五色气出。孙坚命浚井，得汉传国玺。（《初学记》卷七《地部·井》）

① 司州：吴无司州，因佚文记魏司州事，姑借其名。

地理书　晋皇甫谧撰

皇甫谧（215—282），字士安，号玄晏，安定朝那（今宁夏彭扬）人。博览经史，以著述为要务，晋武帝屡征不就。著有《帝王世纪》《高士传》《玄晏春秋》《地理书》《郡国记》《国都城记》等。《晋书》有传。《玉海》卷一五："皇甫士安《地理书》"，并谓"《崔颐传》，诏问何处有羊肠坂？颐曰：《汉书·地理志》上党壶关。帝曰不是。又曰皇甫士安撰《地理书》，太原北九十里有之。帝曰是也。"丁国钧《补晋书艺文志》卷二："皇甫谧《地书》。"文廷式《补晋书艺文志》同。秦荣光《补晋书艺文志》卷二："皇甫谧《地理书》。"佚文按《中国历史地图集·西晋图》排列。

司　州

0305

洛阳故宫，曰广望观，临金市。（《文选》卷一四《赭白马赋》李善注）

0306

荥阳有浪荡渠。（《类聚》卷九《水部·渠》）

0307

迎风观在邺。（《文选》卷二四《曹子建赠徐幹诗》李善注）

雍　州

0308

卫青尚平阳公主，后与公主合葬，冢在华山。葬时得铜椁一枚。（《书钞》卷九四《礼仪部·冢墓》）

0309

上洛，商县也。（《水经注》卷二〇《丹水注》）

冀　州

0310

尧山一名豆山，今山于（唐县）城北如东，崭绝孤峙，虎牙桀立。山南有尧庙，是即尧所登之山者也。（《水经注》卷一一《滱水注》）

幽　州

0311

《上古圣贤冢地记》曰，督亢地在涿郡，今故安县南有督亢陌，幽州南界也。（《水经注》卷一二《巨马河注》）

国都城记二卷　晋皇甫谧撰

皇甫谧，《地理书》解题已著录。《隋书·经籍志二》："《国都城记》二卷。"《初学记》引称"皇甫谧《国都城记》"。秦荣光《补晋书艺文志》卷二著录同。《天中记》引称《国都记》。佚文按《中国历史地图集·西晋图》分列。

司　州

0312

邺县城西南四十里有洹水，南岸三里有安阳城，名殷。中即殷所谓北冢者。（《通鉴地理通释》卷九《七国形势考·虚顿丘》）

雍　州

0313

梁伯国，嬴姓之后，与秦同祖。秦穆公二十二年灭之。〔《史记》卷五《秦本纪》"成公元年，梁伯、芮伯来朝"《正义》〕

0314

豳国者，后稷之曾孙曰公刘始都焉。（《寰宇记》卷三四《邠州·三水县》）

并　州

0315

夏后孔甲时有刘累者，夏后赐氏曰御龙，封其孙于此。至周武王时，唐作乱，成王灭之，而封其弟太叔虞。更迁唐之子孙于杜。（《清一统志》卷一三九《平阳府·古迹》）

幽　州

0316

（北燕都蓟）地在燕山之野，故国取名焉。（《通鉴地理通释》卷四《六国》）

兖　州

0317

封丘，卫地，故燕之延乡也。高祖与项羽战于延乡。有翟母免其难，故以延乡封翟母焉。（《御览》卷一五八《州郡部·东京开封府》、《天中记》卷一三《县》）

0318

（济堤）自复通汴渠已来，旧济遂绝。今济阴定陶城南唯有济堤及枯河而已，皆无水。（《寰宇记》卷一三《曹州·济阴县》）

0319

（菑县）县西南有戴水，今名戴陂，周回可百余里。（《元和志》卷一一《曹州·考城县》）

徐　州

0320

豕韦氏，彭姓之国，祝融之后，陆终第三子翦封于彭。（《寰宇记》卷九《滑州·韦城县》）

0321

（废徐城县）伯益之后。伯益有二子，大曰大廉，封乌俗氏，秦其后也。小曰若木，别为费氏，居南裔为诸侯。至夏氏末，其君费昌去夏归商，佐汤伐桀有功，入为卿士。以其本国为畿内之采地，而汤更封费子之庶子于淮泗之间徐地，以奉伯益之祀，复命为伯，使主淮邑。至成王即位，封伯禽于鲁，徐子率淮、泗之夷并叛，即《书》序云，“鲁公宅曲阜，徐夷并兴，东郊不开”。当是时，成王以徐戎之属，锡之山川、土田、附庸。又曰：“保有凫、绎，遂荒徐宅。”[①] 至周穆王末，徐君偃有德，好仁义，东夷之国归者四十余国。穆王西巡，闻徐君威德日远，乘八骏之马，使造父御之，更遣楚师袭其不备，大破之，杀偃王。其子遂北徙彭城武原东山之下，百姓赴之者万数。因名其所依之山曰徐山，即此地也。后为吴所灭。（《寰宇记》卷一六《泗州·临淮县》、《御览》卷一六《州郡部·泗州》）

① 伯益之后……遂荒徐宅：《御览》脱。

梁　州

0322

褒国故城在褒中[①]县东二百步。（《初学记》卷八《州郡部·山南道》）

豫　州

0323

汤居亳，今济阴东南亳城是也。[②]（《寰宇记》卷二《东京下·考城县》）

① 褒中：原文脱。《史记·周本纪》："幽王嬖爱褒姒"《正义》引《括地志》云："褒国故城在梁州褒城县东二百步，古褒国也。"毅按，汉晋名褒中，唐改褒城，故补"褒中"。

② 汤居亳，今济阴东南亳城是也：地望误。《史记·殷本纪》："汤始居亳。"《集解》引皇甫谧曰："梁国谷熟为南亳，即汤都也。"《正义》引《括地志》云："宋州谷熟县西南三十五里南亳故城，即南亳，汤都也。"毅按，今商丘市虞城县谷熟镇，即其地。而济阴为今山东曹州，且未见亳城，此为《寰宇记》误。

郡国志　晋皇甫谧撰

皇甫谧，《地理书》解题已著录。秦荣光《补晋书艺文志》卷二：“《郡国志》，据《太平寰宇记》卷一百五十三引，皇甫谧撰。”佚文按《中国历史地图集·西晋图》分列。

司　州

0324

尧以二女妻舜，封之于虞，今河东大阳，山西[①]虞城是也。舜居虞地，以虞为氏。（《通鉴地理通释》卷四《帝舜都》）

雍　州

0325

长陵在渭水北，去长安城三十五里。〔《通鉴》卷一二“（汉高帝十二年）葬高帝于长陵”胡三省注〕

兖　州

0326

（舜陶河滨）济阴定陶西南陶丘亭是也。（《通鉴地理通释》卷四《帝舜都》）

0327

（岳庙）前有柏树，汉武帝所种。赤眉贼斫一树，见血乃止，有岳令掌之。（《元和志》卷一〇《兖州·乾封县》）

秦　州

0328

燉煌正西关外，有白龙堆。（《寰宇记》卷一五三《沙州·寿昌县》）

---

① 山西：晋时尚无“山西”之称，为宋人所加。

益　州

0329

连浑府遥火山，有火井，深不可见底，炎气上升，若微电。以草爨之，则烟火发，名曰燓台。（《初学记》卷二五《严陆校宋本异文》）

畿服经一百七十卷　晋挚虞纂

挚虞，字仲洽，西晋长安（今陕西西安）人。少师事皇甫谧，才学通博，举贤良。晋武帝擢太子舍人，后历秘书监、光禄勋、太常卿。著有《三辅决录注》《太常集》，辑《文章流别集》。《晋书》有传。《隋书·经籍志二》："晋世挚虞，依《禹贡》、《周官》作《畿服经》，其州郡及县分野封略、事业国邑、山陵水泉、乡亭城郭、道里土田、民物风俗、先贤旧好，靡不具悉，凡一百七十卷。今亡。"黄逢元《补晋书艺文志》卷二："《畿服经》一百七十卷，挚虞撰。"并谓：《水经注》、《续汉书郡国志》注、《文选》注所引"虞仲洽曰""挚虞曰"，"当即《畿服经》之佚文"。本书从黄说。《汉唐地理书钞》有辑佚。佚文按《中国历史地图集·西晋图》分列。

司　州

0330

古之周南，今之洛阳。汉高祖始欲都之，感娄敬之言，不日而驾行矣[①]。（《水经注》卷一五《洛水注》、《后汉书志》卷一九《郡国一·河南尹》注、《玉海》卷一七三《宫室·城·周王城》）

荆　州

0331

南阳郡治宛，在京之南，故曰南都。（《文选》卷四《南都赋》注、《通鉴地理通释》卷四《汉都》）

---

① 汉高祖……驾行矣：《后汉书志》《玉海》脱。

太康三年地记六卷　晋

《通志·艺文略四》："《太康三年地记》六卷。"《旧唐书·经籍志上》："《地记》五卷，太康三年撰。"《太平御览经史图书纲目》："《晋太康地记》。"《玉海》卷一五《晋太康地记》条："前汉《梁王传》、《地理志》师古注、《史记正义》引《晋太康地记》，《史记索隐》引《太康地理志》。"另，《水经注》《玉海》征引称《太康地道记》，《宋书·州郡志》《御览》又引作《太康地志》者。书名有异，其实一也。明陶宗仪《说郛》、清王谟《汉唐地理书钞》、毕沅《经训堂丛书》、黄奭《汉学堂丛书》均有辑本。佚文依《中国历史地图集·西晋图》分列。

总　叙

0332

（晋十六州）司、冀、兖、豫、荆、扬、徐、青、幽、并、雍、凉、梁、益、交、广是也。（《初学记》卷八《总叙州郡》）

0333

晋户有三百七十七万。（《三国志》卷二二《魏书·陈群传》裴松之注）

司　州

0334

王城去洛城四十里，城内南北九里七十步，东西六里十步。为地三百顷一十二亩三十六步。（《玉海》卷一七三《宫室·城·周王城》）

0335

昭明宫方五百丈。〔《通鉴》卷七九"（晋武帝泰始三年）吴主作昭明宫"胡三省注〕

0336

秦建敖仓于成皋。（《史记》卷八《高祖本纪》"以取敖仓"《正

义》）

0337

河南阳城县是为土中，夏至之景，尺有五寸，所以为候。（《御览》卷四《天部·晷》）

0338

肥乡属广平。（《清一统志》卷一六三《济南府·古迹》）

0339

武关当冠军县西，峣关在武关西也。（《史记》卷八《高祖本纪》“因袭攻武关破之”《索隐》、《玉海》卷二四《地理·汉武关峣关》、《通鉴地理通释》卷七《各臣议论考·武关》）

0340

河阳别县，非温邑也。（《水经注》卷五《河水注》）

0341

尸乡南有亳阪，东有城，太甲所放处也。（《史记》卷三《殷本纪》“伊尹放之于桐宫”《正义》、《〔光绪〕山西通志》卷五〇《古迹考·汤都于亳》）

0342

虞西百四十里有芮城。（《史记》卷四《周本纪》“虞、芮之人有狱不能决”《正义》）

0343

舜都安邑是也。（《初学记》卷八《州郡部·河东道》）

0344

桃林，在閺乡[①]南谷中。（《水经注》卷四《河水注》）

0345

（虞城）所谓北虞也。城东有山，世谓之五家冢，冢上有虞公庙。（同上）

0346

（皮氏县介山）子推所逃隐于是山。（《水经注》卷六《汾水注》）

---

① 閺乡：俗作“阌乡”。《说文》：“閺，今作‘阌’，流俗误也。”

0347

盐池在河东[1]安邑县，有司盐都尉。（《书钞》卷一四六《盐》）

0348

安邑有司盐都尉，别领兵五千。（《御览》卷一六三《州郡部·绛州》）

0349

（阴安）属顿丘郡。（《宋书》卷三六《州郡二·晋熙太守》）

0350

（陆浑、新安）属河南郡。（《宋书》卷三六《州郡二·司州刺史》）

0351

（朝歌）属汲郡，晋武太康元年始立[2]。（同上）

0352

蒲坂属河东。（同上）

0353

（卢氏）属上洛郡。（《宋书》卷三七《州郡三·京兆太守》）

豫　州

0354

豫州之分，其人得中和之气，性安舒，其俗阜，其人和，今俗多宽慢。（《寰宇记》卷一二《宋州·风俗》、《御览》卷一五八《州郡部·开封府》）

0355

梁国有乌县。（《寰宇记》卷一二《宋州·谷熟县》、《路史》卷二九《国名纪·五帝之世》）

0356

孙叔敖，本期思城人，为楚令尹。（《寰宇记》卷一二七《光州·

① 河东：原文误写“海东”。史无“海东郡”，《汉书·地理书》《后汉书·郡国志》皆谓安邑县属河东郡，径改。

② 晋武太康元年始立：误。朝歌县始置于秦，属河内郡，汉魏因之。（详《中国历史地图集》、《寰宇记》卷五六《卫州·卫县》）。汲郡始立于泰始二年。（详《晋书》卷一四《地理上·司州》）。

固始县》)

0357

蓼国先在南阳故县，今豫州郾县界故胡城是，后徙于此（六城）。(《史记》卷二《夏本纪》“封皋陶之后于英、六”《正义》)

0358

汝南西平有龙泉[1]水，可以淬刀剑，特坚利，故有龙泉之剑，楚之宝剑也。以特坚利，故有坚白之论云：“黄，所以为坚也；白，所以为利也。”齐辩之曰：“白，所以为不坚；黄，所以为不利也。”故天下之宝剑韩为众，一曰棠溪，二曰墨阳，三曰令伯，四曰邓师，五曰宛冯，六曰龙泉，七曰太阿，八曰莫邪，九曰干将也。(《史记》卷六九《苏秦列传》“龙渊、太阿”《索隐》；《史记》卷七四《荀卿传》“赵亦有公孙龙为坚白同异之辩”《集解》、《玉海》卷一五六《宫室·汉龙渊宫》均较略)

0359

苦县城东有濑乡祠，老子所生地也。(《史记》卷六三《老子韩非列传》“老子者，楚苦县厉乡曲仁里人也”《正义》)

0360

战国谓梁为南梁者，别之于大梁、少梁也。(《史记》卷四六《田敬仲完世家》“战于南梁”《索隐》)

0361

楚灭郴，迁其人于江南，因名县也。(《史记》卷八《高祖本纪》“番君吴芮为衡山王都郴”《索隐》)

0362

梁孝王筑睢阳城，方十二里[2]，以鼓唱节杵而后下，和之者称睢阳曲[3]，因以为名。(《类聚》卷六三《居处部·城》；《汉书》卷四七《文三王传·梁孝王》注、《御览》卷一九二《居处部·城上》意同文稍异)

0363

（松滋县）咸康三年，以松滋流户在荆土者，立松滋县。以隶河东

① 龙泉：《史记》卷七四《集解》、《玉海》所引均作“龙渊”。

② 十二里：《汉书》注作“十三里”。

③ 曲：《类聚》《御览》脱。

郡，即此邑也。[1]（《纪胜》卷六四《江陵府上·县沿革·松滋县》）

0364

谯、山桑、铚、城父属谯国。（《宋书》卷三六《州郡二·南谯太守》）

0365

陈属梁国。（《宋书》卷三六《州郡二·南梁太守》）

0366

雩娄属安丰郡。（《宋书》卷三六《州郡二·边城左郡太守》）

0367

褒信属汝阴郡。（《宋书》卷三六《州郡二·新蔡太守》）

0368

谷阳属梁。（《宋书》卷三六《州郡二·陈郡太守》）

0369

长平属颍川郡。（同上）

0370

邵陵属颍川郡。（《宋书》卷三六《州郡二·颍川太守》）

冀　州

0371

乐陵国有新乐县。（《水经注》卷九《淇水注》）

0372

常山曲阳县有恒山坂，号飞狐口上。壶关县有羊肠坂。（《御览》卷五三《地部·阪》）

0373

（蠡吾）属高阳郡。（《宋书》卷三六《州郡二·魏郡太守》）

0374

（城平、武垣）属河间郡。（《宋书》卷三六《州郡二·河间太守》）

0375

（阳信、厌次、湿沃）属乐陵郡。（《宋书》卷三六《州郡二·乐陵

---

① 此条记东晋咸康三年事，晚于西晋太康三年五十余年，为后人所加。

太守》)

0376

(安平)属博陵郡。(《宋书》卷三六《州郡二·高阳太守》)

0377

(新城)属高阳郡。(同上)

0378

故行唐县西北有仙人岩。(《初学记》卷八《州郡部·河北道》、《寰宇记》卷六一《镇州·行唐县》)

0379

行唐县北二十里有夫人城,即王神女所筑。(同上)

并　州

0380

并州不以卫水为号,又不以恒山为名。而云并者,盖以其在两谷之间乎!韩、魏、赵谓之三晋,即并冀二州,是其地也。(《类聚》卷六《州部·并州》;《元和志》卷一三《河东道·太原府》、《御览》卷一六三《州郡部·并州》、《元一统志》卷一《太原路·风俗形胜》均较简)

0381

并州部太原六郡,又有护匈奴中郎,左部、右部、中部、南部、北部五都尉。(《初学记》卷八《州郡部·河东道》)

0382

西河国,惠帝末陷于刘元海。至石勒时置永石郡,后魏改为离石郡[1]。(同上)

0383

西河有中阳城,旧县也。(《水经注》卷六《文水注》)

0384

铜鞮,晋大夫羊舍赤邑,时号赤为“铜鞮伯华”。汉以为县[2]。

---

① 后魏改为离石郡:《清一统志》卷一四四《汾州府》作“周建德六年置离石郡”。

② 汉以为县:《寰宇记》脱。

（《寰宇纪》卷五〇《威胜军·铜鞮县》、《御览》卷一六三《州郡部·潞州》；《新定九域志》卷四《威胜军》较简）

0385

秦时建此城，輙崩不成，有马周旋，驰走反覆。父老异之，因依以筑城，遂为马邑。（《御览》卷一六三《州郡部·朔州》）

0386

乐平郡有受阳县，卢谌《征艰赋》所谓“历受阳而总辔”者也。（《水经注》卷六《洞过水注》）

0387

乐平县旧名沾县，汉之故县矣。（《水经注》卷一〇《清漳水注》）

雍　州

0388

雍州兼得梁州之地，西北之位，阳所不及，阴气壅阏，故以为名。（《类聚》卷六《州部·雍州》、《长安志》卷二《雍州》、《御览》卷一六四《州郡部·雍州》）

0389

（雍县）虢叔之国矣，有虢宫。平王东迁，叔自此之上阳，为南虢矣。（《水经注》卷一八《渭水注》）

0390

汧县有蒲谷乡，弦中谷乃雍州之蒲也。（《寰宇记》卷三二《陇州·汧源县》、《御览》卷七二《地部·薮》、《元一统志》卷四《陇州·山川》）

0391

西川属安定郡。（《寰宇记》卷三二《泾州·保定县》）

0392

安定郡领临泾、朝那、乌氏、鹑觚、阴密、西川六县，属雍州。（《寰宇记》卷三二《泾州》）

0393

蓝田出美玉，故曰蓝田。（《长安志》卷一六《县六·蓝田》）

0394

扶风池阳县有鬼谷先生所居。（《长安志》卷二〇《县十·三原》、

《清一统志》卷二二七《西安府·山川·清谷》）

0395

（京邑）郑太叔段所居邑。（《史记》卷七《项羽本纪》“战荥阳南京索间”《正义》）

0396

都卢国，其人善缘高。（《文选》卷二《西京赋》李善注）

0397

（武功）属始平郡。（《宋书》卷三七《州郡三·始平太守》）

0398

（池阳）属京兆郡。（《宋书》卷三七《州郡三·新野太守》）

0399

（高陆）属京兆郡。（《宋书》卷三七《州郡三·冯翊太守》）

0400

（畦畤祠）在栎阳故城内，其畤若畦，故曰畦畤。（《史记》卷八《高祖本纪》“今为赤帝子斩之”《索隐》）

0401

秦文公时，陈仓人猎得兽，若彘，不知名，牵以献之。逢二童子，童子曰：“此名为媦，常在地中，食死人脑。”即欲杀之，拍捶其首，媦亦语曰：“二童子名陈宝，得雄者王，得雌者霸。”① 陈仓人乃逐，二童子化为雉，雌上陈仓北阪为石②，秦祠之。（《史记》卷五《秦纪·文公》“十九年得陈宝”《正义》、《汉书》卷二八上《地理志·南阳郡》注）

0402

自北地郡北行九百里得五原塞。又北出九百里得造阳。（《大元大一统志》卷五四九《葭州·古迹》）

秦　州

0403

（废上邽县）属天水郡，后魏以避太武讳改为上封。（《寰宇记》卷

① 秦文公时……得雌者霸：《汉书·地理志》脱。

② 雌上陈仓北阪为石：《汉书·地理志》注引“雉，即陈仓人所逐二童子名宝鸡者，雄止陈仓为石，雌止此县，故名雉县”。

一五〇《秦州·清水县》)

0404

(上邽)属天水郡。(《宋书》卷三七《州郡三·略阳太守》)

0405

(略阳)属天水郡。(同上)

0406

(河关)属陇西郡。(《宋书》卷三七《州郡三·陇西太守》)

0407

清水属略阳郡。(《寰宇记》卷一五〇《秦州·清水县》)

0408

(临渭)属略阳郡。(《宋书》卷三八《州郡四·安固太守》)

0409

鸟鼠山,在①陇西首阳县西南,鼠尾短,形如家鼠②。穴入三四尺,鼠在内,鸟在外,为牝牡③。(《类聚》卷九五《兽部·鼠》、《初学记》卷二九《鼠》、《白孔六帖》卷九八《鼠》、《御览》卷九一一《兽部·鼠》)

凉　州

0410

宜禾县属敦煌郡。(《初学记》卷八《州郡部·陇右道》)

幽　州

0411

涿鹿城东一里有阪泉,上有黄帝祠。(《史记》卷一《五帝本纪》"战于阪泉之野"《正义》、《通鉴地理通释》卷四《历代都邑考·黄帝都》)

0412

涿有长乡县。(《水经注》卷一二《圣水注》)

---

① 在:《白孔六帖》误作"西"。

② 形如家鼠:《白孔六帖》误作"如常穴"。

③ 为牝牡:《初学记》《白孔六帖》《御览》均脱。魏张晏《地理记》作"不为牝牡"。

0413

军都县属燕国。(《寰宇记》卷六九《幽州·昌平县》)

0414

潘县(由上谷郡)更属广宁郡。(《寰宇记》卷七一《妫州·怀戎县》、《御览》卷一六二《州郡部·妫州》)

0415

(卢龙)汉肥如县有碣石山,碣然而立,在海旁故名之。(《通典》卷一七八《州郡·妫川郡·卢龙》)

平　州

0416

乐浪遂城县有碣石山[①],长城所起。(《史记》卷二《夏本纪》"夹右碣石入于海"《索隐》)

0417

(碣石山)秦筑长城起自碣石。在今高丽旧界,非此碣石也。(《寰宇记》卷七〇《平州·卢龙县》)

青　州

0418

青州,东方少阳,其色青,其气清,岁之首,事之始也,故以为名。周之建国,表齐东海,居于青州。故吴季札观乐于鲁,闻齐之诗,云泱泱大国之风也。其表东海者乎。(《类聚》卷八《州部·青州》;《尔雅》卷七《释地》"正东曰青州"宋邢昺释较略)

0419

城阳姑幕有五色土,封诸侯,锡之茅土,用为社。此土即《禹贡》徐州之土也。今属密州莒县也。(《史记》卷二《夏本纪》"贡维土五色"《正义》)

---

① 碣石山:碣石山有二,一在今河北省昌黎县西北,秦皇、汉武曾东巡至此登临观海。《水经注》卷一一《濡水注》:"今枕海有石如埇道数十里,有大石如柱形……韦昭亦指此为碣石。"一在今朝鲜平壤市西南,即西晋乐浪郡遂城县。宋王应麟亦持此说,其《通鉴地理通释》卷一〇:"秦筑长城所起自碣石,在今高丽界,非此碣石也。"

0420

（平昌县）属城阳，惠帝分立平昌郡[①]。〔《通鉴》卷一二二“（宋文帝元嘉八年）思话弃镇奔平昌”胡三省注〕

0421

（黔陬、淳于、高密、夷安、营陵、昌安）属城阳郡。（《宋书》卷三六《州郡二·高密太守》）

0422

（平昌、朱虚）[②] 属城阳郡。（《宋书》卷三六《州郡二·平昌太守》）

0423

（阳信、厌次、湿沃[③]）属乐陵郡。（《宋书》卷三六《州郡二·乐陵太守》）

0424

（临济县）管叔后又封于此城，齐灭管，故其子孙仕齐。（《寰宇记》卷一九《齐州·临济县》）

0425

（般阳）属齐郡。（《宋书》卷三六《州郡二·齐郡太守》）

0426

（不其、长广、挺）属长广郡。（《宋书》卷三六《州郡二·长广太守》）

兖　州

0427

为坛于太[④]山以祭天，示增高也。为墠于梁父以祭地，示增广也。祭尚玄酒而俎鱼，墠皆广长十二丈，坛高三尺，阶三等。而树石太山之上，高三丈一尺，广三尺，秦之刻石云。〔《史记》卷六《秦始皇本纪》二十八年“议封禅望祭山川之事”《正义》；《通鉴》卷七（秦始皇

---

① 惠帝分立平昌郡：惠帝系武帝之后，非太康年间事。此条为后人所加。

② 朱虚：《晋书·地理志》城阳郡无朱虚县，朱虚隶东莞郡。

③ 湿沃：《晋书·地理志》作“漯沃”。

④ 太：古时太、泰相通，《广韻·泰韻》：“泰，通也，古作太。”而后人言泰山者不作“太山”。胡三省注《通鉴》即是。

二十八年）注稍略〕

0428

（城武、离狐）属济阴郡。（《宋书》卷三五《州郡一·北济阴太守》）

0429

（蛇丘、卢、谷城）属济北国。（《宋书》卷三五《州郡一·济北太守》）

0430

阿，即东阿也。（《史记》卷六四《司马穰苴列传》“齐景公时，晋伐阿”《索隐》）

0431

乌巢泽在酸枣之东南，昔曹太祖纳许攸之策，破袁绍运处也。（《水经注》卷七《济水注》）

徐　州

0432

北陵城属下邳。晋武帝以南有广陵，故曰北陵[①]。（《寰宇记》卷一七《宿州·符离县》）

0433

（祝其城）在剡东九十里，《春秋》定公十八年，会齐侯于祝其，实夹谷地。汉以为祝其县。（《寰宇记》卷二二《海州·怀仁县》）

0434

奚仲冢在（徐州）城南二十五里山上，百姓谓之神灵也。（《水经注》卷二五《泗水注》）

0435

奚仲迁于邳，仲虺居之以为汤左相。其后当周爵称侯，后见侵削，霸者所绌为伯，任姓也。（同上）

0436

（泗）水出磬石，《书》所谓“泗滨浮磬”者也。（同上）

0437

（淮浦、淮阴）属广陵郡。（《宋书》卷三五《州郡一·临淮太

① 北陵：《宋书》卷三五《州郡一·南彭城太守》误作“北淩”。

守》）

0438

（东阳）属临淮郡。（同上）

0439

（司吾、徐）属临淮郡。（《宋书》卷三五《州郡一·淮陵太守》）

杨　州

0440

以杨州渐大阳位，天气奋扬，履正含文，故取名焉。（《尔雅》卷七《释地》“江南曰扬州”宋邢昺释）

0441

吴太初宫，方才三百尺。孙皓穷极功费，作昭明宫，方才五百丈。安乐宫城，方四百八十步，未为隘也。古人俭节于斯可见[①]。〔《寿昌乘·城》；《通鉴》卷七五“（魏邵陵厉公正始八年）三月改作太初宫”注〕

0442

毗陵郡统县七，户一万二千。（《〔咸淳〕毗陵志》卷一三《风土·户口》）

0443

阳羡县，本名荆溪。〔《史记》卷八《高祖本纪》“刘贾数有功以为荆王”《索隐》、《通鉴》卷一一“（汉高帝六年）立从兄将军贾为荆王”注〕

0444

诸暨境上诸山出第一槲桑。文采如列棋，方正骈次有如画作，可为屐鹝。上品者一两至数十万。（《会稽三赋》卷上《会稽风俗赋》）

0445

庐江郡徙皖，更移居于舒。（《寰宇记》卷一二五《舒州》）

0446

汉武帝名为东冶，后[②]改为东侯官。今泉州闽县是。〔《通鉴》卷四

① 孙皓穷极……于斯可见：胡三省注脱。

② 后：当作“后汉”。《元和志》福州闽县谓：“后汉改为东侯官。”《纪胜》亦从。

六“（汉哀帝建初八年）皆从东冶泛海而至”胡三省注〕

0447

（上虞）舜避丹朱于此，故以名县。百官从之，故县北有百官桥。亦云禹与诸侯会事讫，因相虞乐，故曰上虞。（《水经注》卷四〇《渐江水注》、《清一统志》卷二九四《绍兴府·古迹》；《路史》卷二七《国名纪·陶唐氏后》甚略）

0448

鄱阳郡有上饶县。〔《通鉴》卷一三一“（宋明帝泰始二年）军于上饶”胡三省注〕

0449

九江，刘歆以为湖汉九水入彭蠡泽也。〔《通鉴》卷一三一“（宋明帝泰始二年）吾荷世祖之眷，当推奉九江”胡三省注〕

0450

（废西曲阳县）东海复有曲阳，故此为西曲阳县。（《寰宇记》卷一二九《寿州·寿春县》）

0451

吴有盐官县。（《水经注》卷二九《沔水注》）

0452

涂山古当涂国，夏禹所娶也。山西南又有禹村，盖禹会诸侯于涂山，在《禹贡》杨州之域。今九江当涂县有禹娶之地。今邑界有当涂故城存焉。即汉为县后废。（《御览》卷四三《地部·涂山》；《通典》卷一八一《州郡·濠州》、《纪胜》卷一七五《重庆府·景物上》、《路史》卷二九《国名纪·古国》均较简）

0453

（丹徒）吴王濞反，走丹徒，越人杀之于此城南。（《史记》卷五七《绛侯周勃世家》“保于江南丹徒”《正义》）

0454

曲阿，本名云阳。始皇以其地有王气，凿地堙山[①]，以败其势，截其直道，使之阿曲，故名曲阿。吴还为云阳，今复名曲阿[②]。（《纪胜》

---

① 凿地堙山：《天中记》作“凿北阬山”。

② 吴还为云阳……曲阿：《纪胜》脱。

卷五《平江府·景物上》、《天中记》卷一〇《湖》）

0455

吴分章安立临海县，属会稽郡。少帝时置临海郡，县属焉。（《寰宇记》卷九八《台州·临海县》、《纪胜》卷一二《台州·临海县》）

0456

（章安）本鄞县南之回浦乡，章帝章和元年立。〔《后汉书志》卷二二《郡国四·会稽郡·章安》刘昭注、《宋书》卷三五《州郡一·临海太守》；《通鉴》卷七六“（魏邵陵厉公嘉平五年）坐废为庶人徙章安”注小异〕

0457

赣县属南康郡[①]，因水以为名。（《寰宇记》卷一〇八《虔州·赣县》、《纪胜》卷三二《赣州·县沿革》）

0458

故延陵邑，季札所居，栗头有季札祠。（《史记》卷三一《吴太伯世家》“季札封于延陵”《索隐》）

0459

吴封季札州来而居延陵，故曰延州[②]。（《寰宇记》卷八九《润州·延陵县》、《路史》卷二六《国名纪·高阳氏后》）

0460

（乌）梁国乌县，今国孰西南二十（里）乌城。（《路史》卷二九《国名纪·古国》）

荆　州

0461

（邓）周宣王舅所封。故邓城在襄州安养县北二十里。春秋之邓国，庄十六年楚文王灭之。（《史记》卷四〇《楚世家》“伐申过邓”《正义》）

0462

魏武帝建安中分南阳立南乡郡，晋武帝又曰顺阳郡也。（《史记》

---

① 赣县属南康郡：《晋书地理志》同，《吴录地理志》作“属庐陵郡。”

② 延州：晋无延州，当为“延州来”。详本书《舆地志·扬州》“吴自有延州来”条。

卷五三《萧相国世家》“封萧何为酂侯”《索隐》）

0463

天门郡有溇中县。〔《通鉴》卷一二三“（宋文帝元嘉十八年）天门蛮田向求等反，破溇中”胡三省注〕

0464

（陶朱冢）在（华容）县之西南。（《水经注》卷三二《夏水注》）

0465

（鄂县）东鄂矣。（《水经注》卷三五《江水注》）

0466

义阳郡，以南阳属县为名。（《水经注》卷三〇《淮水注》）

0467

（酒官水）水味甘美，《南史》任昉尝云酒有千日醉。刘杳云，桂阳程乡有千日酒，饮之，至家而醉。（《纪胜》卷五七《郴州·景物下》）

0468

自华[①]至沘阳，南北连百里，号为方城，亦曰长城。（《御览》卷一六八《州郡部·唐州》）

0469

（安成郡）属荆州。（《宋书》卷三六《州郡二·安成太守》）

0470

（平阳鄳）属义阳郡。（《宋书》卷三六《州郡二·义阳太守》）

0471

（随阳）属义阳郡。（《宋书》卷三六《州郡二·随阳太守》）

0472

（临沮）属襄阳郡。（《宋书》卷三七《州郡二·南郡太守》）

0473

（孱陵）属南平（郡）。（《宋书》卷三七《州郡二·南平太守》）

0474

（厥西）属义阳郡。（《宋书》卷三七《州郡二·南义阳太守》）

0475

秭归有归乡，故夔子国，楚灭之。（《宋书》卷三七《州郡三·建

① 华：据《中国历史地图集》，其后当脱“容”字。

平太守》）

0476

（临烝）属湘东郡。（《宋书》卷三七《州郡三·湘东太守》）

益　州

0477

（汶山郡），汉武帝立，孝宣地节三年合蜀郡，刘氏又立。〔《宋书》卷三八《州郡四·汶山太守》、《通鉴》卷一〇五“（晋孝武帝太元九年）汶山太守冯苗谏曰”胡三省注〕

0478

（升迁）属汶山郡。（《宋书》卷三八《州郡四·宁蜀太守》）

0479

章武元年，先主以犍为属国为朱提郡，邓方为都尉。先主因易名太守。领汉阳等五县。（《蜀中广记》卷一五《名胜记·下川南道·宜宾县》）

0480

（牛鞞）属犍为郡。（《宋书》卷三八《州郡四·蜀郡太守》）

0481

（汉安）属江阳郡。（《宋书》卷三八《州郡四·东江阳太守》）

0482

（都安）属汶山郡。（《寰宇记》卷七三《永康军·导江县》）

0483

（旄牛）属汉嘉郡。（《宋书》卷三八《州郡四·沈黎太守》）

梁　州

0484

（广汉郡）属梁州。（《宋书》卷三八《州郡四·广汉太守》）

0485

（梓潼郡），刘氏分广汉（郡）立。（《宋书》卷三八《州郡四·梓潼太守》、《纪胜》卷一八六《隆庆府·府沿革》）

0486

（德阳）属广汉郡。（《宋书》卷三八《州郡四·遂宁太守》）

0487

李雄乱，复于阳关更置垫江县，亦属巴郡。(《初学记》卷八《山南道》、《蜀中广记》卷一九《名胜记·上川东道·垫江县》)

0488

巴东有汉昌县。(《宋书》卷三七《州郡三·巴东公相》)

0489

(巴东)属梁州。(《宋书》卷三七《州郡三·巴东公相》)

0490

(蜀后主)省丹兴县，(涪陵)郡移理汉复。领汉葭、涪陵、汉平、万宁等五县。〔《寰宇记》卷一二〇《涪州》、《通鉴》卷七五“(魏邵陵厉公正始九年)涪陵夷反”胡三省注〕

宁州

0491

蜀刘氏分建宁、牂柯立兴古郡。〔《通鉴》卷九五“(晋成帝咸康二年)王随等击夜郎、兴古皆克之”胡三省注〕

0492

(建伶、连然、滇池、谷昌、秦臧、俞元、双柏)属建宁郡。(《宋书》卷三八《州郡四·晋宁太守》)

0493

(临贺)属南海郡。(《宋书》卷三七《州郡四·临庆内史》)

0494

(楪榆、云南、东古复、梇栋、青蛉)属云南郡。(《宋书》卷三八《州郡四·云南太守》)

0495

(腾休、西隋、毋掇、镡封)属兴古郡。(《宋书》卷三八《州郡四·兴古太守》)

广州

0496

宁浦郡，武帝太康七年改合浦属国都尉立。〔《宋书》卷三八《州郡四·宁浦太守》、《纪胜》卷一一三《横州·州沿革》、《通鉴》卷九

二“（晋明帝大宁元年）阮放行至宁浦”胡三省注〕

0497

宁浦，本名昌平，武帝太康元年更名。（《宋书》卷三八《州郡四·宁浦太守》、《元一统志》卷一〇《横州路·建置沿革》）

0498

宁浦郡领始定县。（《方舆纪要》卷一一〇《横州·始定废县》）

朱崖洲

0499

朱崖儋耳无水，唯种大瓠、藤断，其汁用之亦足。（《御览》卷九七九《菜茹部·瓠》）

交　州

0500

交州本属杨州，取交阯以为名。虞之南极也。周有天下，越裳氏慕圣人之德，重九译，贡白雉。秦灭六国，南开百越，置桂林、象郡，以赵他[①]为龙川令。因秦之末，自擅南裔。汉高革命，加以王爵。始变椎髻，袭冠冕焉。（《类聚》卷六《州部·交州》）

0501

（武宁县）县属交趾。越遣太子名始，降服安阳王，称臣事之。（《水经注》卷三七《淹水注》）

0502

（平道县）县属交趾，越遂服诸雒将。马援以西南治远，路迳千里，分置斯县治。城郭穿渠，通导溉灌，以利其民。（同上）

0503

都沃者沃县[②]，属九德郡。（《万花谷后集》卷六《驩州》）

---

① 赵他：《史记》《汉书》均作“赵佗”。

② 都沃者沃县：误，史无“都沃”“沃县”。《晋书》卷一五《地理下·交州》：九德郡有“都洨”。原文当为“都洨县”。

西域长史府

0504

河北得水为河，塞外得水为海。（《史记》卷一二三《大宛列传》“注盐泽”《索隐》）

鲜　卑

0505

（银城）自北地郡北行九百里，得五原塞。又北出九百里得造阳，即此[①]。后汉光禄徐自为出五原塞数百里，筑城鄣列亭至庐山。即今县北光禄塞是也[②]。〔《御览》卷一六四《州郡部·麟州》、《通典》卷一七三《州郡三·新秦郡·连谷》、《寰宇记》卷三八《麟州·连谷县》、《通鉴》卷六“（秦始皇帝三年）自造阳至襄平”注〕

0506

秦塞自五原北九百里，谓之造阳。东行终利贲山南，汉阳西也。（《史记》卷一一〇《匈奴列传》“悉收河南地，因河为塞”《索隐》）

0507

（怀戎）在五原塞之北。（《通典》卷一七八《州郡典八·妫川郡·怀戎》）

---

① 即此：《通鉴》作“即麟州银城县”。

② 后汉光禄……是也：《通典》《寰宇记》《通鉴》俱脱。

太康郡国志　晋

清文廷式《补晋书艺文志》卷三："《太康郡国志》，《通典》卷五四引《太康郡国志》三条，载秦汉事甚详，与《太康地记》当别是一书。"今从文说，辑录如下。

兖　州

0508

《秦封泰山碑》：事天以礼，立身以义，事父以孝，成人以仁。四守之内，莫不郡县，四属八蛮，咸来贡职，人庶蕃息，天禄永得，刻石改号。(《通典》卷五四《礼·封禅·秦》)

0509

奉高，户千五百六户。此为奉高者，以事东岳帝王禅代之处，是以殊之也，故有明堂。在县西南四里，又有奉高宫。(《通典》卷五四《礼·封禅·汉》)

0510

汉武封泰山禅，梁父参诸家所说，宜肃然为定也。(同上)

晋书地道记　晋王隐撰

王隐，字处叔，东晋陈郡陈（今河南淮阳）人。以儒业自守，太兴初为著作郎。其父王铨，有著述之志，私撰西晋史事，未竟而卒。隐继父业，于元帝太兴元年（318），与郭璞同为著作郎，撰《晋史》。终于成帝咸康六年（340）写成《晋书》。《隋书·经籍志二》："《晋书》八十六卷，本九十三卷，今残缺。晋著作郎王隐撰。"《水经注》引其书称王隐《晋书地道记》或《晋地道记》，胡三省注《通鉴》称王隐《地道志》。他书有称《晋地道记》或曰《地道记》者，盖同书异名耳。《太平御览经史图书纲目》：《晋地道记》。《玉海》卷一五：《晋地道记》。王谟《汉唐地理书钞》、毕沅《经训堂丛书》、黄奭《汉学堂丛书》均有辑本。本书按《中国历史地图集·西晋图》分列。

司　州

0511

河南城[①]，去雒城四十里。〔《通鉴地理通释》卷四《周都》、《通鉴》卷四〇"（汉光武帝建武二年）车驾送至河南"胡三省注、《方舆纪要》卷四八《河南府·洛阳县》〕

0512

（朝歌）本沬邑也。《诗》云："爰采唐矣，沬之乡矣。"殷王武丁始迁居之，为殷都也。纣都在《禹贡》冀州大陆之野，即此矣。有糟丘、酒池之事焉，有新声靡乐，号邑朝歌。（《水经注》卷九《淇水注》；《诗地理考》卷一《沬》引稍略）

① 河南城：《通鉴地理通释》作"王城"。

0513

（肥乡县）太康中立，以隶广平也。（《水经注》卷一〇《浊漳水注》）

0514

汉弘农，本函谷关，有桃林也。（《寰宇记》卷六《陕州·灵宝县》、《通鉴地理通释》卷一一《三国形势考上·潼关》）

0515

（曹阳亭）在弘农县东十三里。（《水经注》卷四《河水注》）

0516

阳武荥阳[1]有博浪沙，张良为韩刺秦始皇处，即此。（《寰宇记》卷二《东京下·阳武县》、《御览》卷一五九《州郡部·郑州》、《史记》卷五五《留侯世家》“击秦皇博浪沙中”《正义》）

0517

济自大伾入河，与河水斗，南泆为荥泽。（《水经注》卷七《济水注》）

0518

京县有大索，小索亭。（同上）

0519

（上洛郡）郡在洛上，故以为名。（《水经注》卷二〇《丹水注》）

0520

（峣关）关当上洛县西北。〔《水经注》卷一九《渭水》、《通鉴》卷八“（秦二世皇帝三年）遣将兵距峣关”胡三省注、《清一统志》卷二二九《西安府·古迹·关隘》〕

0521

（阳翟）去雒阳二百八十六里，属河南。（《后汉书志》卷二〇《郡国二·颍川郡·阳翟》注）

0522

杨有梁城[2]，去县五十里，叔响邑也。（《后汉书志》卷一九《郡国一·河东郡·杨》注、《清一统志》卷一三九《平阳府·古迹》）

---

① 阳武荥阳：《史记》正义作“郑阳武”。

② 梁城：误，《清一统志》作“高梁城”是。

0523

平杨有尧城。(《后汉书志》卷一九《郡国一·河东郡·平阳》注)

0524

《左传》文十三年“詹嘉处瑕”，在(猗氏)县东北。(《后汉书志》卷一九《郡国一·河东郡·猗氏》注)

0525

晋武公自曲沃徙此(襄陵)[①]。(《后汉书志》卷一九《郡国一·河东郡·襄陵》注)

0526

(卢氏)伊东北入雒。(《后汉书志》卷一九《郡国一·弘农郡·卢氏》注)

0527

(元城)县南有琐阳城。(《后汉书志》卷二〇《郡国二·魏郡·元城》注)

0528

颍水出阳乾山。(《后汉书志》卷二〇《郡国二·颍川郡·阳城》注)

0529

河东郡垣县有召亭，周则未闻，今为召州[②]是也。(《诗地理考》卷一《召南》)

0530

雷首山一名滁山[③]。(《初学记》卷八《州郡部·河东道》)

0531

巫咸山在南。(《后汉书志》卷一九《郡国一·河东郡·安邑》注)

0532

汲有铜关。(《后汉书志》卷一九《郡国一·河内郡》、《清一统志》卷二〇〇《卫辉府·关隘》)

---

① 晋武公自曲沃徙此(襄陵)：此说不见《史记·晋世家》《左传》。当以《左传·桓公三年》所谓“曲沃武公伐翼，次于陉庭”为是。

② 召州：史无召州，河东郡有邵州，当为“邵州”之误。

③ 滁山：此名为仅见，疑为“条山”之误。韩愈《条山苍》诗云：“条山苍，河水黄，浪波纭纭去，松柏在山冈。”

0533

（肥乡县）太康中立，以隶广平也。（《水经注》卷一〇《浊漳水注》）

0534

（卢氏）西虢之别。（《路史》卷二八《国名纪·周氏》）

0535

扬[①]，侯国。（同上）

0536

訾城在巩县之东。〔《后汉书志》卷一九《郡国一·河南尹》、《通鉴》卷九四“（晋成帝咸和三年）出于巩、訾之间”胡三省注〕

0537

蒯乡在河南县西南，有蒯亭[②]。（《后汉书志》卷一九《郡国一·河南尹·河南》）

豫　州

0538

（雩娄）在安丰县之西南，即其界也。〔《水经注》卷三二《决水注》、《通鉴》卷六六“（汉献帝建安十四年）步骑四万已到雩娄”胡注〕

0539

（安丰县）安丰郡之属县也，俗名之曰安城矣。（《水经注》卷三二《沘水注》）

0540

阳翟，本栎也，故颍川郡治也。城西有郭奉孝碑，水侧有九山祠碑，丛柏尤茂，北枕川流也。（《水经注》卷二二《颍水注》）

0541

（襄城县）楚灵王筑。刘向《说苑》曰：“襄城君始封之日，服翠衣，带玉珮，徙移于流水之上，即是水也，后乃县之。”（《水经注》卷

① 扬：当为“杨”，见《汉书·地理志》《后汉书·郡国志》。

② 蒯亭：《左传》昭公二十三年，尹辛“攻蒯，蒯溃”。杜预注：“河南县西南蒯乡是也。”按在今河南洛阳市西南。而汉蒯成侯国在西晋蒯城县（今陕西宝鸡市东）。当今有地方史文章将二者混淆。

二一《汝水注》、《清一统志》卷二一八《许州·古迹》）

0542

（陈陵县）城北有故沙，名之为死沙，而今水流津通，漕运所由矣。（《水经注》卷二二《渠水注》）

0543

（西阳县）弦子国也。（《水经注》卷三五《江水注》）

0544

陈城西南角有淮阳城，汉淮阳国城也。（《寰宇记》卷一〇《陈州·宛丘县》、《清一统志》卷一九二《陈州府·古迹》）

0545

梁孝王筑（睢阳）城十二里，小鼓唱节杵下而和之，称《睢阳曲》。（《后汉书志》卷二〇《郡国二·梁国·睢阳》注）

0546

昭二十一年“御诸横”，横亭在（睢阳）县南。（同上）

0547

（项县）有公路城，袁术所筑。（《后汉书志》卷二〇《郡国二·汝南郡·项》注）

0548

（汝阴县）有陶丘乡，《诗》所谓“汝坟”。（《后汉书志》卷二〇《郡国二·汝南郡·汝阴》）

0549

（吴房县）有吴城。（《后汉书志》卷二〇《郡国二·汝南郡·吴房》）

0550

（长社县）社中树暴长，汉改名。（《后汉书志》卷二〇《郡国二·颍川郡·长社》注）

0551

高陵山，汝水所出。（《后汉书志》卷二〇《郡国二·颍川郡·定陵》注）

0552

大吕亭，故吕侯国。《左传》昭四年，吴伐楚，入栎。杜预曰县东北栎亭。（《后汉书志》卷二〇《郡国二·汝南郡·新蔡》注）

0553

沛，有许城，《左传》定八年，郑伐许。（《后汉书志》卷二〇《郡国二·沛国·沛》注）

0554

丰，去国二百六十，州六百，雒千二十五里。（《后汉书志》卷二〇《郡国二·沛国·丰》注）

0555

《左传》隐二年入向城，在（龙亢）县东南。（《后汉书志》卷二〇《郡国二·沛国·龙亢》注）

0556

《左传》昭八年“大蒐于红”。（《后汉书志》卷二〇《郡国二·沛国·虹》注）

0557

（苦县）城南三十里有平城。（《后汉书志》卷二〇《郡国二·陈国·苦》注）

冀　州

0558

清河国，凡领清河等六县。（《初学记》卷八《州郡部·河北道》）

0559

中水县属河间。（《史记》卷七《项羽本纪》“封吕马童为中水侯”《索隐》、《路史》卷三〇《杂国》）

0560

乐平东南有夷仪岭，道通襄国。夷仪山在城北故塞。（《寰宇记》卷五九《邢州·龙冈县》）

0561

（元氏县，晋）改属赵国。其常山郡移理于真定县。（《寰宇记》卷六一《镇州·元氏县》）

0562

（晋）改阜邑为阜城。（《寰宇记》卷六三《冀州·阜城县》）

0563

（鸿头）鸿上关者也。（《水经注》卷一一《滱水注》）

0564

望都县有马溺关。(同上)

0565

蒲阴县有阳安关，盖阳安关都尉治，世俗名斯川为阳安圹。(同上)

0566

蒲阴有阳安关、阳城。蒲阳山，蒲水出也。(《后汉书志》卷二〇《郡国二·中山国·蒲阳》注)

0567

望都有马安关。(《后汉书志》卷二〇《郡国二·中山国·望都》注)

0568

俞有鸣犊河。(《后汉书志》卷二〇《郡国二·清河国·鄃》注)

0569

中丘有石门塞、烧梁关。(《后汉书志》卷二〇《郡国二·赵国·中丘》注)

0570

平原有笃马河。(《后汉书志》卷二〇二《郡国四·平原郡·平原》注)

0571

元氏有石塞、三公塞。(《后汉书志》卷二〇《郡国二·常山国·元氏》注)

0572

房子有砾塞、中谷塞。(《后汉书志》卷二〇《郡国二·常山国·房子》注)

0573

乐陵国有新乐县。(《水经注》卷九《淇水注》)

0574

(厌次)属平原，后属乐陵国。(《路史》卷三〇《杂国》)

0575

恒山在上曲阳县西北百四十里，北行四百五十里得恒山岌，号飞狐口，北则代郡也。〔《史记》卷四三《赵世家》“从常山上临代，代可取也”《正义》、《通鉴》卷一〇“（汉高帝三年）杜太行之道，距蜚狐之口”胡三省注；《后汉书志》卷二〇《郡国二·中山国·上曲阳》注意同而文异〕

并州

0576

（高都）县有太行关，丹溪为关之东谷。途自此去，不复由关矣。〔《水经注》卷九《沁水注》、《通鉴》卷一五四“（梁武帝中大通二年）子恭仍镇太行丹谷”胡三省注〕

0577

西河有中阳城，旧县也。（《水经注》卷六《文水注》）

0578

晋水出龙山，一名结绌山。（《水经注》卷六《晋水注》）

雍州

0579

（雍县）西虢地也。（《水经注）卷一八《渭水注》）

0580

司竹都尉治鄠县，其圆周百里以供国。（《长安志》卷一八《县八·盩厔》）

0581

莲勺县属冯翊。（《寰宇记》卷二九《华州·下邽县》）

0582

汧县[1]属秦国，故城在今县南。汉置陇关，西关戎翟，今名大震关，在今县西。（《寰宇记》卷三二《陇州·汧源县》、《初学记》卷八《州郡部·关内道》）

0583

郁夷省并郿，盖因王莽之乱。郁夷之人，权寄理郿界，因并于郿。（《寰宇记》卷三二《陇州·汧源县》）

---

① 汧县：《初学记》误作“汧阳县”。《晋书·地理志》有汧县，而无汧阳县。毅按，汧阳县，始置于北周天和五年。

0584

蓝田有虎候山。(《后汉书志》卷一九《郡国一·京兆尹·蓝田》注)

0585

池阳有巀薛山，在北。有鬼谷，生三所氏。(《后汉书志》卷一九《郡国一·左冯翊·池阳》注)

0586

(秦王子婴降于轵道旁)霸水西。(《后汉书志》卷一九《郡国一·京兆尹·霸陵》)

0587

(华山)在(华阴)县西南。(《后汉书志》卷一九《郡国一·弘农郡·华阴》)

0588

乌枝，乌水出。(《后汉书志》卷二三《郡国五·安定郡·乌枝》注)

0589

蒯在北地[1]。(《路史》卷三〇《杂国》)

秦　州

0590

(新兴县)南安之属县也。(《水经注》卷一七《渭水注》)

0591

(大夏县)县有禹亩，禹所出也。(《水经注》卷二《河水注》)

0592

(翟)伐卫懿公者，贾逵云，处北地，后为晋所灭。(《路史》卷二四《国名纪·黄帝后姬姓国》)

0593

汉阳有大坂，名曰陇坻，亦曰陇山。郡处其西，故曰陇西。其山堆旁崩，声闻数百里，杨雄所谓“响若坻颓”是也。(《御览》卷一六

① 蒯在北地：据《晋书》卷一四《地理上》，汉蒯成侯国，在雍州始平国，即今陕西宝鸡市东。不在北地郡。

五《州郡部·渭州》、《寰宇记》卷一五〇《秦州》）

0594

天水，始昌县故城西也，亦曰清崖峡。（《水经注》卷二〇《漾水注》）

0595

首阳有三危，三苗所处。（《后汉书志》卷二三《郡国五·陇西郡·首阳》）

0596

河池有泉街水。（《后汉书志》卷二三《郡国五·武都郡·河池》注）

凉　州

0597

凉州城东西三里，南北七里。本匈奴所筑。及张氏之世，又增筑四城，箱各千步。东城命曰讲武场，北城名曰玄湖圃，皆殖园果，有宫殿。广夏门，洪范门，皆中城门也。〔《通鉴》卷一一一“（晋纪安帝隆安三年）吕弘帅东苑之众斧洪范门”注〕

0598

鸟鼠同穴西有三危山，三苗所处是也。（《路史》卷二五《国名纪·帝鸿后釐姓国》）

0599

南山，谷水所出。（《后汉书志》卷二三《郡国五·武威郡·姑臧》注）

0600

南山，松陕水所出。（《后汉书志》卷二三《郡国五·武威郡·仓松》注）

0601

泥水出郁郅北蛮中。（《后汉书志》卷二三《郡国五·北地郡·泥阳》注）

幽　州

0602

舜以冀州南北广大，分燕地北为幽州，夏、殷省幽并冀，又为冀

州之域，周复置幽州。（《寰宇记》卷六九《幽州》、《御览》卷一六二《州郡部·幽州》）

0603

幽州，因幽都以为名。（《寰宇记》卷六九《幽州》）

0604

（上谷郡）郡在谷之头，故因以上谷名焉。〔《水经注》卷一二《圣水注》、《通鉴》卷六“（秦始皇帝三年）燕筑长城自造阳至襄平”注〕

0605

（安乐县）晋封刘禅为公国。（《水经注》卷一四《沽水注》）

0606

辽西人见辽水上有浮棺，欲破之。语曰：“我孤竹君也，汝破我何为!”因为立祠焉。或曰：“汉灵帝时，辽西太守廉翻因梦得之。”[①]（《续博物志》卷八、《水经注》卷一四《濡水注》）

0607

（孤竹）在肥如南十二里，秦之离支县，汉令支[②]也。营州皆其地。（《路史》卷二四《国名纪·太昊后风姓国》）

青　州

0608

狄伐卫懿公。（《后汉书志》卷二二《郡国四·乐安国·临济》注）

0609

安丘有渠丘城。（《后汉书志》卷二二《郡国四·北海国·安丘》注）

0610

郚城在（都昌）县西。（《后汉书志》卷二二《郡国四·北海国·都昌》注）

0611

东安平有羌头山。（《后汉书志》卷二二《郡国四·北海国·东安

---

① 汉灵帝……得之：《水经注》脱。

② 令支：原文误作“今支”，史无今支县，《汉书》卷二八下《地理志》辽西郡：“令支县有孤竹城。”径改。

平》注）

0612

黄县东二百三十里至海中，连岑有土道。秦始皇登此山，列二碑。东二百三十里有始皇、汉武帝二碑。（《后汉书志》卷二二《郡国四·东莱郡·黄》注）

0613

牟平有百枝莱君祠。（《后汉书志》卷二二《郡国四·东莱郡·牟平》注）

0614

东莱掖县有过乡，北有过城，古过国也。（《史记》卷三一《吴太伯世家·王夫差元年》“昔有过氏”《索隐》）

兖　州

0615

济自大伾入河，与河水斗。大伾成皋，古成皋兼包巩县之界。溢出为荥水，东流过阳武及封丘县。又东过冤朐县南至定陶县南，又东北流与荷水会，东至乘氏县西，分而为二。其一东北流入钜野泽，过寿张西与汶水合，又北过谷城县西，又东北过庐县，北经齐郡、东莱郡而入海也。《尚书》称：导沇水东流，为济河水所在也。又东北会于汶，又东北入于海是也。（《御览》卷六一《地部·济》）

0616

廪丘者，《春秋》之所谓齐邑也。（《水经注》卷二四《瓠子河注》）

0617

葬孔子于鲁城北泗水上。（《水经注》卷二五《泗水注》）

0618

仲虺城在薛城西三十里。（同上）

0619

（湖陆）县西有费亭城，魏武帝初所封。又西有极亭，隐公二年无骇入极，即此[1]。（《后汉书志》卷二一《郡国三·山阳郡·湖陆》、《清

① 又西有极亭……即此：《后汉书志》脱。

一统志》卷一八三《济宁州·古迹》）

0620

长垣南十里，有卫故匡城。孔子所厄。（《路史》卷二六《国名纪·高阳氏后》）

0621

（承匡城）在襄邑县西。《左传》文十一年会晋郤缺于承匡。有桐门亭，有黄门亭。襄元年会鄫。杜预曰：襄邑县东南有鄫城。（《后汉书志》卷二一《郡国三·陈留郡·承匡城》注）

0622

寿张有蚩尤祠、狗城。（《后汉书志》卷二一《郡国三·东平国·寿张》注）

0623

金乡县多山，所治名金山。山北有凿石为冢，深十余丈，隧长三十丈，傍却入为堂三方，云得白兔不葬，更葬南山，凿而得金，故曰金山，故冢今在。或云汉昌邑所作，或云秦时。（《后汉书志》卷二一《郡国三·山阳郡·金乡》注）

0624

（五父衢）在（鲁国）城东。（《后汉书志》卷二〇《郡国二·鲁国》注）

0625

（奚仲墓）夏车正奚仲所封，冢在（薛）城南二十里山上。（《后汉书志》卷二〇《郡国二·鲁国·薛》注、《清一统志》卷一六六《兖州府·陵墓》）

0626

成武有秺城。（《后汉书志》卷二一《郡国三·济阴郡·成武》注）

徐　州

0627

广县属东莞。《史》《汉》表作广严误。（《路史》卷三〇《杂国》）

0628

（阳都）属临淮。（《路史》卷三〇《杂国》）

0629

射阳有博支湖。（《后汉书志》卷二一《郡国三·广陵郡·射阳》

注）

0630

海中去岸百五十步，有秦始皇碑。长一丈八尺，广五尺，厚八尺三寸，一行十二字。潮水至加其上三丈，去则三尺见也。（《后汉书志》卷二一《郡国三·东海郡·赣榆》）

扬　州

0631

寻阳，陆通五岭，北导长江，远行岷汉，亦一都会也。（《御览》卷一七〇《州郡部·江州》、《纪胜》卷三〇《江州·风俗形胜》；《胜览》卷二二《江州·形胜》、《元胜览》卷下《江西等处行中书省·江州路·形胜》较略）

0632

西晋愍怀之后，胡寇仍侵，中原不守。琅邪王睿出镇扬州，因渡江南，卜金陵，建大业，衣冠礼乐、州郡名号并随渡江改制。则徙北地当涂来江南，自东晋之始也。[①]（《寰宇记》卷一〇五《太平州·当涂县》）

荆　州

0633

宜春县出美酒，随岁贡上，供刺史亲付计吏[②]。（《初学记》卷八《江南道》、《寰宇记》卷一〇九《袁州·宜春县》、《纪胜》卷二八《袁州·景物下》）

0634

义阳郡，以南阳属县为名。（《水经注》卷三〇《淮水注》）

0635

（零陵县）县有香茅，气甚芬香，言贡之以缩酒也。（《水经注》卷三八《湘水注》、《御览》卷九九六《百卉部·茅》）

---

① 本条书名原题《晋书·郡国志》。《晋书·地理志》无此条文字，记事又在东晋，疑为王隐之文，录此备考。

② 供刺史亲付计吏：《初学记》脱。

0636

陶朱冢在华容县，树碑云是越之范蠡。（《水经注》卷三二《夏水注》）

0637

（鄍）楚灭鄍，徙其君此城。（《后汉书志》卷二二《郡国四·江夏郡·鄍》注）

梁　州

0638

魏咸熙元年[①]克蜀，分广汉、巴、涪陵以北七郡为梁州。（《纪胜》卷一八三《兴元府·府沿革》）

0639

梁州南至桓水，西抵黑水，东限扞关。今汉中、巴郡、汶山、蜀郡、汉嘉、江阳、朱提、涪陵、阴平、广汉、新都、梓潼、犍为、武都、上庸、魏兴、新城，皆古梁州之地。（《水经注》卷三六《青衣水注》）

0640

（汉宁郡）孝武太元十五年，梁州刺史周琼表立。[②]（《宋书》卷三七《州郡三·汉中太守》）

0641

（平州）属巴郡。（《路史》卷三〇《杂国》）

0642

（梓潼）五妇山，驰水出。建安二十二年，刘备以为郡。（《后汉书志》卷二三《郡国五·广汉郡·梓潼》注）

0643

梓潼郡有汉德县。（《宋书》卷三八《州郡志·梓潼太守》）

0644

入汤口四十三里，有石煮以为盐，石大者如升，小者如拳，煮之

---

① 魏咸熙元年：误。据《通鉴》，魏克蜀在景元四年（263）十一月，十二月“分益州置梁州”。

② 本条存疑：汉宁郡始置东汉末，《元和志》兴元府谓：“后汉末，张鲁据汉中，改汉中为汉宁郡。”“周琼表立”，当为“周琼表复立”。

水竭盐成。盖蜀火井之伦，水火相得乃佳矣。（《水经注》卷三三《江水注》）

益　州

0645

刘禅建兴三年，分牂柯置兴古郡，治温县。（《水经注》卷三八《温水注》）

0646

故且兰有沅水。（《后汉书志》卷二三《郡国五·牂牁郡·故且兰》注）

0647

不狼山，鳖水所出。（《后汉书志》卷二三《郡国五·牂牁郡·鳖》注）

0648

丽水，西受徼外，东至麋冷，入尚龙溪。（《后汉书志》卷二三《郡国五·牂牁郡·西随》注）

0649

盐池泽在姑复南。（《后汉书志》卷二三《郡国五·越巂郡·姑复》注）

0650

毋缀有桥水，出桥山。（《后汉书志》卷二三《郡国五·益州郡·毋缀》注）

0651

贲古南乌山，出锡。（《后汉书志》卷二三《郡国五·益州郡·贲古》注）

0652

铜虏山，米水所出。（《后汉书志》卷二三《郡国五·益州郡·同濑》注）

0653

连山，无血水所出。（《后汉书志》卷二三《郡国五·益州郡·桥栋》注）

0654

绵竹有紫岩山，绵水之所出焉。（《后汉书志》卷二三《郡国五·

广汉郡·绵竹》注）

广　州

0655

临贺县属南海。（《宋书》卷三七《州郡三·湘州·临庆郡》）

0656

龙山，合水所出。（《后汉书志》卷二三《郡国五·苍梧郡·猛陵》注）

交　州

0657

南越侯织在此。（《后汉书志》卷二三《郡国五·交趾郡·羸陵》注）

0658

（日南）郡去卢容浦口二百里，故秦象郡象林县治也。（《水经注》卷三六《温水注》）

0659

九德郡有浦阳县。（同上）

0660

（九德郡）有九德县。（同上）

0661

九德郡有南陵县，晋置也。（同上）

0662

九真郡有松原县。（同上）

0663

朱吾县属日南郡，去郡二百里。此县民，汉时不堪二千石长吏，调求引屈都乾为国。（同上）

元康三年地记六卷　晋

《隋书·经籍志二》："《元康三年地记》六卷。"文廷式《补晋书艺文志》同。《太平御览经史图书纲目》："《晋元康地记》。"南朝梁刘昭注补《后汉书志·郡国》"成周"条引称《晋元康地道记》。《类聚》、《文选》注、《胜览》所引均称《元康地记》。本书按《中国历史地图集·西晋图》分列。

司　州

0664

成周王城去洛城四十里[①]，城内南北九里七十步，东西六里十步，为地三百顷一十二亩有三十六[②]步。城东北隅周威烈王冢。（《后汉书志》卷一九《郡国一·河南尹·雒阳》注、《河南志》卷二）

扬　州

0665

猨与猕猴不共山宿，临旦相呼。（《文选》卷二二谢灵运《从斤竹涧越岭溪行》李善注）

0666

（章安）本鄞县南之回浦乡，章帝章和元年立。（《后汉书志》卷二二《郡国四·会稽郡》注）

---

① 王城去洛城四十里：《后汉书志》注脱。

② 六：《河南志》作"二"。

荆　州

0667

荆州於古，蛮服之地也。秦灭楚置郡县。汉武分为交州，至魏晋而荆州[①]。所部郡国二十。(《类聚》卷六《州部·荆州》;《御览》卷一六七《州郡部·荆州》、《胜览》卷二七《江陵府·风俗》均较略)

① 汉武分为……荆州：误。荆州始置于汉元封五年，《汉书》卷五《武帝纪》：元封五年，初置刺史部十三州。其《地理志》称：江夏郡、南阳郡等属荆州。非魏晋始名荆州。所谓“汉武分为交州”当为“汉武分荆州为交州”。

永宁地志　晋

永宁系西晋惠帝年号，永宁元年（301）纂辑成书，故名。丁国钧《补晋书艺文志》卷二："《永宁地志》，谨按见《宋书·州郡志》。永宁，晋惠帝年号。"文廷式《补晋书艺文志》卷二、秦荣光《补晋书艺文志》卷二皆著录。

荆　州

0668

（临沮）属襄阳郡。（《宋书》卷三七《州郡三·南郡太守》）

0669

宜都郡无宜昌县。（《宋书》卷三七《州郡三·荆州刺史·宜都太守·宜昌令》）

扬　州

0670

丹阳郡无永世县。（《宋书》卷三五《州郡一·扬州刺史·丹阳尹·永世令》）

十三州记　晋黄恭撰

黄恭，字义仲，晋人。《太平御览经史图书纲目》："黄恭《十二州记》。"文廷式《补晋书艺文志》卷三"黄恭《交广记》"条谓："义仲，盖恭字也。"又谓："黄义仲《十三州记》，《水经·河水注》两引之。《艺文类聚》卷六引苗恭《十四州记》，即此书也。"毅按，称十二州者，始于交阯太守士燮表言：伏见十二州皆称曰州，而交独为交阯刺史，何天恩之不平？（见《类聚》卷六引苗恭《交广记》。）十三州为两汉制，至三国吴时分交州地置广州，故有十四州之说。《类聚》作黄恭为"苗恭"，盖黄、苗形似而误。明陶宗仪《说郛》有辑佚。佚文按《中国历史地图集·西晋图》分列。

总　叙

0671

郡之言君也，改公侯之封而言君者，至尊也。郡守专权，君臣之礼弥崇①。今郡字，君在其左，邑在其右，君为元首，邑以载民，故取名于君，谓之郡。②〔《水经注》卷二《河水注》、《通鉴》卷三"（周赧王三年）遂取汉中郡"注；《类聚》卷六《郡部》、《御览》卷一五七《州郡部·叙郡》文词小异〕

0672

县，弦也。弦以贞直，言下体之居，邻民之位，不轻其誓，施绳用法，不曲如弦。弦声近县，故以取名。今系字在半也。汉高帝六年，令天下县邑城。（《水经注》卷二《河水注》；《御览》卷一五七《州郡部·叙县》有小异）

---

① 郡守专权……弥崇：《通鉴》注脱。

② 此条书名"黄恭《十四州记》"。

0673

县万户以上为令，则子国也。千户为长，男国也。今人呼县为百里子男，本方百里也。故言今之百里，古之诸侯。[①]（《御览》卷一五七《州郡部·叙县》、《说郛》卷六〇上）

扬　州

0674

上虞县有雁为民田春拔野草根，秋啄其秽，是以县官禁民不得妄害此鸟，犯则有刑无赦。（《说郛》卷六〇上）

益　州

0675

昔蜀王从卒数千余出猎于褒谷之溪。秦惠王亦畋于山中怪而问之，以金一筐遗蜀王，及报欺之以土。秦王大怒。其臣曰："此秦得之端。"秦王未知蜀道，乃刻石牛五头，置金于尾下，伪如养之者言："此天牛能屎金。"蜀人见而信之，乃令五丁共引牛成道，致之成都。秦始知蜀道，使张仪伐之。蜀王开战，不胜而亡。（同上）

域　外

0676

僧强叠国在天竺南，佛寺三十余所。其地有神珠，非玉石，昼夜于国中光明于日。珠径一尺五寸，其色正碧。（同上）

---

① 此条书名"黄恭《十四州记》"。

晋地记　晋

丁国钧《补晋书艺文志》卷二："谨按见《宋书·州郡志》，家大人曰，凡《太康地志》，《宋书》往往称《太康地记》。其称《晋地记》者，凡四见，盖又是一书，非《太康志》，亦非王隐《晋书》中《地道记》也。故别著于录。"秦荣光《补晋书艺文志》卷二、吴士鉴《补晋书经籍志》卷二亦著录《晋地记》。今从《史记正义》《史记集解》《宋书》中辑得七则，按《中国历史地图集·西晋图》分列如下。

司　州

0677

河南有穷谷，盖本有穷氏所迁也。(《史记》卷二《夏本纪》"帝相崩，子帝少康立"《正义》)

荆　州

0678

江夏有新市县。(《史记》卷五《秦本纪》"取新市"《集解》)

梁　州

0679

(汉中太守)孝武太元十五年梁州刺史周琼[①]表立。(《宋书》卷三七《州郡三·梁州刺史》)

0680

(广昌子相)武帝太康元年改上庸之广昌为庸昌，二年省。(同上)

① 琼：上海古籍出版社影印《二十五史》本脱，据中华书局点校本补。

0681

（晋寿太守）孝武太元十五年，梁州刺史周琼[①]表立。（《宋书》卷三七《州郡三·梁州刺史》）

益　州

0682

（南汉中太守）孝武太元十五年梁州刺史周琼表立。（《宋书》卷三八《州郡四·益州刺史》）

广　州

0683

海阳、绥安、海宁、潮阳，故属东官郡。（《宋书》卷三八《州郡四·义安太守》）

① 周琼：上海古籍出版社影印《二十五史》本作“周馥”，今据中华书局点校本改。

续汉书郡国志　晋袁山松撰

袁山松（？—401），扶乐（今河南太康）人，出身汉晋官宦世家。安帝时历官秘书监、吴郡太守。孙恩之乱时，山松守沪渎城，城陷被杀。博学能文，著《后汉书》一〇一卷、《宜都山川记》，均佚。《晋书》有传。《隋书·经籍志二》："《后汉书》九十五卷，本一百卷，晋秘书监袁山松撰。"文廷式《补晋书艺文志》卷二："袁山松《后汉书》一百卷"，佚文多引称"袁山松《郡国志》"，当为袁著《后汉书》之一部分。有称《续汉书郡国志》者，据清王先谦《后汉书集解·述略》考，在班固以后、范晔之前，编著后汉史书者达十八家，仅袁山松所著为《水经注》所征引，其余皆无踪迹，故录在袁山松名下。

总　叙

0684

光武中兴，命并省郡国，明、章、和至于顺帝，凡郡国一百五，仍为十三部。（河南尹[①]、河东、弘农、京兆尹、左冯翊、右扶风，司隶校尉所部也；颖州[②]、汝南、梁国、沛国、陈国、鲁国，豫州刺史所部也；魏郡、钜鹿、常山国、中山国、安平国、河间国、清河国、赵国、渤海[③]，冀州刺史所部也；留阳[④]、东郡、东平国、任城国、太

① 河南尹：其后据《后汉书志》卷一九《郡国一·河南尹》，脱"河内"。

② 颖州：据《后汉书志》卷二〇《郡国二·颍川郡》，当为"颍川"之误。史无"颖州"。

③ 渤海：据《后汉书志》卷二〇《郡国二·勃海郡》，为"勃海"之误。汉无"渤海郡"。

④ 留阳：据《后汉书志》卷二一《郡国三·陈留郡》，为"陈留"之误。史无"留阳郡"。

山、齐北国[①]、山阳、济阳，兖州刺史所部也；东海国、琅邪国、彭城国、广陵、下邳国，徐州刺史所部也；济阳[②]、南平、问原[③]、乐北国[④]、北海国、东莱、齐国，青州刺史所部也；南阳、南郡、江夏、零陵、桂杜阳[⑤]、武陵、长沙，荆州刺史所部也；九江、丹阳、庐江、会稽、吴郡、豫章，扬州刺史所部也；汉中、巴郡、广汉、蜀郡、犍为、牂牁、越巂、益州、永昌、广汉属国、蜀郡蜀国、犍为属国，益州刺史所部也；陇西、汉阳、武都、金城、安定、北地、武威、张掖、酒泉、敦煌、张掖属国、居延属国，凉州刺史所部也；上党、太原、上郡、西河、五原、云中、定襄、雁门、朔方，并州刺史所部也；涿郡、广阳、代郡、上谷、渔阳、北平[⑥]、辽西、辽东、玄菟、乐浪、辽东属国，幽州刺史所部也；南海、苍梧、郁林、合浦、交趾、九真、日南，交州刺史所部也。县邑道侯国千一百八十一，户六百六十九万八千六百三十一，口四千九百一十五万二百二十。至桓帝又置三郡，高阳、高凉、博陵是也。灵帝又置三郡，南安、鄱阳、庐陵是也。[⑦]）（《初学记》卷八《总叙州郡》；《御览》卷一五七《州郡部三·叙郡》仅引“光武中兴……仍为十三部”）

0685

光武以官多役繁，乃并省郡国十，凡县道侯国四百余所。后为十三州部。司隶理河南（今洛阳）；豫州理（亳州）；兖州理昌邑（今兖州金乡县）；徐州理剡（今泗州下邳县）；青州理临淄（今青州临淄

---

① 齐北国：据《后汉书志》卷二一《郡国三·陈留郡》，当为“济北国”。

② 济阳：东汉无“济阳国”或“济阳郡”，当从《后汉书志》卷二二《郡国四·济南国》，作“济南国”。

③ 南平、问原：史无此二郡或二国。当从《后汉书志》卷二二《郡国四·济南国》作“平原”。

④ 乐北国：史无此名，当从《后汉书志》卷二二《郡国四·乐安国》作“乐安国”。

⑤ 桂杜阳：史无此名，据《后汉书志》卷二二《郡国四·桂阳郡》应作“桂阳”。

⑥ 北平：北平为郡始于西晋，当从《后汉书志》卷二三《郡国五·右北平郡》作“右北平”。

⑦ 此条引书名署《续汉书郡国志》。

县）；凉州理陇（今秦州陇城县）；并州理晋阳（今太原）；冀州理鄗（今赵州高邑县）；幽州理蓟（今幽州蓟县）；杨州理历阳（今和州县）；荆州理汉寿（今剑州武陵县）；交州理广信（今梧州苍梧县）。至于末加置郡国百有五，凡县道侯国千一百八十。东有乐浪郡，西有敦煌郡，南有日南郡，北有雁门郡，西南有永昌郡。广袤如前汉。[①]（《御览》卷一五七《州郡部三·叙郡》）

司隶校尉部

0686

长安城，方三十里，经纬各长五十里。十二城门，内九百七十三顷。城中皆属长安。（《长安志》卷五《宫室·汉长安城》）

0687

（《书》曰天王狩于河阳，服虔、贾逵曰：河阳，温也。）河阳，别县，非温邑也。（《水经注》卷五《河水注》）

0688

共县有凡亭，周凡伯国。《春秋》隐公七年，《经》书：王使凡伯来聘是也。（《水经注》卷九《清水注》）

豫州刺史部

0689

山桑县有垂惠聚。（《水经注》卷二三《阴沟水注》）

冀州刺史部

0690

五鹿，故沙鹿，有沙亭。周穆王丧盛姬，东征舍于五鹿。其女叔𡚸屈此思哭，是曰女𡚸之丘，为沙鹿之异名也。（《水经注》卷五《河水注》）

青州刺史部

0691

（黔陬）县有介亭。《地理志》曰，故介国也。（《水经注》卷二六

① 本条括号内“今洛阳”等均为后人所加。

《胶水注》）

凉州刺史部

0692

汉（水）有二源，东出氐道，西出西县之嶓冢山。（《水经注》卷二〇《漾水注》）

0693

兴平元年，分安定鹑觚、右扶风之漆置新平郡。[1]（《后汉书志》卷二三《郡国五·北地郡》注）

荆州刺史部

0694

贾复从击邓奉，追至夕阳聚。[2]（《后汉书志》卷二二《郡国四·南阳郡》注）

并州刺史部

0695

界休县有介山、绵上聚、子推庙。（《水经注》卷六《汾水注》）

0696

涅县有阏与聚。卢谌《征艰赋》曰："访梁榆之虚郭，吊阏与之旧都。"（《水经注》卷一〇《清漳水注》）

0697

建和二年，河东瓜两体共蒂。（《御览》卷九七八《菜茹部·瓜》）

益州刺史部

0698

益州部汉中、巴、广汉、蜀、犍为、越巂、牂牁、益、永昌凡九郡。（《御览》卷一六六《州郡部·益州》）

---

①② 此两条引书名《袁山松书》，以其内容疑为《续汉书郡国志》之别称，故录于此。

0699

建安二十年复[1]置汉宁郡，汉中之安阳、西城郡，分锡、上庸为上庸郡，置都尉。[2]（《后汉书志》卷二三《益州刺史部》注）

① 复：当衍。《汉书》卷二八下《地理志》无汉宁郡，《后汉书志》卷二三《益州刺史部》在建安二十年前亦无汉宁郡。

② 此条引书称“袁山松书”，以其内容当为所著《续汉书郡国志》。

九州记　晋荀绰撰

荀绰，字彦舒，颍州颍阴（今河南许昌）人。永嘉末为司空从事中郎，后没于石勒，为石勒参军。博学有才能，撰《晋后书》十五篇。见《晋书·荀勖传》。文廷式《补晋书艺文志》卷三：“荀绰《九州记》。案《魏志·袁涣传》注，涣子准，荀绰《九州记》称‘准有隽才’。核以群书，所引实《兖州记》之文。疑晋宋时止传兖、冀二州记。余七州绝无可征引者矣。”今辑佚文“袁准”条，裴松之注《三国志》称之《九州记》；而刘孝标注《世说新语》、徐坚《初学记》、欧阳询《艺文类聚》皆称《兖州记》。故本书将其《兖州记》《冀州记》列入《九州记》。《禹贡》划华夏为九州，东汉献帝时，曾并十四州为九州。晋无九州之说，而言九州者，盖谓华夏之意也。

兖　州

0700

袁准[1]，字孝尼[2]，有俊才。泰始中拜为给事中[3]。（《三国志》卷四《魏书·袁涣传》注、《御览》卷二二一《给事中》、《新语》卷二《文学》注、《初学记》卷一二《职官部下·给事中》、《类聚》卷四八《职官部·给事中》）

0701

（闾丘）冲，字宾卿，高平人。家世二千石。冲，清平有鉴识，博

---

① 淮：《类聚》误作“淮”。

② 字孝尼：《三国志》裴松之注、《新语》皆脱。《初学记》误“尼”为“居”。

③ 本条裴松之注《三国志》引“荀绰《九州记》”，其余诸书皆称“荀绰《兖州记》”。

学有文义，累迁太傅长史。虽不能立功盖世，然闻义不惑。当世莅事，务于平允。操持文案，必引经诰，饰以文采，未尝有滞。性尤通达，不矜不假。好音乐，侍婢在侧，不释弦管。出入乘四望车，居之甚夷，不能亏损。恭素之行，淡然肆其心志。论者不以为侈，不以为僭。至于白首，而清名令望，不渝于始。为光禄勋。京邑未溃，乘车出，为贼所害。时人皆痛惜之。(《新语》卷四《品藻》注)

0702

于时高平人士偶盛。满奋、郝隆达在（闾丘）冲前，名位已显。而刘宝、王夷甫犹以（闾丘）冲之虚贵，足先二人。(同上)

0703

（诸葛）冲子诠，字德林；玫，字仁林，并知名显达。诠，兖州刺史；玫，侍中御史中丞。(《三国志》卷二八《魏书·钟会传》注)

0704

（阮）坦出绍伯父，亡，次兄当袭爵。父爱柯，言名传之，遂承封。时幼小，不能让，及长悔恨，遂幅巾而居。后虽出身，未尝释也。性纯笃闲雅，好礼无违，存心经诰，博学洽闻。选为濮阳王文学、迁领军长史，丧官。王衍时为领军，哭之甚恸。(《三国志》卷一六《魏书·杜恕传》注)

冀　州

0705

满奋，字武秋，高平人，魏太尉宠之孙也[①]。性清平，有识，自吏部郎，出为冀州刺史。检晋诸公赞曰，奋体量通雅，有宠风也[②]。(《新语》卷一《言语》注；《三国志》卷二六《魏书·满宠传》注较略)

0706

裴頠弘济有识，稽古，善言名理，履行高整，自少知名。历侍中、尚书左仆射，为赵王伦所害。(《新语》卷一《言语》注)

0707

裴康，字仲预，与弟楷为名士，仕至太子右卫率。(《御览》卷二

---

① 字武秋……孙也：《三国志》注脱。

② 检晋诸公……风也：《新语》注脱。

四七《职官部·右卫率》）

0708

（杨）准[①]见王纲不振，遂纵酒，不以官事为意，消遥卒岁而已。成都王知准不治，犹以其为名士，惜而不责，召以为军谋祭酒。府散停家，关东诸侯议欲以准补三事，以示怀贤尚德之举。事未施行而卒[②]。准子峤[③]，字国彦；髦，字士彦。并为后出之俊。准与裴頠、乐广善，遣往见之。頠性弘方，爱峤之有高韵，谓准曰："峤自及卿，然髦少减也。"广性清淳，爱髦之有神检，谓准曰："峤自及卿，然髦尤精出。"准叹曰："我二儿之优劣，及裴、乐之优劣也。"评者以为峤虽有高韵，而神检不逮，广言为得。傅畅云："峤似准而疏。"峤弟俊，字惠彦，最清出。峤、髦皆为二千石。俊，太傅掾。（《三国志》卷一九〇《魏书·陈思王植传》注；《新语》卷四《赏誉》注及《品藻》注所引俱较略）

0709

钜鹿张貔，字邵虎。祖父泰，字伯阳，有名于魏。父邈，字叔辽，辽东太守。著名《自然好学论》，在《嵇康集》。为人弘深有远识，恢恢然，使求之者莫之能测也。宦历二官，元康初为城阳太守，未行而卒。（《三国志》卷一一《魏书·邴原传》注、《册府元龟》卷七七六《名望》）

0710

崔谅，即崔琰之孙也。（《三国志》卷一二《魏书·崔琰传》注）

0711

（爰）邵起自干吏，位至卫尉。长子翰，河东太守。中子敞，大司农。少子倩，字君幼，宽厚有器局，勤于当世，历位冀州刺史、太子右卫率。翰子俞，字世都，清贞贵素，辩于论议。采公孙龙之辞以谈微理。少有能名，辟太尉府，稍历显位，至侍中中书令，迁为监。（《三国志》卷二八《魏书·邓艾传》注）

0712

（崔）赞子洪，字良伯，清恪有匪躬之志，为晋吏部尚书、大司农。（《三国志》卷九《魏书·夏侯尚传》注）

---

① 准：《新语》注误作"淮"。

② 卒：《新语》注在其后有"时年二十有七"。

③ 峤：《新语》注误作"乔"。

九州记　晋乐资撰

乐资，晋鲁国（今山东曲阜）人，官著作郎。著《春秋后传》三十卷、《山阳公载记》。丁国钧《补晋书艺文志》卷二："《九州记》，乐资。谨按见《水经注》。"文廷式《补晋书艺文志》卷二："乐资《九州志》。"章宗源《隋书经籍志考证》卷六："《九州记》卷亡，乐资撰，不著录。《水经注》卷二九《沔水注》引称'乐资《九州志》'。"王谟误将唐代《九州要记》录为"乐资《九州要记》"，《中国古方志考》亦将《九州要记》视作晋人之作。详唐《九州要记》解题。

扬　州

0713

（盐官）县有秦迳[①]山。秦始皇迳此，美人死，葬于山上，山下有美人庙。（《水经注》卷二九《沔水注》、《大元大一统志》卷七九〇《海盐州·山川》）

① 迳：《水经注》原文误作"延"，陈桥驿校"近刻讹作'迳'"。然《大元大一统志》作"迳"。《方舆纪要》卷九一《浙江·嘉兴府·海盐县》：秦驻山，"一名秦迳山"。《清一统志》同，径改。

九州记　晋

晋有荀绰《九州记》、乐资《九州记》二种。未署撰人之《九州记》佚文，本书不敢随意归之于荀绰或乐资名下，姑录于此，备考。王仁俊《玉函山房辑佚书补编》辑佚。佚文按《中国历史地图集·西晋图》分列。

司州

0714

洛阳转毂百数。（《寰宇记》卷三《河南府·风俗》）

0715

金门之竹，可以为笙管。（《寰宇记》卷三《河南府·土产》）

0716

济源县有漫流水、玉浆涧、木沟，皆会于济也。（《寰宇记》卷五二《孟州·济源县》）

0717

济水，一名沇水，出济源山。（《寰宇记》卷五二《孟州·温县》）

豫州

0718

己氏，本戎君之姓，盖昆吾之后，别居戎翟中，周衰入居中国，故有此己氏之邑焉①。（《寰宇记》卷一二《宋州·楚丘县》、《路史》卷二九《国名纪·古国》）

冀州

0719

乐寿县有房渊，方三百里。石勒建平②二年，水忽变为赤。燕慕容

---

① 别居戎翟……邑焉：《路史》脱。

② 建平：原文误作“建安”，石勒有“建平”而无“建安”年号，径改。

儁二年，水忽生盐，如印形。其渊一日再长再减不失其度。居近者时见龙狗之状戏于旁。叶落于渊者，輙有群燕衔出。（《御览》卷七〇《地部·渊》；《寰宇通志》卷二《河间府·古迹》较简）

0720

（保定府）燕南陲，赵北际。（《畿辅通志》卷一五《形胜疆域》）

并　州

0721

马邑之地，风多寒沍，冰一二丈。（《寰宇记》卷四一《岚州·静乐县》）

雍　州

0722

牛头山，昔日葛仙翁多游于此。今立为寺，与白兽山相连。昔秦时有白兽为害，夷人射，因刻白石于此山，今遗像尚存。（《御览》卷四四《地部·牛头山》）

秦　州

0723

祁山上有高楼、武陟二神祠，每岁郡邑祀之。（《御览》卷四四《地部·祁山》）

幽　州

0724

古渔阳北有无终山，上有昭王冢。前有千岁狐化为书生，谒张华，华识之。因以冢前华表木照之，遂变。（《元胜览》卷上《腹里·蓟州·景致》）

0725

易县西南三十里有送荆陉，即荆轲入秦之路也。（《御览》卷一六《州郡部·易州》）

荆　州

0726

鄂，今武昌也。孙权以魏黄初元年[①]，自公安徙此，改曰武昌县，鄂县徙治于袁山东。又以其年立为江夏郡。分建业之民千家以益之[②]。（《水经注》卷三五《江水注》、《史记》卷四〇《楚世家》“中子红为鄂王”《集解》、《通鉴地理通释》卷八《七国形势考》）

0727

刘表，后汉末人也，为荆州刺史，而甚好酒。造其酒，爵以为三品。大曰伯雅，中曰仲雍，小曰季雅。在坐客有醉者，輙以针剡其面，取之虚实。（《琱玉集·嗜酒篇第五》）

梁　州

0728

绵州[③]之賨人、族[④]人皆夷也。（《寰宇记》卷八三《绵州》、《御览》卷一六六《州郡部·绵州》）

0729

（豆箅山）高五百丈，上有北神池并祠庙。（《寰宇记》卷八三《绵州·彰明县》）

0730

（梓州）葛仙翁游于此。（《新定九域志》卷七《梓州》）

益　州

0731

夜郎自古非臣服州郡之地，昔汉武帝开拓南边，始置夜郎县，属牂牁，都尉居之。（《寰宇记》卷一二二《西高州》）

0732

蒙山者，沫也。言雨露常蒙，因以为名。山顶全受阳气，其茶芳

---

① 黄初元年：《三国志》卷四七《吴书·吴主传》作“黄初二年”。

② 孙权以魏黄初……益之：《史记集解》《通鉴地理通释》均脱。

③ 绵州：隋开皇五年改潼州置绵州。此为隋唐人所改。原文应为“潼州”。

④ 族：《御览》误作“旋”。

香。（《寰宇记》卷七七《雅州·名山县》）

0733

益州城初累筑不立，忽有大龟周行旋走，因其行筑之遂得坚固，故曰龟城。（《御览》卷一六六《州郡部·益州》）

宁　州

0734

哀牢人皆儋耳穿鼻，其渠帅自谓王者，耳皆下肩三寸，庶人则至肩而已。土地沃美，宜五谷、蚕桑。知染彩文绣，有兰干细布。（兰干，僚[①]言紵也）[②]。织成文章如绫锦。有梧桐木华，绩以为布。幅广五尺，洁白不受垢污。先以覆亡人，然后服之。有濮竹，其节相去二丈[③]。地出铜、铁、铅、锡、金、银、光珠、琥珀、水精[④]、琉璃、轲虫、蚌珠、孔雀、翡翠、犀、象、猩猩、貊兽[⑤]。（《寰宇记》卷一七九《南蛮四·哀牢国》、《御览》卷七八六《南蛮·哀牢》）

0735

青蛉[⑥]县有禹穴，青蛉即云南郡废邑。有禹穴，穴内有金马、碧鸡。其光倏忽，人皆见之。汉王褒入蜀祀之。（《寰宇记》卷七九《姚州·姚城县》）

---

① 僚：原文诬作“獠”。据《汉语大字典》引《集韵》称：僚（lǎo）同獠，系魏晋以后对西南一带少数民族的通称。径改。

② 此括号内之文字，为宋人所加。

③ 二丈：《后汉书·南蛮西南夷列传》作“一丈”。

④ 水精：疑“水晶”之误。

⑤ 此条文字全录自《后汉书》卷一一六《南蛮西南夷列传·哀牢夷》。

⑥ 青蛉：原文误作“蜻蛉”。据《汉书》卷二八下《地理志》、《晋书》卷一四《地理志》改。青蛉县有蜻蛉川，不可混淆。

永初郡国志　南朝宋

是书纂于南朝宋永初二年（421），故又名《永初二年郡国志》。多见《宋书·州郡志》征引。胡三省注《通鉴》亦尝引。张国淦《中国古方志考》著录。是志记载永嘉之乱后，北人大量在南朝侨置的郡县，多为唐宋地理志缺。有王谟《汉唐地理书钞》辑本。佚文依《宋书·州郡志》分列。

南徐州

0736

（南徐州），又有南沛、南下邳、广平、广陵、盱眙、钟离、海陵、山阳八郡[①]。（《宋书》卷三五《州郡一·南徐州刺史》）

0737

（南东海郡）有襄贲、祝其、厚丘、西隰四县。（《宋书》卷三五《州郡一·南东海太守》）

0738

（南琅邪郡）有阳都、费、即丘三县。并割临沂及建康为土。（《宋书》卷三五《州郡一·南琅邪太守》）

0739

（南东莞郡）又有盖县。（《宋书》卷三五《州郡一·南东莞太守》）

0740

（临淮郡）又有盱眙县。（《宋书》卷三五《州郡一·临淮太守》）

0741

（淮陵郡）又有下相、广阳二县。（《宋书》卷三五《州郡一·淮陵太守》）

① 南沛……八郡：上海古籍出版社影印《二十五史》本脱其中海陵、山阳二郡。钱大昕《廿二史考异》谓："今数之止六郡，盖脱海陵、山阳二郡。"据今中华书局点校本补。

0742

（南高平郡）又有钜野、昌邑二县。（《宋书》卷三五《州郡一·南高平太守》）

0743

（南济阴国）又有句阳、定陶二县。（《宋书》卷三五《州郡一·南济阴太守》）

0744

（南泰山郡）有广平，寄治丹徒。领广平、易阳、曲周三县。（《宋书》卷三五《州郡一·南泰山太守》）

0745

（南濮阳郡）有鄄城县。（《宋书》卷三五《州郡一·南濮阳太守》）

徐　州

0746

阳平郡，又有廪丘县。（《宋书》卷三五《州郡一·阳平太守》）

0747

（山阳郡）属徐州。（《宋书》卷三五《州郡一·山阳太守》）

南兖州

0748

南兖州领十四郡。南高平、南平昌、南济阴、南濮阳、南泰山、济阳、南鲁七郡，今并属徐州。（《宋书》卷三五《州郡一·南兖州刺史》）

0749

（海陵郡）属徐州。领县六（建陵、临江、如皋、宁海、蒲涛、临泽）。（《宋书》卷三五《州郡一·海陵太守》）

0750

（广陵郡）又有舆、肥如、潞[①]、真定、新市五县。（《宋书》卷三五《州郡一·广陵太守》）

---

① 潞：原文作“路”，据成孺《宋州郡志校勘记》改。

0751

（南沛郡）又有符离、洨、竹邑、杼秋四县。（《宋书》卷三五《州郡一·南沛太守》）

0752

（秦郡）又领临涂、平丘、外黄、沛、雍丘、浚仪、顿丘，凡七县。（《宋书》卷三五《州郡一·秦郡太守》）

兖　州

0753

（兖州）有东郡、陈留、濮阳三郡。（《宋书》卷三五《州郡一·兖州刺史》）

0754

（泰山郡）又有山茌、莱芜、太原三县。（《宋书》卷三五《州郡一·泰山太守》）

0755

高平郡有任城县。（《宋书》卷三五《州郡一·高平太守》）

0756

济北郡有临邑、东阿二县。（《宋书》卷三五《州郡一·济北太守》）

南豫州

0757

历阳郡有历阳、乌江、龙亢三县。（《宋书》卷三五《州郡二·历阳太守》）

0758

南梁郡又有虞、阳夏、安丰三县。（《宋书》卷三五《州郡二·南梁太守》）

0759

羌人始立崇义县。（同上）

豫　州

0760

豫州寄治睢阳，而郡县在淮西。（《宋书》卷三五《州郡二·豫州

刺史》）

0761

安丰有义昌县，盖晋末尝立郡。宋初废为县也。〔《通鉴》卷一一三“（晋安帝元兴三年）刘道规为义昌太守”胡三省注〕

0762

颍川郡有许昌、新汲、鄢陵、长社、颍阴、阳翟六县。（《宋书》卷三六《州郡二·颍川太守》）

0763

陈留郡无浚仪、封丘，而有酸枣。（《宋书》卷三六《州郡二·陈留太守》）

青　州

0764

济南郡又有祝阿、於陵县。（《宋书》卷三六《州郡二·济南太守》）

江　州

0765

豫章郡有海昏。（《宋书》卷三六《州郡二·豫章太守》）

0766

建安郡有绥成、沙村。（《宋书》卷三六《州郡二·建安太守》）

荆　州

0767

（义阳郡）属荆州。（《宋书》卷三六《州郡二·义阳太守》）

0768

（钟武）属义阳郡。（同上）

0769

建平郡有南陵、建始、信陵、兴山、永新、永宁、平乐七县。（《宋书》卷三七《州郡三·建平太守》）

郢　州

0770

江夏太守，本治安陆，自此之后徙治夏口。〔《通鉴》卷一二八

“（宋孝武帝孝建元年）分荆、湘、江、豫州之八郡置郢州，治江夏”胡三省注〕

0771

竟陵郡有霄城，新阳。（《宋书》卷三七《州郡三·竟陵太守》）

0772

西阳郡有弋阳县。（《宋书》卷三七《州郡三·西阳太守》）

雍　州

0773

顺阳郡有朝阳、武当、酇、阴、汎阳、筑、析、修阳，凡八县。（《宋书》卷三七《州郡三·顺阳太守》）

0774

京兆郡有蓝田、郑、池阳、南霸城、新康五县。（《宋书》卷三七《州郡三·京兆太守》）

0775

始平郡有始平、平阳、清水三县。（《宋书》卷三七《州郡三·始平太守》）

0776

扶风郡有郿、魏昌县。（《宋书》卷三七《州郡三·扶风太守》）

0777

雍州有南上洛郡，寄治魏兴。（《宋书》卷三七《州郡三·南上洛太守》）

0778

河南郡有阳城、缑氏。（《宋书》卷三七《州郡三·河南太守》）

0779

广平郡有易阳、曲周、邯郸。（《宋书》卷三七《州郡三·广平太守》）

0780

义成郡有下蔡、平阿。（《宋书》卷三七《州郡三·义成太守》）

0781

南阳郡有比阳、鲁阳、赭阳、西鄂、犨、叶、雉、博望八县。（《宋书》卷三七《州郡三·南阳太守》）

0782

新野郡有棘阳、蔡阳、邓县。（《宋书》卷三七《州郡三·新野太守》）

秦　州

0783

武都郡有河池、故道县。（《宋书》卷三七《州郡三·武都太守》）

0784

安固郡唯领桓陵一县。（《宋书》卷三七《州郡三·安固太守》）

0785

（秦州）有安固郡，又有南安固郡。（同上）

0786

南太原郡又有清河、高堂县。（《宋书》卷三七《州郡三·南太原太守》）

0787

略阳郡有清水县。（《宋书》卷三七《州郡三·略阳太守》）

梁　州

0788

梁州又有宕渠郡、北宕渠郡。（《宋书》卷三七《州郡三·梁州刺史》）

0789

汉中郡又有苞县、作中、怀安三县。（《宋书》卷三七《州郡三·汉中太守》）

0790

上庸郡有上庸、广昌、富安、新安、北吉阳。（《宋书》卷三七《州郡三·上庸太守》）

0791

晋寿郡有南晋寿、南兴乐、南兴安、邵欢。（《宋书》卷三七《州郡三·晋寿太守》）

0792

南上洛郡有阳亭、拒阳。（《宋书》卷三七《州郡三·南上洛太

守》）

0793

南阴平郡领阴平一县。（《宋书》卷三七《州郡三·南阴平太守》）

0794

北阴平郡，领阴平、绵竹、平武、资中、胄旨五县。（《宋书》卷三七《州郡三·北阴平太守》）

0795

胄旨县，即宙底也。（同上）

0796

宕渠郡，领宕渠、汉兴、宣汉三县，属梁州。元嘉十六年，度属益州。（《宋书》卷三七《州郡三·南宕渠太守》）

0797

梁州有北巴西郡。（《宋书》卷三七《州郡三·北巴西太守》）

0798

（北巴西郡）领阆中、汉昌二县。（同上）

益　州

0799

梓橦郡又有汉德、新兴。（《宋书》卷三八《州郡四·梓橦太守》）

0800

宁蜀郡有西垫江县。（《宋书》卷三八《州郡四·宁蜀太守》）

0801

越嶲郡有新兴、晋兴。（《宋书》卷三八《州郡四·越嶲太守》）

0802

（益州）有沈黎郡。（《宋书》卷三八《州郡四·沈黎太守》）

0803

（益州）有遂宁郡。〔《宋书》卷三八《州郡四·遂宁太守》、《通鉴》卷一二二“（宋文帝元嘉九年）遂宁诸郡皆弃城走”胡三省注〕

0804

怀宁郡有西县。（《宋书》卷三八《州郡四·怀宁太守》）

宁　州

0805

西河阳郡，领楪榆、遂段、新丰三县。（《宋书》卷三八《州郡四·东河阳太守》）

0806

西平郡有西宁县。（《宋书》卷三八《州郡四·西平太守》）

0807

云南郡有东古复县、西古复县。（《宋书》卷三八《州郡四·云南太守》）

广　州

0808

苍梧郡，有高要、建陵、宁新、都罗、端溪、抚宁、思安、封兴、荡康、侨宁、遂成、广陵。（《宋书》卷三八《州郡四·苍梧太守》）

0809

新宁郡，有平兴、永城、南兴、新兴、博林、甘东、单牒、威平。（《宋书》卷三八《州郡四·新宁太守》）

0810

永平郡，有雷乡、卢平、贠乡、逋宁、开城、苏平、啾安、夫宁。（《宋书》卷三八《州郡四·永平太守》）

0811

郁林郡，有安远、程安、威定、中胄、归化、建初、宾平、威化、新林、龙平、怀安、绥宁、建安。（《宋书》卷三八《州郡四·郁林太守》）

0812

晋康郡治龙乡。又有封兴、荡康、思安、辽安、开平、夫阮。（《宋书》卷三八《州郡四·晋康太守》）

0813

高凉郡有石门、广化、长度、宋康四县。（《宋书》卷三八《州郡四·高凉太守》）

永初山川古今记二十卷　南朝宋刘澄之纂

刘澄之，宋宗室。顺帝升明元年（477）以骠骑长史为南豫州刺史，入齐为都官尚书。《隋书·经籍志》卷二：“《永初山川古今记》二十卷，齐都官尚书刘澄之撰。”《新唐书·艺文志乙部》：“刘澄之《永初山川古今记》二十卷。”姚振宗《隋书经籍志考证》卷二一谓：“《初学记》、《御览》引刘澄之《扬州记》、《荆州记》、《江州记》、《豫州记》、《梁州记》、《广州记》、《交州记》、《司州山川古今记》，皆《永初山川古今记》之篇目也。”本书从姚说，将其统入《永初山川古今记》。王谟《汉唐地理书钞》、王仁俊《玉函山房辑佚书补编》、叶昌炽《毄淡庐丛稿》均有辑佚。是志不囿于宋永初（420—422）年南朝疆域，也记载北朝之政区地理，以护持大一统。故本书按分裂前之西晋版图排列。

司　州

0814

（洛阳）城之西面有阳渠，周公制之也。昔周迁殷民于洛邑，城隍偪狭，卑陋之所耳。（《水经注》卷一六《谷水注》）

0815

梓泽，地名。去王城二十四里。（《初学记》卷八《州郡部·河南道》）

0816

（禅陵）以汉禅魏，故以名焉。[①]（《后汉书》卷九《献帝纪》李贤注）

---

① 此条书名作《刘澄之地记》。

0817

（汜水）高祖即帝位于是水之阳。（《水经注》卷五《河水注》）

0818

尸乡有石室，有仇生者居焉。（《寰宇记》卷五《河南道·偃师县》）

0819

祝鸡翁者，洛阳人，居尸乡山下，养鸡百余年。（同上）

0820

黎阳，古黎国也。《诗》曰："黎寓于卫"是也。（《御览》卷一六一《州郡部·卫州》、《寰宇记》卷五七《通利军·黎阳县》）

0821

尧先居陶，后居唐，曰陶唐氏也。（《路史》卷二〇《后纪·陶唐氏》）

0822

蒲坂城中有舜庙，城外有舜宅及二妃坛。（《史记》卷一《五帝本纪》"舜，冀州之人也"《正义》）

0823

（皮氏县介山）子推所逃隐于是山。（《水经注》卷六《汾水注》）

0824

安邑有昆吾亭，古昆吾国也。（《寰宇记》卷四六《解州·安邑县》）

0825

（伏流岭）陆浑县西有伏流坂者也。（《水经注》卷一五《洛水注》）

0826

（方山新城县）县有孤山者也。（《水经注》卷一五《伊水注》）

0827

鼓山有石鼓形二所，南北相当。俗语云：南鼓、北鼓，相去十五[①]。（《寰宇记》卷五六《磁州·滏阳县》、《御览》卷四五《地部·鼓山》）

---

① 十五：《御览》作"十里"。

豫　州

0828

谯郡酂县东北棘津亭，故邑也。吕尚所困处也。（《水经注》卷五《河水注》）

0829

城父县有巢湖，湖周五里，湖中有三山，湖南有四鼎山。[①]（《初学记》卷七《地部·湖》、《御览》卷六六《地部·湖》、《书钞》卷一五九《湖》）

0830

陈县[②]北有芍陂湖。魏将王陵与吴将张休交战处。（《初学记》卷七《地部·湖》、《御览》卷六六《地部·湖》）

兖　州

0831

《水经》濮水，源出大騩山，东北流注泗，卫灵闻音于水上。（《水经注》卷二二《渠水注》；《通鉴地理通释》卷八《七国形势考上·濮磨》意同文有小异）

0832

（白马县）有白马塞，孟达登之长叹。（《水经注》卷五《河水注》）

0833

尧先居唐，后居陶，故曰陶唐氏。（《寰宇记》卷一一《广济军》、《路史》卷二〇《后纪·陶唐氏》）

青　州

0834

（昌山）昌阳县有昌水。（《寰宇记》卷二〇《登州·文登县》）

---

① 本条及下一条引书名“刘澄之《豫州记》”。

② 陈县：《初学记》原文误作“陵县”，据《晋书》卷一四《地理上》、《南齐书》卷一四《州郡上》、《御览》改。

徐州

0835

彭城西南有戏马台。(《初学记》卷二四《居处部·台》)

扬州

0836

娄县有马鞍山,天将雨,辄有云起来映此山,山出云应之,乃大雨。[①](《御览》卷八《天部·云》)

0837

冶城,吴时鼓铸之所。吴平,犹不废,王茂弘所治世。(《新语》卷一《言语》注)

0838

海盐县西南有会骸山,山有金牛。昔有兄弟三人,共凿求之。坎崩,同死穴中,因名会骸。(《书钞》卷一五八《穴》)

0839

新城县东有俱山,山上有湖,湖中有白鹅一只,时时飞来,不可常见。(《初学记》卷七《地部·湖》、《御览》卷六六《地部·湖》、《大典》卷二二七〇《湖·龙目湖》)

0840

太湖,一名震泽,一名笠泽,一名洞庭。(《初学记》卷七《地部·湖》、《御览》卷六六《地部·湖》)

0841

吴县有松江,自吴入海。(《初学记》卷六《地部·江》)

0842

金陵南沿江有新林桥,即梁武帝败齐师之处。(《〔景定〕建康志》卷一六)

0843

兴平县蔡子池南有石穴,深二百许丈,石色青,堪为书砚。[②](《初

---

① 本条及以下六条,引书名作"刘澄之《扬州记》"。

② 本条书名作"刘澄之《豫州记》"。

学记》卷五《地理部·石》、《御览》卷五二《地部·石下》;《御览》卷六〇五《文部·砚》稍简)

0844

永康县[1]缙云堂,黄帝炼丹处。(《初学记》卷二四《居处部·堂》、《御览》卷一七六《居处部·堂》、《路史》卷二五《国名纪·帝鸿后釐姓国》)

0845

鄱阳长寿山形似马,白云出于鞍中,崇朝而雨。(《御览》卷一一《天部·祈雨》、《事类赋》卷三《天部·雨》)

0846

宛陵北有敬亭山。山有神祠,即谢朓《赛神赋》[2] 诗之所。其神云梓华府君,颇有灵验。(《寰宇记》卷一〇三《宣州·宣城县》、《御览》卷四六《地部·江东诸山》、《纪胜》卷一九《宁国府·景物下》)

0847

高安县[3]西有羊山,山上有燃石,黄白而理粗。以水灌之便热,若石炭,以鼎置上烹煮可熟。(《寰宇记》卷一〇六《筠州·高安县》、《御览》卷四八《地部·南楚诸山》;《初学记》卷八《州郡部·江南道》、《万花谷后集》卷六《隆兴府》)

0848

(庐陵故城)城中有井,井水色有二,半青半黄。黄者如灰汁,作饮粥并金色而甚芬香。(《寰宇记》卷一〇九《吉州·庐陵县》、《纪胜》卷三一《吉州·景物上》)

0849

艾县[4]有热泉,泉如汤,以生物投之即烂。(《初学记》卷八《州郡部·江南道》、《寰宇记》卷一〇六《筠州·高安县》、《纪胜》卷二七《瑞州·景物上》、《万花谷后集》卷六《隆兴府》)

---

① 永康县:《路史》误作“永宁县”。

② 赛神赋:《御览》误作“赛雨赋”。

③ 高安县:《御览》误作“商安县”。史无商安县,《元和志》卷二八《江南道·洪州》作“高安县”。《寰宇记》同。《初学记》《万花谷后集》均作“建城县”,盖因唐武德五年避太子讳,改建城曰高安。刘澄之原文当为“建城县”。

④ 艾县:《万花谷后集》误作“皮县”,史无皮县,当形似而笔误。

0850

（九嵕山）其山环阜叠嶂，林麓深杳。中有圆明寺，大溪横前，景物幽趣，盖不减长安之九嵕也。（《纪胜》卷七七《德安府·景物下》）

荆　州

0851

华容县东南有云梦泽，一名巴邱湖，荆之薮也。故魏武帝与吴主书云“赤壁之困，过云梦泽中有大雾，遂使失道”是此[①]。（《初学记》卷七《地部下·湖》、《御览》卷六六《地部·湖》、《寰宇记》卷一四六《荆门军·长林县》）

0852

柴桑县有飞蛇。（《事类赋》卷二八《鳞介部·蛇》）

0853

（陶朱冢）在（华容）县之西南。（《水经注》卷三二《夏水注》）

0854

夏水，古文以为沧浪，渔父所歌也。（同上）

0855

沔口，古文以为沧浪水，即屈原遇渔父所云“沧浪之水清兮”是也。（《寰宇记》卷一三一《汉阳军·汉阳县》、《纪胜》卷七九《汉阳军·景物上》）

0856

沔阳县东有鲁山，山上有胡公祠。（《寰宇记》卷一三一《黄州·汉阳县》、《纪胜》卷七九《汉阳军·景物上》）

0857

宜都郡有二大石，一为阳，一为阴。鞭阴石则雨，鞭阳石则晴。（《初学记》卷二《天部·霁晴》）

0858

安陆县居郧城。（《寰宇记》卷一三二《安州·安陆县》）

0859

吉阳县西有九嵕山。（《寰宇记》卷一三二《安州·孝感县》）

---

① 故魏武帝……是此：《初学记》《御览》俱脱。

0860

昭山下有旋潭，深无底，是湘水最深之处。昔有人舟覆于此潭。其槽并甑有名题号。后于洞庭寻得，即知暗通也。（《御览》卷四九《地部·昭山》）

雍　州

0861

安定处山谷之间，昆戎旧壤，迫近夷狄。修习武备，人皆以驰射为事①。（《御览》卷一六四《州郡部·泾州》；《寰宇记》卷三二《泾州》、《初学记》卷八《州郡部·关内道》甚简）

梁　州

0862

有水从阿阳县南至梓橦、汉寿入大穴，暗通冈山。（《水经注》卷二〇《漾水注》）

0863

关城②西南百③八十里，有白水关。昔李固解印绶处也。④〔《后汉书》卷九三《李固传》“至白水关解绶”注、《初学记》卷七《地部·关》、《通鉴》卷四二“（光武帝建武六年）白水险阻，栈阁败绝”注〕

0864

梁州县界有雁塞山。传云，此山有大池水，雁栖集之，故因名曰雁塞。（《初学记》卷三〇《鸟部·雁》、《古今事文类聚后集》卷四六《羽虫类·雁》）

0865

梁西南十里有让水。（《初学记》卷八《州郡部·山南道》）

---

① 迫近夷狄……为事：《初学记》《寰宇记》仅引此句。

② 关城：《初学记》作“关地”。

③ 百：《通鉴》注脱。

④ 本条书名为“刘澄之《梁州记》”。

0866

万石城溯汉上七里有褒谷。南口曰褒，北口曰斜，长四百七十里[①]。（《文选》卷一班孟坚《西都赋》注）

0867

沔阳城，先沔县所治也。在汉水南，旧萧何所筑也。刘备为汉王，权住此城，盟于城下，今门外有盟坛犹存。（《类聚》卷六四《居处部·坛》、《御览》卷一八五《居处部·坛》）

0868

沔阳城溯汉上十五里，有诸葛武侯所镇。在汉水南，背山向水。门前垒石以为镇，水至环其行列，水去辄复故也。（《书钞》卷一六〇《地部·石》、《御览》卷五二《地部·石》）

0869

武侯垒东南有定军山，入山十余里，有诸葛武侯墓。钟会征蜀，至汉川，祭亮之庙。令军士不得于墓蒭牧樵采。今松柏、碑铭俨然。（《类聚》卷四〇《礼部·冢墓》）

0870

汉水南有温泉，周围数千[②]步，冬夏常沸涌若汤。其热可熟鸡子。未至二十里，便望见白气冲天。（《初学记》卷七《地部·骊山汤》）

0871

后魏合华阳、金城二郡为忠诚[③]郡，领亭乡[④]、锡城、金川三县。（《初学记》卷八《州郡部·山南道》、《寰宇记》卷一四一《金州》）

0872

汉水发源陇西氐道县之嶓冢山，东至于夏口合江，绵带四州之城，途经五千余里，谓之沔水。（《御览》卷六二《地部·汉沔》）

---

① 四百七十里：《史记》卷二九《河渠书》谓今穿褒斜道，少阪，“近四百里”。

② 千：疑为“十”之笔误。

③ 诚：《初学记》误作“城”。

④ 亭乡：《初学记》误作“乡亭”。

益　州

0873

白水入潜。（《水经注》卷二九《潜水注》）

宁　州

0874

宁州瘴气菵露，四时不绝。菵，草名，有毒。其上露触之肉即溃烂[①]。（《文选》卷二八鲍明远《苦热行》李善注、《御览》卷一五《天部·气》）

0875

兴古郡有大蛇，名青葱，有大蛇名赤颈。又曰柴幸县[②]有飞蛇。（《御览》卷九三四《鳞介部·蛇》）

交　州

0876

九真都庞县[③]有羚羊，大如犊牛。（《御览》卷九〇二《兽部·羊》）

0877

髯蛇吞鹿，至角乃止。（《御览》卷九〇六《兽部·鹿》）

0878

龙编县，有高山，泾水之所出。今交州也。[④]（《初学记》卷六《地部中·泾水》）

0879

封山县，有犊山，形似牛，众蛇同穴。人以盐著手中，夜入穴呼之，其蛇舐盐则得之。（《书钞》卷一五八《穴》）

---

① 菵，草名……溃烂：《御览》脱。

② 柴幸县：《晋书·地理志》《宋书·州郡志》《中国历史地名大辞典》均无，待考。

③ 都庞县：原文误作“都龙县”，据《晋书·地理志》改。

④ 本条及以下一条书名作“刘澄之《交州记》”。

0880

沅水自壶头枝分，跨三十三渡，径交趾龙编县，东北入于海。[①]（《水经注》卷三七《沅水注》）

① 本条引据作“刘澄之曰”。

州郡志　南朝宋何承天纂

何承天，东海郯（今山东郯城）人，经史百家，莫不赅览。宋武帝时为尚书祠部郎，出为衡阳内史，累御史中丞。奉命撰《宋书》，未竟而卒。著有《姓苑》《元嘉历》《何承天集》。《宋书》有传。《中国古方志考》："《州郡志》，宋何承天纂。"是志以南朝宋政区为主，兼述北朝地。《宋书·州郡志》征引时，称"何承天志""何州郡""何曰"，胡三省引录作"何承天曰"。

总　叙

0881

晋之兴，中原半为夷居。刘渊，匈奴也，而居晋阳；石勒，羯人也，而居上党；姚氏，羌也，而居扶风；苻氏，氐也，而居临、渭；慕容，鲜卑也，而居昌黎。是以刘渊一倡，而并、雍之胡，乘时四起。（《通鉴地理通释》卷四《十六国》）

扬　州

0882

汉末分上虞立始宁。（《宋书》卷三五《州郡一·会稽太守》）

0883

（广德）汉旧县，二汉志并无，疑是吴所立[①]。（《宋书》卷三五《州郡一·宣城太守》）

南豫州

0884

南梁郡有虞、阳夏、义昌。（《宋书》卷三六《州郡二·南梁太守》）

---

① 二汉志……吴所立：误，《元和志》卷二八《宣州》谓："广德县后汉分故障县置，属丹阳。"

0885

历阳郡又有酇、雍丘二县。（《宋书》卷三六《州郡二·历阳太守》）

豫　州

0886

豫州寄治睢阳，而郡县在淮西。（《宋书》卷三六《州郡二·豫州刺史》）

0887

豫州有初安、绥城二郡。初安领新怀、怀德二县。绥城领安昌、招远二县。（同上）

0888

陈郡有项城、西华、苌平、谷阳。（《宋书》卷三六《州郡二·陈郡太守》）

0889

陈留郡有浚仪、小黄、雍丘、白马、襄邑。（《宋书》卷三六《州郡二·陈留太守》）

南兖州

0890

（南兖州）又有钟离、雁门、平原、东平、北沛五郡。（《宋书》卷三五《州郡一·南兖州刺史》）

0891

（广陵郡）有肥如、新市二县。（《宋书》卷三五《州郡一·广陵太守》）

兖　州

0892

钜野湖泽广大，南通洙、泗，北连清、济，旧县故城正在泽中，故欲置戍于此城。城之所在，则钜野泽也。（《水经注》卷八《济水注》）

青　州

0893

济南郡有逢陵令。（《宋书》卷三六《州郡二·济南太守》）

冀　州

0894

易县五回岭，高四十里。（《寰宇记》卷六七《易州·满城县》）

雍　州

0895

南阳郡有比阳、鲁阳、赭阳、西鄂、叶、博望。（《宋书》卷三七《州郡三·南阳太守》）

0896

晋惠帝分南阳（郡）立新野郡，有棘阳、蔡阳、邓县。（《宋书》卷三七《州郡三·新野太守》）

0897

顺阳郡有朝阳、武当、酂、阴、汎阳、筑、析。（《宋书》卷三七《州郡三·顺阳太守》）

0898

始平郡有槐里、宋宁、宋嘉、清水、始平。（《宋书》卷三七《州郡三·始平太守》）

0899

扶风郡有郿、魏昌县。（《宋书》卷三七《州郡三·扶风太守》）

0900

雍州有南上洛郡，寄治魏兴。（《宋书》卷三七《州郡三·南上洛太守》）

0901

河南郡有河南、阳城、缑氏、新城、河阴、棘阳、襄乡。（《宋书》卷三七《州郡三·河南太守》）

0902

广平郡有广平、阴县、易阳、曲周、邯郸。（《宋书》卷三七《州

郡三·广平太守》）

荆　州

0903

吴分南郡立宜都郡。[①]（《宋书》卷三七《州郡三·宜都太守》）

0904

汶阳郡，领僮阳、沮阳、高安。俱为新立。（《宋书》卷三七《州郡三·汶阳太守》）

0905

巴东有新立新浦、吴立南浦、汉丰、巴渠、黾阳。（《宋书》卷三七《州郡三·巴东公相）

郢　州

0906

江夏太守本治安陆，自此之后徙治夏口。〔《通鉴》卷一二八“（宋孝建元年）分荆、湘、江、豫州之八郡置郢州，治江夏”注、《宋书》卷三七《州郡三·江夏太守》〕

0907

竟陵郡有宋县、苌寿、竟陵、新市、霄城、新阳、云杜。（《宋书》卷三七《州郡三·竟陵太守》）

0908

吴立龙阳。（《宋书》卷三七《州郡三·武陵太守》）

江　州

0909

建安郡有绥成、沙村。（《宋书》卷三六《州郡二·建安太守》）

0910

晋安郡有温麻。（《宋书》卷三六《州郡二·晋安太守》）

---

① 此条立郡时间有误。《寰宇记》卷一四七《峡州》引张勃《吴录》云：“蜀昭烈皇帝立宜都郡于西陵。”乐史并谓：宜都郡“在吴蜀之界，吴得之，颇为重镇”。

0911

庐陵郡有遂兴。（《宋书》卷三六《州郡二·庐陵太守》）

秦州

0912

晋孝武复立秦州，寄治襄阳。（《宋书》卷三七《州郡三·秦州刺史》）

0913

（略阳）故曰汉阳，魏分立曰广魏，武帝更名。（《宋书》卷三七《州郡三·略阳太守》）

0914

安故郡唯领桓陵一县。（《宋书》卷三七《州郡三·安故太守》）

0915

南太原郡，故属并州，流寓割配。（《宋书》卷三七《州郡三·南太原太守》）

0916

（南安郡），故属天水，魏分立。（《宋书》卷三七《州郡三·南安太守》）

0917

金城郡，领县二：金城、榆中。（《宋书》卷三七《州郡三·金城太守》）

梁州

0918

宋熙郡，新立。领县五、户一千三百八十五、口三千一百二十八。去州七百，去京都九千八百。兴乐、归安、宋安、元寿、嘉昌五县，并新立。（《宋书》卷三七《州郡三·宋熙太守》）

0919

新兴、吉阳、东关三县，属晋昌郡。晋元帝立，本巴、汉流民。（《宋书》卷三七《州郡三·新兴太守》）

0920

晋惠帝立晋寿县[①]。〔《通鉴》卷九〇“（晋元帝太兴元年）成主雄兄子稚在晋寿”注〕

0921

巴渠郡，新立。有新立之始兴、巴渠、东关、始安等县。（《宋书》卷三七《州郡三·巴渠太守》）

0922

怀安郡，新立。有怀安、义存二县。俱新立。（《宋书》卷三七《州郡三·怀安太守》）

益　州

0923

南新巴郡，新立。新巴民先属梁州，既立割配。领新巴、晋城、晋安、汉昌，皆晋安帝立。桓陵，晋哀帝立。（《宋书》卷三八《州郡四·南新巴太守》）

0924

（牛鞞县）晋穆帝度属蜀郡。今简州西岸有古牛鞞戍城。〔《通鉴》卷一一六“（晋安帝义熙九年）大将谯抚之屯牛脾”注〕

0925

晏官，魏平蜀立。（《宋书》卷三八《州郡四·汶山太守》）

0926

下邽，汉旧县[②]。（《宋书》卷三八《州郡四·安固太守》）

0927

兴固，新立。（同上）

宁　州

0928

刘氏分建宁、牂牁立兴古郡。（《宋书》卷三八《州郡四·兴古太守》）

---

① 晋惠帝立晋寿县：梁沈约按《晋起居注》，武帝太康元年，改梓潼之汉寿曰晋寿。当为晋武帝立。

② 下邽汉旧县：汉下邽在今陕西渭南，此下邽乃晋哀帝时侨置。

0929

西平郡，晋成帝立。温江、都阳、晋绥、义成、西宁县，皆晋成帝立。（《宋书》卷三八《州郡四·西平太守》）

0930

云南郡，刘氏分建宁、永昌立。（《宋书》卷三八《州郡四·云南太守》）

广　州

0931

东官郡，故司盐都尉，晋成帝立为郡。有宝安、安怀、海丰。（《宋书》卷三八《州郡四·东官太守》）

0932

南兴，汉旧县[1]。（《宋书》卷三八《州郡四·新宁太守》）

0933

建初、宾平、威化、新林、龙平，俱属郁林太守。（《宋书》卷三八《州郡四·郁林太守》）

0934

绥安、海宁、潮阳，俱于义熙九年与义安郡同立。（《宋书》卷三八《州郡四·义安太守》）

0935

单城、遂[2]度、海邻、化隆、开宁、绥定，俱新立，属宋康郡。（《宋书》卷三八《州郡四·宋康太守》）

交　州

0936

高安，晋武帝立。（《宋书》卷三八《州郡四·九真太守》）

0937

九德郡领县七：九德，吴立；都庞，晋武帝分九德立；西安，晋武帝立；南陵，晋武帝立；越常，吴立。（《宋书》卷三八《州郡四·九德太守》）

---

① 南兴，汉旧县：误。《汉书》卷二八下《地理志》南海郡、《后汉书》卷三三《郡国志》交州均无交广之南兴县。广州之南兴县，始见于《宋书》卷三八《州郡四·新宁太守》。汉旧县名“临允县”。

② 遂：原文误作“逐”，《南齐书》卷一四《州郡志》宋康郡有“遂度”，径改。

州郡志　南朝宋徐爰纂

徐爰，字长玉，南琅邪开阳（今山东临沂）人，累官游击将军兼尚书左丞，宋明帝时除中散大夫。《宋书》有传。《中国古方志考》：“《州郡志》，宋徐爰纂。”《宋书·州郡志》引称“何徐州郡”“徐志”“何徐志”。佚文按《宋书·州郡志》分列。

南豫州

0938

南豫州领郡十三、县六十一、户三万七千六百二、口二十一万九千五百。（《宋书》卷三六《州郡二·南豫州刺史》）

0939

庐江郡有始新、左县，明帝泰始三年立。（《宋书》卷三六《州郡二·庐江太守》）

0940

陈留郡有浚仪、小黄、雍丘、白马、襄邑。（《宋书》卷三六《州郡二·陈留太守》）

0941

南梁郡有虞、阳夏、义昌。（《宋书》卷三六《州郡二·南梁太守》）

0942

陈郡有项城、西华、苌平、谷阳。（《宋书》卷三六《州郡二·陈郡太守》）

0943

边城郡，领雩娄、史水、开化、边城四县。（《宋书》卷三六《州郡二·边城左郡太守》）

0944

历阳郡有历阳、乌江、龙亢三县，又有酂、雍丘二县。（《宋书》卷三六《州郡二·历阳太守》）

豫　州

0945

豫州寄治睢阳，而郡县在淮西。（《宋书》卷三六《州郡二·豫州刺史》）

司　州

0946

随阳郡有革音县、永阳县。（《宋书》卷三六《州郡二·司州刺史》）

0947

安陆郡有安蛮县。（同上）

南兖州

0948

南兖州领郡九、县三十九、户三万一千一百一十五、口十五万九千三百六十二。（《宋书》卷三五《州郡一·南兖州刺史》）

0949

南东平郡领范、朝阳、历城、楼烦、阴观、广武、茌平、营城、临淄、平原十县。（同上）

0950

广陵郡领广陵、海陵、高邮、江都四县。（《宋书》卷三五《州郡一·广陵太守》）

青　州

0951

济南郡有逢陵。（《宋书》卷三六《州郡二·济南太守》）

江　州

0952

庐陵郡有遂兴。（《宋书》卷三六《州郡二·庐陵太守》）

0953

建安郡有绥成、沙村（县）。（《宋书》卷三六《州郡二·建安太守》）

0954

晋安郡有温麻。(《宋书》卷三六《州郡二·晋安太守》)

雍 州

0955

雍州有北上洛、北京兆、义阳三郡。北上洛，晋孝武立，领上洛、北商、酆阳、阳亭、北拒阳五县。北京兆领北蓝田、霸城、山北三县，景平中立。义阳郡，晋安帝立，领平氏、襄乡二县。(《宋书》卷三七《州郡三·雍州刺史》)

梁 州

0956

新兴、吉阳、东关三县，属晋昌郡。(《宋书》卷三七《州郡三·梁州刺史·新兴太守》)

益 州

0957

南汉中郡，北汉中民流寓，孝武大明三年立[①]。有南长乐、南郑、南苞中、南沔阳、南城固。俱与郡同立。(《宋书》卷三八《州郡四·南汉中太守》)

0958

北阴平郡，本属秦州，文帝元嘉二十六年度。南阳令，本南阳白民流寓立；桓陵令，本安固郡民流寓立；顺阳令，本南阳民流寓立。(《宋书》卷三八《州郡四·北阴平太守》)

广 州

0959

宁化、威宁、永建、招怀，俱新立，属海昌郡。(《宋书》卷三八

---

① 孝武大明三年立：误，清汪士铎《南北史补志》卷五："南汉中郡，《晋地记》谓，孝武太元十五年，梁州刺史周琼表立。"以《永初郡国志》及《起居注》检，谓太元所立，永初后省。当为"大明三年复立"。

《州郡四·海昌太守》）

0960

平兴、初宁、建宁、招兴、崇化、熙穆、崇德，俱新立，属宋熙郡。（《宋书》卷三八《州郡四·宋熙太守》）

地理书一百四十九卷录一卷　南齐陆澄纂

陆澄（？—494），字彦渊，吴郡吴（今江苏苏州）人。宋御史中丞，入齐累迁国子祭酒，隆昌元年（494）卒。《南齐书》有传。纂辑《地理书》《地理书抄》二书，均佚。《隋书·经籍志二》："《地理书》一百四十九卷，录一卷。陆澄合《山海经》已来一百六十家，以为此书。澄本之外，其旧事并多零失，见存别部自行者，唯四十二家。"《旧唐书·经籍志乙部》："《地理书》一百五十卷，陆澄撰。"徐崇《补北史艺文志》："《齐地理书》，陆澄撰，见本传。"《太平御览经史图书纲目》亦有著录。《汉唐地理书钞》辑佚。佚文按《中国历史地图集·西晋图》分列。

司　州

0961

《洛阳故宫》曰，广望观，临金市。（《文选》卷一四颜延年《赭白马赋》注）

0962

荥阳有浪荡渠。（《类聚》卷九《水部下·渠》）

0963

秦始皇葬于骊山，以明月珠为日月，以鱼膏为脂烛，金蚕三十余簿。（《书钞》卷九四《礼仪部·冢墓》注）

0964

卫青尚平阳公主，后与公主合葬，冢在华山，发得铜棺一枚。（同上）

0965

迎风观在邺。（《文选》卷二四曹子建《赠徐干诗》注）

青　州

0966

吕尚封于齐郡薄姑。薄姑故城在临淄县西北五十里，近济水。（《水经注》卷八《济水注》）

荆　州

0967

筑水会沔水之处，谓之筑口。（《寰宇记》卷一四五《襄州·谷城县》）

0968

襄阳无襄水也。（《寰宇记》卷一四五《襄州·襄阳县》、《御览》卷六三《地部·涑水》）

地理书抄二十卷　南齐陆澄撰

陆澄，《地理书》解题已著录。《隋书·经籍志二》："《地理书钞》二十卷，陆澄撰。"《通志·艺文略四》："《地理书钞》二十卷，陆澄撰。"王谟《陆澄地理书抄辑本》录三条，其中"襄阳无襄水""筑水会沔水"两条书名为"陆澄《地理记》"，本书另录入陆澄《地理书》中。佚文按《中国历史地图集·西晋图》分列。

司　州

0969

河东龙门城西对夏阳之龙门山，后魏置龙门镇于此。[①]（《方舆纪要》卷四一《蒲州·龙门城》）

0970

冢岭，即驩举山。[②]（《方舆纪要》卷一二四《川渎四·导洛》）

扬　州

0971

（长桥）袁府君玘，后汉人也，造此桥。即晋周处少时斩长桥下食人蛟，即此处也。其桥有一十三间。（《寰宇记》卷九二《常州·宜兴县》；《纪胜》卷六《常州·景物上》意同而文异）

①② 本条引据"陆澄曰"，姑录于此。

永元元年地志　南齐

《中国古方志考》:"《永元元年地志》,齐,佚。"是志系南朝齐东昏侯永元元年(499)所纂,故名。佚文按南齐政区分列。

豫　州

0972

南梁郡领睢阳、新汲、陈、蒙、崇义五县。(《南齐书》卷一四《州郡上·豫州·梁郡》)

0973

城父,属南谯。[①](同上)

0974

蕲,属南谯。[②](《南齐书》卷一四《州郡上·豫州·北谯郡》)

0975

松滋,属北新蔡。[③](《南齐书》卷一四《州郡上·豫州·安丰郡》)

益　州

0976

南新巴郡,寄治阴平。[④](《南齐书》卷一五《州郡下·益州·南新巴郡》)

①②③④　本条书名简称为《永元志》。

永元三年地志　南齐

《中国古方志考》："《永元三年地志》，齐，佚。"是志系南朝齐昏侯永元三年（501）所纂，故名。

益　州

0977

扶风郡：武江、华阴、茂陵。（《南齐书》卷一五《州郡下·益州·扶风郡》）

0978

南安郡：南安、华阳、白水、乐安、桓道。（《南齐书》卷一五《州郡下·益州·南安郡》）

十二州记十六卷　南朝梁吴钧纂

吴钧，字叔庠，吴兴故鄣（今浙江安吉）人。梁天监（502—519）初为吴兴主簿。著有《入东记》。《梁书》有传。《玉海》卷一五《十三州志》条："《南史》载，吴钧著《十二州记》十六卷。"《中国古方志考》著录。十二州，系传说中尧舜时的区划，《尚书·尧典》"肇十有二州"，《史记》亦云尧"肇十有二州"。实则并无此制。吴氏以十二州名书，盖谓尚古之意。佚文按西汉制立目。

并州刺史部

0979

晋阳有羊肠坂[①]，蟠曲在其西北九十里也。（《御览》卷四五《地部·万谷根》）

0980

汾水出武周县[②]之燕京山，盖管涔之异名也。（《御览》卷四五《地部·管涔山》）

---

① 坂：原文脱。《水经注》卷六《汾水注》："羊肠山有羊肠坂，在晋阳西北。"径补。

② 武周县：原文倒为"周武县"。《水经注》卷六《汾水注》引《十三州志》曰：汾水"出武州之燕京山"。《魏书》卷一〇六上《地形志》恒州代郡："武周，二汉属雁门"。《通鉴》唐武德七年"突厥寇代州之武周城"。径改。

地记二百五十二卷　南朝梁任昉纂

任昉，字彦升，乐安博昌（今山东博兴）人。初仕萧齐为太学博士，梁武帝时为义兴、新安太守。著文章数十万言，藏书万余卷，《梁书》有传。《隋书·经籍志二》："《地记》二百五十二卷。梁任昉增陆澄之书八十四家，以为此记。其所增旧书亦多零失，见存别部行者惟十二家。"《旧唐书·经籍志乙部》《新唐书·艺文志乙部》皆有著录。王谟尝辑佚文，收入《汉唐地理书钞》。今按西晋政区分列。

司　州

0981

河东郡首山之东北山[①]中有二泉，下南流者妫水，北流者汭水。二水西经历山下，异流同归浑流而注入于河。（《御览》卷六四《地部·妫水》、《史记》卷一《五帝本纪》"舜饬下二女于妫汭"《正义》）

0982

河东县二里故蒲坂城，舜所都也。城中有舜庙，城外有舜宅及二妃坛。（《史记》卷一《五帝本纪》"舜饬下二女于妫汭"《正义》）

0983

皮氏县汾水南耿城，是故耿国也。[②]〔《史记》卷三九《晋世家》"（晋献公）灭耿"《索隐》〕

---

① 首山之东北山：《史记正义》误作"青山东山"，据《御览》、《〔光绪〕山西通志》改。

② 皮氏县……故耿国也：《帝王世纪》同；然《通典》卷一七八《州郡部八·钜鹿郡》谓：邢州，古祖乙迁于邢（耿），即此地。王国维《说耿》亦认为耿在邢丘，即邢台。今《中国历史地图集》亦定位于河北邢台。

0984

唐氏在大夏之墟，属河东安邑县[①]。今在绛城西北一百里有唐城者，以为唐旧国。(《史记》卷四二《郑世家》“唐人是因”《正义》)

0985

洛水东北过五零陪尾，北与涧、瀍合。(《水经注》卷一五《洛水注》)

0986

洛水东入中提山间，东流会于伊是也。昔黄帝之时，天大雾三日，帝游洛水之上，见大鱼，杀五牲以醮之，天乃甚雨，七日七夜鱼流，始得图书，今《河图视盟篇》是也。(同上)

青　州

0987

(壮武城) 即墨西六十里古夷国，汉壮武县，属胶东国，晋封张华为壮武侯。今华庙在胶州西南，即壮武地。(《齐乘》卷四《古迹·壮武城》)

秦　州

0988

三危之山，在鸟鼠之西南。(《尚书》卷六《禹贡》“三危既宅，三苗丕叙”《正义》、《史记》卷二《夏本纪》“三危既度”《索隐》)

0989

(天水) 郡前湖水，冬夏无增减，因以名焉。(《汉书》卷二八下《地理志·天水郡》注)

梁　州

0990

汉中郡之东界有锡县，即古之锡穴也。汉置锡县，属汉中郡。(《寰宇记》卷一四三《均州·郧乡县》)

---

① 安邑县：原文误作安县，《汉书·地理志》河东郡有安邑县无安县，径改。

荆　州

0991

水出荆山，东南流为沧浪水。(《史记》卷二《夏本纪》“又东为苍浪之水”《正义》)

益　州

0992

今昆明道渡所见，有武侯道在。(《寰宇记》卷八〇《嶲州·会川县》)

附《地志》

《地志》不见著录，唐宋类书、史注、地理志有征引，疑为任昉《地记》之别称。按汉郑玄谓：“志，谓记也。”故“记”“志”通用。然，亦有可能为地方志之泛称，故附录于此，备考。今按西晋政区分列。

司　州

0993

（废下邽县城）秦下邽城也。（《寰宇记》卷二九《华州·下邽县》）

0994

临晋，故大荔国。今同州朝邑。贞王八年秦厉公灭而居之。（《路史》卷二六《国名纪·大荔》）

0995

（桀迁于垂所谓天门）在高都。（《路史》卷四七《余论十·天门》）

雍　州

0996

沮水，出北地郡直路县东，今坊州宜君县西北境地。（《诗地理考》卷三《漆沮》）

0997

洛水出弘农郡上洛县冢领山，《水经》谓之讙举山。（《诗地理考》卷三《瞻彼洛矣》）

豫　州

0998

下邑，梁国也。（《路史》卷一八《后纪九·高辛氏》）

冀　州

0999

枯绛渠在经城县界，北入信都郡界。（《通典》卷一八〇《州郡·贝州》）

1000

降[①]水南自清河郡，经东武城县界，入当郡南宫县界，又东北入信都县界。（《寰宇记》卷六三《冀州》）

幽　州

1001

东安阳县属代郡。（《史记》卷四二《赵世家》“章为东安阳君”《正义》）

凉　州

1002

弱水出删丹县，亦谓之张掖河。〔《通鉴》卷一一八“（晋恭帝元熙元年）讨吐谷浑觅地于弱水南”注〕

益　州

1003

今昆明道渡所，见有武侯道在。（《寰宇记》卷八〇《巂州·会川县》）

荆　州

1004

巴邱湖中有曹田洲，即曹公为孙权所败烧舡处，在今（巴陵）县南四十里。（《通典》卷一八三《州郡·岳州·巴陵》）

1005

今鄂州之蒲圻县有赤壁山，即曹公败处。（同上）

---

① 降：《元和志》冀州作“绛”，《方舆纪要》冀州作“洚”。

1006

南阳叶县方城邑有黄城山。（《寰宇记》卷一四二《唐州·方城县》）

1007

隋县北二十五里有隋侯墓。（《寰宇记》卷一四四《隋州·隋县》）

扬 州

1008

范蠡宅在湖中，有海杏大如拳。（《事类赋》卷二六《果部·杏》）

1009

秦始皇至会稽句章，渡海经此。（《新定九域志》卷五《秀州》）

1010

（摄山）山多草，可以摄生。（《新定九域志》卷六《江宁府》）

1011

《晋书》云：（王）导自卜乌衣巷，宋时诸谢有乌衣之聚，并此巷。（同上）

1012

（慈姥山）山上出竹，堪为箫管。（《胜览》卷一五《太平州·山川》）

舆地志三十卷　南朝陈顾野王撰

顾野王（519—581），字希冯，吴郡（今江苏苏州）人。梁大同四年（538）除太学博士，入陈后太建二年（570）迁国子博士。著有《玉篇》三十卷、《十国都城记》十卷、文集二十卷。《陈书》有传。《隋书·经籍志二》："《舆地志》三十卷，陈顾野王撰。"《旧唐书·经籍志乙部》、《新唐书·艺文志乙部》皆同。《太平御览经史图书纲目》："顾野王《舆地记》。"清王谟《汉唐地理书钞》、王仁俊《玉函山房辑佚书补编》，今人顾恒一《舆地志辑注》均为辑佚。顾氏生活在南朝梁、陈，然《舆地志》所记并不囿于南朝，而是面向一统天下的西晋版图。今辑佚文依《中国历史地图集·西晋图》分列。

序　略

1013

至周成王时，周公作辅，定官分职，改禹九州。以徐、梁合之於青、雍，分冀州之域为幽、并二州。大司徒之法，五党为州。职方氏掌天下之地，辨九州之国。保章氏掌天文，以星土辨九州之地。所封之国，皆有分星，以视吉凶。秦始皇并天下，分置三十六郡。三十六者，三川、河东、南阳、南郡、九江、鄣郡、会稽、颍川、砀郡、泗水、薛郡、东郡、琅邪、齐郡、上谷、渔阳、右北平、辽西、辽东、代郡、钜鹿、邯郸、上党、太原、云中、九原、雁门、上郡、陇西、北地、汉中、巴郡、蜀郡、黔中、长沙，凡三十五，与内史为三十六。郡各领县，县万户已上为令，减万户为长。平百越，又置四郡，闽中、南海、桂林、象郡，合四十郡。郡置一守、一丞、两尉以典之。监侍御史掌监诸郡。汉有天下，王侯郡国并置焉。迄于平帝，户口繁息，凡新置郡国六十七，与秦三十六，合一百三。改周雍州曰凉州，复置夏之徐、梁二州，而改梁曰益。北置朔方，南有交阯，别置二刺史，凡十三部。凉、益、荆、扬、青、豫、兖、徐、幽、并、冀十一州，交阯、朔方二刺史，合十三部，刺史十三人，各掌一州[①]。（《初学记》卷八《州郡部·总叙州郡》、《御览》卷一五七《叙州》）

司 州

1014

以周地在王城东，故曰东周。敬王避子朝乱，自洛邑东居此。以其迫厄不受王都，故坏翟泉而广之。（《史记》卷四《周本纪》“武王少弟封为卫康叔”《正义》引《括地志》）

1015

成周之地，秦庄襄王以为洛阳县，三川守理之。后汉都洛阳，改为“雒”[②]。汉以火德，忌水，故去“洛”旁“水”而加“隹”。佳于行次为土，土，水之忌也。水得土而流，土得水而柔，故除“隹”而加“水”。（《史记》卷七《项羽本纪》“立申阳为河南王，都雒阳”《正义》引《括地志》）

1016

缑氏县，因山以名县。（《寰宇记》卷五《西京·缑氏县》）

1017

洛阳城外四面有阳渠水，即周公所制。池上源注函谷，东流注城西北角，仍分流，绕城至建春门外合流，又折而东流注于池。（《寰宇记》卷三《河南府·洛阳县》）

1018

稡[③]泽，在王城西北三十里，与金谷相近。（《御览》卷七二《地部·泽》、《天中记》卷一〇《溪》）

1019

金水，始自太白原，东南经金谷。（《寰宇记》卷三《河南府·河南县》）

---

① 大司徒之法……各掌一州：《御览》脱。

② 后汉都洛阳，改为“雒”：实则雒阳始见于秦（见本佚文出处），当为“后汉都洛阳，复改为雒”。

③ 稡：《天中记》作“梓”。

1020

秦时洛阳已有南北宫。〔《史记》卷八《高祖本纪》："置酒雒阳南宫"《正义》引《括地志》、《通鉴》卷一一"（汉高帝五年）帝置酒洛阳南宫"注、《大事记解题》卷九《雒阳南宫》〕

1021

洛阳昭阳殿，魏明（帝）所治，在太极（殿）之北。铸黄龙高四丈，凤皇二丈，置殿前。（《御览》卷一七五《居处部·殿》）

1022

洛阳有显阳殿，皇后正殿也，魏明（帝）所建。（同上）

1023

洛阳有广望观、阆风观、万世观、修灵观、临商观。（《御览》卷一七九《居处部·观》）

1024

洛阳西南洛水上有鼎中观，是成王定鼎处。（《天中记》卷一四《观》）

1025

（荥阳故城）即古索亭也，东虢之地。汉高祖遣御史大夫周苛守荥阳城，项羽既破城，周苛骂不绝口，羽怒烹苛。（《元一统志》卷三《汴梁路·古迷》）

1026

仓垣城，南临汴水，西北有仓颉坟，城有列仙台。（《寰宇记》卷一《开封府·开封县》、《大事记续编》卷二七）

1027

圉城，汉高祖使樊哙下之，为县。（《寰宇记》卷一《开封府·雍丘县》）

1028

黄帝往具茨，见大隗君，授以神芝图。（《新定九域志》卷一《许州》）

1029

荥阳西有兰岩山，峭拔千丈，鸿沟在西，乃楚汉分界处。（《元一统志》卷三《汴梁路·风俗形胜》）

1030

少室山，在嵩山西七十里。从东角上四十里得下定思。又上十里得上定思。十里中有大石门，为中定思。自中定思而出至崖头下有石室，中有水，多白室。内有自然经书、自然饮食。（《天中记》卷八《嵩山》）

1031

少室山，有自然五谷甘果、神芝仙药。周太子晋学道上仙，有九十年资粮留于山中。（《太平广记》卷五四《薛逢》）

1032

《道书》云：蔡邕于嵩岩石室中得《素书》八卷。（《渊鉴类函》卷二七《地部·嵩高山》）

1033

汴水，自荥阳受睢水，东至陈留、彭城，南入泗水，经县界入雍丘界。（《寰宇记》卷一《开封府·陈留县》）

1034

繁台，本汉梁王鼓吹台。梁太祖尝阅武于此，因改为讲武台。其后有繁氏居其侧，又号繁台。（《王荆公诗笺注》卷二一《梁王吹台》注）

1035

商洛，契始封。（《路史》卷二六《国名纪·高辛氏后》）

1036

垣县，邵康公之邑。《春秋》注云：邵康公，周太保邵公奭也。（《寰宇记》卷五《西京三·王屋县》）

1037

（朝歌）重义疏财，有先王遗风。间事畋猎，然亦不废农桑，由是殷富。（《寰宇通志》卷九〇《卫辉府·风俗》）

1038

石虎起灵台九殿，女官十有八等，又女妓一千[1]为卤簿，皆著紫纶巾、蜀[2]锦裤、金银缕带，五纹织成靴，游于戏马观。（《御览》卷一七九《居处部·观》、《天中记》卷一四《观》）

1039

阳平之莘，有卫宣公二子争死处，今有祠存。（《寰宇记》卷五四

---

① 一千：《天中记》作“二千”。

② 蜀：《御览》误作“熟”。

《魏州·莘县》）

豫　州

1040

鄢陵，楚之边邑。平王封太子建之子胜白公，因居焉。（《寰宇记》卷二《开封府·扶沟县》）

1041

房子国，楚灵（王）灭之，迁房于楚。夫概奔楚封之，因曰吴房。（《路史》卷二七《国名纪·陶唐氏后》）

1042

鸿郄陂，王莽时尝苦旱，起追怨方进。童谣云："坏陂谁？翟子威。饭我豆食美芋魁，反乎覆，陂当复。谁言者？两黄鹄。"（《御览》卷七二《地部·陂》）

1043

汝南人，性清和，乡闾孝友。男务恳辟，女修织纫。士风习尚，文质彬彬。盖欧阳父子，棠阴相映也。（《寰宇通志》卷八七《汝宁府·风俗》）

1044

新蔡，蔡平侯自上蔡徙都于此，故曰新蔡。（《寰宇记》卷一一《蔡州·新蔡县》；《诗地理考》卷三《管蔡》较简）

1045

老子祠，即老子所生旧宅。老子者，道君也。三皇之始，乘白鹿下托于李母，炼体易形，复命胞中，七十二年生于楚国。李母，星名也，在斗魁中。老子，星精也。为人黄色美目，面有寿征，黄额广耳，大目疏齿，方口厚唇。额有参子达理，日角月角。鼻有双柱，耳有三漏。足蹈二五，手把十文。十二圣师各有三法，凡三十六法。（《寰宇记》卷一二《亳州·真源县》）

1046

虹县，尧封夏禹为夏伯，邑於此。即天子位，徙都阳翟。汉为夏丘县，属沛国。（《寰宇记》卷一七《宿州·虹县》、《新定九域志》卷五《宿州》稍简）

1047

宋共公自睢阳徙相子城，又还睢阳。（《史记》卷五四《曹相国世

家》"古萧叔国城也"《正义》引《括地志》)

1048

魏武至龙亢县，士卒多叛。(《寰宇记》卷一七《宿州·蕲县》)

1049

邹城西界阙里，有尼丘山。(《史记》卷四七《孔子世家》"生鲁昌平乡陬邑"《正义》引《括地志》)

1050

山桑，汉旧县，属沛。光武封王常为山桑侯。今城内有亭基，陵阜高峻。(《寰宇记》卷一二《亳州·蒙城县》)

1051

魏以酂县属谯郡，汉封萧何为酂侯。(《寰宇记》卷一二《亳州·酂县》)

1052

(古汶阳城)汉旧县，王莽改曰汶亭。(《寰宇记》卷二一《兖州·曲阜县》)

1053

梁末於光城置光州，后魏又为弋阳郡。北齐置南郢州，后周又改淮南郡。(《寰宇记》卷一二七《光州》)

1054

高齐后弋阳郡又为新蔡郡，改平舆县为南弋阳县。武平元年改南弋阳县为定城县。(《寰宇记》卷一二七《光州·定城县》)

1055

晋帝立茹由县[1]。宋文帝元嘉二十五年复[2]立茹由县，属弋阳。(《寰宇记》卷一二七《光州·光山县》)

冀　州

1056

赞皇县有孔子岭，上有石堂宽博，其石相拒若楹柱，有石人，像

---

① 晋帝立茹由县：《晋书》卷一四《地理志》及唐宋地志均无此说，当误。

② 复：当删。《清一统志》卷二二二《光州·古迹》：茹由故城，"刘宋元嘉二十五年置县，属弋阳郡"。

执卷之状。(《御览》卷五四《地部·岭》)

1057

宜安城，李牧所筑。旁有土山，冈阜崛起，又有台，高数仞，俗犹呼为李牧台，或以为耿乡也。(《方舆纪要》卷一四《真定府·蒿城县》)

1058

观津城东南三里有青山，亦曰观津冢。汉文（帝）窦后父涓，观津人，遭秦乱，渔钓隐身，堕渊死。景帝立，后遣使者填其渊为大冢，高三十余丈，周千步，以葬其父，民呼为窦氏青山。(《方舆纪要》卷一四《冀州·武邑县》)

1059

厌次，宜是富平县之乡聚名也。(《史记》卷一二六《滑稽列传》"(东方朔)，《汉书》云'平原厌次人也'。"《正义》)

1060

简、洁河，在沧州之临津县。(《诗地理考》卷五《允犹翕河》、《方舆纪要》卷一二四《川渎一·导河积石》)

1061

毛河、漳水，各分从毛州来，又呼为棣河。(《寰宇记》卷六五《沧州·清池县》)

1062

笃马河，亦马颊也。《尔雅》九河也，言马颊上阔下狭，状如马颊也。(《寰宇记》卷六五《沧州·乐陵县》)

1063

南皮北有迎河，分漳河入浮水。(《寰宇记》卷六五《沧州·清池县》)

1064

钩盘河，在乐陵。(《诗地理考》卷五《允犹翕河》)

1065

鬲津，在无棣。(《诗地理考》卷五《允犹翕河》、《方舆纪要》卷一二四《川渎一·导河积石》)

1066

浮阳城南有大连淀。魏延兴二年水溢注，破仵清村，因以为池。池内时有鳄鱼，言与海潜通。(《寰宇记》卷六五《沧州·清池县》;

《方舆纪要》卷一三《沧州·萨摩陂》有小异）

1067

秦始皇遣徐福发童男女千人，至海求蓬莱仙，因筑此城侨居童男女，号丱兮城，一名千童城。（《寰宇通志》卷二《保定府·古迹》、《方舆纪要》卷一三《景州·盐山县》）

1068

汉宣帝封河间献王子雍为景城侯，五子分居城中，俗呼为五垒城。（《寰宇记》卷六五《沧州·清池县》）

1069

木门城，中有大树，因名木门。（《寰宇记》卷六五《沧州·清池县》、《路史》卷二七《国名纪·商氏后》、《寰宇通志》卷二《河间府·古迹》）

1070

汉武台，汉武帝至此筑。（《新定九域志》卷二《沧州》）

1071

凉马台，汉武帝所筑。（同上）

1072

滹沱河，在今县西二十里。（《寰宇记》卷六六《瀛州·河间县》）

1073

韩婴，燕人，汉为常山太傅，作《诗内外传》。（《寰宇记》卷六六《莫州·鄚县》）

1074

清苑县樊舆城，西南隅有圣女祠。女姓薛，字义姜，钜鹿人，嫁为樊舆王文妻，死于此城之隅，就而祭之，俗名祭隅城。汉元帝初元三年，有天渊玉女钜鹿仙人者，是也。（《寰宇记》卷六八《保州·清苑县》）

1075

卢奴城，北临滱水，南面派河、杜预谓之管仲城，是也。（《寰宇记》卷六二《定州·安喜县》、《方舆纪要》卷一四《定州·安喜废县》）

并　州

1076

阳曲，本汉狼孟地，故城在今县东北八十里，属太原郡。（《大典》

卷五二〇〇《原·太原府二·建置沿革》）

1077

壶关，有鸡鸣岭。（《寰宇记》卷四五《潞州·壶关县》、《大典》卷一一九八一《岭·鸡鸣岭》）

雍　州

1078

未央后宫，有鸳鸯、昭阳、飞翔、增地、合欢、兰林、披香、凤皇等八殿。（《御览》卷一七五《居处部·殿》）

1079

此虢，文王母弟虢叔所封，是曰西虢。〔《史记》卷五《秦本纪》“（武公十一年）灭小虢”《正义》引《括地志》〕

1080

汉末，北地郡但有泥阳、富平二县，魏、晋亦然。西晋愍帝时，陷入刘聪，郡县之名，所不详悉。（《寰宇记》卷二四《宁州》）

1081

笄头山，或即鸡头山也。（《史记》卷一《五帝本纪》黄帝“西至于空桐，登鸡头”《正义》引《括地志》）

1082

蒯成县，故陈仓县之故乡聚名也，周緤所封也。晋武帝咸宁四年，分陈仓立蒯城县[①]，属始平郡也。（《史记·蒯成列传》“蒯成侯緤者”《正义》引《括地志》、《十六国疆域志》卷一《前赵》）

1083

平都与阳周相近，则其地当仍在安定。（《国策地名考》卷九《赵》）

1084

晋咸和二年，置高昌郡[②]，立田地县。（《初学记》卷八《州郡部·陇右道》、《寰宇记》卷一五六《西州·高昌县》）

---

① 蒯城县：原文误作“蒯成县”。晋武帝咸宁四年置县曰“蒯城县”，《晋书》卷一四《地理志》：“始平郡有蒯城县。”《十六国疆域志》亦作“蒯城县”。

② 晋咸和二年，置高昌郡：据《十六国疆域志》，当作“前凉张骏置高昌郡”。其时，该地不在东晋版图。

秦州

1085

晋人流寓於蜀者，仍於益州立北阴平郡。西魏废帝二年定蜀，改阴平为龙安。（《寰宇记》卷八四《剑州·阴平县》、《南齐书》卷一五《州郡下·考证·南阴平郡》）

1086

紫泥水，汉封诏玺用紫泥，则此水之泥也。（《史记》卷八《高祖本纪》“封皇帝玺符节”《正义》）

1087

汉封诏玺用武都紫泥，故制诏皆玺封，尚书令印重封。（《玉海》卷六四《诏令·汉玺书》）

1088

晋永嘉之末，太守王鉴以郡降李雄，晋人因是悉流移于蜀汉，其氐、羌并属杨茂搜，此后不复为正朔所颁。（《御览》卷一六七《州郡部·文州》、《寰宇记》卷一三四《文州》）

幽州

1089

易县加夷城有坑，阔三丈，深五丈，俗呼睒子窟。（《寰宇记》卷六七《易州·易县》）

1090

南昌水，东流过梁门，去县西二十里，引为陂塘，以溉民田。（《方舆纪要》卷一二《保定府·安肃县》）

1091

涿鹿，本名彭坡，黄帝初都，迁有熊也。（《史记》卷一《五帝本纪》“黄帝者，少典之子”《正义》）

青州

1092

夫齐，东有即墨之饶，南有泰山之固。悬隔千里，齐得十二焉，此得东秦之地。（《寰宇记》卷一八《青州·风俗》）

1093

青州临淄，秦立为县。城临淄水，故曰临淄也。（《史记》卷四《周本纪》“封尚文于营丘曰齐”《正义》）

1094

北齐移益都县入青州，以城北门外为治所。（《齐乘》卷三《郡邑》）

1095

棘，有戟里。（《路史》卷二六《国名纪·高阳氏后》）

1096

魏明帝景初三年[①]，以辽东新沓县吏民渡海来去，还于此地，置新沓县以居之，属齐郡也。（《寰宇记》卷一九《淄州·淄川县》、《齐乘》卷四《古迹》）

1097

丰城，本汉甾川国城。司马懿伐公孙渊，北徙丰入住此，改曰南丰城。（《齐乘》卷四《古迹》）

1098

齐城西南百五十里有长白山，陈仲子夫妻所隐处。（《寰宇记》卷一九《淄州·长山县》）

1099

齐有孝妇颜文姜，事姑孝养，远道取水，不以寒暑易心。感得灵泉生于室内。文姜常以缉笼盖之。姑怪其须水即得，非意相供。值姜不在，私入姜室，去笼观之，水即喷涌，坏其居宅，故俗亦呼为笼水。（《寰宇记》卷一九《淄州·淄川县》、《方舆纪要》卷三一《山东·邹平县》较简）

1100

宋文帝时，青州城南地，远望倒影如水，谓之地镜。（《初学记》卷八《州郡部·河南道》、《渊鉴类函》卷三三五《州郡部二·河南道二》）

1101

青州，英雄豪杰之士甲于京东，文物彬彬，而豪悍之习自若。

---

① 三年：《齐乘》作“二年”。

（《寰宇通志》卷七五《青州府·风俗》、《明一统志》卷二四《青州府·风俗》）

1102

晋惠帝元康八年，复立昌阳县，属长广郡，今理是也。（《寰宇记》卷二〇《莱州·莱阳县》）

1103

青州千乘县，有薄姑城。在临淄西北五十。（《诗地理考》卷四《城东方》、《路史》卷二九《国名纪·古国》）

1104

向水，南至海。（《寰宇记》卷二四《密州·莒县》）

1105

华不注山，一名金舆山。（《寰宇记》卷一九《齐州·历城县》）

兖　州

1106

酸枣县西有韩王望气台。（《寰宇记》卷二《开封府·酸枣县》）

1107

浚仪县，夷门之下，新里之东，浚水之北，象而仪之，以为邑名。（《寰宇记》卷一《开封府·浚仪县》、《方舆纪要》卷四七《开封府·祥符县》）

1108

南武城县，鲁武城邑，子游为宰者也，在泰山郡。（《史记》卷六七《仲尼弟子列传》“子游既已受业为武城宰”《正义》引《括地志》）

徐　州

1109

（彭城）郡城，由来非攻所能拔。（《元和志》卷九《徐州》、《寰宇记》卷一五《徐州》、《方舆纪要》卷二九《徐州》）

1110

宅城，古嵩[1]国。兖州人谓实中城曰宅，城西南有嵩[2]侯虎庙。（《寰宇记》卷一五《徐州·彭城县》）

1111

（泗水国）有凌县。（《寰宇记》卷一七《宿州·符离县》）

1112

取虑，读为秋闾。（《寰宇记》卷一七《淮阳军·下邳县》、《路史》卷二五《国名纪·帝鸿后釐姓国》）

1113

宋泰始三年，失旧沂州。至五年，于朐山东北侨置沂州。至泰豫元年，移朐县就沂州。（《寰宇记》卷二二《海州·朐山县》）

1114

郯，己姓国。（《路史》卷二五《国名纪·帝鸿后釐姓国》）

1115

汉旧朐县，今海州是也。宋泰豫元年，移朐山县于废沂州。（《寰宇记》卷二二《海州·朐山县》）

1116

蒙阴县故城，在新泰县东南。（《诗地理考》卷五《龟蒙》注）

1117

广陵郡，楚汉之际为东阳郡。（《初学记》卷八《州郡部·淮南道》）

1118

南兖州，宋文帝元嘉八年，始割江淮间为境，居于广陵。（《初学记》卷八《州郡部·淮南道》）

1119

通州有东南二布洲，相传旧为海沙所涨而成，尝有布机流出，因名。（《〔雍正〕江南通志》卷三三《舆地志·古迹·通州》）

1120

盱眙，六国时楚邑。汉因为县，属临淮，王莽改曰武匡。后汉属

---

[1][2] 嵩：误，当为“崇”。古有崇国而无嵩国，《国语·周语下》：“其在有虞，有崇伯、鲧。”韦昭注：“鲧，禹父。崇，鲧国。”《诗·大雅·文王有声》：“既伐于崇，作邑有丰。”《水经注》卷二五《泗水注》亦作“崇”。

下邳，晋初又属临淮郡，晋义熙中又置盱眙郡。宋文帝时，后魏南侵，臧质守盱眙，魏师以数十万众攻围三旬，不拔而退。（《寰宇记》卷一六《泗州·盱眙县》）

1121

栖云阁后即望仙桥。（《〔雍正〕江南通志》卷三三《舆地志·古迹·通州》）

1122

季札初使鲁，北过徐。徐君好其剑，不敢言，季子心知之，为使上国未还。及还，徐君已死，解佩剑悬于墓。从者曰："尚谁与乎？"季子曰："吾心许之，岂以死背吾心哉！"（《寰宇记》卷一六《泗州·临淮县》）

扬　州

1123

汉扬州，初理历阳，后理寿春。灵帝末时，扬州刺史刘繇为袁术所逼，又徙曲阿也。（《建康实录》卷一《沿革》、《六朝事迹编类·序》）

1124

丹阳郡，本吴地。楚、汉之际，江、淮之间，溧阳以北，皆属荆王刘贾，英布、吴王濞、江都易王非并有其地。元封二年，以为丹阳郡，领宛陵、於潜、江乘、春谷、秣陵、故鄣、句容、泾、石城、湖孰、陵阳、芜湖、黝、溧阳、宣城、歙、丹阳，凡十七县，理于宛陵。（《寰宇记》卷九〇《升州·上元县》）

1125

梁克寿春立淮南、梁西、汝阴、武安四郡。（《大事记续编》卷四一）

1126

梁大通三年[①]，分建康之同夏里置同夏县。陈平，毁之。（《寰宇记》卷九〇《升州·上元县》）

---

① 大通三年：误，当为大通元年。洪齮孙《补梁疆域志》卷一《扬州·通夏》作"大通元年"。《清一统志》同。

1127

晋成帝咸康七年，分江乘县立临沂县，属琅邪郡。（《寰宇记》卷九〇《升州·上元县》、《六朝事迹编类》卷上《城阙汀·临沂县城》）

1128

临沂县，本南徐州之属。晋则诸葛恢，宋则臧焘，梁则孟智，陈则明僧绍之子仲璋，傅彝并为临沂令，以后无闻。晋太保王导群宗并其县人。（《寰宇记》卷九〇《升州·上元县》）

1129

晋琅邪王渡江镇建邺，因吴旧都修而居之。宋齐而下，宫室有因有革，而都城不改。（《〔景定〕建康志》卷二〇《城阙志·古城郭》、《〔至大〕金陵新志》卷一二上《古迹志·城阙官署》）

1130

都城周二十里一十九步，本吴宫址。晋江左所筑，但有宣阳门。至成帝作新宫，始修城、开陵阳等五门，与宣阳为六，今谓六门也。南面三门，最西曰陵阳门，后改名为广阳门，门内有右尚方，世谓之尚方门。次正中宣阳门，本吴所开，对苑城门，世谓之白门。晋为宣阳门，门三道，上起重楼，悬楣上刻木为龙虎相对，皆绣栭藻井。南对朱雀门，相去五里余，名为御道，开御沟，植槐柳。次最东开阳门，东面最南清明门，门三道，对今湘宫巷门，东出青溪港桥。正东面建春门，后改为建阳门，门三道，尚书下舍在此门内。直东今兴业寺后，东度青溪菰首桥。（《建康实录》卷七；《六朝事迹编类》卷上《总叙门·六朝宫殿》意同文异）

1131

都城，诸葛孔明云，“钟山龙蟠，石城虎踞”，则南朝都城襟抱左右，概可见矣。（《玉海》卷一七三《宫室·城》）

1132

晋故台城，即成帝时苏峻作乱，焚烧宫室都尽，温峤以下咸议迁都，惟王导固争不许。咸和六年使卞彬营治，七年迁于新宫。议者或患未筑双阙。后王导出宣阳门，南望牛头山，两峰磔立，东西相向各四十里，导曰此即天阙也。（《寰宇记》卷九〇《升州》）

1133

（皇城）都城南正中，宣阳门对苑城门，其南直朱雀门。正北面宫城，无别门。乃知苑城即宫城，在都城内近北，明矣。台城南面开四门，北面二门，东西面各一门。宫城内有两重宫墙，周回五百七十八丈。南面开二门，北面二门，东西面各一门。第三重宫墙，南面一门，东西面各一门。（《〔景定〕建康志》卷二〇《城阙志·古城郭》）

1134

同泰寺与台城隔路，今法宝寺及圆寂寺，即古同泰寺基，故法宝亦名台城院。以此考之，法宝、圆寂寺之南，盖古台城也。《晋书》："成帝时苏峻作乱，焚烧宫室，温峤以下咸议迁都，惟王导固争不许。咸和五年作新宫，始缮苑城，六年迁於新宫。"即此城也[1]。（《〔景定〕建康志》卷二〇《城阙志·古城郭》、《六朝事迹编类》卷上《城阙门·台城》）

1135

宣武城，宋大明三年，沈庆之所筑。初，孝武欲北伐，问庆之须兵几何？庆之曰二十万，帝疑其多。对曰："攻守百倍。"帝乃令庆之守此城，帝自率六军攻，不能下，乃止不讨。（《寰宇记》卷九〇《升州·上元县》、《纪胜》卷一七《建康府·古迹》）

1136

宋立宣武为城名，帝阅武于其地，亦谓为武帐冈。（《寰宇记》卷九〇《升州·上元县》）

1137

白下城，本江乘之白石垒也，齐武帝以其地带江负山，移琅邪居之。（《寰宇记》卷九〇《升州·上元县》、《〔景定〕建康志》卷二〇《城阙志·古城郭》、《六朝事迹编类》卷上《城阙门·白下县城》）

1138

冶城，其城本吴冶铸之处。王导疾作，因徙移冶出石头城西，以地名为西园。故《晋书》："成帝幸司徒府，游观西园"，即此处。太元十五年，武帝为江陵沙门法新于中立寺，以冶城为名。至是，桓玄尽移僧出居太后寺，以寺为苑，在旧江宁县城西。（《〔景定〕建康志》卷二二《城阙志·园苑》）

---

① 《晋书》……即此城也：《六朝事迹编类》脱。

1139

金陵有东府城，晋安帝义熙十年[①]筑。其城西本简文帝为会稽王时第，其东则丞相会稽文孝王道子府。谢安石薨，以道子代领扬州，第在州东[②]，故时人号为东府而号府廨西州。（《御览》卷一七〇《州郡部·升州》、《寰宇记》卷九〇《升州·上元县》）

1140

东府城，安帝时筑，宋以后常为宰相府第。每建康有事，必置兵守此，亦谓之东城，梁末毁。陈天嘉末，徙治府东三里齐安寺西，临淮水。（《〔雍正〕江南通志》卷三〇《舆地志·古迹·江宁》）

1141

东府城，晋安帝时筑。元兴三年刘裕平桓元，自石头还镇东府。宋元嘉中彭城王义康为司徒徙居东府。（《方舆纪要》卷二〇《江宁府·江宁县》）

1142

西州城，晋元帝时筑。（同上）

1143

檀城，本谢玄之别墅，太傅谢安与玄弈棋所胜者。至宋属檀道济，故名檀城。（《六朝事迹编类》卷上《城阙门·檀城》、《〔雍正〕江南通志》卷三〇《舆地志·古迹·江宁府》）

1144

钟山，古金陵山也，邑县之名，皆由此而立。吴大帝时，蒋子文发神异于此，封之为蒋侯，改山曰蒋山，宋复名钟山。（《元和志》卷二五《润州·上元县》；《御览》卷四一《地部·蒋山》、《寰宇记》卷九〇《升州·上元县》、《〔至正〕金陵新志》卷一《地理图》）

1145

钟山本少林木，宋时[③]使诸州刺史罢职还者，栽松三千株，下至郡守各有差焉。山之最高峰有五愿树，柞木也。元嘉中，百姓祈祷率有验。（《六朝事迹编类》卷上《形势门·钟阜》、《纪胜》卷一七《建康

① 义熙十年：《御览》脱。

② 第在州东：《御览》作“州在第”。

③ 宋时：《胜览》作“东晋时”。

府·景物》、《胜览》卷一四《建康府·山川》)

1146

石头山，即楚金陵邑地。吴、晋时，江流山下，最为险要，其上筑城以守之。下有龙洞，又名桃源洞，山后有驻马坡。诸葛亮尝驻此，以观形势，谓之石头虎踞，是也。东麓有虎踞关。(《〔雍正〕江南通志》卷一一《舆地志·山川·江宁府》)

1147

石头山，环七里一百步，北缘大江，南抵秦淮口，去台城九里。自六朝以来，皆守石头以为固，以王公大臣领戍军为镇，其形胜盖必争之地。[①](《〔景定〕建康志》卷一七《山川志·山阜》、《方舆纪要》卷二〇《江宁府·江宁县》)

1148

白山、雁门山、竹堂山并连带，在建康县东北，绵联三四十里。(《〔景定〕建康志》卷一七《山川志·山阜》、《〔雍正〕江南通志》卷一一《舆地志·山川·江宁府》)

1149

白山，阶础、碑石及麒麟、狮子，以石为之者，悉出此山。(《〔景定〕建康志》卷一七《山川志·山阜》、《六朝事迹编类》卷下《山冈门·白山》、《〔至大〕金陵新志》卷五上《山川志·山阜》)

1150

雁门山，建康自东而北，群山绵亘，凡数十里。今雁门之西，接彭城诸山，东接大城山。又东为竹堂山，竹堂之西北则白山，东南则云穴诸山，冈陇回环，皆与钟山相映带。(《方舆纪要》卷二〇《江宁府·江宁县》)

1151

雁门山，东北有温泉，可以浴，饮之能治冷疾。(《〔景定〕建康志》卷一七《山川志·山阜》、《〔雍正〕江南通志》卷一一《舆地志·山川·江宁府》)

1152

江乘县西北有扈谦所居宅，村侧有摄山，山多药草，可以摄生，

---

① 自六朝以来……必争之地：《方舆纪要》为“山上有城，相传楚威王灭越，置金陵邑于此”。

故以名之。(《寰宇记》卷九〇《升州·上元县》、《〔景定〕建康志》卷一七《山川志·山阜》、《〔至大〕金陵新志》卷五上《山川志·山阜》)

1153

摄山形方，四面重岭，似伞，亦名伞山。西北有水注江乘浦，入摄湖，即秦始皇所从湛度江者。(《〔雍正〕江南通志》卷一一《舆地志·山川·江宁府》)

1154

覆舟山，宋元嘉中改名玄[1]武山，以其临玄[2]武湖，山复有玄[3]武观故也。晋北郊坛，宋药园垒、药游园、冰井、甘露亭，皆在此山。(《六朝事迹编类》卷下《山冈门·覆舟山》、《纪胜》卷一七《建康府·景物》)

1155

覆舟山，在乐游苑[4]内。陈高祖与北齐兵大战，即此地。(《寰宇通志》卷八《应天府·山川》)

1156

覆舟山，在乐游苑[5]内。此山与钟山形若断而脉相连。两山之间土中有石，垦者不入，知其为山之骨也。(《〔景定〕建康志》卷一七《山川志·山阜》、《〔至大〕金陵新志》卷五上《山川志·山阜》)

1157

鸡笼山，在覆舟山之西二百余步，其状如鸡笼，因以为名。(《〔景定〕建康志》卷一七《山川志·山阜》;《寰宇记》卷九〇《升州·上元县》稍简)

1158

三山，其山积石森郁，滨于大江，三峰行列，南北相连，号三山。旧为吴津所[6]。(《〔景定〕建康志》卷一七《山川志·山阜》、《寰宇记》卷九〇《升州》;《方舆纪要》卷二〇《江宁府·江宁县》有小异)

---

①②③ 玄：清刻《六朝事迹编类》避康熙帝讳，俱作“真”。

④ 乐游苑：《寰宇通志》作“药苑”

⑤ 乐游苑：《〔景定〕建康志》作“药苑”。

⑥ 旧为吴津所：《〔景定〕建康志》脱。

1159

湖熟西北有方山，顶方正，上有池水。齐武帝于方山药苑，吴大帝为仙者葛玄立观焉。(《寰宇记》卷九〇《升州·上元县》、《六朝事迹编类》卷下《山冈门·方山》)

1160

土山，下有湖，自江山至京师，此为半道，今谓此山下道为半逻。(《〔景定〕建康志》卷一七《山川志·山阜》)

1161

秦始皇时，望气者云，江东有天子气，乃东游以厌之。又凿金陵以断其势。今方山石硊，是其所断之处也。(《六朝事迹编类》卷下《山冈门·石硊山》、《〔景定〕建康志》卷一七《山川志·山阜》)

1162

(白都山) 昔有白仲都於此山学道，白日升天，因以为名。西临大江，孙峻追斩诸葛恪子竦于此[①]。(《寰宇记》卷九〇《升州·江宁县》、《〔景定〕建康志》卷一七《山川志·山阜》、《〔至大〕金陵新志》卷五上《山川志·山阜》)

1163

汤山，在府东七十里，接云穴山，有汤泉六出山下。(《方舆纪要》卷二〇《江宁府》)

1164

慈姥山，积石临江，岸壁峻绝。山上出竹，堪为箫管。山南有慈姥神庙，因名焉。(《〔景定〕建康志》卷一七《山川志·山阜》;《寰宇记》卷九〇《升州·江宁县》较简)

1165

铁冶山，前代铸铁处。(《〔景定〕建康志》卷一七《山川志·山阜》、《六朝事迹编类》卷下《山冈门·铁冶山》)

1166

铜山，在县西南四十五里，山采铜，昔尝铸冶于此。(《方舆纪要》卷二〇《江宁府·溧水县》)

1167

牛头山有两峰，时人号为牛头山。晋氏过江，将立双阙。王导出

① 西临大江……于此：《〔景定〕建康志》脱。

宣阳门，南望牛头山两峰，乃曰“此即天阙”，是也。（《寰宇记》卷九〇《升州·江宁县》）

1168

幕府山，在临沂县东八里。晋元帝自广陵渡江，丞相王导建幕府于此山，因名焉。山上有虎跑泉，其西巅有仙人台，其北里俗相传即古之宣武场也。（《〔景定〕建康志》卷一七《山川志·山阜》、《六朝事迹编类》卷下《山冈门·幕府山》）

1169

宣州溧水县有浊山[1]，下有浊水[2]，即秦淮之源也。（《六朝事迹编类》卷下《山冈门·浊山》、《寰宇记》卷九〇《升州·溧水县》、《〔景定〕建康志》卷一七《山川志·山阜》）

1170

在上元县有两东山，一在钟山乡，去县十五里，宋刘勔隐居之地。（《清一统志》卷七三《江宁府·山川》）

1171

梅岭冈，在国门之东。晋豫章太守梅赜家于冈下，故民名之。（《寰宇记》卷九〇《升州·江宁县》）

1172

石子冈，宋大明中起观风亭于其上。（《〔景定〕建康志》卷一七《山川志·山阜》、《清一统志》卷五〇）

1173

（白土冈），同夏县西有白土墪，即此地。（《六朝事迹编类》卷下《山冈门·白土冈》）

1174

淮水，发源于华山，在丹阳湖姑孰之界，西北流经建康、秣陵二县之间，萦纡京邑之内，至于石头入江，绵亘[3]三百许里。（《寰宇记》卷九〇《升州·江宁县》）

1175

秦始皇巡会稽，凿断山阜，此淮即所凿也，亦名秦淮。孙盛《晋

① 浊山：《寰宇记》作“独山”，《方舆纪要》仍作“浊山”。

② 浊水：《寰宇记》作“独水”，《方舆纪要》仍作“浊水”。

③ 绵亘：《御览》作“悬流”。

春秋》云是秦所凿。王导食令郭璞筮，即此淮也。又称未至方山有直渎，行三十许里。以地形论之，淮发源结屈，不类人功，则始皇所掘，宜此渎也。[①]（《御览》卷六五《地部·秦淮水》、《寰宇记》卷九〇《升州·江宁县》）

1176

娄湖苑，吴时张昭所创，有湖以溉田，宋时筑为苑，张昭封娄侯，故谓之娄湖。（《〔景定〕建康志》卷一八《山川志·江湖》、《〔至正〕金陵新志》卷五下《山川志·江湖》、《寰宇记》卷九〇《升州·江宁县》甚简）

1177

（玄武湖），齐武帝理水军于此池中，号曰昆明池。故沈约《登覆舟山》诗云："南瞻储胥馆，北眺昆明池"，即此。其湖通后苑。又于湖侧作大窦，引湖水入宫城内天泉池，中经历宫殿，溯流回转，不舍昼夜。宋元嘉末有黑龙见湖内，故改为玄武湖也。（《寰宇记》卷九〇《升州·上元县》、《六朝事迹编类》卷上《形势门·真武湖》）

1178

句容县吴渎塘有半汤湖，湖水半冷半热，可以瀹鸡子。（《纪胜》卷一七《建康府·景物下》）

1179

走马桥侧，有燕雀湖。《穷神秘苑》曰：梁昭明太子在东宫有一琉璃碗、紫玉杯，皆武帝所赐也。既薨诏置梓宫。后更葬开坟，为阉人携入大航，乃有燕雀数万击之，因为有司所缚，乃获二宝器。帝闻而惊异，诏以赐太孙。封坟之际，复有燕雀数万，衔土以增其上。坟侧今有湖，后人因名燕雀湖[②]。（《大典》卷二二七〇《湖·燕雀湖》、《〔景定〕建康志》卷一八《山川志·江湖》、《〔至大〕金陵新志》卷五下《山川志·江湖》）

1180

宋元嘉末，有黑龙见于玄武湖侧。今潭近湖所，疑即当时龙见之

① 本条《御览》所引为全文；而点校本《寰宇记》引至"亦名秦淮"，疑误。

② 穷神秘苑……燕雀湖：《〔景定〕建康志》《〔至大〕金陵新志》俱脱。

处。(《〔景定〕建康志》卷一九《山川志·河港》)

1181

梁天监十三年，以朱雀门东北淮水纡曲，数有水患，又乃凿通之。中央为洲，四方诸郡秀士、上计者，所憩止于此。(《寰宇记》卷九〇《升州·上元县》、《清一统志》卷七四《江宁府·山川》)

1182

(烈洲)，吴旧津所也。内有小水，堪泊舡，商客多停以避烈风，以名焉。王濬伐吴，宿于此。简文(帝)为相时，会桓玄之所也，亦曰栗洲。洲上有山，山形如栗。伏滔《北征赋》谓之烈洲[①]。(《御览》卷六九《地部·洲》、《寰宇记》卷九〇《升州·江宁县》、《方舆纪要》卷二〇《江宁府·江宁县》)

1183

(长命洲)，梁武帝遣人放生于此洲，仍置十户在洲中，掌谷粟以饲之，故呼为长命洲。魏使李恕来朝，帝正放生，问恕曰："北主颇知此乎?"恕对曰："本国不取亦不放。"帝无以应之。(《寰宇记》卷九〇《升州·江宁县》、《纪胜》卷一七《建康府·景物》;《〔景定〕建康志》卷一九《山川志·渊浦》甚简)

1184

吴时客馆在蔡洲上，以舍远使。苏峻作逆，陶侃等率所统同赴京师，直指石头，次于蔡洲，是。(《御览》卷六九《地部·洲》)

1185

张公洲，在(江宁)县西南。《梁书》：太清二年，豫州刺史裴东之等舟师二万次张公洲；二年[②]，陈霸先击破侯子监[③]，师至张公洲，并此处。(《御览》卷六九《地部·洲》)

1186

加子洲，在(江宁)县西南。(同上)

1187

白下城西南蟹浦，浦西北有直渎。伏滔《北征记》云，吴将甘宁

---

① 烈洲：《方舆纪要》作"栗州"。并在其后有"洲有土山，其形似栗也"。

② 二年：《寰宇记》卷九〇《升州·江宁县》作"三年"。

③ 监：《梁书》《寰宇记》均作"鉴"。

墓在此。俗云墓有王气，孙皓恶之乃凿，其后为直渎。又按《晋书》，苏峻举兵，温峤帅师救京师，遣王愆期、邓岳兵为前锋，次直渎，即此地也。（《六朝事迹编类》卷上《直渎》；《〔景定〕建康志》卷一九《山川志·河港》、《〔至大〕金陵新志》卷五下《山川志·沟渎》甚简）

1188

白下城西南有蟹浦，源出钟山，北流九里入大江。齐崔慧景军败走，单骑至蟹浦，投渔人太叔荣之。荣之故为慧景门人，时为蟹浦戍。谓之曰："吾以乐赐汝，汝为吾觅酒。"既而为荣之所斩，以头内篮中送都。（《〔至正〕金陵新志》卷五下《山川志·洲浦》、《〔景定〕建康志》卷一九《山川志·洲浦》、《六朝事迹编类》卷上《江河门·蟹浦》）

1189

（清溪），水源北出于钟山，《旧经》巴南九里入于淮。溪口其埭侧有清溪祠，其溪因祠为名。又云：按水为言，故名清溪。（《寰宇记》卷〇《升州·上元县》）

1190

青溪，发源钟山，入于淮，连绵十余里。溪口有埭，埭侧有神祠，曰青溪姑。今县东有渠，北接覆舟山，以近后湖，里俗相传此青溪也。其水迤逦西出，至今上水闸相近，皆名青溪。（《六朝事迹编类》卷上《江河门·青溪》、《〔景定〕建康志》卷一八《山川志·江湖》）

1191

舰澳梁武帝所开，在光宅寺东二百五十步。其寺武帝旧宅。帝从城归宅，仪仗舟车，骈戢塞路，开以藏船。（《〔景定〕建康志》卷一九《山川志·河港》）

1192

梁武帝从新亭凿渠，通新林浦。（《〔雍正〕江南通志》卷一一《舆地志·山川·江宁府》）

1193

秣陵浦，以旧县为名，源出龙山，北流一十里入葛塘湖，又一十里入长溪，合秦淮。秋夏胜三百石舟，春冬胜一百五十石舟。（《〔景定〕建康志》卷一九《山川志·河港》）

1194

江乘县南有半阳[1]泉[2]，半冷半热。热处可烂物，冷处如冰。热处鱼入冷处即死，冷处鱼入热处亦死。民种稻则溉热水，一年再熟。（《〔景定〕建康志》卷一八《山川志・江湖》、《六朝事迹编类》卷上《江河门・半阳湖》、《〔至正〕金陵新志》卷五〇下《山川志・江湖》）

1195

潮沟，吴大帝所凿，以引湖。接青溪，抵秦淮，西通运渎，北连后湖。（《纪胜》卷一七《建康府・景物》、《六朝事迹编类》卷上《江河门・潮沟》、《清一统志》卷七三《江宁府・山川》）

1196

鸡鸣桥，今新安寺东南，东度开圣寺路，度此桥。（《建康实录》卷二、《〔至大〕金陵新志》卷四下《疆域志二・桥梁》）

1197

六代自石头东至运渎，总二十四所渡，皆浮船，往来以税行直。淮对编门，大航用杜预河桥之法（作之），其本吴时南淮大桥也，一名朱雀桥。当朱雀门下，渡淮水。王敦作逆，温峤烧绝之。是后权以舶航为浮桥。成帝咸康二年，侍中孔坦议复税桥，行者收直，以具其材。但苑宫初理不暇，遂浮航相仍。至陈，每有不虞，则烧之。复有骠骑航，在东府城门渡淮。会稽王道子立，并竹格航，丹杨郡城后航，总四航，在晋时并收税。至是年，诏皆除税不收，放民之往来也[3]。（《建康实录》卷九、《〔景定〕建康志》卷一六《疆域志・桥梁》；《六朝事迹编类》卷上《形势门・朱雀航》均较简）

1198

（朱雀航）自石头东至运渎，总二十四航，而朱雀与竹格、骠骑、丹阳谓之四航。宁康元年，诏除丹阳、竹格等四航税，是也。今聚叹门内镇淮桥，即朱雀遗址。（《〔雍正〕江南通志》卷三〇《舆地志・古迹・江宁府》；《清一统志》卷七四《江宁府・古迹》较简）

1199

（镇淮桥）吴时南津桥也，名曰朱雀航。大宁二年，王含军至，丹

---

① 阳：《〔至正〕金陵新志》作“汤”。

② 泉：《六朝事迹编类》作“湖”。

③ 是后权……往来也：《〔景定〕建康志》脱。

阳尹温峤烧绝之，以遏南众。定后，京师乏良材，无以复之，故为浮航。至咸康三年，侍中孔坦议复桥，于是税航之行者具材。乃值苑宫初创，材转以治城，故浮航相仍。至太元中，骠骑府立东航，改朱雀为大航。（《〔景定〕建康志》卷一六《疆域志·桥梁》；《六朝事迹编类》卷上《形势门·朱雀航》甚简）

1200

竹格渡，两岸要冲处，并以航济。西自石头东至征虏亭，凡二十四所。（《〔景定〕建康志》卷一六《疆域志·桥梁》）

1201

建康宫，在法宝寺之南，今在府[①]北五里。（《六朝事迹编类》卷上《六朝宫殿·建康宫》）

1202

吴东宫，在城[②]之南，晋初东宫在城之西南，其后移于宫城之东南。宋、齐、梁、陈，又在宫城之东北，亦谓之永安宫[③]。（《〔景定〕建康志》卷二一《城阙志·右宫殿》、《方舆纪要》卷二〇《江宁府·江宁县》）

1203

南宫，太子宫也。宋置欣乐营，其地今在县城二里半。吴时太子宫在南，故号南宫。（《建康实录》卷二）

1204

吴时太子宫在南，故号南宫。吴大帝赤乌二年适南宫。（《纪胜》卷一七《建康府·历代宫苑殿阁》）

1205

金华宫，梁大同中所筑，在青溪东，去台城三里。（《纪胜》卷一七《建康府·历代宫苑殿阁》；《新定九域志》卷六《江宁府》较简）

1206

金华宫，梁大同中所筑，昭明太子蔡妃所居。（《六朝事迹编类》卷上《六朝宫殿·金华宫》、《〔景定〕建康志》卷二一《城阙志·古宫

① 府：金陵为府，始于五代吴，后唐改为江宁府。“府”为后人所加。当为“城”。

② 城：《方舆纪要》作“台城”，更明确。

③ 亦谓之永安宫：《〔景定〕建康志》脱。

殿》）

1207

太子新宫，其地本晋东海王第，后筑为永安宫，穆帝何皇后居之。宋文帝元嘉十五年，始筑为东宫，齐末为火灾焚尽。梁天监五年，更筑于齐故地，盛加结构。侯景乱，又烧尽。陈初，置太子于永福省，至此居新宫。（《建康实录》卷二〇《陈高宗孝宣皇帝》）

1208

宋亲蚕宫，孝武初立为苑，后为西蚕所。（《〔景定〕建康志》卷二一《城阙志·古宫殿》）

1209

（辅公祏城）齐文惠太子之第也。（《寰宇记》卷九〇《升州·上元县》）

1210

丹阳郡建康县台城，齐文惠太子治玄圃，有明月观、婉转桥、徘徊廊，圃内作净名精舍。（《御览》卷一七九《居处部·观》、《〔景定〕建康志》卷二二《城阙志·园苑》）

1211

丹阳郡建康县文德殿，梁武帝移张衡浑仪置此殿。（《御览》卷一七五《居处部·殿》）

1212

丹阳郡建康县台城华光殿，梁武帝大通中毁，施与草堂。寺人洗取朱货，直百万，以其地起重阁七间。（同上）

1213

丹阳郡建康县台城宝云殿，梁武帝以施佛寺。（同上）

1214

丹阳郡建康县台城惠轮殿，梁武帝以供养佛。（同上）

1215

乐游苑，在晋为药圃。义熙中，卢循反，刘裕筑药园垒以拒循，即此处也。宋元嘉中，以其地为北苑，更造楼观于覆舟山，后改曰乐游苑。十一月三月，禊饮于乐游苑会者赋诗，颜延之为序。孝武大明中，造正阳林光殿于内。侯景之乱，焚毁略尽。（《〔景定〕建康志》卷

二三《城阙志·园苑》、《六朝事迹编类》卷上《楼台门·乐游苑》）

1216

江潭苑，武帝从新亭凿渠通新林浦，又为池，开大道，立殿宇，亦名王游苑，未成而侯景乱。（《〔景定〕建康志》卷二二《城阙志·园苑》、《方舆纪要》卷二〇《江宁府·江宁县》）

1217

（华林园），吴时旧宫苑也。晋孝武更筑立宫室。宋元嘉二十二年，重修广之。又筑景阳、武壮诸山，凿池名天渊，造景阳楼以通天观。至孝武大明中①，紫云出景阳楼，因改为景云楼。又造琴堂，东有双树连理，又改为连玉堂。又造灵曜前后殿，又造芳香堂、日观台。元嘉中，筑蔬圃，又筑景阳东岭，又造光华殿，设射棚，又立凤光殿、醴泉堂、花萼池，又造一柱台、层城观、兴光殿。梁武又造重阁，上名重云殿，下名兴光殿，及朝日、明月之楼，登之而阶道绕楼九转。自吴、晋、宋、齐、梁、陈六代，互有构造，尽古今之妙。陈永初②中，更造听讼殿。天嘉三年，又作临政殿。其山川制置，多是宋将作大匠张永所作。其宫殿数多，旧来不用，乃取华林园以为号。（《建康实录》卷一二《宋太祖文皇帝》；《〔景定〕建康志》卷二一《城阙志·古宫殿》稍简）

1218

甘露亭，联东北八里。晋时为药圃，（拒）卢循之筑药圃垒，即此处也。其地旧是晋北郊，宋元嘉中移郊坛出外，以其地为北苑。遂更兴造楼观于覆舟山，乃筑堤壅水，号曰后湖。其山北临湖水，后改曰乐游苑，山上大设亭观。山北有冰井，孝武藏冰之所。至大明中，又盛造正阳殿。梁侯景之乱，悉焚毁。至陈天嘉二年，更加修葺，於山上立甘露亭。（《建康实录》卷一二；《〔景定〕建康志》卷二二《城阙志·亭轩》、《〔至大〕金陵新志》卷一二上《古迹志·城阙官署》均较简）

1219

祓禊堂，宋元嘉二十二年凿天渊池，造景阳楼，今法宝寺之南有

① 大明中：《〔景定〕建康志》作“大明元年”。

② 永初：误，陈无“永初”年号，天嘉三年之前为“永定”年，当为“永定”。

景阳楼古基，侧有池，旧传即天渊池，岁久淹没，今不复有堂矣。（《六朝事迹编类》卷上《楼台门·祓禊堂》）

1220

丹阳郡秣陵县，新亭陇上有远望楼，又名劳劳楼。宋改为临沧观，行人分别之所。（《御览》卷一七九《居处部·观》;《〔景定〕建康志》卷二一《城阙志·古宫殿》有小异）

1221

（乌衣巷）晋王氏自立乌衣宅，当时诸谢曰“乌衣之聚”，皆此巷也。（《〔景定〕建康志》卷一六《疆域志·街巷》）

1222

乘黄署，在东府之西北。五辂及朝车凡驾马者之所，去县东北六里。（《六朝事迹编类》卷下《宅舍门·乘黄署》、《〔至大〕金陵新志》卷一二上《古迹志·城阙官署》）

1223

纸官署，宋永初中立。旧日齐帝于此造银光纸，以赐王僧虔，在县东一十五里。（《六朝事迹编类》卷下《宅舍门·纸官署》）

1224

（国学），在江宁县东南二里一百步右御街东，东逼淮水，当时人呼为国子学。西有夫子堂，画夫子及十弟子像。西又有皇太子堂，南有诸生中省，门外有祭酒省、二博士省，旧置博士二人。梁大同中，又置正言博士一人，加助教理礼。初，显宗咸康三年，立太学在秦淮水南，今升桥地，对东府城南小航道西，在今县城东七里废丹杨郡城东，至德观西，其地犹名故学。江左无两学，及武帝置国学，并入于今处也。（《建康实录》卷九《晋烈宗孝武皇帝》）

1225

杜姥宅，在端门外直兰台路东。晋成帝恭皇后杜氏母裴氏，即杜弘冶之妻名穆，孝武帝封为广德县君。初，穆渡江，宅于南掖门外。时已寿考，故呼为杜姥。（《〔至大〕金陵新志》卷一二下《古迹志·第宅》）

1226

南郊坛，在今县城东南十八里。（《六朝事迹编类》卷上《总叙门·六朝郊社》）

1227

洞玄观，赤乌二年，吴大帝为仙公葛玄造，玄后白日上升，山上至今犹有坛宇。（《六朝事迹编类》卷下《神仙门·洞玄观》、《建康实录》卷二《吴太祖下》）

1228

齐武帝[1]起层城观[2]。七月七日，宫人多登之穿针，世谓之穿针楼。（《御览》卷三一《时序部·七月七日》、《六朝事迹编类》卷上《楼台门·层城观》；《〔至大〕金陵新志》卷一二上《古迹志·城阙官署》、《〔景定〕建康志》卷二二《城阙志·台观》有小异）

1229

吴赤乌十年，沙门僧康、僧会自西天竺来传佛法，大皇帝作建初寺以处之。江东诸寺始于此寺。今名法性寺是也。（《纪胜》卷一七《建康府·景物下》；《六朝事迹编类》卷下《寺院门·吴建初寺》稍简）

1230

（同泰寺）在北掖门外路西，寺南与台（城）隔（路），抵广莫门内路西。梁武普通中起，是吴之后苑。晋廷尉之地，迁于六门外，以其地为寺。兼开左右，营置四周池堑，浮图九层，大殿六所，小殿及堂十余所。宫各像日月之形。禅窟禅房，山林之内，东西般若台各三层，筑山构陇，亘在西北，柏殿在其中。东南有璇玑殿，殿外积石种树为山。有盖天仪，激水随滴而转。起寺十余年，一旦震火焚寺，唯余瑞仪、柏殿，其余略尽。即更构造，而作十二层塔，未就而侯景作乱，帝为贼幽馁而崩。（《建康实录》卷一七《梁高祖武皇帝》）

1231

法宝圆寂寺，即古同泰寺基。（《〔至大〕金陵新志》卷一一下《祠祀志·寺院》）

1232

鹿苑寺，不知从昔之名，但后人以帝氏目之。（同上）

1233

孔子庙，在乐游苑，东隔青溪。本圣寿侯所奉之庙也。旧在溪南，

---

① 齐武帝：《〔至大〕金陵新志》误作“陈武帝”。

② 层城观：《〔景定〕建康志》作“层楼观”。

丹阳郡之东南。本东晋所立，中废。宋元嘉十九年诏复孔子庙。至齐，迁于今处。以旧地为浮图。今名孔子寺，亦名孔子巷，在城东南五里，古长乐桥东。(《〔景定〕建康志》卷一六《疆域志·街巷》、《六朝事迹编类》卷下《宅舍门·孔子巷》、《〔至大〕金陵新志》卷四下《疆域志二·街巷》)

1234

朱雀门，北对宣扬门，相去六里，名为御道。(《〔景定〕建康志》卷一六《疆域志·街巷》)

1235

晋初置宗庙，在（丹徒）县东二里。(《六朝事迹编类》卷上《总叙门·六朝郊社》)

1236

九日台，当孙陵曲折之傍，故名蒋陵亭。苏峻之乱，王师败绩於西陵，即此地也。今蒋庙相对向西有曰孙陵冈，是为蒋陵。(《六朝事迹编类》卷下《吴大帝陵》;《初学记》卷八《州郡部·江南道》、《寰宇记》卷九〇《升州·上元县》均较简)

1237

晋山简墓，在乐游苑内。(《六朝事迹编类》卷下《坟陵门·晋山简墓》)

1238

宛陵县铜山者，汉采铜所理也。(《元和志》卷二八《江南道·宣州》)

1239

赭圻下流十许里有战鸟圻，孤在江中，本名孤圻山。昔桓温驻赭圻，恒惧掩袭。此圻宿鸟所栖，中宵鸣惊，温谓官军之至，一时惊溃。既定，乃群鸟惊噪，故相传为战鸟山。(《寰宇记》卷一〇三《宣州·南陵县》)

1240

旧吴兴郡安吉县南界道旁有小井，乃是孔夫子入吴时凿。(《寰宇记》卷一〇三《宣州·宁国县》)

1241

太原郡，梁武帝立，属浔阳，领晋阳、天水、和城三县[1]。（《寰宇记》卷一一一《江州·彭泽县》、《〔康熙〕江西通志》卷四二《古迹·九江府》）

1242

晋阳县，梁武帝立，属太原郡。（《寰宇记》卷一一一《江州·彭泽县》、《〔康熙〕江西通志》卷四二《古迹·九江府》）

1243

天水县，梁武帝置，以拟西水县。（同上）

1244

和城县，江左立，属汝南郡。齐之庐江、南顿亦有和城，属太原郡。（同上）

1245

废龙亢县旧属谯国。周大象元年拓定江淮，并入历阳，依旧为龙亢县[2]。（《寰宇记》卷一二四《和州·含山县》、《纪胜》卷四八《和州·古迹》）

1246

陈武（帝）割建昌、豫宁、永修、艾四县为豫宁郡。（《寰宇记》卷一一一《南康军·建昌县》）

1247

宋明帝于淮南立梁郡，领北谯、北梁、蒙城、城父四县。梁克寿阳后，立北谯郡于故曲阳地，北谯、蒙城二县属焉。（《寰宇记》卷一二九《寿州·寿春县》、《大事记续编》卷四一）

1248

梁仆射沈约、陈仆射徐陵，皆封建昌侯，即此邑。（《寰宇记》卷一一一《南康军·建昌县》）

1249

宋以钟离置徐州，齐以为北徐州。（《文选》卷二六范彦龙《赠张

① 领晋阳……三县：洪齮孙《补梁疆域志》卷二《江州·太原郡》作“领县四，彭泽、晋阳、和城、天水”。

② 周大象元年……龙亢县：此为宋人羼入。

徐州稷》注）

1250

梁武（帝）克寿春，置豫州，立梁南、梁西、汝阴、武安四郡，于城中置淮南州城也。（《寰宇记》卷一二九《寿州·寿春县》）

1251

下蔡，春秋时，蔡成公徙此。（《路史》卷二八《国名纪·周氏》）

1252

（古当涂山城）即夏禹所娶涂山氏之国也。又，三国时荒废。（《寰宇记》卷一二八《濠州·钟离县》）

1253

寿阳城，中有二城，一曰相国城，宋武帝伐长安时筑。一曰金城，寿阳中城也。又州西四十里有寿春故城，北临淮水，相传考烈王盖治此。又州东有诸葛城，相传诸葛诞所筑。（《〔雍正〕江南通志》卷三五《舆地志·凤阳府》）

1254

牛渚山首有人潜行，云此处连洞庭，傍达无底。见有金牛，状异，乃惊怪而出。牛渚山北，谓之采石。按今对采石渡口，上有谢将军祠。（《御览》卷四六《地部·牛渚山》、《寰宇记》卷一〇五《太平州·当涂县》）

1255

（马头城），其界即当涂山国之旧地，元属豫州，宋属徐州，齐因之。梁大通元年，刺史刘公茂移居新城，从兹遂废。（《寰宇记》卷一二八《濠州·钟离县》）

1256

博望、梁山，东西隔江，相对如门，相去数里，谓之天门。（《御览》卷四六《地部·博望山》、《寰宇记》卷一〇五《太平州·当涂县》、《大事记续编》卷四四）

1257

宋孝武（帝）诏曰：梁山层岫云峙，流间海岳，天表象魏，以旌国刑，乃以二山为立阙，故曰天门焉。（《纪胜》卷一八《太平州·景物上》、《御览》卷四六《地部·博望山》）

1258

八公山，在淝水北、淮水南，淮南八公居此，因名。（《新定九域

志》卷五《寿州》)

1259

南谯郡蕲县有巢湖，湖东南口有石梁凿开渡水，名东关。古老相传夏禹所凿。高峻险狭，实守扼之所。吴、魏相持于此。南岸吴筑城，北岸魏置栅。(《寰宇记》卷一二四《和州·含山县》)

1260

橹鸣水，在繁昌县。昔梁杯渡禅师子隐，静山造寺。江神送木，惟闻橹鸣之声，亦曰橹鸣江。(《海录碎事》卷上《地门》)

1261

芍陂，崔实《月令》云："孙叔敖作期思陂"，即此。故汉王景为庐江太守，重修起之，境内丰给。齐、梁之代，多屯田于此。(《寰宇记》卷一二九《寿州·安丰县》)

1262

芍陂，上承淠水，南自霍山县北界驺虞石入，号曰濠水，北流注陂中，凡经百里，灌田[1]万顷。今陂上有令尹祠，甚严。(《寰宇记》卷一二九《寿州·安丰县》、《御览》卷七二《地部·陂》)

1263

铜陵鹊头山为鹊头，至三山为鹊尾，因名鹊江，繁昌诸水注之。(《〔雍正〕江南通志》卷一七《舆地志·山川七·太平府》)

1264

温峤平苏峻乱，至牛渚矶，以下多怪物，燃犀照之，奇形异状毕见。南趾有燃犀亭在其上。(同上)

1265

涂山有神庙，前盘中央污邪，容水每干涸。若祭祀者至，其水辄随出随入，多少给用。祭祀还，则无。(《寰宇记》卷一二九《濠州·钟离县》)

1266

桐乡，楚名为巢邑。(《初学记》卷八《州郡部·江南道》、《锦绣万花谷后集》卷六)

1267

东关口，有踟蹰山，昔岻箕山也。《春秋传》曰："楚子观兵于岻

---

① 田：《御览》误作"四"。

箕上”此是也。（《寰宇记》卷一二六《庐州·巢县》）

1268

小岘，在合肥之东；大岘，在小岘之东，是也。（《方舆纪要》卷一九《江南·岘山》）

1269

巢湖，西北至合肥界，湖东南有石梁，凿山通水，是名关口。相传云夏所凿。一号东兴。本属和州，今巢县亦管其一半。地高峻险狭，实守扼之所。故天下有事，必争之地。吴、魏相持于此。南岸吴筑城，北岸魏置栅。嘉平四年，诸葛恪于东关作大堤，遏巢湖，在右依山，夹筑两城，留千人，使全端留略守之。魏遣诸葛诞、胡遵围东关，将坏其堤。诸葛恪率众四万，大破之，遂退走。（《寰宇记》卷一二六《庐州·巢县》）

1270

（巢县卧牛山）山背有桀王城。（《〔雍正〕江南通志》卷一七《舆地志·山川·庐州府》）

1271

吴自有延州来，此地先已封季子，非楚州来邑也。祠前有沸井四所。（《寰宇记》卷八九《润州·延陵县》、《路史》卷二六《国名纪·高阳氏后·州来》）

1272

皖公山神，在县治西北二十里，云周大夫皖伯之神也。（《寰宇记》卷一二五《舒州·怀宁县》）

1273

栅江口，古濡须口也，吴魏相持于此。吴筑两城于北岸，魏置栅于南岸。（《通鉴地理通释》卷一二）

1274

丹徒，又曰南徐州。（《纪胜》卷七《镇江府·景物上》）

1275

晋陵县，春秋时吴之延陵邑也。季札让位，耕于此，因以封之，汉改为毗陵。（《御览》卷一七〇《州郡部·常州》）

1276

金坛县，秦、汉属会稽郡，后汉属吴郡，晋元帝时属毗陵郡，宋、

齐、梁、陈皆为延陵之南界。(《寰宇记》卷八九《润州·金坛县》)

1277

曲阿县云阳地[①]，属朱方、南徐之境。秦有史官奏，东南有王气在云阳，故凿北冈，截直道使曲，以压其气，故曰曲阿。(《御览》卷一七〇《州郡部·润州》、《寰宇记》卷八九《润州·丹阳县》)

1278

吴大帝改丹阳为武进[②]，属毗陵郡，吴末并入晋陵县。晋太康二年分丹徒、曲阿二邑地立武进县。梁武帝改为兰陵县。(《寰宇记》卷九二《常州·武进县》)

1279

晋元帝割丹阳永平县，为平陵县。(《寰宇记》卷九二《常州·宜兴县》、《纪胜》卷六《常州·古迹》)

1280

吴越之间，谓荆为楚。秦以子楚改为阳羡。其地本名小震居，在荆溪之北，故云阳羡。(《御览》卷一七〇《州郡部·常州》;《胜览》卷四《常州·郡名》较简)

1281

吴筑城梅里平墟，即此地。自太伯以下至王僚二十三君，公子光刺王僚，即此。城内有太伯宅，堂基及井尚在。(《寰宇记》卷九二《常州·无锡县》;《〔咸淳〕毗陵志》卷一四《祠庙·无锡》较简)

1282

(范蠡城)越伐吴时范蠡筑也。遗迹尚存。(《寰宇通志》卷一五《常州府·古迹》、《〔至正〕无锡县志》卷三下《古迹》)

1283

鸭城东，吴王牧凫鸭之处，即此城是也。(《寰宇记》卷九二《常州·无锡县》、《〔至正〕无锡县志》卷三下《古迹》)

---

① 云阳地:《御览》脱。

② 吴大帝改丹阳为武进:毅按，此武进县在今镇江市丹徒镇;晋太康二年置之武进县，在今常州市武进区。同名异地，吴大帝置之武进县，非今常州武进区之沿革。原文混淆。

1284

楚考烈王封黄歇为相，赐淮北一十三城①。后以其地边齐，请以为郡，更以江东故东吴邑封之。今历山下有春申君祠，去城三里，古道通此黄城。（《寰宇记》卷九二《常州·无锡县》、《〔至正〕无锡县志》卷三下《古迹》）

1285

皋兹，皆古鸠兹地。（《〔至顺〕镇江志》卷二〇《杂录·地理》）

1286

云阳东西城，在故延陵县，今延陵镇西三十五里，与句容分界之处。东西城相去七里，并在渎南。二城即吴楚之境②也。（《〔嘉定〕镇江志》卷二《城池·丹阳县》）

1287

晋元帝以海虞县北境之土山立利城县，以处流民。宋元嘉八年迁利城于武进之利浦。（《纪胜》卷九《江阴军·古迹》、《清一统志》卷八七《常州府·古迹》）

1288

铁瓮城，吴大帝孙权所筑，周回六百三十步，开南、西二门，内外皆固以砖壁。（《〔至顺〕镇江志》卷二《地理·城池·丹徒县》）

1289

晋咸和元年，贼众数千，浮海抄东南诸县，郗鉴遂城京口讨平之，见《（郗）鉴传》。（同上）

1290

北固山，天景清明，登之望见广陵城，如在青霄中。相去鸟道五十余里。（《寰宇记》卷八九《润州·丹徒县》、《御览》卷四六《地部·北固山》、《〔嘉定〕镇江志》卷六《山川·山·丹徒县》）

1291

汉时金牛出山之东，驰至曲阿。上有金牛洞，洞口仅容一人，其中甚广。下有泉，甚清冽。（《〔雍正〕江南通志》卷一三《舆地志·山川三·镇江府》）

---

① 十三城：《〔至正〕无锡县志》作“十二县”。

② 境：《纪胜》作“界”。

1292

太伯宅东九里[①]为皇山，卒葬山南。殷仲堪守晋陵，复吴氏一户，奉祠下。（《〔至正〕无锡县志》卷三下《古迹》；《路史》卷二六《国名纪·高辛氏后》稍简）

1293

君山，在宜兴。山巅有池，池有三足鳖、六目龟。《尔雅》言：鳖三足曰能。郭璞注云：阳羡山中有之。（《〔咸淳〕毗陵志》卷一五《山水·山·宜兴》）

1294

黄山，上有石室，吴时烽火之所。（《纪胜》卷九《江阴军·景物上》）

1295

（国山），本名离里山。山有九峰相连，亦名九斗山，一名升山。吴五凤二年，其山堕大石自立，高九尺三寸，大十三围三寸。归命侯又遣司空董朝、太常周处至阳羡，封禅为中岳，改名国山。明年改元为天纪，大赦，以叶石文。石今见存。（《寰宇记》卷九二《常州·宜兴县》、《纪胜》卷六《常州·景物上》）

1296

宜兴国山有玉石洞，土人呼为石室。周幽王二十四年忽开，可容千人。又有石柱，呼为玉柱。（《纪胜》卷六《常州·景物上》）

1297

二横山，在晋陵东北四十二里，二山相连续，故名之。（《纪胜》卷六《常州·景物下》）

1298

石兰山，旁入太湖。晋李颙《涉湖诗》云："旋经义兴境，弭棹石兰渚。"二山连亘，南曰大兰山，北曰小兰山，多产兰花。（《〔咸淳〕毗陵志》卷一五《山水·山·宜兴》；《寰宇记》卷九二《常州·宜兴县》有小异）

1299

延陵、永世二县界长塘[②]湖中有小岖山，山下有石堂，堂内有虎

① 九里：《路史》作"五里"。

② 长塘：《〔景定〕建康志》脱。

迹，水涸即见。(《〔景定〕建康志》卷一七《山川志·山阜》、《〔咸淳〕毗陵志》卷一五《山水·山·宜兴》)

1300

(奔牛堰)汉有金牛出茅山，经曲阿，至此聚奔，故名。(《〔咸淳〕毗陵志》卷一五《山水·堰·武进》)

1301

汉时有金牛出于山东石池，到曲阿入栅断其道，牛固骤奔，故名。齐高帝尝与萧顺之登此。(《〔咸淳〕毗陵志》卷二七《古迹·武进》、《纪胜》卷七《镇江府·景物下》)

1302

汉时金牛出山之东，驰至曲阿。上有金牛洞，洞口仅容一人，其中甚广。下有泉，甚清冽。(《〔雍正〕江南通志》卷一三《舆地志·山川三·镇江府》)

1303

太湖、射贵与滆湖为三湖。今北通漕河，导流东注于太湖。(《方舆纪要》卷二五《常州府·武进县》、《〔咸淳〕毗陵志》卷一五《山水·湖·武进》)

1304

临津西有长塘湖，属延陵、永世二县。西受溧水，通溧阳县界。(《〔景定〕建康志》卷一八《山川志·江湖》)

1305

洮湖，即长塘湖。(《初学记》卷八《州郡部·江南道》、《寰宇记》卷九二《常州·宜兴县》)

1306

下鼻浦，在城西十八里，北入江。吴置刺奸屯。晋郗鉴于浦西筑两垒。(《〔至顺〕镇江志》卷七《山水·浦·丹徒县》；卷一一《屯·丹徒县》有小异)

1307

延陵县西有东云阳、西云阳二渎，相去七里，与句容县接境。吴赤乌中所鉴，自延陵以至江宁，上下各七埭。梁以太子纲讳忌之，废破冈渎，另开上容渎，在句容县东南五里，为二流，一东南流三十里，分十六埭，俱在延陵界内。一西南流二十六里，分五埭，经句容县，

皆会流入江宁之秦淮。(《方舆纪要》卷二五《镇江府·丹阳县》)

1308

练塘，陈敏所立，遏高陵水，以溪为后湖。(《御览》卷六六《地部·湖》、《方舆纪要》卷二五《镇江府·丹阳县》)

1309

蠡渎，西北去无锡县五十里，范蠡伐吴开此渎。(《纪胜》卷六《常州·景物上》)

1310

长广溪，源出历山西南，与太湖相接。(《〔咸淳〕毗陵志》卷一五《山水·溪·无锡》)

1311

罨画溪，(古云阳羡三湖九溪)今只有六溪，其他三溪，不知其处。而六溪之中，有荆溪，则首受芜湖，东至阳羡入海圻，改为罨画溪也。(《纪胜》卷六《常州·景物下》)

1312

金硎承小心山泉、硎中沙石，时有炯炯色如金者，以此为名金泉，流水入慈湖溪。(《寰宇记》卷九二《常州·宜兴县》、《纪胜》卷六《常州·景物上》)

1313

(丁卯埭)晋元帝子车骑将军裒镇广陵，运粮出京口，为水涸，奏请立埭，丁卯制可，因以为名。(《〔嘉定〕镇江志》卷六《山川·港·丹徒县》、《〔至顺〕镇江志》卷二《地理·埭·丹徒县》)

1314

中邱埭西有齐梁二代陵口。(《〔至顺〕镇江志》卷二《地理·埭·丹阳县》)

1315

丹徒宫，在城南，宋武帝微时故宅也，后筑为宫。武帝躬耕丹徒，及受命，耨耜之具，颇有存者，皆命藏之，以留于后。文帝幸旧宫，见而色惭。近侍进曰："大舜躬耕历山，伯禹亲事土木。陛下不睹列圣之遗物，何以知稼穑之艰难，先帝之至德乎？"(《〔至顺〕镇江志》卷一三《公廨·宫·丹徒县》、《纪胜》卷七《镇江府·古迹》)

1316

射堂北有东夏堂，并晋谢玄立为游饯之所。梁邵陵王纶重修，陈

侯安都于堂下创东苑。(《〔至顺〕镇江志》卷一三《公廨·射堂》)

1317

唐颓山西有宋武帝积弩堂。帝之破卢循也，军中多万钧神弩，所至(莫不)摧陷。(《纪胜》卷七《镇江府·景物下》、《〔至顺〕镇江志》卷一三《公廨》)

1318

丹徒，有北固楼。(《纪胜》卷七《镇江府·景物上》)

1319

北固山，有亭屋五间，蔡谟以置军实。刘牢之败，为其子敬宣所焚。梁武帝改固为顾，有《登北顾楼诗》，则其名久矣。(《〔嘉定〕镇江志》卷一二《宫室·楼·丹徒县》、《纪胜》卷七《镇江府·景物下》)

1320

(黄鹤山)万岁楼[①]，平望江山极目，亦谢朓赋诗之所。俗传此楼飞向江外，以铁锁縻之方止。(《御览》卷四六《地部·黄鹤山》；《寰宇记》卷八九《润州·丹徒县》、《〔至顺〕镇江志》卷一三《公廨·观》较简)

1321

神亭，在延陵县西三十里，即吴长沙王策遇太史慈处也。(《〔嘉定〕镇江志》卷一二《宫室·亭·丹阳县》)

1322

御亭在吴县西六十里[②]，吴大帝所立。晋顾飏尝监晋陵军事，筑垒于此，进讨贼将张健[③]。梁庾肩吾有“御亭一回望，风尘千里昏”之句。(《〔咸淳〕毗陵志》卷二〇《古迹·无锡》；《寰宇记》卷九二《常州·无锡县》较简)

1323

烽燧台，吴置，在丹徒县境。(《纪胜》卷七《镇江府·古迹》

1324

丹徒废台，缘江烽燧台基。(《〔至顺〕镇江志》卷一二《杂录·考

---

① 万岁楼：《〔至顺〕镇江志》谓“月观楼”。

② 在吴县西六十里：《〔咸淳〕毗陵志》脱。

③ 晋顾飏……张健：《寰宇记》脱。

古》)

1325

东武关，吴置。宋时又有春游台。(《纪胜》卷七《镇江府·景物下》)

1326

丹阳有石羊巷，刘备诣孙权同猎，因醉各据一石羊，后人遂以名巷。(《纪胜》卷七《镇江府·景物下》)

1327

吴孙皓求凿道于杜墅小村，即压王气之所。(《〔至顺〕镇江志》卷二《地理·道路·丹阳县》)

1328

丹徒界内土坚紧如蜡，谚云："生东吴，死丹徒。"言吴多产出，可以摄生自奉养，丹徒地可以葬。(《御览》卷一七〇《州郡部·润州》、《天中记》卷七《地》)

1329

京口出酒，号曰京清，埒于曲阿。(《纪胜》卷七《镇江府·风俗形胜》、《〔至顺〕镇江志》卷四《土产·饮食·酒》)

1330

曲阿出名酒，皆云后湖水所酿，故醇冽也。今按，湖水上承丹徒高[①]骊、覆船山、马林溪，水色白，味甘。(《御览》卷六六《地部·湖》、《寰宇记》卷八九《润州·丹阳县》、《〔嘉定〕镇江志》卷六《山川·河·丹阳县》)

1331

曲阿出名酒，醇冽，后湖水所酿也。故朱彬诗："暂入新丰市，犹闻旧酒香。"梁武帝《舆驾东行记》自覆船山、酒罂山，南次高骊山。传云昔高骊国女来此，东海神乘船致酒聘之，女不肯。海神拨船覆酒，流入曲阿，故酒美。(《〔至顺〕镇江志》卷四《土产·饮食·酒》)

1332

城南十字道北，射幼度将吏为之立碑，后止有龟存焉。今近城有

① 高：《御览》误作"陈"。《寰宇记》卷八九《润州·丹徒县》："高骊山，在县西南七十里。"

乌龟湾者，有石龟甚大，岂谓是欤？（《〔至顺〕镇江志》卷二一《杂录·考古》）

1333

江南数郡有畜蛊者，主人行之以杀人。行食饮中，人不觉也。其家绝灭者，则飞游妄走，中之则毙。（《文选》卷二八鲍明远《苦热行》李善注）

1334

东海王越世子名毗。中宗为越所表，遣渡江，故改此为晋陵。（《御览》卷一七〇《州郡部·常州》）

1335

泰安陵、景安陵、兴安陵，在故兰陵东北金牛山。其中丘埭西为齐、梁二代陵。隧口有大石麒麟、辟邪夹道，有亭，有营户守典之。四时公卿行陵，乘舴艋，自方山由此入兰陵，升安车，轺传驿置，以至陵所。（《〔嘉定〕镇江志》卷一二《古迹·陵墓·丹阳县》、《纪胜》卷七《镇江府·古迹》）

1336

梁大同元年，作石麒麟，自京师，由曲阿中丘至陵所，初甚难。近陵二十余步，忽如跃走，时以为瑞。帝不悦，终有侯景之乱。（《〔嘉定〕镇江志》卷一一《古迹·陵墓·丹阳县》）

1337

季子，名札，吴太伯十九世孙，吴王寿梦之少子。长子曰诸樊，次子曰余祭，次曰余昧，次曰季札。诸樊立为王，且死，立弟余祭，欲令兄弟传国，以及季子。余祭、余昧卒，立季札，乃让不受，退耕于延陵，即其采邑。土人怀德，为之立庙。（《〔至顺〕镇江志》卷八《神庙·庙·丹阳县》）

1338

季子庙前有沸井四所。庙后旧有沸井二所，不详何时所开。齐高祖建元元年，井北忽闻金石之声，掘深二尺得沸泉。其后复有声铮铮，又掘得泉，沸涌若浪。泉中得木简，长一尺，广二寸，隐起文曰：庐山道士再拜。木坚白，字色黄。延陵县令戴景度以闻，于是并凿为井。今见有四井腾涌惊沸，二清二浊，觱沸之声，昼夜不绝。（《〔至顺〕镇江志》卷七《山水·井·丹阳县》）

1339

太伯宅东九里[①]，有皇山，太伯葬梅里山是也。(《寰宇记》卷九二《常州·无锡县》、《路史》卷二六《国名纪·高辛氏后》)

1340

晋郗鉴、郗愔墓，陈永定中，有人发之，见愔尸如生，有郑康成所书《箴左氏膏肓》，愔手注其后，云得于广固邓伯道。邓云，石勒军发康成冢得之。(《纪胜》卷七《镇江府·古迹》)

1341

胶山，在无锡县北四十里，有王僧达墓，在南岭下。(《纪胜》卷六《常州·景物上》)

1342

御儿，越之北界，昔勾践伐吴至此。(《纪胜》卷三《嘉兴府·景物上》)

1343

海滨广斥，盐田相望。吴煮海为盐，即盐官县境也。(《初学记》卷八《州郡部·江南道》、《锦绣万花谷》卷六)

1344

秦庄山，秦始皇游登此山，因以名之。(《〔至元〕嘉禾志》卷四《山阜·嘉兴县》)

1345

秦望山，秦始皇东游，登此，欲渡会稽，故名。(《寰宇记》卷九三《杭州·钱塘县》、《纪胜》卷三《嘉兴府·景物下》)

1346

泊橹山，始皇东游，候潮渡海，泊橹此山下，因名。(《〔至元〕嘉禾志》卷四《山阜·海盐县》、《纪胜》卷三《嘉兴府·景物下》、《大元大一统志》卷七九〇《海盐州》)

1347

天目山，上有两湖，若左右目，故名天目也。山极高峻，上多美石、泉水[②]、名茶。(《御览》卷四六《地部·江东诸山》、《寰宇记》卷

① 九里：《路史》作“五里”。

② 水：《御览》误作“木”。

九三《杭州·於潜县》)

1348

天目山，上有两池，经旱不竭，为天之左右目，因名天目。苕水出其阴。(《大典》卷二二七九《湖·湖州府五·山川》)

1349

百丈山，尧时洪水，此山潜而不没，高距水面百丈，因名。上有太公潭，相传以泰伯采药名。今山多灵药。北接大鹄山，山延袤五十里，高亦千丈。中平坦，有龙池三百亩。(《方舆纪要》卷九〇《杭州府·昌化县》

1350

郭山，郭文尝居此。有碑文曰："高山岞崿，澮瀨潺湲，飆生林下，云兴岩端，先生存歿，安于此山。"又名曰白石山。(《〔咸淳〕临安志》卷二五《山川·临安》)

1351

金牛山，昔吴、楚之间，金牛出自毗陵，奔来此山而没，因名之。(《寰宇记》卷九三《杭州·盐官县》、《纪胜》卷二《临安府·景物下》)

1352

金牛山，东有金牛山洞，昔金牛衔玉遗此，时人因名焉。(《〔咸淳〕临安志》卷二五《山川·临安县》)

1353

故邑山下有城。汉安帝二十年海盐沦陷为湖，移于山旁[①]。(《纪胜》卷二《嘉兴府·古迹》、《〔至元〕嘉禾志》卷四《山阜·海盐县》)

1354

飞来峰，晋咸和中，西僧慧理登此山，叹曰："此是中天竺国灵鹫山之小岭，不知何年飞来!"因号其峰曰飞来，亦名灵鹫峰。(《清一统志》卷二八三《杭州府·古迹》)

1355

灵隐山南有玉女岩。(《〔咸淳〕临安志》卷二三《山川·域南诸

---

① 汉安帝……移于山旁：《〔至元〕嘉禾志》脱。

山》）

1356

临平山有洞数丈，出砺石。(《〔咸淳〕临安志》卷九《山川·城东诸山·诸洞》）

1357

粟山，下有飞泉二里，石杵阔二丈，长一丈四尺。吴大帝刻为“黄武二年，岁在戊午，八月三日”十二字，余俱漂没微茫。若存[1]。(《寰宇记》卷九三《杭州·钱塘县》、《清一统志》卷二八三《杭州府·山川》）

1358

（言偃宅监洗石）梁萧正德为郡太守，为萧将去，莫知所在。(《御览》卷一八〇《居处部·宅》、《寰宇记》卷九一《苏州·常熟县》）

1359

华亭谷，吴大帝以汉建安中封陆逊为华亭侯，即以其所居为封。谷出佳鱼、蓴菜，又多白鹤清唳，故陆机叹曰：“华亭鹤唳，不可复闻。”[2]（《寰宇记》卷九五《秀州·华亭县》、《御览》卷一七〇《州郡部·苏州》、《〔至元〕嘉禾志》卷一《沿革》）

1360

华山上有石鼓，晋隆安中鸣，乃有孙恩之乱。山在（吴）县西六十三里。(《御览》卷四六《地部·江东诸山》、《寰宇记》卷九一《苏州·吴县》）

1361

南下湖，后汉熹平二年，县令陈浑修堤防，开湖，灌溉县境公私田一千余顷，所利七千余户，岁久塘圮。(《〔咸淳〕临安志》卷三四《山川·湖·余杭》）

1362

（扈渎），扈业者，滨海渔捕之名。插竹列于海中，以绳编之，向岸张两翼。潮上即没，潮落即出。鱼随潮碍竹不得去，名之云扈。

---

① 若存：《清一统志》作“尚存”。

② 华亭鹤唳，不可复闻：《御览》《〔至元〕嘉禾志》均作“千里莼菜，未下盐豉”。

(《初学记》卷八《州郡部・江南道》、《锦绣万花谷后集》卷六)

1363

苕溪，在（余杭）县西，一名泠溪。乘舟至此，有御风泠然之意。今自城而西，连雨积潦，则水势奔腾。久晴则磷磷石涧，非舟行所宜也。(《方舆纪要》卷九〇《杭州府・余杭县》、《〔咸淳〕临安志》卷三六《山川・溪・余杭》)

1364

苕溪，自余杭西亦名泠溪，溪两涘有琴、鹤、翁、姥四山，皆有居民在其下。(《洞霄图志》卷二《山水门》)

1365

紫溪，以为水紫色也。(《御览》卷六五《地部・紫溪水》、《寰宇记》卷九三《杭州・昌化县》)

1366

紫溪中央[①]水有赤色磐石，长百余丈，望之如霞，名曰赤濑水。(《御览》卷六五《地部・江南诸水》、《寰宇记》卷九三《杭州・昌化县》)

1367

何后宅，海盐县乌夜村，晋何准居焉。一夕群乌啼噪，乃生女。他日复夜啼，乃穆帝立准女为后之日也。(《纪胜》卷三《嘉兴府・古迹》、《大元大一统志》卷七九〇《海盐州・古迹》)

1368

吴皇象墓。(皇)象，字休明，广陵江都人，善隶书。(《新定九域志》卷五《秀州》、《〔至元〕嘉禾志》卷一三《冢墓》)

1369

武康县，汉乌程县之余不乡地。汉末童谣云："天子当兴东南三余之间。"吴乃改会稽之余暨为永兴，分余不为永安，以协谣言。晋以平阳已有永安县，故改此永安为武康。(《通典》卷一八二《州郡典・湖州・武康》)

1370

(宝鼎元年合九县为郡）吴兴之郡昉于此矣。(《〔嘉泰〕吴兴志》

① 央：《寰宇记》误作"夹"。

卷一《建置沿革·湖州》）

1371

东迁县，晋太康元年平吴，三年析乌程西乡为长城（县），东乡为东迁（县）。（《〔嘉泰〕吴兴志》卷一《建置沿革·湖州》、《纪胜》卷四《安吉州·古迹》）

1372

长兴县[1]，本乌程县之西乡。晋太康三年始分其地以置，属吴兴郡，名曰长城（县）。（《〔嘉泰〕吴兴志》卷一《建置沿革·长兴县》）

1373

吴夫概于吴西筑城，狭而长，因有长城之号。（同上）

1374

吴帝南渡之初，于古丹阳城置定陵县。（《寰宇记》卷一〇五《池州·青阳县》）

1375

古临城县，吴赤乌中置。（《纪胜》卷二二《池州·古迹》）

1376

梁大同二年，置石埭县，因贵池原有两小石埭堰溪水，遂以为名。（《寰宇记》卷一〇五《池州·石埭县》、《御览》卷一七〇《州郡部·池州》）

1377

石城县，梁属南陵郡，陈因之。（《纪胜》卷二二《池州·州沿革》）

1378

南陵县，有旧地置戍。（《寰宇记》卷一〇五《池州·贵池县》）

1379

虎林城，吴大帝所筑。朱异自虎林城袭夏口，即其地也。（《纪胜》卷二二《池州·景物下》;《寰宇记》卷一〇五《池州·贵池县》较简）

1380

朱城，昔乌程侯严白虎遣女婿朱叔廉来筑，故名。（《〔嘉泰〕吴兴

---

① 长兴县：此名始见于五代吴越，详《方舆纪要》卷九一《浙江·湖州府·归安县》。此为宋人所改，佚文当为“长城县”。

志》卷一八《事物杂志·长兴县》)

1381

陵阳城，吴大帝时属丹阳，景帝时改为古鄣郡。晋咸康四年[1]置州城，时帝杜皇后讳陵，遂改为广阳县[2]。(《寰宇记》卷一〇五《池州·石埭县》、《纪胜》卷二二《池州·县沿革》)

1382

戍山周回十五里，悉产青松。法华寺前有松径数里。长兴有松村，今处处山有松。(《〔嘉泰〕吴兴志》卷二〇《物产·木属》)

1383

西余山，汉文帝封东海王摇之子期视为顾余侯，至孙，坐酎金失国，即此地也。(《寰宇记》卷九四《湖州·乌程县》；《路史》卷二七《国名纪·夏后氏后》、《〔嘉泰〕吴兴志》卷四《山·乌程县》均稍异)

1384

嵎山，盖古防风氏之都也。(《寰宇记》卷九四《湖州·武康县》、《纪胜》卷四《安吉州·景物上》)

1385

包山，即古夫椒山也。《史记》：越王勾践栖吴王夫差于夫椒之上。(《〔嘉泰〕吴兴志》卷四《山·乌程县》、《纪胜》卷四《安吉州·景物上》)

1386

(九子山)其山有九峰，千仞壁立，周回二百里，高一千丈，出碧鸡之类。(《寰宇记》卷一〇五《池州·青阳县》、《纪胜》卷二二《池州·景物下》)

1387

九华山，山高一千丈。(《御览》卷四六《地部·江东诸山》)

1388

(九华山)旧名九子山，有九峰。(《新定九域志》卷六《池州》)

---

① 咸康四年：《纪胜》误作“太康二年”。据《晋书》卷三二《成恭杜皇后传》，杜皇后为东晋成帝司马衍之后，焉能在西晋武帝太康二年！

② 讳陵，遂改为广阳县：《纪胜》误作“讳阳遂改为南陵县”。《晋书》卷三二《成恭杜皇后传》：“改宣城陵阳县为广阳县。”

1389

车盖山，形如车盖，因名。上有车盖亭，晋太守殷康所造。(《〔嘉泰〕吴兴志》卷四《山·乌程县》、《纪胜》卷四《安吉州·景物下》)

1390

陵阳山。陵阳令窦子明，于溪侧钓鱼。偶一日钓得白龙，子明怜而放之。后数年，又钓得二[1]白鱼，割其腹中乃有书，教子明烧炼服饵之术。三年后，白龙来迎，子明遂得上升。其溪环绕山足，今有仙坛，醮祭不绝。(《御览》卷六七《地部·溪》、《寰宇记》卷一〇五《池州·石埭县》)

1391

南陵县有女观山。俗传云，昔有妇人，夫官于蜀，屡愆秋期，忧思感伤，登此骋望，因化为石，如人之形。所牵狗亦为石，今狗形犹存。(《御览》卷五二《地部·石》)

1392

廪山，吴大帝于此起仓，因以为名。(《〔嘉泰〕吴兴志》卷四《山·安吉县》)

1393

石郭山，昔吴采鄣山铜以铸钱，即此山。(《寰宇记》卷九四《湖州·长兴县》、《〔嘉泰〕吴兴志》卷四《山·长兴县》)

1394

铜官山，下有两坎，深数丈，方圆百丈，古采铜之所。(《寰宇记》卷九四《湖州·武康县》、《〔嘉泰〕吴兴志》卷四《山·归安县》)

1395

(石箦)在乌程县有下山，山之东足有一石柜，高数丈，殷康欲开，风雨晦暝而止。(《〔嘉泰〕吴兴志》卷一八《事物杂志·乌程县》、《纪胜》卷四《安吉州·景物上》)

1396

邸阁溪，昔吴王夫概临水起邸阁，因而名之。(《寰宇记》卷九四《湖州·长兴县》)

1397

(箬溪)夹溪悉生箭箬，南岸曰上箬，北岸曰下箬，二箬皆村名。

---

① 二：《御览》作“一”。

村人取箬下水酿酒，醇美胜于云阳，俗称箬下酒。（《寰宇记》卷九四《湖州·长兴县》、《御览》卷六五《地部·江南诸水》、《〔嘉泰〕吴兴志》卷五《河渎·长兴县》）

1398

霅水，亦若水之异名也，水深不可测，俗谓之洺水。（《御览》卷六五《地部·江南诸水》）

1399

长兴南乡有余甖水，以余甖村名之。（《寰宇记》卷九四《湖州·长兴县》、《纪胜》卷四《安吉州·景物下》）

1400

休宁县西断石村，旧名吴口村。西南有石壁，下临深溪。《旧经》云，昔有两舟泊此，一祭一否，夜有神人徙祭者舟。北岸有石，自绝壁墜，碎不祭者舟，石墜处遂成石室。（《天中记》卷一六《村》）

1401

濠州钟离县涂山，禹娶所也。山西南有禹墟及禹会村，盖禹会诸侯之地。（同上）

1402

梁昭明太子以其水出鱼美，故名其水为贵池。（《御览》卷一七〇《州郡部·池州》、《寰宇记》卷一〇五《池州》）

1403

贵池之源出于秀山，山六产鱼，似鲩。二月出游，八月复入，昭明太子食而美之，封曰贵池。县复因池得名也。（《月令辑要》卷一《岁令上·民用》）

1404

长兴有白马潭。（《〔嘉泰〕吴兴志》卷二〇《物产·兽属》）

1405

越侯传国三十余叶，历殷至周敬王时，有越侯夫谭，子曰允常，拓土始大，称王。春秋贬为子，号为于越。杜（预）注云："于，语发声也。"（《史记》卷四一《越王勾践世家》"后二十余世至于允常"《正义》）

1406

顺帝时，阳羡人周嘉上书，请分浙江以西为吴郡，东为会稽郡。

（《御览》卷一七一《州郡部·越州》、《寰宇记》卷九六《越州》）

1407

邑人以其海中物产于山下鄮易，因名鄮县。（《御览》卷一七一《州郡部·明州》）

1408

余姚，舜后支庶所封之地。舜姚姓，故云余姚。县西七十里有汉上虞故县。（《史记》卷一《五帝本纪》“虞舜者”《正义》）

1409

（象山城）临江数十里，象山上有城，吴江夏太守所居也。（《初学记》卷八《淮南道》）

1410

吴王里，吴阖闾伐越所次舍也。（《〔嘉泰〕会稽志》卷一八《拾遗》）

1411

鄞有大里，夏黄公所居。（《〔延祐〕四明志》卷一《土风考》）

1412

夏少康封庶子杼于会稽，兼得天兴地，乌程有杼山。（《〔嘉泰〕吴兴志》卷四《山·长兴县》、《大典》卷二二七九《湖·湖州府五·山川》）

1413

上虞县北有夏驾山在湖中，湖即名夏驾，出菰草，土人织以为席，甚细密，多接者为精。谶书云：“夏盖山浮，可避甲申水灾。”湖北去海数里，山北对海盐岸。盖，一作“驾”，“盖”、“驾”音近，传之讹耳。（《〔嘉泰〕会稽志》卷九《山·上虞县》）

1414

会稽山，一名衡山，其山有石，状如覆釜，亦谓之覆釜山。（《〔嘉泰〕会稽志》卷九《山·会稽山》）

1415

诸暨县苧萝山，西施、郑旦所居，其方石乃晒纱处。（《〔嘉泰〕会稽志》卷九《山·诸暨县》）

1416

卧龙山，在绍兴府[①]城内，旧名种玉山，大夫种葬此，因名种山，汉作重山。（《渊鉴类函》卷二九《地部·会稽诸山》

1417

郭弘常夏至于射的（山）钓鱼供母。将饵，闻笳角声，鱼跃而出。（《御览》卷二三《时序部·夏至》）

1418

秦望山，在州城南，为众峰之杰。《史记》云，秦始皇登之，以望东海。（《纪胜》卷一〇《绍兴府·景物》）

1419

永兴县洛思山，先是洛下人随朱隽来会稽，三年不得返，乃登山北顾而叹。或云隽遭母丧，止葬此山，请洛下图墓师相地。师去乡既久，目极千里，北望洛京，号呼而绝，因葬山顶，故以为名。（《〔嘉泰〕会稽志》卷九《山·萧山县》）

1420

阳堂山，此山四面悬绝，下有鲍郎庙，即鲍君生所居也。（《〔宝庆〕四明志》卷一一《叙祠》、《〔延祐〕四明志》卷七《山川考》）

1421

嵴山，自上虞七十里至溪口，从溪口随江上数十里，两岸峻壁极险。乘高临水，深林茂竹，表里辉映，名为嵴嵊[②]。奔濑迅湍，以至剡也。（《〔嘉泰〕会稽志》卷九《山·上虞县》、《方舆纪要》卷九二《绍兴府·嵊县》

1422

余姚县有太平山，山形似伞，四角各生一种木，不杂他木。一角纯穄，一角纯梓，一角纯榧，一角纯槠。有道士旧筑居山上，秽身者来辄飞倒，自非洁斋不敢至焉。（《〔嘉泰〕会稽志》卷九《山·余姚县》、《纪胜》卷一〇《绍兴府·景物下》

1423

会稽秦望山，始皇刻石前有石，广数丈。云是始皇坐之石。两边

---

① 绍兴府：此名始于南宋绍兴元年，陈时为山阴县。此为后人所改。当为“山阴县”。

② 嵴嵊：《方舆纪要》作“嵴浦”。

有方坐八所，云是丞相已下坐石，故今有丞相石之名。(《御览》卷五二《地部·石》、《寰宇记》卷九六《越州·会稽县》)

1424

秦始皇驰道，始皇至会稽渡江。(《纪胜》卷三《嘉兴府·古迹》、《寰宇通志》卷一四、《〔至元〕嘉禾志》卷一《古迹》)

1425

浙江，发源东阳新安，不与岷山接。至钱塘江有浙山，正居江中，潮水冲山，即回入海，故曰浙江，亦曰定山是也。(《〔嘉泰〕会稽志》卷一〇《水·萧山县》、《纪胜》卷一〇《嘉兴府·景物上》)

1426

从余姚至海三十里，过温麻江，有一江名灵江。(《初学记》卷八《州郡部·岭南道》、《锦绣万花谷后集》卷六)

1427

渔浦湖，舜渔处。(《寰宇记》卷九六《越州·余姚县》)

1428

兰风湖，葛洪所栖隐处。(同上)

1429

山阴南湖，萦带郊郭，白水翠岩，互相映发，若镜若图。故王逸少云："山阴路上行，如在镜中游。"(《初学记》卷八《州郡部·江南道》、《御览》卷六六《地部·湖》、《寰宇记》卷九六《越州·山阴县》)

1430

五泄溪，山峻而有五级，故以为名。下泄垂三十丈，广十丈。中三泄不可逾度，登他山望始见之。上泄垂百余丈，声如震霆。(《〔嘉泰〕会稽志》卷一〇《水·诸暨县》)

1431

浣纱溪，在青田长寿峰。(《渊鉴类函》卷三三《地部·溪》)

1432

百尺浦，越王起百尺楼于浦上，望海，因以为名。(《〔咸淳〕临安志》卷六《山川·洲浦·盐官县》、《纪胜》卷二《临安府·景物下》)

1433

余姚县西二里有屿山，山南有虞国宅。国在日南，爱民及物。出

有双雁随轩，秩满还家，雁与偕至宅。（《〔嘉泰〕会稽志》卷一三《古第宅》、《清一统志》卷二九四《绍兴府·古迹》）

1434

若耶，郑弘所居之侧，有郑公泉。弘虽居台辅，常思故居。曾病困，思得泉水。家人驰取，饮少许便差。（《〔嘉泰〕会稽志》卷一一《泉·府城》；《寰宇记》卷九六《越州·会稽县》有小异）

1435

郑弘少贫，以采薪为业。尝于山中得一遗箭，羽镞异常，心甚怪之。有人觅箭，弘以还之。此人问弘何欲，弘答云："唯愿旦南风，暮北风，以利去还。"故若耶中旦辄南风，暮恒北风，至今犹然，里俟呼为卷弘风。（《〔嘉泰〕会稽志》卷九）

1436

剡东百里有石桥，里人传云，旧路自石笥入天姥。今石笥桥下一大井，与《水经》颇合，疑今石桥即昔之石笥桥也。（《〔嘉泰〕会稽志》卷一一《桥梁·新昌县》）

1437

山阴城东有桥，名灵汜。（《〔嘉泰〕会稽志》卷一一《桥梁·会稽县》）

1438

琵琶圻有古冢，半在水中，甓有隐起字云"琵琶簸云吉，龟云凶，八百年堕水中。"谢灵运取甓至京师，诸贵传观之。（《御览》卷五五九《礼仪部·冢墓》）

1439

勾践应门之上有大鼓，名之为雷鼓，以威于龙也。（《寰宇记》卷九六《越州·会稽县》、《纪胜》卷一〇《绍兴府·景物上》）

1440

古铜罂，勾践所藏。晋太元中，谢輶为郡守，掘郡厅柱下深八尺，得古铜罂，可容数斗，题作"越王"，字文甚分明，是今隶书，余不可识。輶以为为范蠡厌胜之术，遂埋之，今不识其处。（《〔嘉泰〕会稽志》卷一三《古器物》）

1441

山阴郭西有兰渚，渚有兰亭。王羲之所谓曲水之胜境，制序于此。

（《寰宇记》卷九六《越州·山阴县》）

1442

汉时王朗为会稽太守，子肃随在郡，住东斋中。夜有女从地出，称越王女，与肃语。晓别，赠一丸墨。肃方注《周易》，因此便觉才思开悟。（《御览》卷六〇五《文部·墨》）

1443

鲍郎名盖，后汉鄮邑人，为县吏。县尝俾捧牒入京，留家酣饮，逾月不行。县方诘责，已而得报，章果上达，既死，葬。三十年，忽梦谓妻曰："吾当更生，盍开吾冢？"妻疑不信，再梦如初。乃发棺，其尸俨然如生，但无气息耳。冥器完洁若日用者，棺之四旁灯燃不灭，膏亦不销。郡人聚观，咸怪神之，为立祠宇。（《〔宝庆〕四明志》卷一一《神庙》）

1444

（大夫种墓）种山西缺处是也。（《〔嘉泰〕会稽志》卷九《山·府城》）

1445

严光墓，墓侧有石羊。（《纪胜》卷一〇《绍兴府·景物上》、《〔嘉泰〕会稽志》卷六《冢墓》）

1446

禹庙侧有石船，长一丈，云禹所乘也。孙皓刻其背，以述功焉，后人以皓无勋可记，乃覆船刻之字，其船中折。（《寰宇记》卷九六《越州·山阴县》）

1447

禹庙内别有圣姑堂，云禹平水土，天赐玉女也。（《寰宇记》卷九六《越州·山阴县》、《纪胜》卷一〇《绍兴府·古物》）

1448

武义县，吴赤乌八年，分乌伤、永康县置。（《寰宇记》卷九七《婺州·武义县》）

1449

后汉献帝初平三年，分太末县立新安县。晋太康元年，以弘农有新安，改名为信安。（《御览》卷一七一《州郡部·衢州》、《寰宇记》卷九七《衢州》）

1450

太蔑，秦汉为太末县。今龙丘，乃春秋东阳太末县也。（《御览》卷一七一《州郡部·衢州》、《寰宇记》卷九七《衢州·龙游县》）

1451

金华山，连亘三百余里。（《御览》卷四七《地部·金华山》、《寰宇记》卷九七《婺州·金华县》）

1452

长山，本名长仙，赤松子采药于此，后讹仙为山也。（《方舆纪要》卷八九《浙江·其名山·金华》

1453

东阳毕岭之下有钱岭，往往人于岭下获大钱，今俗谓之钱岭。（《御览》卷四七《地部·毕岭》、《寰宇记》卷九七《婺州·金华县》）

1454

縠江，其水波澜交错，状似罗縠之文，因以为名。（《御览》卷六五《地部·縠江》、《寰宇记》卷九七《衢州·常山县》）

1455

黟帅陈仆屯林历山，今山下有仆城里。俗说每社日，仆则遣人掠村社酒肉，人苦之，遂于社之明日为社，至今以为常式。（《寰宇记》卷一〇四《歙州·黟县》）

1456

寿昌县，有天井山。将降雨，顶上辄有钟鼓之声响。（《寰宇记》卷九五《睦州·寿昌县》、《纪胜》卷八《镇江府·景物》）

1457

（废昌亭）梁天监二年郡守任昉于此亭送许由。（《〔淳熙〕严州图经》卷三《古迹》）

1458

桐庐有严陵山，境尤胜丽。夹岸是锦峰绣岭，即子陵所隐之地，因名。（《寰宇记》卷九五《睦州·桐庐县》、《纪胜》卷八《严州·景物下》）

1459

新安郡城，贺齐所创也。（《初学记》卷八《州郡部·江南道》、《寰宇记》卷九五《睦州》、《〔淳熙〕严州图经》卷三《历代沿革》）

1460

桐庐县，吴分富阳之桐庐溪也。(《文选》卷二六任彦升《赠郭桐庐》注)

1461

(桐庐县古城）吴黄武四年[1]筑，今有故址在焉。(《寰宇通志》卷二六《严州府·古迹》)

1462

歙县灵山，甚高峻，有圆石，高数丈，上有石盖。(《初学记》卷八《州郡部·江南道》、《御览》卷四六《地部·灵山》)

1463

黟县南有灵山，山有三峰，名为三姑山。三年一遇野火自烧，百姓放火，辄降雨不燃。(《初学记》卷八《州郡部·江南道》、《锦绣万花谷后集》卷六)

1464

黟县南有灵山，天雨则先闻鼓角之声。(《纪胜》卷二〇《徽州·景物上》

1465

黟县北缘岭行得谯贵谷。昔土人入山，行之七日，至一斜穴廓然，周三十里，地甚平沃，中有十余家，云是秦时离乱人，入此避地。(《寰宇记》卷一四《歙州·黟县》)

1466

黟县南有五硍二砾，两边皆坛石，中央有沟，裁五尺许，水甚悬迅。(《初学记》卷八《州郡部·江南道》、《锦绣万花谷后集》卷六)

1467

三天子都山，今永康缙云山是。(《寰宇记》卷一〇四《歙州·绩溪县》)

1468

牛泉峤，通故广阳县。自下上至山顶，九里一顿，凡九顿。山常风，树至合抱而高不至丈。当顶有泉，方阔丈余，俗云牛跑所致，亦犹虎跑泉也。(《寰宇记》卷一〇四《歙州·黟县》;《方舆纪要》卷二

---

① 黄武四年：原文误作“广武四年”，吴无“广武”年号，径改。

八《徽州府·黝县》有小异）

1469

七里滩，在东阳江下，与严陵濑相接，有严山。桐庐县南有严子陵渔钩处。今山边有石，上平，可坐十人。临水，名为严陵钓坛也。（《后汉书》卷八三《严光传》“后人名其钓处为严陵濑焉”注）

1470

新安郡新始县西十里有太宰殿。晋武陵王晞为太宰，桓温诈言其反，徙新安，立第于此。葬第侧。后丧还都，今空冢在。（《御览》卷一七五《居处部·殿》）

1471

天台县，吴初置为南始平县，晋太康元年更名始丰。（《寰宇记》卷九八《台州·天台县》）

1472

晋分广陵郡置宁海县，久废，今为宁海乡。（《纪胜》卷四〇《泰州·古迹》）

1473

晋穆帝永和三年，分始丰南乡置乐安县，属临海郡。（《寰宇记》卷九八《台州·永安县》、《纪胜》卷一二《台州·县沿革》）

1474

（会稽）郡之东境，后汉永和三年置永宁县。晋明帝以温峤岭以南分永宁等四县，置永嘉郡。（《寰宇记》卷九九《温州》）

1475

后汉光武改为章安县，吴曰罗阳，后改为安阳。至晋太康元年，改为安固县，因界内安固山为名。（《寰宇记》卷九九《温州·瑞安县》）

1476

松阳县，本章安南乡，汉末立为县。（《御览》卷一七一《州郡部·处州》）

1477

天台山，一名桐柏，众岳之最秀者也。（《〔嘉定〕赤城志》卷二一《山水门·山·天台》）

1478

堀门山，山腹穹窿，一穴透顶。其中有声，则风起水涌，且主兵。

吴时已如此。《〔嘉定〕赤城志》卷一九《山水门·山·临海》）

1479

章安县东五十里，海际有覆釜山。（《〔嘉定〕赤城志》卷一九《山水门·山·临海》

1480

白峤山，即晋宁海县旧城处。（《寰宇通志》卷三一《台州府·山川》）

1481

乐成县西北有赤岩山，赤水所出。《道书》云："其山正赤，一名烧山。"（《〔嘉定〕赤城志》卷四〇《辨误门·谢灵运〈游赤石进帆海诗〉辨》）

1482

消山，南下有消夫人。（《〔嘉定〕赤城志》卷二〇《山水门·山·黄岩》）

1483

赤城山，有赤石罗列，长里余，遥望似赤城。（《海录碎事》卷三上《地门》）

1484

临海郡之章安县西北有盖竹山，山有石室，晋许迈住此。（《〔嘉定〕赤城志》卷四〇《辨误门·盖竹山》）

1485

盖竹山，一名竹叶山，中有洞，名"长耀宝光之天"，周回八十里。《洞渊集》所谓第十九洞开也。（《〔嘉定〕赤城志》卷一九《山水门·山·临海》）

1486

赤山，正对临海县，南与永嘉接。石映水通赤。有石室。从楠溪东北入乐成。（《〔嘉定〕赤城志》卷四〇《辨误门·谢灵运〈游赤石进帆海诗〉辨》）

1487

玉环山。乐成东南海中有地肺山，一名未陋山[①]。去岸百余里，周

① 未陋山：《寰宇记》卷九九《温州·瑞安县》"玉环山"条作"一名木陋屿，又名地肺山"。

回四五百里，中无蛇虎，旧有居民，今无，而湖田宛然，疑此是也。（《新定九域志》卷五《温州》）

1488

楼石山，三石并高百丈，杪如剑峰。（《初学记》卷八《州郡部·江南道》）

1489

永康县南忠义村下有石亭，长二十里，有缙云堂，即三天子都也。（《寰宇记》卷九九《处州·丽水县》）

1490

仙都山，即三天子都。（《胜览》卷九《处州·山川》）

1491

顾儒岭，旧名东岉，有齐顾欢读书堂，后人因以为名。今岭旁有欢溪、欢墺，且有顾姓居之，或其苗裔也。（《〔嘉定〕赤城志》卷二一《山水门·山·天台》）

1492

恶溪，道间九十里，而有五十九濑，两岸连云，高岩壁立。有七十余滩，水石濆薄三十里，至箭溪。王羲之游此题“突星濑”处也[①]。（《寰宇记》卷九九《处州·丽水县》、《方舆纪要》卷九四《处州府·丽水县》）

1493

（武夷山）地仙之宅。半岩有悬棺数千。（《御览》卷四七《地部·武夷山》、《寰宇记》卷一〇一《建州·建阳县》）

1494

侯官县南百余里海边，有月屿，出海蛤。海边又有越王石，常隐云雾。相传云：唯清廉太守乃得见。宋元徽中，太守虞愿观见无隐。（《寰宇记》卷一〇〇《福州·侯官县》）

1495

吴永安二年，空里闻人声。于此立庙，令人平吉，五谷丰稔，年常祈祠有福，因尔立庙，号冥声庙。出《建安郡记》。（《寰宇记》卷一〇一《建州·建安县》）

---

① 有七十余滩……处也：《寰宇记》脱。

1496

后汉建安中，初立富城县于富水之西，因以为名。至晋太康元年，改为丰城县，移于丰水之西，乃以为名。（《寰宇记》卷一〇六《洪州·丰城县》）

1497

（汉灵帝时，分建城置上蔡县）汝南上蔡人分徙于此，孙吴又置阳乐、宜丰二县。晋武帝太康元年以上蔡人思本土，改曰望蔡县。（《寰宇记》卷一〇六《筠州·高安县》、《纪胜》卷二七《瑞州·县沿革》）

1498

奉新，吴大帝立，去溪五十步。（《寰宇记》卷一一三《兴国军·永兴县》、《纪胜》卷三二《赣州·县沿革》）

1499

奉新县西有石，临水，高三十丈[①]，有书字，名为印山，此即是也。（《御览》卷四八《地部·西楚诸山》、《寰宇记》卷一一三《兴国军·永兴县》）

1500

吴大帝太元二年，立孙奋以为齐王，都武昌。诸葛恪执政，徙奋居于此。（《寰宇记》卷一〇六《洪州·南昌县》、《纪胜》卷二六《隆兴府·景物上》）

1501

（废尉城）汉南昌都尉所理。（《大典》卷八〇九二《城·废尉城》）

1502

（松门山）自入湖三百三十里，穷于松门。东西四十里，青松遍于两岸。（《文选》卷二六谢灵运《入彭蠡湖口》注）

1503

菁山[②]，上有望夫石，石上曾生芜菁，山上有石，高三丈，形如女人，谓之望夫石。传云昔有贞妇，其夫赴国难，妇送于此，遂化为

① 高三十丈：《寰宇记》脱。

② 菁山：《御览》作“望夫山”。

石[1]。（《御览》卷四八《地部·西楚诸山》、《寰宇记》卷一一三《兴国军·永兴县》）

1504

江水入富池，一百八十里，得奉新。上流三百里，有城山，三面壁立，一面峻极。水是奉新大源，本名石城山。天宝五载改为翠屏山。[2]（同上）

1505

（洪）州城南角双阙，吴五凤二年，太守张俊筑，高四丈余。（《纪胜》卷二六《隆兴府·景物上》、《寰宇记》卷一〇六《洪州·南昌县》）

1506

（西山时有夜光，遥望如火），此为铜之精光也。（《初学记》卷八《州郡部·江南道》、《锦绣万花谷后集》卷六）

1507

徐孺子台，在（南昌）县东湖小洲上，郡守陈蕃所立。（《寰宇记》卷一〇六《洪州·南昌县》、《纪胜》卷二六《隆兴府·古迹》）

1508

（东安县）陈天嘉元年尝废。（《寰宇记》卷一〇七《饶州·乐平县》、《纪胜》卷二二《池州·县沿革》）

1509

后汉兴平元年[3]，分豫章置庐陵郡。晋太康中移郡于石阳，故城尚存。（《寰宇记》卷一〇九《吉州·太和县》、《纪胜》卷三一《吉州·古迹》）

1510

吴后主分新淦、石阳两县置巴丘郡。（《寰宇记》卷一〇九《吉州·新淦县》、《新定九域志》卷六《临江军》、《大典》卷八〇九二《城·废巴邱城》）

---

① 传云……化为石：《御览》脱。

② 天宝五载改为翠屏山：此为宋人所加。

③ 兴平元年：杨守敬《隋书地理志考证附补遗》卷八《庐陵郡》作“兴平二年”。

1511

东昌县，吴后主置。（《寰宇记》卷一〇九《吉州·太和县》、《纪胜》卷三一《吉州·县沿革》）

1512

安福县，汉时为安成县，本新茨，属长沙。豫章太守贾萌与安成侯张普兴兵诛王莽。普乃背约，诣莽自陈。萌遂伐普于新茨之野。新茨，今在安成郡安福县是也。（《寰宇记》卷一〇九《吉州·安福县》；《纪胜》卷三一《吉州·县沿革》较简）

1513

（西昌故城）汉时为庐陵县，属豫章，后改为西昌县。（《寰宇记》卷一〇九《吉州·太和县》、《纪胜》卷三一《吉州·县沿革》）

1514

（废平都县）前汉为安平县，属豫章。王莽改曰安宁。和帝更名平都，以属庐陵郡。吴属安成，今故县犹在。（《寰宇记》卷一〇九《吉州·安福县》）

1515

后汉和帝分新淦县为石阳县，属豫章郡。孙吴[①]割隶庐陵郡。（《寰宇记》卷一〇九《吉州·吉水县》、《大典》卷八〇九二《城·吉阳故城》）

1516

后汉献帝立遂兴县，吴大帝改曰新兴。晋武帝复为遂兴，以在遂水口为名。（《寰宇记》卷一〇九《吉州·庐陵县》、《大典》卷八〇九二《城·遂兴县城》）

1517

兴平县，吴孙策二年立。（《寰宇记》卷一〇九《吉州·永新县》）

1518

吉阳县，吴后主二年立。（《寰宇记》卷一〇九《吉州·永新县》、《大典》卷八〇九二《城·吉阳故城》）

1519

白土埭，史宗所居，即蓬莱山寄书者。（《寰宇记》卷一三〇《泰

① 孙吴：《大典》作“献帝”。

州·海陵县》、《纪胜》卷四〇《泰州·景物下》）

1520

新淦县城，汉时，南昌郡都尉所理之城，王莽改曰偶亭。（《寰宇记》卷一〇九《吉州·新淦县》、《纪胜》卷三四《临江军·县沿革》）

1521

巴丘故城，南有周瑜埭，始瑜入寻阳，破刘勋，讨江夏，定豫章、庐陵，遂留镇巴丘，即此。（《方舆纪要》卷八七《临江府·峡江县》）

1522

安成郡城，晋惠帝元年[①]，太守朱居所筑，凡阔八里，而置八门，即此城。（《寰宇记》卷一〇九《吉州·安福县》、《方舆纪要》卷八七《吉安府·安福县》）

1523

晋永嘉四年，罗子鲁于山峡堰断为陂，从此灌田四百余顷，梁大同二年废。时人以“伤”非善征，乃改为昌山。（《寰宇记》卷一〇九《袁州·宜春县》；《御览》卷四八《地部·昌山》较简）

1524

玉女冈，去州西陸路九十里，东六十里。其塾，天气若雨，即涌出石间五色玄云之气，百姓咸云玉女披衣，又名玉女塾。（《寰宇记》卷一〇九《袁州·萍乡县》、《纪胜》卷二八《袁州·景物》；《新定九域志》卷六《袁州》较简）

1525

蹲山，上有风窟，缭绕百余步，无草木。每有风出，飞扬沙尘。（《寰宇记》卷一〇九《吉州·安福县》、《纪胜》卷三一《吉州·景物上》）

1526

苻表，是朗兄之子，徙于安成郡。太元中，表年十六，母姜氏疾数年，表不忍见。将尽，一恸而绝。太守为立墓于四望墩之南。（《寰宇记》卷一〇九《吉州·安福县》）

1527

平都四乡，水源出青山，会于王溪，下有龙陂。昔有女子以樟树花沉陂，后出更生水。（同上）

---

① 惠帝元年：《方舆纪要》作“永康初”。相距二十年，未知孰是。

1528

王水，掣村没于龙陂，即其水也。平都县，汉时在此水口，以地险徙之，旧城犹存。（同上）

1529

安成有蜜湖，中有丝蓴鲫鱼，为时所重，并有石窟，容百人坐。其鱼味甘如蜜，因此为名。在（安成）县东二十里。（《御览》卷六六《地部·湖》、《寰宇记》卷一〇九《吉州·安福县》、《〔康熙〕江西通志》卷九《山川·吉安府》）

1530

吴时有女子居樟木下，木大数十围。孙皓遣人伐之，斧斤莫克，丁夫苦之。女祝曰："汝今且去，他时更生"，遂克之，后果复生。（蹲）山下有更生夫人庙。（《〔康熙〕江西通志》卷九《山川·吉安府》）

1531

（浮墩）其墩下有古人作石羊、狮子，尚存。（《寰宇记》卷一〇九《吉州·安福县》）

1532

谷山，其山上有石如人形，有池生鱼鳖。山临谷水，因以为名。高一千五百丈，不通人行。（《寰宇记》卷一〇八《虔州·信丰县》、《纪胜》卷三二《赣州·景物上》）

1533

归美山有石城，高数丈，有二石夹左右。石形似松，俨如双阙。（《初学记》卷八《州郡部·江南道》、《锦绣万花谷后集》卷六）

1534

今虔州龙南县，汉南野县地。〔《通鉴》卷一六三"（梁简文帝大宝元年）军于南野水拒之"胡三省注〕

1535

（嫠妇墓）妇独居无邻，以礼自守，死葬于此。（《〔康熙〕江西通志》卷一一〇《邱墓》）

1536

廪山，下有湖，水中有五色鲤。山高一千五百五十丈。（《寰宇记》卷一〇八《虔州·信丰县》）

1537

（覆笥）山上有石井通泉，口广一丈，高七丈，中有石笥贮玉牒，云是王孝子所著书。山上有平湖，湖中有石雁。耆老相传云秋雁衔芦，春鸿遵渚，则飞鸣颉颃，若候节焉。（《寰宇记》卷一〇八《虔州·赣县》、《纪胜》卷三二《赣州·景物》；《新定九域志》卷六《虔州》甚简）

1538

鼓鸣山，在长泰县东北。（《纪胜》卷一三二《漳州·景物下》）

1539

揭鸿岭，即古葵冈岭，东南之揭，二越之基也。（《方舆纪要》卷九九《漳州府·龙溪县》）

1540

赣县黄唐山有石室，如数千间屋，上通天窗，下有方榻者，二石人巾栉而坐。傍有小石室七所相通，悉有石人。室前时有车马迹，春夏草不生，无诸毒虫，森木繁茂，水石幽绝，盖灵仙窟宅也。山下居，每于丙日辄闻山室有笳鼓箫乐之音。（《御览》卷四八《地部·西楚诸山》、《纪胜》卷三二《赣州·景物下》；《寰宇记》卷一〇八《虔州·赣县》较简）

1541

虔州上洛山，多木客，乃鬼类也。形似人，语亦如人。遥见分明，近则藏隐。能斫杉枋，聚于高峻之上。与人交市，以木易人刀斧。交关者前置物枋下，却走避之。木客寻来取物，下枋与人，随物多少，甚信直而不欺。有死者亦哭泣殡葬。当有山行人遇其葬日，出酒食以设人。山中有石墨可书①。（《御览》卷四八《地部·西楚诸山》、《寰宇记》卷一〇八《虔州》、《纪胜》卷三二《赣州·景物下》）

1542

（储潭山祠）咸和二年刺史朱伟所立。常有渔者钓于此潭，得金琐，萦引舟中，向数百丈。忽一物随琐而来，其形如水牛，眼赤角白，及见人，惊骇拽走，而渔者以刀断得数尺，不知其所由然也。（《御览》

---

① 有死者……可书：《寰宇记》作“尝就民间饮酒为诗，云：‘酒尽君莫沽，壶倾我当发；城市多嚣尘，还山弄明月’”。

卷四八《地部·西楚诸山》）

1543

葛姥者，汉末避黄巾贼，出自交趾，资财巨万，僮仆数千，于此筑城为家。没后有灵异，人立祠祈祷。（《寰宇记》卷一〇八《虔州·赣县》、《纪胜》卷三二《赣州·古迹》）

1544

（齐兴郡），梁武帝以此郡为南始平郡，复有武功、武阳二县，仍属南雍州。太清元年，于梁州之齐兴郡置兴州。（《寰宇记》卷一四三《均州》）

荆　州

1545

安陆县，东有新城，桓温征石季龙所筑，南临涢水。（《初学记》卷八《州郡部·淮南道》、《寰宇记》卷一三二《安州》）

1546

（故鄂县城）汉旧鄂县属江夏，吴之武昌。晋太康年，复立鄂州，此县废矣。（《寰宇记》卷一一二《鄂州·武昌县》）

1547

（凿樊岭）孙权于樊口被风破船，凿樊岭而归，因以为名。[①]（《寰宇记》卷一一二《鄂州·武昌县》、《大典》卷一一九八〇《岭·凿樊岭》）

1548

节度石，西陵与武昌分界之处。（《寰宇记》卷一一二《鄂州·武昌县》、《纪胜》卷八一《寿昌军·景物》）

1549

金牛堆，昔有金牛数十，出于堆石上，遗迹存。（《纪胜》卷八一《寿昌军·景物》）

1550

黄石湖，西塞有黄石，故名。（《大典》卷二二六一《湖·黄石

① 本条《寰宇记》记在“吴造岘”题下，不如《大典》记在“凿樊岭”名下为宜。

湖》）

1551

云梦之南，是为鄂渚。其名于《离骚》见之。（《寰宇记》卷一一二《鄂州·江夏县》、《胜览》卷二八《鄂州·郡名》）

1552

伍子胥叛楚出关，于江上见渔夫，求渡，时傍多人。渔父歌曰："灼灼兮侵已私，与子期兮芦之漪。"子胥既渡，解百金之剑与渔父。渔父曰："楚购子，粟五万，爵执圭，岂百金之剑乎？"子胥曰："勿令其露。"渔父知意[1]，遂覆舟而死。其处是涝洲，水路去州一百九十里。（《御览》卷六九《地部·洲》、《纪胜》卷八一《寿昌军·景物上》、《寰宇记》卷一一二《鄂州·武昌县》）

1553

三国鼎立，荆州三分。关羽既没，南郡属吴。荆州之北，南北双峙。魏立荆州，在北治宛，南阳是也。吴立荆州，治江陵，今郡城是也。（《元一统志》卷三《南阳府·裕州·风俗形胜》）

1554

县东南白沙，有庞士元宅于汉水之北，司马德操宅于汉水之南，隔鱼梁，州街对宇。欢情自接。每至相思，则褰裳涉水。（《御览》卷一八〇《居处部·宅》）

1555

（宛县）屈草为宛，谓方俗素偃，屈茅茨以覆屋，其县因以得名。（《元一统志》卷三《南阳府·裕州·风俗形胜》）

1556

方城县西有黄家山，房州竹山县有方城山，亦云楚国方城以为城。按杜预注，但云山在弃县南也。（《元一统志》卷三《南阳府·裕州·山川》）

1557

襄阳城东南有白沙曲，庞士元居汉之阴，司马德操宅洲之阳，隔鱼梁洲望衡对宇，欢情自接，每至相思，则褰裳涉水，岂待还桂柂于千里，贡深心于永思哉。（《天中记》卷一四《宅》）

---

① 子胥曰……渔父知意：《寰宇记》《纪胜》俱脱。

1558

义阳有三关之险，谓平靖等关是也。其武阳、黄岘二关，在安陆郡应山县界，北接陈、汝，控带许、洛，宋、齐以来，尝为边镇。（《寰宇记》卷一三二《信阳军》；《御览》卷一六九《州郡部·申州》较简）

1559

丹水，秦为丹水县也。（《史记》卷八《高祖本纪》“引兵西无不下者至丹水”《正义》引《括地志》）

1560

罗山，九寨之一。（《寰宇通志》卷八七《汝宁府·形胜》）

1561

魏置魏兴郡，领洵阳等六县于此。（《寰宇记》卷一四一《金州·平利县》）

1562

晋太康元年，分秭归、巫山县置建平县，后改为大昌县，属建平郡。（《寰宇记》卷一四八《夔州·大昌县》）

1563

秭归县东有丹阳城，周回八里，熊绎始封也。（《史记》卷四〇《楚世家》“封以子男之田，居丹阳”《正义》引《括地志》、《纪胜》卷七四《归州·古迹》）

1564

永安宫西有南乡峡，峡西八十里有溪，溪中有灵寿木，此即是龙洞溪，善酿酒之村也。（《寰宇记》卷一四八《夔州·奉节县》）

1565

梁太清四年，湘东王承制于荆州割武陵郡置武州。陈文帝天嘉元年[①]，分武陵立沅陵郡。（《寰宇记》卷一一八《朗州》）

1566

晋末以义阳流人在南郡者，立为南义阳郡，寄在荆州。（《御览》

① 陈文帝天嘉元年：误，当为“陈宣帝太建七年”。《陈书》卷三《世祖纪》记天嘉元年改置州郡甚祥，然无沅陵郡。《方舆纪要》卷八一《湖广·辰州府》谓“太建中以武陵为沅州，以沅陵为沅陵郡”。臧励龢《补陈疆域志》谓“陈天嘉元年分置沅州，太建七年州废，改置沅陵郡”。

卷一六八《州郡部·澧州》、《寰宇记》卷一一八《澧州》）

1567

（无阳县）本在无水之阴，后汉省入辰阳县。（《元和志》卷三〇《叙州·龙标县》）

1568

橘洲，在郡南，对南津，常看如下。及至夏水，怀山渚洲皆没，橘洲独在。（《初学记》卷八《州郡部·江南道》）

1569

巴丘有大屯戍，鲁肃守之。（《寰宇记》卷一一三《岳州·巴陵县》）

1570

黄陵，为水名，西入于湘，径二妃庙南。其说出于郦氏《水经》。（《大典》卷五七六九《沙·长沙府十八》）

1571

祁阳，有浯溪。（《渊鉴类函》卷三三《地部·溪》）

1572

零陵郡应阳县东有山，山有象庙。王隐《晋书》云："本泉陵县，北部东五里有鼻墟，象所封也。"（《史记》卷一《五帝本纪》"封弟象为诸侯"《正义》引《括地志》）

1573

连州桂阳县，汉属桂阳郡，因谓之小桂。（《方舆纪要》卷一〇一《广东二·连州》）

1574

晋太始[①]元年，分郴县置汝城、晋宁二县，属桂阳部。陈太建五年，省并汝城、晋宁二县，立庐阳郡，领庐阳一县。（《寰宇记》卷一一七《连州·义昌县》）

1575

马岭山，有仙人苏耽坛。耽至孝，一朝忽辞母曰："受性应仙，当违供养"，涕泗呜咽。百姓立坛祠之。（《初学记》卷八《州郡部·江南

---

① 太始：晋无"太始"年号。《宋书》卷三七《州郡三》桂阳太守谓"（阳安）晋武帝太康元年改曰晋宁"，"太始"为"太康"之误。

道》）

1576

马岭山，昔有仙人苏耽，入山学道，其母往闯之，见其乘白马飘然，故又谓之白马岭。（《胜览》卷二五《郴州·山川》）

1577

马岭山，在（郴）县东北五里。昔有仙人苏耽入此山学道，白日上升，今有祠甚严。山与黄箱山相连。（《寰宇记》卷一一七《郴州·郴县》）

1578

临武县山有热石，置物其上，立焦。（《初学记》卷八《州郡部·江南道》、《寰宇记》卷一一七《郴州·临武县》、《纪胜》卷六一《桂阳军·景物上》）

1579

江夏郡有沙羡县，吴时置督将于鲁山口。（《寰宇记》卷一一二《鄂州·江夏县》）

1580

鲁山，临江，盘基数十里。山下有城，即吴江夏太守所理之地。（《寰宇记》卷一三一《汉阳军》）

1581

昔有金牛从塾出，金牛长数丈，所露出塾边碛上有遗迹。（《寰宇记》卷一一三《兴国军·大冶县》）

1582

夏口江中有鹦鹉洲。（《初学记》卷八《州郡部·江南道》、《锦绣万花谷后集》卷六）

1583

汉水入江处，谓之沔口，魏及吴人皆以为重镇。（《胜览》卷二七《汉阳军·形胜》）

1584

郊坛冈，吴帝郊坛，黄龙元年即位于此。（《寰宇记》卷一一二《鄂州·武昌县》）

梁　州

1585

古汉中郡城，周贞定王[1]六年，秦厉公所筑，汉高祖尝都之。(《纪胜》卷一八三《兴元府·景物》)

1586

石门山，在褒中之北，汉中之西，是为全蜀之险固也。(《寰宇记》卷一三三《兴元府·城固县》)

1587

河阳及巴陵、昆阳，并有丙穴，出嘉鱼，即此类也。(《寰宇记》卷一三三《兴元府·褒城县》、《纪胜》卷一八三《兴元府·景物上》

1588

丙穴，穴口广五六尺，泉源垂注，有嘉鱼，常以三月自穴下透入水。(《诗地理考》卷三《南有嘉鱼》)

1589

梁大通[2]三年，于此置渠州。(《御览》卷一六八《州郡部·渠州》)

1590

奇章山，在奇章县。(《纪胜》卷一八七《巴州·景物》)

1591

东巴山，在始宁县。(同上)

益　州

1592

后汉安帝置益州、广汉、嘉州，是为三蜀[3]。嘉州见在川中，故名

① 贞定王：原文误作“正王”，据《中国历史纪年表》改。

② 大通：原文误作“大同”，径改。

③ 后汉安帝……为三蜀：误。据《汉书》卷二八上《地理志》，益州，早在西汉元封五年即为十三刺史部之一。广汉郡亦始置于西汉高帝。均非“后汉安帝置”。而嘉州之名始见于北周，其地在汉为犍为郡。故唐刘良为左太冲《蜀都赋》“三蜀之豪，时来时往”作注谓：“三蜀、蜀郡、广汉、犍为也。”(见《六臣注文选》卷四)当以此说为是。

蜀川。(《寰宇记》卷七四《眉州·青神县》)

1593

益州阳泉县，蜀分绵竹[1]立。(《文选》卷一二郭景纯《江赋》注)

1594

邓艾庙南有石牛，即秦惠王遗蜀王者。(《寰宇记》卷七二《益州·华阳县》)

1595

犍为城，汉武帝遣唐蒙开夜郎国，筑此城。(《新定九域志》卷七《眉州》)

1596

黑水，今出南宁州南广县汾关山，北至棘道县入江。(《寰宇记》卷七九《戎州·棘道县》)

1597

石纽，地名，夏禹所生之地。(《御览》卷一六五《州郡部·秦州》)

1598

南陵县有女观山，俗传云，昔有妇人，夫官于蜀。屡衍期，忧思伤感，登此骋望，因化为石，如人之形。所牵狗亦化为石。今狗形独存。(《天中记》卷八《海上五岳》)

广　州

1599

富川县，汉旧县，属苍梧郡。吴黄武五年改为临贺郡。县有富水，因为县名。(《寰宇记》卷一六一《贺州·富川县》)

1600

五岭，一曰台岭，亦名塞上，今名大庾；二曰骑田；三曰都庞；四曰萌诸；五曰越岭。[2](《史记》卷六《秦始皇本纪》"为桂林象郡、南海以适遣戍"《集解》)

---

① 绵竹：原文误作"县竹"，据《三国郡县表附考证》卷六改。

② 此条为南朝宋《南康记》之说（详《御览》卷五四《岭》）。然后人多从裴渊《广州记》之说，《汉唐方志辑佚》引称：大庾、始安、临贺、桂阳、揭阳，是谓五岭。

1601

山月江，在（荔浦）县北二十里钟山下。（《方舆纪要》卷一〇七《平乐府·荔浦县》）

1602

荔溪多桂，不生杂木。（同上）

1603

皋石、太尉二山之间，是为浈阳峡。两崖杰秀，壁立亏天。昔尝凿石架阁，令两崖相接，以拒徐道覆。（《方舆纪要》卷一〇二《韶州府·英德县》）

1604

端山有树冬荣，其子号曰猪肉子，大于杯，即此也。（《寰宇记》卷一六四《康州·端溪县》）

1605

广信县东，有孤岩，岩有斑石，石皆五色。（《初学记》卷八《州郡部·岭南道》、《寰宇记》卷一六四《梧州·苍梧县》、《新定九域志》卷九《梧州》、《元一统志》卷一〇《梧州路·古迹》、《大典》卷二三四〇《梧·山川·苍梧县》）

1606

梁武（帝）以郁林郡为桂州，后割桂州之郁林、宁浦二郡立定州，后改为南定州。（《寰宇记》卷一六六《贵州》）

1607

（益智子）广西果木，有七十子，而郁林州则有七子。盖他郡亦有，终不若此州也。（《元一统志》卷一〇《郁林州·土产》）

1608

（象郡）东南有二越。（《路史》卷一七《后纪·高阳氏》）

1609

古西瓯、骆越之地，秦虽立郡，仍有瓯、骆之名。（《寰宇记》卷一六六《贵州》、《纪胜》卷一一一《贵州·风俗形胜》）

1610

武宣习俗，民居不住地，屋必架板为楼以居之，下顿牛畜。耕稼之外，并无蔬果。（《寰宇通志》卷一〇七《柳州府·风俗》）

1611

（盘龙蛇）龙溪谓之盘龙，蛇青黑色，赤带锦文，随渎瀵水而入于

海。有毒，伤人辄死。（《初学记》卷八《州郡部·岭南道》）

交　州

1612

都峤山，在南流郡，其山有八峰，曰兜子、马鞍、八叠、云盖、香炉、仙人、中峰、丹灶，而八叠最奇秀。（《渊鉴类函》卷二九《地部·交广诸山》）

1613

南人谓滑石为肻石也，土人皆以肻石烧为器，用以烹鱼鲑，亦号为五侯燋石，火烂则可两三熟。（《寰宇记》卷一六七《容州》）

1614

交阯，周时为骆越，秦时曰西瓯，文身断发避龙。（《史记》卷四三《赵世家》“错臂左衽瓯越之民也”《正义》、《国策地名考》卷一六《诸小国》）

1615

（交阯）其夷足大指开折，两足并立，指则相交。阯与趾同，古字通。（《后汉书》卷一上《光武帝纪》“交阯牧邓让率七郡太守遣使奉贡”注）

1616

后汉周敞为交趾刺史，伐龙山木以为鼓。以下分鼓给桂林郡，上分鼓给交趾郡，击一鼓则二鼓皆鸣。（《初学记》卷八《州郡部·岭南道》、《锦绣万花谷后集》卷六）

1617

爱州移风县有潮鸡，鸣长且[①]清，如吹角，潮至则鸣。一名林鸡，其冠四开如芙蓉。（《寰宇记》卷一七一《岭南道·爱州》、《初学记》卷八《州郡部·岭南道》）

1618

梁武帝割广州新宁一郡，立新州。（《寰宇记》卷一六三《新州》）

① 且：《初学记》笔误为“旦”。

十三州志十四卷　北魏阚骃撰

阚骃，字玄阴，敦煌（今属甘肃）人。博通经传，时人谓之宿读，为北凉沮渠蒙逊所重，拜秘书考课郎中。至沮渠牧犍待之弥重，加奉车都尉，拜大行，迁尚书。尝典校经籍，勘定诸子三千余卷。注王朗《易传》，撰《十三州志》。《魏书》有传。《隋书·经籍志二》：“《十三州志》十卷，阚骃撰。”《旧唐书·经籍志上》：“《十三州志》十三卷，阚骃撰。”《新唐书·艺文志乙部》：“《十三州志》十四卷。”郦道元与唐宋人引录时，或称《土地十三州志》、《十三州地理志》、《阚骃地理志》、《阚骃曰》等。清王谟、张澍、王仁俊，民国叶昌炽均有辑本。阚氏身处南北朝分裂时期，而心怀大一统，仍仿汉制十三州作书名，记载全国地理。故本书亦按《中国历史地图集·东汉图》分列。

叙　略

1619

侍御史，周官，即柱下史。秩六百石。掌注记言行，纠诸不法。员十五人。出有所案，则称使者焉。谒者，秦官也，员七十人。皆选孝廉年未五十，晓解傧赞者。岁尽，拜县令、长（史）及都官府丞、长史。博士，秦官。博通古今，秩皆六百石。孝武初，置《五经》博士。后稍增至十四员。取聪明威重者一人为祭酒主领焉。议郎、郎官，皆秦官也。冗无所掌，秩六百石或四百石。（《后汉书》卷四《和帝纪》永元七年注）

1620

大郡曰守，小郡曰尉。（《史记》卷一一三《南越列传》“尉佗者”《索隐》）

司隶校尉部

1621

京师之州，司隶校尉掌焉，故曰司州。（《寰宇记》卷三《河南府》）

1622

霸陵，秦襄王所葬芷阳也，汉文帝更名霸陵，莽曰水章。（《长安志》卷一一《县一·万年》）

1623

斄（城），古文作邰，古今字异耳。（《长安志》卷一四《县四·武功》）

1624

（邰）古文作台，然稷之母有骀氏《传》皆作斄。其地在齐[①]，世不知也。（《路史》卷一八《后纪·高新氏》）

1625

朝歌，纣都。其俗歌谣，男女淫纵，犹有纣之余风存焉。（《寰宇记》卷五六《卫州·风俗》）

1626

共山，昔共伯复归于国。逍遥得道于共山之首。（《寰宇通志》卷九〇《卫辉府·山川》）

1627

蕃，在郑西。（《水经注》卷一九《渭水注》、《新定九域志》卷三《华州》、《通鉴地理通释》卷四《商都》）

1628

莲芍县，以草受名也。（《水经注》卷一六《沮水注》）

1629

轵县南山西曲有故向城，即周向国也[②]。（《水经注》卷七《济水

---

① 其地在齐：后人多不从。《元和志》卷二《京兆下·武功县》："古有邰国，尧封后稷之地。"《寰宇记》卷二七《雍州·武功县》："斄城，一名武功城，在周为邰国，后稷所封之邑。"

② 故向城，即周向国也：《寰宇记》同。然《春秋左传词典》谓："向，国名，姜姓，为莒灭。在今山东莒县南。"地望不同，待考。

注》、《清一统志》卷二〇三《怀庆府·古迹》）

1630

卢氏有朱阳山，因别立县。（《寰宇记》卷六《虢州·朱阳县》）

1631

河阳县在河上，即孟津是也。（《史记》卷二《夏本纪》“东至于孟津”《索隐》、《国策地名考》卷一《周》）

1632

河阳，别县，非温邑也。（《水经注》卷五《河水注》）

1633

（汉平阴县）在平津大河之南，魏文帝改曰河阴。〔《通鉴》卷六“（秦庄襄王元年）七邑：河南、洛阳、谷城、平阴、偃师、巩、缑氏”注引；《史记》卷四《周本纪》“秦庄王灭东周”《正义》稍略〕

1634

河南缑氏县，以山为名。（《史记》卷八《高祖本纪》“张良遂略韩地轘辕”《索隐》、《国策地名考》卷一《周》）

1635

轘辕道凡十二曲，是险道。（《史记》卷五四《曹相国世家》“下轘辕、缑氏”《正义》）

1636

弘农有桃丘聚，即桃林也。〔《通鉴》卷一〇“（汉高帝三年）放牛桃林之阴”注引〕

1637

蒲坂，尧都。（《水经注》卷四《河水注》）

1638

禹娶涂山氏女，思本国，筑台以望之。今城南门台基犹存。（《寰宇记》卷六《陕州·夏县》）

1639

令狐即猗氏，刳首在西三十里，县南对泽，即猗顿故居[①]。（《〔光绪〕山西通志》卷五三《古迹考四》、《方舆纪要》卷四一《猗氏县·令狐城》）

---

① 刳首在西……故居：《方舆纪要》脱。

1640

（大阳），傅岩在其界，今住穴尚存。（《后汉书》卷一〇二《董卓传》"既到太阳，止于人家"注）

1641

平陆吴山上有虞城，舜始封是。穆天子登薄山置軨之隥，宿于虞是也。[1]（《〔光绪〕山西通志》卷五一《古迹考二·国都》、《路史》卷二七《国名纪·高唐氏后》）

1642

昔共伯复归于国，逍遥得意[2]于共山之首。（《寰宇记》卷五六《卫州·共城县》、《新定九域志》卷二《卫州》）

1643

（陈涓侯国）治河上，河，孟津河也。（《水经注》卷五《河水注》）

1644

（雷首山）一名独头山，夷齐所隐也。山南有古冢，陵柏蔚然，攒茂丘阜，俗谓之夷齐墓也。（《水经注》卷四《河水注》）

1645

太行山或曰孟门，盖其险厄。（《初学记》卷八《州郡部·河东道》）

1646

三涂山在（陆浑故城）东南。（《水经注》卷一五《洛水注》）

1647

（涧水）《禹贡》之渊水。（《水经注》卷一六《谷水注》）

1648

万年县南[3]有泾、渭，北有小河，即沮水也。（《水经注》卷一六《沮水注》、《史记》卷二《夏本纪》"漆沮既从"《正义》、《诗地理考》卷四《自土沮漆》）

---

① 穆天子……是也：《路史》脱。

② 逍遥得意：《新定九域志》脱。

③ 南：《水经注》作"西"。

1649

（沮水）以其初出沮洳然，故曰沮水。县亦受名焉[1]。〔《水经注》卷二七《沔水注》、《通鉴》卷一四八“（梁武帝天监十四年）破叛氐于沮水”注〕

1650

漆水出漆县西北岐山，东入渭。（《水经注》卷一六《漆水注》、《尚书》卷六《禹贡》“漆沮既从”《正义》、《诗地理考》卷四《自土沮漆》、《元胜览》卷上《陕西等处行中书省·庄浪路·邠州》）

1651

（漆水）出扶风杜阳县岐山北。（《元胜览》卷上《陕西等处行中书省·庄浪路·邠州》）

1652

澧水出鄠县南。（《史记》卷二八《封禅书》“长水澧涝”《索隐》）

1653

荥播，泽名也。故吕忱云：播水在荥阳。（《水经注》卷七《济水注》）

1654

汧水出汧县西北。（《水经注》卷一七《渭水注》）

1655

（楚水）为汧水焉。（同上）

1656

（雍有五畤祠）宜为神明之隩，故立群祠焉。（《水经注》卷一八《渭水注》）

1657

（安陵）本周之程邑。（《诗地理考》卷四《居岐之阳》）

豫　州

1658

战国时梁属魏，秦置三十六郡，属三川郡。汉为河南郡之梁县也。（《御览》卷一五九《州郡部·汝州》）

---

① 县亦受名焉：《通鉴》注脱。

1659

（召陵）召者，高也。其地丘墟，井深数丈，故以名焉。（《水经注》卷二二《颍水注》）

1660

（征羌）《战国策》以为秦昭王欲易地谓此，非也。（同上）

1661

贯城，在蒙县西北。《春秋》僖公二年，齐侯、宋公、江、黄盟于贯。（《水经注》卷二三《汳水注》）

1662

景亳，汤都也。亳，本帝喾之墟，在《禹贡》豫州河、洛之间。今河南偃师城西二十里尸乡亭是也。（同上）

1663

梁国有二亳，南亳在谷熟，北亳在蒙。汤会诸侯于景亳，即蒙之北亳也。（《寰宇记》卷二《东京下·考城县》）

1664

汉和帝永元九年，分汝阴置，多陂塘以溉稻，故曰富陂县也。（《水经注》卷三〇《淮水注》）

1665

汉武帝分谷熟置南亳，《春秋》庄公十二年，宋公子御说奔亳者也。（同上）

1666

（山桑县）山生于邑，其亭有桑，因为县名。宋将檀道济为征北将军居此，因号曰檀公城。（《水经注》卷二三《阴沟水注》、《寰宇记》卷一二《亳州·蒙城县》）

1667

蒙泽，在（蒙）县东。《春秋》庄公十二年，宋万与公争博，杀闵公于斯泽矣。（《水经注》卷二三《获水注》）

1668

晋太始[①]中，割南阳东鄙之安昌、平林、平氏、义阳四县，置义阳

① 太始：误，《晋书》卷一五《地理志》作“太康”。

郡[①]于安昌城。(《水经注》卷三〇《淮水注》)

1669

(夏水)出沛国城父东，至此(广阳乡)合为肥。(《水经注》卷三二《肥水注》)

1670

(新汲)本汲乡也，宣帝神爵三年置，以河内有汲，故加新也。(《汉书》卷二八上《地理志·颍川郡·新汲》注)

1671

(慎阳，本名滇阳)永平五年失印更改，遂误以水为心。(《汉书》卷二八上《地理志·汝南郡》注)

1672

太子建所居城父，即今亳州城父是也。(《史记》卷七三《白起王翦列传》“与蒙恬会城父”《正义》)

1673

汉兴四年[②]，改泗水为沛郡，理相城，故以沛为小沛。(《玉海》卷一五五《宫室·汉沛宫》)

1674

故顿子城，在颍水之南，故谓之颍阴城。(《寰宇记》卷一〇《陈州·南顿县》、《路史》卷二八《国名纪·周氏》)

1675

熟城，汉之县名。(《寰宇记》卷一二《宋州·虞城县》)

1676

(女阳县汝水)本汝水别流，其后枯竭，号曰死汝水。(《水经注》卷二二《颍水注》)

1677

郸，音多。汉周应为郸侯者。(《路史》卷三〇《杂国·郸》)

1678

北利城在上蔡。(《初学记》卷八《河南道》、《渊鉴类函》卷三三

---

① 四县，置义阳郡：不准确。《晋书》卷一五《地理志》作义阳郡“统县十二”，即新野、穰、邓、蔡阳、随、棘阳、厥西、朝阳与佚文所述四县。

② 汉兴四年：非十六国时李寿之“汉兴四年”。《汉书》卷二八上《地理志》沛郡“故秦泗水郡，高帝更名”。故当为“汉高祖四年”。

五《州郡部·河南道二》）

1679

（羊涧）武帝时有白羊出溪涧。（《初学记》卷八《河南道》）

冀　州

1680

冀州之地，盖古京也。人患剽悍，故语曰："仕宦不偶值冀部。"其人刚狠，浅于恩义，无宾序之礼，怀居悭啬。古语曰："幽冀之人钝如椎"，亦履山之险，为逋逃之薮。（《寰宇记》卷六三《冀州·风俗》；《御览》卷一六一《州郡部·冀州》较略）

1681

《山海经》谓西北有蓬山，丘在其间，故曰中丘。（《寰宇记》卷五九《邢州·内丘县》）

1682

黑山之险，为逋逃幽薮。（《寰宇记》卷五九《邢州·内丘县》、《御览》卷四五《地部·黑山》）

1683

真定，本名东垣，河东有垣县，故此加"东"。（《寰宇记》卷六一《镇州·真定县》、《御览》卷一六一《州郡部·镇州》）

1684

灵寿，中山桓公新都。（《寰宇记》卷六一《镇州·灵寿县》）

1685

（春秋棘邑）战国时改为平棘。（《新定九域志》卷二《赵州》）

1686

平棘，本晋之棘蒲。战国时改为平棘。（《清一统志》卷五二《赵州直隶州·古迹》）

1687

（汉下曲阳县）中山有上曲阳，故此加"下"。（《寰宇记》卷六一《镇州·鼓城县》、《御览》卷一六一《州郡部·定州》、《新定九域志》卷二《祁州》、《清一统志》卷二八《正定府·古迹》）

1688

渤海[①]风俗鸷戾，高尚气力，轻为奸凶。（《寰宇记》卷六五《沧州·风俗》、《御览》卷一六二《州郡部·沧州》）

1689

中山治卢奴，唐县故城在国北七十里。（《水经注》卷一一《滱水注》）

1690

（元氏）赵公子元之封邑，故曰元氏。〔《汉书》卷二八上《地理志·常山郡·元氏》注、《通鉴》卷四〇“（汉光武建武元年）五幡于元氏”注〕

1691

（扶柳）其地有扶泽，泽中多柳，故曰扶柳。（汉书》卷二八下《地理志·信都国·扶柳》注）

1692

扶柳县东北武阳城，故县也。（《水经注》卷一〇《浊漳水注》）

1693

（东阳）今其城，昔阳亭是也。（同上）

1694

（广川）其县中有长河为流，故曰广川也。（《水经注》卷九《淇水注》、《汉书》卷二八下《地理志·信都国·广川》注）

1695

钜鹿，唐虞时大麓之地，《尚书》：“尧试舜百揆，纳于大麓。”麓则林之大者也。尧之禅舜，欲使天下皆见之，故置诸侯、合群臣与百姓，纳之大麓之野，然后以天下授之，以明己禅公也。（《寰宇记》卷五九《邢州·平乡县》；《路史》卷三六《发挥五·大麓说》较略）

1696

秦王东巡回，死于沙丘。（《寰宇记》卷五九《邢州·平乡县》）

---

① 渤海：阚氏原文当为“勃海”。《汉书》卷二八上《地理志》、《后汉书》卷三〇《郡国志》等俱作“勃海郡”，治浮阳县（今河北沧州）。《隋书》卷三〇《地理志》谓，隋大业二年（606）改沧州为渤海郡，治阳信县（今属山东）。二者不可混淆。

1697

《淮南》九薮，赵有钜鹿，今其地即广阿泽也。(《寰宇记》卷五九《邢州·钜鹿县》)

1698

(博陵县）本初元年[①]，蠡吾侯志继孝质，是为孝桓帝，追尊皇考蠡吾侯翼为孝崇皇帝，陵曰博陵，因以为郡[②]。(《寰宇记》卷六八《宁边军·博野县》、《御览》卷一六一《州郡部·瀛州》)

1699

地多斥卤，故曰斥邱。(《清一统志》卷三三《广平府·古迹》)

1700

古代城在飞狐界。(《寰宇记》卷五一《蔚州·飞狐县》)

1701

经县东五十里有缭城，故县也。(《水经注》卷一〇《浊漳水注》)

1702

中山武公，本周之同姓。其后桓公不恤国政。晋太史余见周王，王问之诸侯孰先亡，对曰："中山之俗以昼为夜，以臣观之，中山其先亡乎。"其后魏乐羊为文侯将拔中山，封之灵寿。(《御览》卷一六一《州郡部·镇州》)

1703

浮阳，浮水出所，东入海。(《御览》卷一六二《州郡部·沧州》)

1704

殷时邢侯国，周公子封邢侯都此。(《诗地理考》卷一《邢侯》)

1705

章武有北皮亭，故此曰南皮也。(《水经注》卷九《淇水注》、《汉书》卷二八上《地理志·勃海郡·南皮》注)

1706

昌城，本名阜城。(《水经注》卷一〇《浊漳水注》)

---

① 本初元年：《御览》误作"太初元年"，汉质帝年号为"本初"。

② 陵曰博陵，因以为郡：《后汉书》卷七《桓帝纪》：延熹元年六月，"分中山置博陵郡，以奉孝崇皇园陵"。故此前应加"延熹元年"。

1707

杨氏县北四十里有敬[①]武亭，故县也。今其城实中小邑耳，故俗名之曰敬武垒，即古邑也。(《水经注》卷一〇《浊漳水注》、《清一统志》卷五二《赵州直隶州·古迹》)

1708

浮水所出，东入海。(《寰宇记》卷六五《沧州·清池县》)

1709

饶安县东南二十里有童乡亭，即故县。"童"即"章"字相类。章乡，盖在饶安县东南二十里童乡亭。(《寰宇记》卷六五《沧州·饶安县》)

1710

张甲河东北至脩县，入清漳者也。(《水经注》卷五《河水注》)

1711

鸣犊河东北至脩入屯氏。(同上)

1712

孤山上有尧祠，俗呼宣务山，谓舜昔宣务焉。(《路史》卷三六《发挥五·大麓说》)

并　州

1713

汉末大乱，匈奴侵边，自定襄以西尽云中、雁门之间遂空[②]。建安中，曹操集荒郡之户以为县，聚之九原界，以立新兴郡，领九原等县，属并州。(《寰宇记》卷四二《忻州》、《御览》卷一六三《州郡部·忻州》)

1714

九原山，其仞有九，故曰九原。汉末大乱，立新兴郡，领九原等县。(《方舆纪要》卷四〇《忻州·九原城》)

1715

轑阳在上党西北百八十里，盖唐之乐平郡地，今之辽州也。〔《通

① 敬：《清一统志》脱。

② 空：《御览》误作"控"。

鉴》卷六“（秦始皇帝一一年）王翦攻阏与、轑阳”注〕

1716

阏与，今梁榆城[①]是也。汉高帝八年，封冯解散为侯国。（《水经注》卷一〇《清漳水注》）

1717

武州县在善无城西南百五十里，北俗谓之太罗城。（《水经注》卷三《河水注》、《〔光绪〕山西通志》卷五四《古迹考》）

1718

善无县南七十五里有中陵县，世祖建武二十五年置。（《水经注》卷三《河水注》、《〔光绪〕山西通志》卷五四《古迹考》）

1719

（善无县故城）旧定襄郡治。（《水经注》卷三《河水注》）

1720

古平周县[②]，在汾州介休县西五十里[③]。〔《史记》卷四四《魏世家》“秦取我曲沃、平周”《正义》、《通鉴》卷二“（周显王四十七年）秦王伐魏取曲沃、平周”注〕

1721

窳浑县有大道，西北出鸡鹿塞。〔《通鉴》卷四七“（汉和帝永元元年）耿秉出朔方鸡鹿塞”注〕

1722

（屠申泽）即窳浑泽矣。（《水经注》卷三《河水注》）

1723

宜梁城在五原西南六十里，世谓之石崖城。大河经宜梁、九原二县间，其津济之处谓之金津。（《方舆纪要》卷六一《陕西·榆林镇·宜梁城》）

---

① 阏与，今梁榆城：司马彪、袁山松《郡国志》并言“涅县有阏与聚”。《史记》卷五《秦本纪》惠文君三十八年《正义》引《括地志》云：“阏与聚，一名乌苏城，在潞州铜鞮县西北二十里，赵奢败秦军处。”今史学界多从《括地志》说。

② 县：胡三省注误作“邑”。《汉书》卷二八上《地理志》：“西河郡有平周县。”

③ 五十里：胡三省注作“四十里”。

1724

（三封县）在临戎县西百四十里。（《水经注》卷三《河水注》）

1725

（北舆县）广陵有舆，故此加北。（同上）

1726

（原亭城）中部都尉治。（同上）

1727

五原西南六十里，今世谓之石崖城。（同上）

1728

蒲城在（大魏汾州治）西北，汉武帝置。（同上）

1729

（剧阳县故城）在阴馆县东北一百三里。（《水经注》卷一三《㶟水注》）

1730

武成[1]县在善无西五十里，北俗谓之太罗城。（《清一统志》卷一六〇《归化城厅·古迹》）

1731

（汾水）出武州之燕京山，亦管涔之异名也。其山重阜修岩[2]，有草无木，泉源导于南麓之下。（《水经注》卷六《汾水注》、《御览》卷六四《地部·汾水》）

1732

晋水出龙山，一名结绌山。（《水经注》卷六《晋水注》）

1733

潞县有潞水，为冀州浸，即漳水也。（《水经注》卷一〇《浊漳水注》、《寰宇记》卷四五《潞州·潞城县》）

1734

（榆次）涂阳县。（《水经注》卷六《洞过水注》）

---

① 武成：原文误作“武城”，据《后汉书》卷三三《郡国五》改。

② 岩：《御览》误作“层”。

幽　州

1735

当城在高柳东八十里，县当常山[①]，故曰当城。〔《史记》卷八《高祖本纪》“斩陈豨当城”《正义》、《通鉴》卷一二“（汉高帝十二年）斩陈豨于当城”注；《汉书》卷二八下《地理志·代郡·当城》注较简〕

1736

平湖城在高柳南百八十里。〔《通鉴》卷六“（秦始皇帝十六年）北至平阴”注、《〔光绪〕山西通志》卷五三《古迹考》〕

1737

（东安阳）五原有安阳，故此加东也。（《汉书》卷二八下《地理志·代郡·东安阳》注）

1738

涿郡，故燕，汉高帝六年置。其南有涿水，郡盖氏焉。（《水经注》卷一二《圣水注》）

1739

涿郡南有涿水，北至上谷为涿鹿河。其支入匈奴中者，谓之涿耶水。（《寰宇记》卷七〇《涿州·范阳县》）

1740

涿郡西界代之易水。（《水经注》卷一一《易水注》）

1741

（垣水）至阳乡注之。（《水经注》卷一二《圣水注》）

1742

班氏县在（代）郡西南百里，北俗谓之去留城也。（《水经注》卷一三《漯水注》、《〔光绪〕山西通志》卷五四《古迹考》）

1743

笄头山在潘城南。（《水经注》卷一三《漯水注》、《清一统志》卷三九《宣化府·山川》）

1744

涿鹿东北至上谷城六十里。（《水经注》卷一三《漯水注》）

---

① 县当常山：《通鉴》注作“县当恒都山作城”。

1745

（北新城）河间有新城，故加“北”字。（《寰宇记》卷六八《威虏军·遂城县》）

1746

（平邑）城在高柳南百八十里，北俗谓之丑寅城。（《水经注》卷一三《㶟水注》）

1747

（狋氏）县在高柳南百三十里，俗谓之苦力干城矣。（同上）

1748

代郡故城，卢植说初筑时，方就板干，夜自移西南五十里大泽中，自设结苇为九门。于是就以为城，周旋七里。今按在飞狐县界[①]。（《初学记》卷八《州郡部·河东道》）

1749

（南易水）涿郡西界代之易水。（《水经注》卷一一《易水注》）

1750

太子丹遣荆轲刺秦王，与宾客知谋者，祖道于易水上。（同上）

1751

道人城在高柳东北八十里。（《水经注》卷一三《㶟水注》）

1752

平舒城东九十里有广平城。（同上）

1753

广平城东北百一十里有潘县。（《水经注》卷一三《㶟水注》、《清一统志》卷三九《宣化府·古迹》）

1754

马城在高柳东二百四十里。（同上）

1755

辽东属国都尉治昌辽道，有黄龙亭者也。（《水经注》卷一四《大辽水注》）

1756

侯水南入渝。（同上）

---

① 今按在飞狐县界：为后人所加。

1757

大辽水自塞外，西南至安市入于海。（《水经注》卷一四《大辽水注》）

1758

浿水县在乐浪东北，镂方县在郡东。（《水经注》卷一四《浿水注》）

凉　州

1759

瓜州之戎为月氏所逐，秦并六国，筑长城，西不过临洮，则秦未有此地。汉武帝元鼎六年[①]，分酒泉之地置燉煌郡，徙边人以实之。（《寰宇记》卷一五三《沙州》）

1760

小宛并于鄯善。（《寰宇记》卷一八八《西戎·吐谷浑》）

1761

婼羌国，滨带南山，西有葱岭。余种或虏或羌，户口甚多。在古不立君臣，无相长一。强则分种为酋豪，弱则为人附落。更相抄暴，以力为雄。唯杀人偿死，无他禁令。其兵长于山谷，短于平地，不能持久，而果于触突，以战死为吉利，病终为不祥。（《寰宇记》卷一八一《西戎·葱婼羌》）

1762

朱圉山有石鼓，不击自鸣，鸣则有兵起。（《寰宇记》卷一五〇《秦州·大潭县》、《御览》卷四九《地部·朱圉山》）

1763

效谷县，故鱼泽障。（《渊鉴类函》卷三三五《州郡部·陇右道》）

1764

秦亭，秦谷是也。〔《史记》卷五《秦本纪》“邑之秦”《正义》、《诗地理考》卷二《秦》、《通鉴》卷一“（周安王元年）秦伐魏至阳孤”注〕

---

① 元鼎六年：原文误作“后元六年”，汉武帝后元仅二年，据《汉书》卷七《武帝纪》：元鼎六年“分武威、酒泉地置张掖、敦煌郡”，故改。

1765

降狄道，今曰武始。（《寰宇记》卷一五一《兰州·狄道县》）

1766

众羌之水所会，故曰会水。北有白亭，俗因谓之白亭海也。（《寰宇记》卷一五二《肃州·酒泉县》、《汉书》卷二八上《地理志·酒泉郡》注）

1767

玉门县置[①]长三百里，石门周匝山间，才经二十里，众泉北流入延兴海，汉罢玉门关屯，徙其人于此，故曰玉门县。（《寰宇记》卷一五二《肃州·玉门县》、《清一统志》卷二七九《安西州·玉门县》；《汉书》卷二八下《地理志·酒泉郡·玉门县》注较简）

1768

延寿县在（酒泉）郡西，金山在其东，至玉石障，亦是汉遮虏障也。（《寰宇记》卷一五二《肃州·玉门县》）

1769

奄蔡、粟特，各有君长。（《寰宇记》卷一八六《西戎·粟弋国》）

1770

左南津西六十里有白土城，城在大河之北，而为缘河济渡之处。魏凉州刺史郭淮破羌，遮塞于白土，即此处也[②]。〔《水经注》卷二《河水注》、《通鉴》卷一〇一“（晋海西公太和二年）常据向左南”注〕

1771

广大阪在枹罕西北，罕开在焉。昔慕容、吐谷浑自燕历阴山西驰，而创居于此。（《水经注》卷二《河水注》）

1772

枹罕县在（陇西）郡西二百一十里。漓水在城南门前东过也。（同上）

1773

石城西一百四十里有左南城者也。〔《水经注》卷二《河水注》、《通鉴》卷一〇一“（晋海西公太和二年）常据向左南”注〕

① 置：当衍，《清一统志》已删。

② 魏凉州刺史……此处也：《通鉴》注脱。

1774

（安故）县在（陇西）郡南四十七里。盖延转击狄道、安故五溪反羌，大破之，即此也。（《水经注》卷二《河水注》）

1775

大夏县西有故金纽城，去县四十里，本都尉治。（同上）

1776

略阳道在郡东六十里，即故冀城也。（《寰宇记》卷一五〇《秦州·陇城县》）

1777

金城郡有金城关。（《初学记》卷七《地部·关》、《玉海》卷二四《地理·唐二十六关》、《方舆纪要》卷六〇《陕西·兰州》）

1778

金城临羌县西有卑和羌海。即献王莽地为西海郡者。〔《汉书》卷二八下《地理志·金城郡·临羌》注、《通鉴》卷三六“（汉平帝元始四年）献鲜水海、允谷、盐池”注、《通鉴》卷一一〇“（晋安帝隆安二年）（杨轨）西奔零海”注、《通鉴地理通释》卷八《西海》〕

1779

金城安夷县东有勒姐河，与金城河合。勒姐岭盖勒姐河所出之山也。汉时勒姐羌居之，因以为名。〔《通鉴》卷一一七（晋安帝义熙十一年）注〕

1780

允吾县[①]西，有卑禾羌海，代谓之青海。东去西平二百五十里。[②]（《水经注》卷二《河水注》、《初学记》卷六《地部·海》、卷八《州郡部·陇右道》）

1781

西海东去西平郡二百五十里。（《方舆纪要》卷五二《陕西·大川·西海》）

1782

白石县在狄道西北二百八十五[③]里，漓水径其北。有白石山在其东

① 允吾县：《初学记》卷六作“临羌县”。

② 东去西平二百五十里：《初学记》卷六、卷八均脱。

③ 五：《方舆纪要》脱。

因名。元帝永光二年陇西羌彡姐旁种反，遣冯奉世率任立、韩昌到陇西分屯三处，立为右军屯白石，昌为前军屯临洮，奉世为中军屯首阳[①]。(《水经注》卷二《河水注》、《方舆纪要》卷六〇《陕西·兰州·河州》)

1783

(狄道）今曰武始也，洮水在城西北流。(《水经注》卷二《河水注》)

1784

临羌新县在郡西百八十里，湟水径城南也。(同上)

1785

(盐池）其西即湟水之源也。(同上)

1786

长宁亭北有养女岭，即浩亹山，西平之北山也。(《水经注》卷二《河水注》)

1787

金城河初与浩亹河合，又与勒且河合者也。(同上)

1788

武帝使伏波淬路博德，筑遮虏障于居延城。(《汉书》卷二八下《地理志·张掖郡·居延》注)

1789

西平亭北有土楼神祠者也。(《水经注》卷二《河水注》)

1790

允吾县西四十里有小晋兴城。(同上)

1791

河至金城县，谓之金城河，随地为名也。(同上)

1792

(廉县）在富平北。(同上)

1793

平襄城，古襄戎也。王莽改天水曰镇戎，仍治平襄。更始初，成纪、隗崔等起兵，应汉攻平襄，杀镇戎大尹李商。(《方舆纪要》卷五

① 有白石山……首阳：《水经注》脱。

九《陕西·巩昌府·平襄城》;《汉书》卷二八下《地理志·天水郡》注较简)

1794

晋兴城在允吾县四十里,亦谓之小晋兴城。后亦讹兴晋。(《方舆纪要》卷六〇《陕西九·兰州·晋兴城》)

1795

石城津在金城西北,晋太元初苻秦伐凉,军于西河,梁熙等济自青石津,苟苌等济自石城津,会攻凉缠缩城是也[①]。(《方舆纪要》卷六〇《陕西·兰州·石城津》、《水经注》卷二《河水注》)

1796

(龙夷)城在临羌新县西三百一十里。(《水经注》卷二《河水注》)

1797

西平、张掖之间,大月氏之别,小月氏之国。(同上)

1798

湟水河在(破羌县故城)南门前东过。(同上)

1799

大河在金城北门(同上)

1800

昆仑山去北海岸十三万里,有弱水周匝,东南接积石。(《续博物志》卷三)

1801

湟水又东南径卑禾羌海,北有盐池。河水又东北,高平川水注之,注三水。温泉东有盐池。河水又东南迳朔方县故城东北。[②](《玉海》卷一八一《食货·盐铁·周安邑县池》)

1802

(渊泉)地多泉水,故以为名。(《汉书》卷二八下《地理志·敦煌郡·渊泉》注)

---

① 晋太元初……城是也:《水经注》脱。

② 此条非《十三州志》文,而是《水经注》卷二、三原文之缀文。《玉海》误。

1803

（会水）众水所会，故曰会水。（《汉书》卷二八下《地理志·酒泉郡·会水》注、《方舆纪要》卷六三《陕西·肃州卫》）

1804

鹿塞在苍松县南十里。（《初学记》卷八《州郡部·陇右道》）

1805

昭武苏有临泽亭在其东。（《初学记》卷八《州郡部·陇右道》、《渊鉴类函》卷三三五《州郡部·陇右道》）

1806

高昌壁，故属敦煌。有长谷在东，都尉居之。（《初学记》卷八《州郡部·陇右道》）

兖　州

1807

成帝时，河堤大坏，泛滥青、徐、兖、豫四州略遍，乃以校尉王延瑞，领河堤谒者，秩千石，或名其官为护都水使者，中兴以三府掾属为之。（《玉海》卷二一《地理·汉河堤谒者》）

1808

顿丘在淇水南，又屈径顿丘西。（《水经注》卷九《淇水注》、《诗地理考》卷一《顿丘》）

1809

澶水在顿丘西南三十里，伏流至繁城西南。（《寰宇记》卷五七《澶州·临河县》）

1810

地多斥卤，故曰斥邱。（《汉书》卷二八上《地理志·魏郡》、《清一统志》卷一八四《临清州·古迹》）

1811

（武父城）在（济阳）县西北，郑邑也。（《水经注》卷七《济水注》）

1812

（濮渠水）首受别济，即北济也。（《水经注》卷八《济水注》）

1813

（导菏泽，被孟猪[①]）不言入而言被者，明不常入也。（同上）

1814

山阳南平阳县，又有闾丘乡。（《水经注》卷二五《洙水注》、《清一统志》卷一六六《兖州府·古迹》）

1815

（济水）西至湖陆入泗是也。（《水经注》卷二五《泗水注》）

1816

山阳有东缗县。邹衍曰："余登缗城以望宋都"者也。（《水经注》卷八《济水注》）

1817

今成武县东南有部城，俗谓之北部者也。（《水经注》卷二五《泗水注》、《清一统志》卷一八一《曹州府·古迹》）

1818

寿张有蚩尤祠。（《水经注》卷八《济水注》）

青　州

1819

牟平县，古腄县也。（《史记》卷六《秦始皇本纪》"过黄、腄"《正义》）

1820

历城本周之甘泉西地。（《初学记》卷八《州郡部·河北道》）

1821

县处势平[②]，故曰博昌。〔《水经注》卷二六《淄水注》、《寰宇记》卷一八《青州·博兴县》、"《通鉴》卷四（周赧王三十一年）千乘、博昌之间"注引〕

1822

丹朱游故虚，故云朱虚也。虚，犹邱也；朱，犹丹也。〔《史记》

① 孟猪：当为"孟诸"。《元和志》卷七《宋州·虞城县》："孟诸泽，在县西北十里，周回五十里。"《寰宇记》卷一二《宋州·虞城县》："孟诸台，在县西北十里。《尔雅》云，'宋有孟诸'。郭璞云，'薮泽名'。"其地望正吻合。

② 县处势平：《寰宇记》《通鉴》注俱作"昌水其势平博"。

卷九《吕后纪》“封齐悼惠王子章为朱虚侯”《正义》、《通鉴》卷一三“（汉高后二年）齐悼惠王子章为朱虚侯”注〕

1823
朱虚东十三里有校亭县[①]。（《寰宇记》卷一八《青州·临朐县》、《清一统志》卷一七一《青州府·古迹》）

1824
（东安平）博陵有安平，故此加“东”也。（《汉书》卷二八下《地理志·甾川国·东安平》注）

1825
本东陵，后改为平陵。（《寰宇记》卷一九《齐州·历城县》）

1826
当利县东有阳石城[②]。（《寰宇记》卷二〇《莱州·掖县》）

1827
（阳乐）在当利县东北二十里。（同上）

1828
（高唐）汉古县，在平原郡南五十里。（《寰宇记》卷一九《齐州·禹城县》、《路史》卷二七《国名纪·陶唐氏后》）

1829
高唐县有爵堤，以捍河水。（《寰宇记》卷五四《博州·高唐县》）

1830
明帝永平五年，改[③]（平原）曰厌次。（《水经注》卷五《河水注》）

1831
厌次县，本富平侯车骑将军张安世之封邑。（同上）

---

① 校亭县：汉晋北魏均无校亭县，《方舆纪要》卷三五《青州府·临朐县》作“校城”，是。

② 阳石城：原文误作“陵石城”。据考，莱州有阳石废县城，而无“陵石城”。阳石为西汉县，东汉废。《方舆纪要》卷三六《山东·莱州府·掖县》：“县南有阳石废县”，而当利废县又在掖县西南三十六里，故改。

③ 改：当为“复改”。据谭其骧《长水集》、史念海《中国历史地理纲要》，秦济北郡已有厌次县，汉高帝改名富平县，东汉明帝复改厌次。

1832

上唐，汉县，平原郡南五十里。（《路史》卷二七《国名纪·陶唐氏后》）

徐州

1833

兰陵，故鲁之次室邑也。其后楚取之，改为兰陵县，汉因之。（《寰宇记》卷二三《沂州·承县》）

1834

杼秋，光武封刘般为杼秋侯。明帝以属沛。（《寰宇记》卷一五《徐州·萧县》）

1835

（取虑故城）取，读如，星分觜陬；虑，若公羊邾娄之娄。（《寰宇记》卷一七《淮阳军·下邳县》；《路史》卷一六《后纪·小昊》稍简）

1836

有东西二郓，鲁昭公所居者为西郓，兖州东平郡是也；莒、鲁所争者为东郓，汉东莞县是也。〔《通鉴》卷九一“（晋元帝太兴二年）（徐龛）破东莞”注引、《寰宇记》卷二二《沂州·沂水县》〕

1837

海曲，在开阳东一百三十里。（《寰宇记》卷二二《海州·怀仁县》）

1838

下邳县有高迁乡。（《〔雍正〕江南通志》卷三三《舆地志·古迹·徐州府》、《清一统志》卷一〇一《徐州府·古迹》）

扬州

1839

扬州后徙于阴陵[①]。（《寰宇记》卷一二四《和州》）

---

① 扬州后徙于阴陵：据《后汉书志·郡国四》、《通典》卷一八一《州郡典》、《寰宇记》卷一二六《淮南道》，扬州初治历阳，汉末移寿春，魏青龙元年治合肥，西晋治建业。“徙于阴陵”为仅见，待考。

1840

上虞县有雁，为民田，春衔拔草根，秋啄除其秽，是以县官禁民不得妄害此鸟，犯则有刑无赦。（《初学记》卷三〇《鸟部·雁》、《御览》卷九一七《羽族部·雁》、《事类赋》卷一九《禽部·雁》）

1841

钱塘武林山，泉源出焉。晋咸和中有西乾梵僧登此山。叹曰："此武林山是中天竺国灵鹫山之小岭，不知何年飞来。"乃创灵隐寺。（《胜览》卷一《临安府·山川》、《施注苏诗》卷四《游灵隐寺诗》注）

1842

勾践之地，南至句无。其后并吴，因大城之，章霸功，以示子孙，故曰句章。〔《通鉴》卷五七"（汉灵帝熹平元年）妖贼许生起句章"注〕

1843

勾践并吴，因大城之，以章霸功，故名句章。秦置句章县，后汉为东部都尉治。晋改筑城于小溪镇，此城遂废。（《清一统志》卷二九二《宁波府·古迹》）

1844

（《吴越春秋》：徙大越鸟语之人置暨），暨读为潜。（《纪胜》卷二《临安府·县沿革·於潜县》）

1845

江水至会稽与浙江合，自临浦南通浦阳江。（《水经注》卷二九《沔水注》、《〔嘉泰〕会稽志》卷一〇《水·萧山县》）

1846

仁水源出石阳县[①]侧。（《寰宇记》卷一〇九《吉州·吉水县》）

荆　州

1847

汉章帝建初二年，徙钜鹿王恭为江陵王。三公上言，江陵在京师正南，不可以封，乃徙为安六王。（《御览》卷一六七《州郡部·荆

---

① 石阳县：原文为"废石阳县"，东汉至南北朝时尚在，"废"为宋人所加，径删。

州》）

1848

（孱陵城）吴大帝封吕蒙为孱陵侯，即此也。（《寰宇记》卷一四六《荆州·公安县》）

1849

（阳口）复阳县湖阳[①]之乐乡也。元帝元延二年[②]置，在桐柏大复山之阳，故曰复阳也。（《水经注》卷三〇《淮水注》、《方舆纪要》卷五一《南阳府·桐柏县》）

1850

（鲁阳）县有汤水，可以疗疾。汤侧又有寒泉焉，地势不殊而炎凉异致。虽隆火盛日，肃若冰谷矣。（《水经注》卷三一《滍水注》）

1851

鲁阳县，今其地鲁山是也。（同上）

1852

日华水出桂阳郴县日华山，西至湘南县入湘。（《水经注》卷三八《湘水注》）

1853

大别水南出耒阳县太山，北至鄗县入（鄗）湖也。（《水经注》卷三九《耒水注》）

1854

（索县）兴水所出，东入沅。（《水经注》卷三七《沅水注》）

1855

定城置在古黄子国南十二里。（《寰宇记》卷一二七《光州·定城县》、《御览》卷一六九《州郡部·光州》）

1856

（长沙）有万里沙祠，而[③]西自湘州至东莱万里，故曰长沙也。

---

① 湖阳：原文误作“胡阳”。《汉书》卷二八上《地理志》：南阳郡有湖阳。径改。

② 元帝元延二年：误，“元延”为汉成帝的年号，汉元帝无“元延”年号。置县时间，钱坫《新斠注地理志集释》谓“汉宣帝元康元年”。当以“宣帝元康元年”为是。

③ 有万里沙祠，而：《寰宇记》《御览》《胜览》俱脱。

（《史记》卷一二九《货殖列传》“江南、豫章、长沙”《正义》、《寰宇记》卷一一四《潭州》、《御览》卷一七一《州郡部·潭州》、《胜览》卷二三《潭州·郡名·长沙》）

益　州

1857

蜀之先，肇于人皇之际，黄帝为子昌意娶蜀山氏，后子孙因封焉。（《史记》卷一《五帝本纪·黄帝》“高阳有圣德焉”《正义》）

1858

蜀王杜宇，自号望帝。（《类聚》卷六《州部·益州》）

1859

当七国称王，独杜宇称帝于蜀，以褒科①为前门，熊耳、灵关为后户，玉垒、峨眉为城郭，江、潜、绵、洛为池泽，汶山为畜牧，中南为园苑。时有荆人，死者名鳖冷。其尸亡至汶山，却更生，见望帝，帝以为蜀相。时至山壅江，蜀地洪水，望帝使鳖冷凿巫山，治水有功。望帝自以德薄，乃委国禅鳖冷，号曰开明。遂自亡去，化为子规。故蜀人闻鸣曰：我望帝也。又云，望帝使鳖冷治水，而淫其妻，冷还，帝惭，遂化为子规。杜宇死时，适二月，而子规鸣，故蜀人怜之皆起。自开明已下五叶始立宗庙，时蜀有五丁力士，能徙山岳。每一王死，五丁辄为立大石以志墓，今石井是也，号曰井里。《成都记》曰：郡城即秦惠王使张仪筑，以象沃野千里，号曰陆海②。（《御览》卷一六六《州郡部·益州》）

1860

昔蜀王从卒数千余，出猎于褒谷西溪。秦惠王亦畋于山中，怪而问之，以金一筐遗蜀王。及报，欺之以土，秦王大怒。其臣曰：“此秦得土之端也。”③秦王未知蜀道，乃刻石牛五头，置金于尾下，伪如养之者。言此天牛能屎金。蜀人见而信之，乃令五丁共引牛成道、致之

---

① 科：为“斜”之笔误。遍阅巴蜀史志，交通要道有褒斜，而无褒科。

② 《成都记》曰……陆海：《成都记》为唐代白敏中修（见《新唐书·艺文志乙部》）。据《汉唐方志辑佚》，南北朝时无《成都记》者，此为宋人所加。

③ 昔蜀王……之端也：《初学记》脱。

成都。秦始知蜀道而亡蜀。（《寰宇记》卷一三三《兴元府·褒城县》、《初学记》卷八《州郡部·山南道》、《纪胜》卷一八三《兴元府·景物上》）

1861

（犍为郡）郡有犍为山也。（《寰宇记》卷七九《戎州》）

1862

（房陵）即《春秋》防渚地。汉献帝改“防”为“房”，兼立房陵郡[①]。〔《通鉴》卷二〇“（汉武帝元鼎三年）（宪王子勃）无礼废徙房陵”注、《御览》卷一六八《州郡部·房州》〕

1863

（朐䏰县）朐音春，䏰曰闰。其地下湿多朐䏰虫，因以名县。（《后汉书》卷四八《吴汉传》注、《方舆纪要》卷六九《夔州府·大宁县》）

1864

强水出阴平西北强山，一曰强川。姜维之还也，邓艾遣天水太守王颀败之于强川，即是水也。（《水经注》卷二〇《漾水注》）

1865

牂牁者，江中山名。晋永嘉二年分牂牁置夜郎郡[②]，兼置兖州。（《蜀中广记》卷二〇《名胜记·遵义府·桐梓县》；《寰宇记》卷一二二《兖州》较简）

交　州

1866

（比景县）比，读荫庇之庇；景在巳下，言为身所庇也。（《水经注》卷三六《温水注》）

1867

将兵长史居在日南郡。又有将兵司马，去雒阳九千六百三十里。

① 汉献帝……房陵郡：《御览》脱。

② 晋永嘉二年分牂牁置夜郎郡：《晋书》卷一二《地理志》同，而《宋书》卷三五《州郡志》作“五年”置夜郎郡。又有“东晋元帝时”之说。《晋书》卷八一《王逊传》：“元帝加逊安南将军，逊表分建宁为夜郎郡，事皆施行。”如是，夜郎置郡则不在西晋末之永嘉，而在东晋元帝大兴年。

（《后汉书》卷四《和帝纪》注、《玉海》卷一二六《官制·汉将兵长史》）

西域都护府

1868

葱岭以东人好淫僻，故龟兹、于阗置女市以收钱。（《太平广记》卷四八一《龟兹》）

1869

乌孙国嫁娶贵马娉，先令媒者与妇宿，徐乃婿近。（《御览》卷五四一《礼仪部·婚姻·媒》）

域　外

1870

僧强叠国在天竺南，佛寺三千余所。其地有神珠，非玉石，昼夜于国中光明于日，珠径一尺五寸，其色正碧。（《御览》卷八〇三《珍宝部·珠》）

舆地图　北魏李义徽撰

李义徽，中山卢奴（今河北定州市）人。北魏内都大臣李先之玄孙。《北史》卷二七《李先传》：玄孙义徽，“太和中以儒学博通有才华，补清河王怿府记室，戕书表疏文不加点，清典赡速，当世称之。又为怿撰《舆地图》及《显忠录》”。清张鹏一《隋书经籍志补》、张国淦《中国古方志考》均著录：《舆地图》，后魏李义徽纂。是志不囿于北魏疆土，故按西晋疆域立目。

扬　州

1871

梁武改南琅邪为琅邪郡，在润州。（《文选》卷二二徐敬业《古意酬到长史溉登琅邪城》李善注）

1872

（蒋山）谓之钟山。（《类聚》卷七《山部·钟山》）

后魏舆地图风土记　北魏陆恭之撰

陆恭之，字季顺，代（今河北蔚县）人。累征南将军，终东荆州刺史，卒谥懿。有文章诗赋千余篇。生平见《魏书·陆俟传附》。《太平御览经史图书纲目》："《后魏舆地图风土记》。"《初学记》引称《后魏舆图风土记》，《寰宇记》引称《陆恭之风土记》，偶称《后魏舆地记》。《类编长安志》《清一统志》引称《后魏风土记》。《寰宇通志》引称《魏舆图记》。盖同书异名耳。

司　州

1873

黄山在壶关县东。（《初学记》卷八《州郡部·河东道》）

1874

（晋山）司马山在晋城县北，晋代祠此山，因以为名。（同上）

并　州

1875

汉高祖至平城为北军所围，用陈平计得脱。还师而南，次滹水曲，六军忻庆，举口而笑，故谓之忻口。（《元一统志》卷一《太原路·古迹》）

1876

当路城，赵简子筑。（《新定九域志》卷四《威胜军》）

1877

晋末山戎内侵，太原之户来向山东，戎即居之。太平真君十年[1]，迁戎外，徙寿阳之民于太陵城西南十里，置寿阳县[2]，属太原郡。（《寰

---

① 十年：《大典》作"十一年"。

② 寿阳县：《大典》作"西寿阳县"。

宇记》卷四〇《并州·寿阳县》、《大典》卷五二〇〇《原·太原府二·建置沿革》）

1878

神农城在羊头山上，山下有神农泉，即神农得嘉谷之所。（《元和志》卷一五《河东道·长子县》）

1879

（武讫岭）秦赵战于长平，赵军败退，秦将白起逐至此，名曰武讫岭。（《元和志》卷一五《河东道·长子县》、《寰宇记》卷四五《潞州·长子县》）

雍　州

1880

蓝田山巅方二里，仙圣游集之所。刘雄鸣学道于此，山下有祠甚严，亦灞水之源。此西又有尊卢氏陵，次北又有娲氏谷。则知此地是三皇旧居于是。（《御览》卷四四《地部·蓝田山》、《长安志》卷一六《县六·蓝田》、《类编长安志》卷六《山水》）

豳　州

1881

阳周县，县南有黄帝陵，在子午山上。（《新定九域志》卷三《宁州》）

燕　州

1882

潘城西北三里有历山，形似覆釜故以名之。其下有舜祠、瞽叟祠存焉。（《御览》卷四五《地部·历山》、《初学记》卷八《州郡部·河北道》、《寰宇通志》卷七《隆庆州·山川》）

1883

下雒城西南，故潘城也。（《路史》卷二七《国名纪·陶唐氏后》）

1884

（卢龙）水经平卢入海。（《寰宇记》卷七一《妫州·怀戎县》）

齐　州

1885

卢县西三十里有蓝山。（《初学记》卷八《州郡部·河北道》）

相　州

1886

灵山，因赵武灵王葬其上，故曰灵山。[①]（《寰宇记》卷五八《洺州·永年县》）

1887

南易水，本名漳水，源出三门山西，自肥乡县界流入。[②]（同上）

平　州

1888

卢龙[③]西四十九里有蓝山，其色兰翠重叠，故名之。（《寰宇记》卷七〇《平州·卢龙县》）

营　州

1889

黄龙城西南有白狼河，东北流附城东北下。（《寰宇记》卷七一《营州·柳城县》）

1890

（彭卢水）经平卢入海。（同上）

---

①② 此两条书名为《风土记》，依其记北地之事，当为《后魏风土记》之简称，非周处之《阳羡风土记》。

③ 卢龙：卢龙县，系隋开皇十八年改新昌而名，北魏当为“新昌”，为宋人所改。

1891

（营丘城）舜分齐营州之域，燕[1]西置营丘郡于其城内。[2]（《寰宇记》卷七一《营州·柳城县》、《御览》卷一六二《州郡部·营州》）

沃野镇

1892

朔方故城，太和十年改为沃野县。（《寰宇记》卷三六《灵州》）

1893

正始三年，尚书源思礼、侍郎韩贞抚巡蕃塞，以沃野镇居南，与兰山泽六镇不齐，源别置三戍。（同上）

---

① 燕：据《十六国春秋》，当为“北燕”。

② 本条书名《寰宇记》作《后魏舆地图》；而《御览》误作《后汉舆地记》。《魏书》卷一〇六《地形志》：“营州，治和龙城，太延二年为镇，真君五年改置营州，领六郡。”而两汉无营州及营州郡。故《御览》所引《后汉舆地记》，定为《后魏舆地记》之误。

宗国都城记　北魏徐之才纂

徐之才，丹阳（今江苏江宁）人，初仕梁，后随萧综入魏，累官尚书令。《北齐书》、《魏书》皆有传。《史记正义》引录称“徐才《宗国都城记》”。《隋书·经籍志二》：“《国都城记》二卷。”姚振宗《隋书经籍志考证》卷二一《地理类》：“《国都城记》二卷，不著撰人。”并谓《史记》卷一《五帝本纪》、《夏本纪》各引一事称“徐才《宗国都城记》”，“徐才，疑即徐之才”。《诗地理考》引称《国都城记》。

司　州

1894

耿，（姬）姓国。（《史记·秦本纪》“晋灭霍、魏、耿”《正义》）

并　州

1895

唐国，帝尧之裔子所封。其北，帝夏禹都，汉曰太原郡。在古冀州太行、恒山之西。其南有晋水。（《史记》卷一《五帝本纪》“帝尧者”《正义》）

1896

唐叔虞之子燮父徙居晋水傍，今并（州）故唐城①。唐者，即燮父所徙之处，其城南半入州城，中削为坊，城墙北半见在②。（《史记》卷三九《晋世家》“子燮是为晋侯”《正义》；《诗地理考》卷二《唐》稍简）

---

① 今并州故唐城：误。《括地志》谓：“故唐城在绛州翼城县西二十里”（《史记》卷四二《郑世家》正义引），顾炎武《日知录》卷三一《唐》亦否定“并州故唐城”说，认为在翼城唐城村。今曲沃“北赵晋侯墓地”之发掘，更证实“翼城说”确凿无疑。

② 其城南半……见在：《诗地理考》脱。

冀　州

1897

周武王封召公奭于燕，地在燕山之野，故国名取焉。（《史记》卷四《周本纪》“封召公奭于燕”《正义》）

兖　州

1898

（陶丘）城中高丘，即古之陶丘。（《史记》卷二《夏本纪》“（河）东出陶丘北”《正义》）

1899

钜野故城东十里泽中有土台，广轮四五十步，俗云获麟堆，去鲁城可三百余里。（《史记》卷四七《孔子世家》“狩大野”《正义》）

雍　州

1900

梁伯国，嬴姓之后，与秦同祖，秦穆公二十二年灭之。（《史记》卷五《秦本纪》“梁伯、芮伯来朝”《正义》）

大魏诸州记二十一卷　北魏

撰人不详。《隋书·经籍志二》："《大魏诸州记》二十一卷。"《旧唐书·经籍志上》："《魏诸州记》二十卷。"《新唐书·艺文志乙部》："《后魏诸州记》二十卷。"章宗源《隋书经籍志考证》误认为《后魏舆地风土记》、《魏土地记》与《大魏诸州记》为一书。王谟《汉唐地理书钞》亦混作一书。然《太平御览经史图书纲目》则根据秘阁所藏典籍，分别著录为三书，并引录其文若干。本书从李昉说。《太平御览经史图书纲目》："《大魏诸州记》。"佚文依《中国历史地图集·北魏图》分列。

司　州

1901

（盟津）小平津有洞穴，鲤鱼[①]从穴中出入。大者重千斤，色青，皮如鲛鱼皮。（《初学记》卷三〇《鳞介部·鱼》）

定　州

1902

钜鹿广阿泽，多苇，出细御席，多云母。（《初学记》卷二五《器物部·席》）

幽　州

1903

（潞县）城西三十里，有潞河，源出北山，南流谓此水也。（《寰宇记》卷六九《幽州·潞县》）

---

① 鲤鱼：《初学记》同卷二引此条，文稍异。一条作"鲤鱼"，一条作"鳣鱼"。

朔　州

1904

云中，旧名朔州，及改怀朔镇为朔州，不容更以云中为朔州，今但云云中。[①]〔《通鉴》卷一五〇“（梁武帝普通五年）贺拔胜见临淮王彧于云中”注引〕

益　州

1905

益州汶山郡平康县界，东北接牂牁，有都安县。有交让树，两两相对，岁更牙枯、牙生不俱盛。（《御览》卷九六一《木部·交让》）

① 本条书名《后魏地理志》。

后魏兴国土地记　北魏

《太平御览经史图书纲目》："《后魏兴国土地记》。"《初学记》、《御览》如是称。《水经注》、《史记正义》、胡三省注《通鉴》、《永乐大典》多称《魏土地记》、《魏氏土地记》，《寰宇记》偶称《魏地记》。今按《中国历史地图集·北魏图》分列。

司　州

1906

盟津河别流十里与清水合，乱流而东，径洛当城北，黑白异流，泾渭殊别，而东南流注也。（《水经注》卷八《济水注》）

1907

修武城西北二十里有吴泽水，陂南北二十许里，东西三十里。（《水经注》卷九《清水注》）

1908

弘农湖县有轩辕黄帝登仙处。黄帝采首山之铜，铸鼎于荆山之下，有龙垂胡于鼎。黄帝登龙，从登者七十人，遂升于天。故名其地为鼎湖。（《水经注》卷四《河水注》、《清一统志》卷二二一《陕州·古迹》）

1909

建兴郡治阳阿县。（《水经注》卷九《沁水注》）

1910

河内郡野王县西七十里有沁水，左径沁水城西，附城东南流也。（同上）

1911

冶阪城，旧名汉祖渡。城险固，南临孟津河。〔《水经注》卷五《河水注》、《通鉴》卷一一九“（宋营阳王景平元年）于栗磾造浮桥于冶阪津”注〕

1912

梁山北有龙门山，大禹所凿，通孟津河口。广八十步，岩际镌迹，遗功尚存。〔《水经注》卷四《河水注》、《寰宇记》卷四六《蒲州·龙门县》、《通鉴》卷一〇八“(晋武帝太元二十一年)薛强引秦兵自龙门济”注;《新定九域志》卷三《河中府》稍略〕

1913

河东郡北八十里有汾阴城,北去汾水三里,城西北隅曰脽丘,上有后土祠。(《水经注》卷四《河水注》)

1914

建兴郡治阳阿县。〔《通鉴》卷九八“(晋穆帝永和四年)建兴人史科知其谋”注、《清一统志》卷一四五《泽州府·古迹》〕

1915

平阳郡治杨县[①],郡西有汾水南流者是也。(《水经注》卷六《汾水注》)

1916

平阳城东十里,汾水东原上有小台,台上有尧神屋、石碑。(同上)

1917

龙门山禹庙前有石碑二。一碑文字紊灭,不可复识;一碑是太和中立。(《清一统志》卷一五五《绛州·祠庙》)

相　州

1918

邺城南四十里有安阳城,城北有洹水东流者也。〔《水经注》卷九《洹水注》、《清一统志》卷一九七《彰德府·古迹》;《通鉴》卷八五“(晋惠帝永兴元年)赴者云集比至安阳”注稍略〕

1919

滏口山,即魏帝邀击袁尚于此。(《寰宇记》卷五六《磁州·滏阳县》)

---

① 平阳郡治杨县:误,据《魏书·地形志》《元和志》《寰宇记》《山西历史地名词典》均谓,始置于三国魏正始八年之平阳郡,治平阳县,盖未“治杨县”。“杨县”当为“平阳县”之误。

兖州

1920

谷城山出文石，有黄山台。黄石公与张子房期处也。(《清一统志》卷一七九《泰安府·山川》;《水经注》卷八《济水注》意同文稍异)

并州

1921

晋阳城东南百一十里至山，有蒋谷大道，度轩车岭，通于武乡[①]。(《水经注》卷六《洞过水注》、《大典》卷五二〇二《原·太原府四·山川》)

1922

(晋阳)城东有汾水南流，水东有《晋使持节都督并州诸军事镇北将军太原成王之碑》。(《水经注》卷六《汾水注》)

1923

太原郡山有石室，方丈四尺。四壁有篆字，人莫之识。[②](《初学记》卷八《州郡部·河东道》、《御览》卷四五《地部·郡山》、《寰宇记》卷四〇《并州·平晋县》、《大典》卷五二〇二《原·太原府四·山川》)

1924

(古定襄城)夏后氏之所筑也，汉为县，后废，有遗址。(《大典》卷五二〇四《原·太原府六·古迹》)

1925

阳曲，胡[③]寄居太原界，置阳曲护军治。(《水经注》卷六《汾水注》)

1926

神农城，在(长子)县东南六十五里羊头山下，有神农泉，又有谷关。(《〔光绪〕山西通志》卷四八《关梁考》)

---

① 武乡:《大典》误作“武阳”。《水经注》作“武乡”是。

② 此条书名，《初学记》作《后魏舆图风土记》。

③ 胡：其后脱“人”，当为“胡人”。

1927

当路城，赵简子筑。(《新定九域志》卷四《威胜军》)

1928

(废台)冉闵为并州刺史，尝置台以避秦[1]。(《〔成化〕山西通志》卷七《古迹》)

肆州

1929

秀容，胡人徙居之，立秀容护军治。(《水经注》卷六《汾水注》)

恒州

1930

平城西三十里武州塞口者也。(《水经注》卷一三《㶟水注》)

朔州

1931

云中城东八十里有成乐[2]城，今云中郡治，一名石卢城也。〔《水经注》卷三《河水注》、《通鉴》卷九六"(晋成帝咸康六年)都云中之盛乐宫"注、《清一统志》卷一六〇《归化城六厅·古迹》〕

1932

云中宫在云中县故城东四十里。魏之盛乐，即汉城乐县[3]也。〔《水经注》卷三《河水注》、《通鉴地理通释》卷四《历代都邑考·后魏都》、《通鉴》卷九六"(晋成帝咸康六年)都云中之盛乐宫"注〕

豳州

1933

阳周县，县南有黄帝陵，在子午山上。(《新定九域志》卷三《宁

---

① 秦：据《十六国春秋》，当为"前秦"。

② 成乐：《魏书·序纪》：始祖"迁于定襄之盛乐"。《元和志》卷四《单于大都护府》："后魏都盛乐。"《通鉴》注、《清一统志》均作"盛乐"。

③ 城乐县：《汉书》卷二八《地理志下》有"成乐县"而无"城乐县"。此乃笔误。

州》）

夏　州

1934

（朔方）县有大盐池。其盐大而青白，名曰青盐，又名戎盐。入药分，汉置典盐官。（《水经注》卷三《河水注》、《玉海》卷一八一《食货·盐铁·周安邑盐池》）

燕　州

1935

涿鹿城东南六里有蚩尤城，泉水渊而不流，霖雨并则流注阪泉，乱流东北入涿水。（《水经注》卷一三《漯水注》、《路史》卷一三《后纪·蚩尤城》）

1936

沮阳城东八十里有牧牛山，下有九十九泉，即沧河之上源也。（《水经注》卷一三《漯水注》）

1937

沮阳城东北六十里有大翮、小翮山，山上神名大翮神，山屋东有温汤水口。（同上）

1938

牧牛泉西流，与清夷水合者也。（同上）

1939

（上谷城）城北有清夷水西流也。（同上）

1940

下洛城东北三十里有延河，东流，北有鸣鸡山。赵襄子杀代王，其姊磨笄于山而自杀，因名其山为磨笄山。每夜有野鸡群鸣于祠屋上，故亦谓之鸣鸡山[1]。〔《通鉴》卷一二九“（宋孝武帝大明四年）魏葬昭太后于鸣鸡山”注、《清一统志》卷三九《宣化府·山川》〕

1941

下洛城西南四十里有潘城，城西北三里有历山，山上有虞舜庙。

---

① 赵襄子杀代王……鸣鸡山：《通鉴》注脱。

（《水经注》卷一三《㶟水注》）

1942

下洛城西南二十里有雍洛城，桑干水在城南东流者也。（同上）

1943

下洛城，去平城五十里，城南二百步有尧庙。（《水经注》卷一三《㶟水注》、《清一统志》卷三九《宣化府·古迹》）

1944

下洛城东南[①]四十里有桥山，山下有温泉。泉上有祭堂，雕檐华宇被于浦上。石池吐泉，汤汤其下，炎凉代序，是水灼焉无改，能治百病，是使赴者若流[②]。〔《水经注》卷一三《㶟水注》、《通鉴》卷一三四“（宋顺帝升明二年）魏主如代汤泉”注〕

1945

下洛城西北百三十里有大宁城。（《水经注》卷一三《㶟水注》）

1946

下洛城东南六十里有涿鹿城，城东一里有阪泉，泉上有黄帝祠。（同上）

1947

大宁城西二十里有小宁城，昔邑人班丘仲居水侧，卖药于宁百余年，人以为寿。后地动宅坏，民人取仲尸弃于延水中，收其药卖之。仲被裘从而诘之，此人失怖，叩头求哀。仲曰：不恨汝，故使人知我耳。去矣。后为夫余王驿使来宁。此方人谓之谪仙也。（同上）

1948

代城东南二十五里有马头山，其侧有钟乳穴。（同上）

1949

（代）城内有二泉，一泉流出城西门，一泉流出城北门，二泉皆北注代水。（同上）

1950

代南二百里有广昌城，南通大岭。（同上）

1951

代城东五十里有到刺山，山上有佳大黄也。（同上）

---

① 东南：《通鉴》注作“西南”。

② 泉上有祭堂……若流：《通鉴》注脱。

1952

代城东北九十里有空侯城者也。(《水经注》卷一三《瀔水注》)

1953

(如口城)在鸣鸡山西十里，南通大道，西达宁川。(《水经注》卷一三《瀔水注》、《清一统志》卷三九《宣化府·古迹》)

1954

代城北九十里有桑干城，城西渡桑干水，去城十里，有温汤，疗疾有验。〔《水经注》卷一三《瀔水注》、《通鉴》卷一三四“(宋顺帝升明二年)魏主如代汤泉”注〕

1955

代城西九十里有平舒城。(《水经注》卷一三《瀔水注》)

1956

代城西南三十里有代王鱼池，池西北有代王台，东去代城四十里。(同上)

1957

代城南四十里有飞狐关，关水西北流径南舍亭西，又径句琐亭西，西北注祁夷水。(同上)

幽　州

1958

右北平城西北百三十里有徐无城。(《水经注》卷一四《鲍丘水注》、《清一统志》卷四六《遵化直隶州·古迹》)

1959

潞县城西[①]三十里有潞河。(《水经注》卷一四《沽河注》、《元胜览》卷上《腹里·大都路·通州》)

1960

渔阳城南五里有螺山。(《水经注》卷一四《沽河注》、《元胜览》卷上《腹里·大都路·蓟州》)

1961

蓟城南七里有清泉河而不径其北。(《水经注》卷一三《瀔水注》)

---

① 潞县城西：《元胜览》误作“潞城西”。二者异地。

1962

蓟东十里有高梁之水者也。(《水经注》卷一三《漯水注》)

1963

清泉河上承桑干河，东流与潞河合。(同上)

1964

蓟城东北百四十里有昌平城，城西有昌平河，又东流注湿余水。(《水经注》卷一四《湿余水注》)

1965

徐无城东有温汤。(《水经注》卷一四《鲍丘水注》)

1966

蓟城东北三百里有右北平城。(《水经注》卷一四《鲍丘水注》、《清一统志》卷四六《遵化直隶州·古迹》)

1967

颂阳县[1]东八十里有驳牛山，山下有百泉竞发，有一神牛驳身自山而下饮，泉竭。故山得其名。(《御览》卷七〇《地部·泉水》)

瀛　州

1968

高成东北五十里有篋山，长七里。(《水经注》卷九《淇水注》)

1969

章武县东百里有武帝台，南北有二台，相去六十里，基高六十丈。俗云汉武帝东巡海上所筑。(同上)

1970

高城县东北百里，北尽漂榆，东临巨海，民咸煮海水，藉盐为业，即此城也。〔《水经注》卷九《淇水注》、《通鉴》卷九六“(晋成帝咸康四年)三华帅舟师十万出漂榆津”注〕

1971

(东平舒县)章武郡治。(《水经注》卷一〇《浊漳水注》)

---

① 颂阳县：史无颂阳县，据《寰宇记》卷六七《易州·易县》当为“武阳县”之误。

平　州

1972

肥如城西十里有濡水。(《水经注》卷一四《濡水注》)

1973

海阳城西南有阳乐城。(同上)

1974

令支城南六十里有海阳城者也。(同上)

营　州

1975

黄龙城西南有白狼河，东北流附城东北下。(《水经注》卷一四《大辽水注》)

1976

白狼水下入辽也。(同上)

1977

狼河，附黄龙城东北下。(《初学记》卷八《州郡部·河北道》)

周地图记一百零九卷　北周宇文护修

历来均不明是书之撰人，今据《路史》卷四四《余论》，主修人当为宇文护。宇文护，武川（今内蒙古武川县）人，北周宗室。初为大冢宰，封晋国公，权倾中朝，寻杀闵帝宇文觉立明帝宇文毓，又杀明帝立武帝宇文邕，终为武帝诛。罗泌《路史》卷四四《余论七·历山》载：“后周宇文护造《地记》云，‘妫水、汭水二泉在首山北山中，皆径山下而入河。’”此所谓《地记》，当即《周地图记》之简称。《隋书·经籍志二》：“《周地图记》一百九卷。”《旧唐书·经籍志上》：“《周地图》九十卷。”《新唐书·艺文志乙部》：“《周地图》一百三十卷。”《周书》无《地理志》，且北朝州郡设置极为繁冗混乱。所谓“百户之邑，便立州名；三户之民，空张郡目”。是书详记北朝之沿革地理，史料价值甚高，足以补史之所缺。王谟尝有辑佚。本书据王仲荦教授《北周地理志》划分的关中、陇右、剑南、山南、河南等七大区域编排。

关　中

1978

长安城南为南斗形，北为北斗形，周回六十五里，八街九陌九市。（《长安志》卷五《宫室·汉长安城》、《玉海》卷一七三《宫室·城·汉长安城》）

1979

后[1]周明帝二年分长安、霸城及姚兴所置山北三县地，始于长安城

① 后：为宋人所加。

中置万年县，理八角街已东，属京兆尹，取汉旧县名也。（《寰宇记》卷二五《雍州·万年县》、《长安志》卷一一《县一·万年》）

1980

（长安故城）至今人呼汉旧京为斗城。（《玉海》卷一七三《宫室·汉长安城》）

1981

望仙宫南泽中有石盘龙两所，鳞甲动，有云气，声如钟鸣。（《寰宇记》卷三〇《凤翔府·盩厔县》、《长安志》卷一八《县八·盩厔》）

1982

苻秦时于此置土门护军。后魏太武太平真君罢护军，地入铜官县[①]。宣武景明元年省频阳县，分铜官县置土门县，属北地郡。因县界频山有土阙，状似门，故曰土门。（《长安志》卷二〇《县十·美原》）

1983

（临潼县）本骊戎国，春秋晋献公伐骊戎，其后秦灭之为骊邑。《汉书》高帝七年置新丰县。（《类编长安志》卷一《桢州·临潼县》）

1984

鄠，本夏之扈国也。《尚书》启与有扈战于甘之野。杜预曰：始平鄠县有扈乡。（《类编长安志》卷一《桢州·鄠县》）

1985

太极殿、晋愍帝之宫、太极殿之南门[②]，乃姚兴所建。（《长安志》卷五《宫室·晋》、《类编长安志》卷二《宫殿室庭·晋·殿》）

1986

奇华殿，在建章宫旁。四海夷狄器物、珍宝火烷布切玉刀、巨象、大雀、狮子、宫马充塞其中。（《长安志》卷三《宫室·汉·建章宫》）

1987

乾安殿，周改曰紫极殿。（同上）

1988

云和楼连珠殿六栿五架，又有云和楼九间重阁。（《类编长安志》

---

① 铜官县：原文误作“同官县”。《元和志》卷二《京兆下·同州·同官县》：后魏太武帝置铜官县，“周朝除‘金’作此‘同’字”。《寰宇记》同。北魏不称同官县，故改。

② 太极殿之南门：《长安志》作“在长安南门”。

卷三《馆阁楼观·楼》）

1989

太白山上恒积雪，无草木。半山有横云如瀑布则澍雨。人常以为候，验之如离毕焉。故曰：南山瀑布，非朝即暮。《魏略》曰：吉茂苏则遇乱隐于扶风南太白山中，以经籍自娱。（《寰宇记》卷三〇《凤翔府·郿县》、《御览》卷四〇《地部·太白山》、《长安志》卷一四《县四·武功》）

1990

岐山，在凤翔东北五十里，山下有周公邸、文宪王庙。中有润德泉。（《类编长安志》卷六《山水·山》）

1991

六盘山高，秦川一百八十里，南接崆峒，北连断头山至黄河。（同上）

1992

岐阳石鼓，其数十，乃周宣王猎碣，史籀大篆。旧在岐阳石鼓村，后移入凤翔府。（《类编长安志》卷七《古迹》）

1993

陈仓县，晋末废。秦将苻姚时于县界置宛川县，后魏大统十六年移宛川县入汉陈仓故城，复为陈仓县。（《寰宇记》卷三〇《凤翔府·宝鸡县》）

1994

（魏）明帝孝昌三年，萧宝寅逆乱关右，洪宾[①]立义栅以捍贼。永安元年于此置北雍州，以洪宾为刺史，故俗呼为洪宾栅。其年，又割北地郡之三原县于此置建忠郡，属北雍州。（《寰宇记》卷三一《耀州·三原县》、《长安志》卷二〇《县十·三原》、《元一统志》卷四《安西路·建置沿革》）

1995

（陇山）其山高处可容百余家。（《寰宇记》卷三二《陇州·汧源县》）

---

① 洪宾：据《北史》卷四九《毛遐传》，洪宾为毛遐弟，当以《元一统志》作“毛洪宾”为宜。

1996

商洛郡领商、丰阳二县属洛州。(《寰宇记》卷一四一《金州·商洛县》)

1997

(杨班湫)杨班为姚苌将，居黄梁谷北。其西有小谷，由来无水。夜忽有人语，云：湫神移徙借车牛。如有影响至西谷中，忽有水，方二百步。其水深浅不测，冬夏湛然，每水旱百姓祈福屡应也。(《御览》卷六五《地部·湫水》；《大元大一统志》卷五四五《鄜州·古迹》、《清一统志》卷二四九《鄜州·山川》均有小异)

1998

郁郅城今名尉李城[①]，在白马岭两川交口，即今县是也。(《御览》卷一六四《州郡部·庆州》、《寰宇记》卷三三《庆州·安化县》；《路史》卷二六《国名纪·高阳氏后》有小异)

1999

鹑觚县属平凉郡。(《寰宇记》卷三二《泾州·灵台县》)

2000

鹑觚县者，秦使太子扶苏及蒙恬筑长城，见此原高水浅，因欲筑城，遂以觚爵奠祭，乃有鹑鸟飞升觚上，以为灵异，因以名县。(《寰宇记》卷三四《邠州·宜禄县》；《御览》卷一六四《州郡部·邠州》有小异)

2001

后魏孝明帝熙平二年，鹑觚县置东阴盘县[②]。废帝元年，以县南临宜禄川，又改为宜禄县，属赵平郡，隶泾州。(《寰宇记》卷三四《邠州·宜禄县》)

2002

(西王母祠)王母乘五色云降于汉武，其后帝巡郡国，望彩云以祠之。而云彩五色，屡见于此。《汉书》上之□□□也，因立祠焉。每水旱，百姓祷祈，时有验焉。(《寰宇记》卷三二《泾州·保定县》)

---

① 尉李城：唯《御览》作“尉季城”。

② 东阴盘县：《魏书》卷一〇六下《地形志》：误作随平郡领“东槃县”。史无“东槃县”，《元和志》卷三《邠州·宜禄县》：“后魏属东阴槃县。”当作“东阴槃县”。

2003

文帝大统十六年置燕州，因筑此城。后[1]周属北地郡。(《寰宇记》卷三四《宁州·襄乐县》)

陇 右

2004

后魏废帝置同昌县，属封统郡。(《御览》卷一六七《州郡部·扶州》)

2005

后魏景明三年置石城县，废帝二年因县内化隆谷，改为化隆县，属浇河郡。(《寰宇记》卷一五五《廓州·广威县》)

2006

临洮郡城，后魏太和中筑，置夷城镇防羌要路。(《初学记》卷八《州郡部·陇右道》)

2007

湟河郡，后魏太平真君十六年置洮河郡[2]，属鄯州。(《寰宇记》卷一五五《廓州》)

2008

(九陇山)昔有神人坐张掖西方山上，西射酒泉郡西金山之白神，射得九筹画此山上，遂成九陇，因以为名。(《寰宇记》卷一五二《肃州·酒泉县》、《御览》卷五〇《地部·九陇山》)

2009

陇山高处可三四里，登山东望秦州，可五百里，目极泯然，墟宇桑梓与云霞一色。其上有悬溜吐于山中，为澄潭，名曰万石潭。流溢散下皆注于渭。东人西役升此而顾莫不悲思。其歌云："陇头泉水，流离西下，念我行役，飘然旷野，登高远望，涕零双堕。"是此山也。(《御览》卷五〇《地部·陇山》)

2010

(帖夷县)后魏废帝元年置，属帖夷郡。(《寰宇记》卷一三四《文

---

① 后：《周地图记》不能有，此为宋人加。

② 后魏太平真君十六年置洮河郡：此说不见《魏书》卷一〇六《地形志》，疑误。《隋书·地理志》作："后周置洮河郡，领洮河、广威、安戎三县。"

州·曲水县》）

2011

（尚安县）后魏恭帝后二年置武进郡于此地。（同上）

2012

成帝和平五年分略阳置清水郡，寻废。至永安三年移于清水城。（《寰宇记》卷一五〇《秦州·清水县》）

2013

（青涧水）青涧源与五涧水合流。（《寰宇记》卷一五二《凉州·番和县》）

2014

祁山城即汉时守将所筑。（《御览》卷四四《地部·祁山》）

2015

（南岈、北岈）其城汉时所筑也。（《寰宇记》卷一五〇《秦州·长道县》）

剑　南

2016

梁大宝二年[①]武陵王萧纪僭号于蜀，西魏废帝二年平蜀，二十一州并入于魏。（《寰宇记》卷七二《益州》）

2017

（成都城）初张仪筑城屡坏不能立，忽有大龟周行旋走。巫言：依龟行处筑之，城乃得立。所掘巡成大池，龟乃伏于中。每出则州境有贼，刺史或病。汉元鼎二年，太城立九门，少城立九门。故有十八郭门之称[②]。（《寰宇记》卷七二《益州·成都县》、《新定九域志》卷七《成都府》、《蜀中广记》卷一《名胜记一·成都华阳二县》、《方舆纪要》卷六七《成都府·成都城》）

---

① 大宝二年：《梁书》卷五五《武陵王纪传》、《通鉴》卷一六四（梁元帝承圣元年）俱载，萧纪僭号在承圣元年（552），不在大宝二年（551）。

② 汉元鼎二年……郭门之称：《寰宇记》《新定九域志》俱脱。

2018

先主祠在府[1]西南八里惠陵东七十步。齐高帝梦益州有天子卤簿，诏刺史傅覃修立。（《蜀中广记》卷一《名胜纪·成都华阳二县》）

2019

（白鹿山）宋元嘉九年，有樵人于山左见群鹿，引弓将射之，有一麡所趣险绝，进入石穴行数十步，则豁然平旷，邑屋连接，阡陌周通，问是何所，有人答曰“小成都”。后更往寻之不知所在。（《寰宇记》卷七三《彭州·九陇县》、《御览》卷一六六《州郡部·彭州》、《蜀中广记》卷五《名胜记·成都府·彭县》）

2020

后魏于此置温江县，属蜀郡。（《寰宇记》卷七二《益州·温江县》）

2021

（葛璝山）上有葛永璝祠，永璝学道于此山。（《寰宇记》卷七三《彭州·九陇县》）

2022

（新津）县城故皂里，江津之所谓新津市也。（《方舆纪要》卷六七《崇庆州·新津县》）

2023

闵帝元年于此立新津县。[2]〔《寰宇记》卷七五《蜀州·新津县》、《通鉴》卷二五二“（唐僖宗乾符元年）蛮兵及新津而还”注引〕

2024

（通灵山）上有通灵寺，因名之。（《寰宇记》卷七三《永康军·导江县》）

---

① 府：成都为府始于唐天宝十五年（756），此前为益州，“府”为明人所改，当为“州”。

② 本条《通鉴》注书名误作《市周北图记》。

2025

武帝天和四年改齐基为青城县[①]，因山为名。（《寰宇记》卷七三《永康军·青城县》、《蜀中广记》卷六《名胜记·成都府·灌县》）

2026

武帝天和四年割巴州之伏虞郡、隆州之隆城郡，于此置蓬州，因蓬山为名。（《寰宇记》卷一三九《蓬州》、《御览》卷一六八《州郡部·蓬州》）

2027

相如县有相如坪、相如故宅，因以名县郡。（《御览》卷一六七《州郡部·果州》）

2028

其地有相如坪，相传相如别业在此。宅右西滨汉水，蒹薄郁然。其台名相如琴台，高六尺，周四十四步。（《寰宇记》卷八六《果州·相如县》、《清一统志》卷三九四《顺庆府·古迹》；《蜀中广记》卷二八《名胜记·蓬州》有小异）

2029

晋原西五十六里蟆颐山上有鹿市，百步平坦，诸山之鹿日一聚于此。（《蜀中广记》卷七《名胜记·成都府·崇庆州》）

2030

梁置梁安县，属南梁州。武帝天和中改为黄安县。（《寰宇记》卷八四《剑州·普成县》）

2031

大剑山，亦曰梁山。《山海经》"高梁之山，其上多垩，其下多砥砺，其木多桃枝钩端。有草焉。状如葵而赤华，荚实[②]白柎，可以走马。"（《蜀中广记》卷二六《名胜记·川北道·剑州》）

2032

大象二年改梁大县为化城县，以县南三里化城山为名。（《寰宇记》

---

① 武帝天和四年改齐基为青城县：此"青城县"应为"清城县"，开元十八年（730）始改为青城县。《隋书》卷二九《地理志上》："清城，旧置齐基郡，后周废为清城县。"《旧唐书》卷四一《地理志四》："青城，旧青字加水，开元十八年去'水'为'青'。"

② 荚实：原文脱，据《山海经》卷五《中山经》补。

卷一三九《巴州·化城县》)

2033

灵山峰多杂树，昔蜀王鳖灵帝登此，因名灵山。山东南隅有五女捣练石，山顶有池常清，有洞穴悬绝。微有一小径通，名灵山。(《寰宇记》卷八六《阆州·阆中县》;《胜览》卷六六《阆州·山川》有小异)

2034

(嘉陵水)水源出秦州嘉陵，因名之。经阆中，即为阆中水。(《寰宇记》卷八六《阆州·阆中县》)

2035

(云台山)汉末，张道陵在此学道，使弟子王长、赵升投身绝壑，以取仙桃，长等七试已讫，九丹遂成。随陵白日升天。(《寰宇记》卷八六《阆州·苍溪县》)

2036

(灵山)多杂树。昔蜀王鳖灵帝登此山因名。(《胜览》卷六七《阆州·山川》、《清一统志》卷三九〇《保宁府·山川》)

2037

(富乐山)此山甚高广，为众山之秀，登之望见州内。(《寰宇记》卷八三《绵州·巴西县》、《蜀中广记》卷九《名胜记·成都府·绵州》)

2038

(通灵山)上有通灵寺，因名之。(《寰宇记》卷七三《永康军·导江县》)

2039

(白莼)是诸葛莱也。(《寰宇记》卷七三《汉州·绵竹县》)

2040

江油帅杨、李二姓，各自称蕃于梁。至后魏武帝得其地置江油郡，西魏于此立龙州。(《御览》卷一六六《州郡部·龙州》)

2041

梁武帝太清二年，武陵王萧纪开通外水，立青州于通谊郡南安县

北。后魏二年平蜀[1]，三年改青州为眉州。（《御览》卷一六六《州郡部·眉州》）

2042

晋孝武太元中，益州刺史毛璩置西城戍以为捍防，周闵帝元年又于此置陵州，因陵井为名。（《寰宇记》卷八五《陵州》）

2043

蒲亭县有铁山，诸葛亮取为刀器。因封宇文度为铁山侯。（《寰宇记》卷八五《陵州·始建县》、《蜀中广记》卷八《名胜记·成都府·井研县》）

2044

后魏定蜀于此置普宁县，属怀仁郡。（《寰宇记》卷八五《陵州·仁寿县》）

2045

晋义熙末，刺史朱龄石率建平人征蜀，仍于东山立金戍，后魏平蜀改为金水郡。（《御览》卷一六六《州郡部·简州》）

2046

后魏废帝二年于武康郡之阳安县置资州。阳安在今州北简州界。（《御览》卷一六六《州郡部·资州》）

2047

彭山县北四里有治水，西有系龙桥。仙人瞿君从峨眉山乘龙来往，以龙系桥。（《寰宇记》卷七四《眉州·彭山县》）

2048

彭山县北四里有潭水，后汉汉安元年仙人瞿君武入峨眉山得道，每年系龙于滩。庞籍诗：“巢凤阁边劳远梦，系龙滩下认前题。”[2]（《蜀中广记》卷一二《名胜记·上川南道·彭山县》）

2049

大象二年改梁大县为化城县。以县南三里化城山为名。（《寰宇记》卷一三九《巴州·化城县》）

---

① 后魏二年平蜀：“后魏”之后脱“废帝”。《通鉴》（梁纪元帝承圣二年）：“后魏废帝二年平蜀”。

② 庞籍诗……前题：庞籍为北宋人，此文为曹学佺所加。

2050

（小巴岭）此山之南，即古之巴国。其岭上多云雾，盛夏尤有积雪。又有北水，源出此山。（《寰宇记》卷一四〇《集州·难江县》、《纪胜》卷一八七《巴州·景物下》）

2051

梁武陵王萧纪于蒲水口始置邛州，取南界邛来山为名。（《寰宇记》卷七五《邛州》、《御览》卷一六六《州郡部·邛州》）

2052

涪陵均提东十三里有石门，门东有石鼓清台，扣之声远。（《寰宇记》卷一二〇《涪州·涪陵县》；《初学记》卷八《州郡部·涪州》稍简）

2053

涪陵江中有铜柱滩，昔人于此维舟，见水底有铜柱，故名为铜柱滩。滩最峻急。一云马援始铸柱于此。（《寰宇记》卷一二〇《涪州·涪陵县》）

2054

铜柱滩东有锦绣洲，巴土盛以此洲人能织锦罽，故以名之。（《寰宇记》卷一二〇《涪州·涪陵县》；《初学记》卷八《州郡部·涪州》、《纪胜》卷一七四《涪州·景物下》有小异）

2055

七门郡置在僰口，今之七门滩也。（《蜀中广记》卷一七《名胜记·重庆府·江津县》）

2056

（冶山）普安县人张逸背梁附后魏，与梁将杨乾运于此山大战，乾运大败之，死者千人。（《纪胜》卷一八六《隆庆府·景物上》）

2057

梁大同元年于此立亭，因井名（盐亭）县。管盐井三、煎一。有女徒山在县东二十五里。从阆州新井县界来。故老相传，昔有女徒千人，于通泉县康督井配役，遇贼于此，乃于山顶置栅御捍，遂破贼。俗为之置祠[①]。（《蜀中广记》卷六六《方物记·盐谱·川北井》、《寰宇

① 管盐井三……置祠：《寰宇记》脱。

记》卷八二《梓州·盐亭县》)

山南

2058

蛮人酋渠田金生代居此地，常为边患。梁普通末，遣郢州刺史元树讨平之，因置新州。(《元和志》卷二一《山南道·郢州》)

2059

后魏废帝三年[①]，分房陵东境于今县东六里置大洪县，属光迁国[②]。(《寰宇记》卷一四三《房州·房陵县》、《纪胜》卷八六《房州·景物下》)

2060

上廉县后移还上庸，于平利川以置吉阳县。后魏改为吉安县。(《寰宇记》卷一四一《金州·平利县》)

2061

(药妇山)有夫妇携子入山猎，其父落崖，妻子将药救之后，并变为三石人，名以此得[③]。今顶上有石臼，父老云古仙学道于此，而药臼尚存。(《寰宇记》卷一四一《金州·平利县》、《太平广记》卷三九八《石·人石》、《元一统志》卷四《兴元路·山川》)

2062

凤凰山为龙子山，叠嶂有十二层。(《寰宇记》卷一四一《金州·汉阴县》、《元一统志》卷四《兴元路·山川》)

2063

褒谷西北有古阳平关。(《后汉书》卷七五《刘焉袁术吕布列传》"张鲁至阳平"注、《通鉴地理通释》卷一一《三国形势考上·阳平关》)

2064

(紫柏山)其山两头状如龙形，一名龙如山，树多紫柏。(《清一统志》卷二三七《汉中府·山川》)

---

① 三年：《纪胜》误作"二年"。

② 属光迁国：误，后魏无光迁国，而《纪胜》又载"后周改(光迁国)为永清县"。故当为"周属光迁国"。

③ 名以此得：《太平广记》作"因以为石人"。

2065

（旱山）山上有云即雨，故谚云："牛头戴，旱山晦，家中干粮莫相贷。"傍有石牛十二头，一云五头，盖秦惠王所造以给蜀者。山下有石池，水多蓴莱。（《寰宇记》卷一三三《兴元府·南郑县》、《诗地理考》卷四《旱麓》）

2066

（太巴岭山）此岭之南是古之巴国也。（《寰宇记》卷一三三《兴元府·南郑县》）

2067

后魏宣武帝正始中，城固县移居壻乡川。（《寰宇记》卷一三三《兴元府·城固县》、《纪胜》卷一八三《兴元府·城固县》）

2068

三嵎山上有三峰，如覆鼎足也。（《寰宇记》卷一三三《兴元府·城固县》）

2069

斗山上下有石穴。道家《开山经》云："斗山凡五穴：一通昆仑山，一通陇山，一通武当山，一通青城山，一通长安穴。穴中有千岁虾蟇，名曰肉芝。得而食之寿千岁。山侧有白鹿时见焉。"即此山也。（同上）

2070

后魏分汉中郡之褒中、武乡二县立褒中郡。（《寰宇记》卷一三三《兴元府·褒城县》）

2071

后魏宣武正始中，分沔阳县地置嶓冢县，属华阳郡。（《寰宇记》卷一三三《兴元府·西县》）

2072

五华山，山岭连属，北接郢州。（《寰宇记》卷一四四《复州·景陵县》、《纪胜》卷七六《复州·景物下》）

2073

（七里沔）夏水合诸水同入汉，自汉入潴水名为七里沔。即屈原逢渔父与言，濯缨鼓枻而去之处。（《寰宇记》卷一四四《复州·沔阳县》、《纪胜》卷七六《复州·景物下》、《胜览》卷三一《复州·山川》）

2074

长松山有三峰，并有长松，因名。（《寰宇记》卷一三四《凤州·梁泉县》）

2075

（紫柏坂龙女山）其山两头高，状似龙形，故以为名。山多紫柏，故《华阳国志》云，梁泉县东北八十里有紫板坂。（同上）

2076

（父子崖神）有大小石，若相怀抱，因名为父子崖。其下置神祠。岁终则集境内于此亭祭之，水旱亦祈之。（同上）

2077

天和初破羌夸，得此土，因立黎州及沉黎县矣。（《蜀中广记》卷三五《边防记·上川南道·黎州》）

2078

武帝天和三年，开越嶲，立苏祁县，于县置亮善郡。（《蜀中广记》卷三四《边防记·上川南道》）

2079

（武都郡）郡有丙山，山有穴，即丙穴。其口向丙，因以为名。每春三月上旬，有鱼长八九寸，或二三日联绵从穴出跃。相传名为嘉鱼。左太冲《蜀都赋》曰，“嘉鱼出于丙穴”。（《御览》卷一六七《州郡部·兴州》、《寰宇记》卷一三五《兴州·顺政县》）

2080

五垄山有五梁，汉延相接，曰六门堰，西三里濉[①]湍，邵信臣所作也。（《初学记》卷八《州郡部·山南道》、《寰宇记》卷一四二《邓州·穰县》、《渊鉴类函》卷三三五《州郡部二·山南道二》）

2081

湖阳县，光武所封外祖樊重邑。又光武封姊为湖阳公主。《汉志》曰湖阳，古廖国也。（《御览》卷一六八《州郡部·唐州》；《寰宇记》卷一四二《唐州·湖阳县》稍略）

2082

后魏于南郭城中置南阳郡。（《初学记》卷八《州郡部·河南道》、

① 濉：《初学记》误作“拥”。

《渊鉴类函》卷三三五《州郡部·河南道一》）

2083

（钳卢陂）召信臣所凿，溉田三万顷。（《寰宇记》卷一四二《邓州·穰县》）

2084

（上马县）本名石马县，以县南石马为名，后讹为上马。（《寰宇记》卷一四二《唐州·泌阳县》）

2085

后魏太和中置东荆州于比阳古城，恭帝元年改为淮州，因淮水为名。（《寰宇记》卷一四二《唐州》）

河　南

2086

周山下有周谷，即本周之采地也。（《寰宇记》卷三《河南府·河南县》）

2087

（陕县）城西北角河水涌沸，方数十丈，声闻数里。俗云石季龙载铜翁仲所没处，水滩涨减，翁仲头髻，常与水齐。晋刘裕军至，髻忽没，至今不复出。（《寰宇记》卷六《陕州·陕县》）

2088

后魏太和十一年，分陕县东界于治卢置崤县，在治之郊，属弘农郡，取崤山为名。（《寰宇记》卷六《陕州·硖石县》）

2089

（渑池县）魏贾逵为令时，县理蠡城。（《寰宇记》卷五《河南府·渑池县》、《清一统志》卷二〇六《河南府·渑池故城》）

河　北

2090

（妫水、汭水）二泉在首山北山中，皆迳山下而入河。[①]（《路史》卷四四《余论七·历山》）

---

① 本条书名曰“宇文护《地记》”。北周无《地记》，当为《周地图记》之代称。

隋区宇图志一百二十九卷　隋虞世基撰

虞世基，字茂世。姚振宗谓：其名与字，两犯唐讳，故唐人节去“世”字，称虞茂。会稽余姚（今属浙江）人。隋炀帝时为内史侍郎，专典机密，参掌朝政。后为宇文化及所害。《隋书》有传。《隋书·经籍志二》：“《隋区宇图志》一百二十九卷。”《旧唐书·经籍志乙部》：“《区宇图志》一百二十八卷，虞茂撰。”《新唐书·经籍志乙部》：“虞茂《区宇图》一百二十八卷。”《太平御览经史图书纲目》：“《隋区宇图志》。”姚振宗《隋书经籍志考证》卷二一：“《隋区宇图志》一百二十九卷，不著撰人。唐张彦远《历代名画记》载，《区宇图》一百二十八卷，每卷有图，虞茂氏撰。”王谟尝辑是志，收入《汉唐地理书钞》。佚文按《中国历史地图集·隋图》分列。

河北诸郡

2091

（故武城县）夏禹七代孙芸[①]封公子武于河北诸郡此建国。后汉光武封济南安王德为武城侯。前秦苻坚封长子为清河王，移居武城，即此城也[②]。（《寰宇记》卷五八《贝州·武城县》、《路史》卷二七《国名纪·陶唐氏后》）

2092

（石井冈）此井光武营军所凿，傍有丛荆棘生，皆蟠萦如人手结。云是光武系马处[③]。又，石勒时天旱，沙门佛图澄于此冈掘得一死龙，

① 芸：《路史》作“芒”。

② 后汉光武……此城也：《路史》脱。

③ 光武系马处：《御览》于此前后分两条引录。

长尺余，渍之以水，良久乃苏，咒而祭之，龙腾空而上，天雨即降，因名龙冈。（《寰宇记》卷五九《邢州·龙冈县》、《御览》卷五三《地部·岗》；《寰宇通志》卷五《顺德府·古迹》）

2093

（白鸡城）板筑之所，望其上有白鸡，捕则无所见，因以为名。今俗号白珪城。（《寰宇记》卷九五《邢州·龙冈县》）

2094

避周太祖讳，因改黑山为青山。（《寰宇记》卷五九《邢州·内邱县》、《御览》卷四五《地部·黑山》）

关陇诸郡

2095

武侯自五原河曲筑长城，东至阴山。又于河西造大城，一箱崩不就，乃改卜阴山河曲而祷焉。昼见群鹄游于云中，徘徊经日，见大光在其下，武侯曰：此为我乎！乃即于其处筑城。今云中城是也。（《天中记》卷一三《城》）

隋诸州图经集一百卷　隋郎蔚之撰

郎蔚之，名郎茂，以字行。恒山新市（今河北正定）人，初仕齐，后入周。至隋炀帝时为尚书左丞。撰《州郡图经》一百卷，奏之，赐锦三百段。《北史》有传。《隋书·经籍志二》："《隋诸州图经集》一百卷，郎蔚之撰。"《旧唐书·经籍志上》："《隋图经集记》一百卷，郎蔚之撰。"《新唐书·艺文志乙部》同。《太平御览经史图书纲目》："《隋图经》。"《通志·艺文略四》："《隋诸州图经集记》。"诸书征引多称《隋图经》。王谟有《隋诸州郡图经辑》。隋代划分全国为一百九十郡。本书按《中国历史地图集·隋图》编排。

关陇诸郡

2096

司竹园在盩厔县东十二里。穆天子西征至玄池，乃植竹。即此是也。《史记》云：渭川千亩竹，汉谓鄠杜竹林，故有司竹都尉。《西都赋》所谓"鄠杜滨其足"，竹林、果园、芳草、甘木是也[①]。(《天中记》卷一五《园圃》、《御览》卷一九七《居处部·园圃》)

2097

弘静县，本汉城，居河外三里，乃旧薄骨律镇仓城也。(《寰宇记》卷三六《灵州·废保静县》)

2098

义川，盖春秋时白翟也。其俗语云丹州白窒，即白翟语讹耳。(《御览》卷一六四《州郡部·丹州》)

---

① 《史记》云……甘木是也：《御览》脱。

河南诸郡

2099

顺阳县有石洞庭，口阔三尺，高九尺，西北行之莫极，潜连上党抱犊山。（《寰宇记》卷一四二《邓州·穰县》）

2100

宋元嘉中掠得武阳人万户，遂于新城筑丁城安置，丁城一名新城。（《寰宇记》卷一四二《邓州·南阳县》）

2101

淯水经独山。（同上）

2102

（张澹冢）魏征南军司张澹冢，有碑刻，其背文曰："白楸之棺，易朽之裳，铜铁不入，凡器不藏，嗟尔后人，幸勿我伤。"至宋嘉中有盗开其冢，获金银器甚多。垂帘皆金钉饰之。（同上）

2103

阎仓城，在扶沟县西南五十里许。（《清一统志》卷一九二《陈州府·古迹》）

河北诸郡

2104

（防城）汤阴县有防城，即纣囚文王于羑里，筑此城以防之，后因曰防城。（《寰宇记》卷五五《相州·汤阴县》、《路史》卷二九《国名纪·古国》）

2105

黄衣水，经野马冈东南，流注万金渠，入鸬鹚陂。（《寰宇记》卷五五《相州·邺县》）

2106

（西门豹祠）在（邺）县东南七里，北临太平渠。（同上）

2107

曹洪宅南有景穆寺，西有石窦桥。（《寰宇记》卷五五《相州·安阳县》）

2108

（西河）卜商子夏、田子方、段于木所游之地，以魏、赵多儒学。

齐鲁及邹皆谓此为西河，非龙门之西河也。（《寰宇记》卷五五《相州·安阳县》）

2109

（王母祠）王津母有庙，每春三月桃花盛发，笼冠于庙宇。（《寰宇记》卷五五《相州·林虑县》）

2110

黄花水出隆虑县西北崖上，高十七里，去地七里。悬水东南注壑岩下，状若鸡翅，俗谓之鸡翅盖天台，赤城之流也。至谷潜入地下十里，复出名曰柳水者，是黄花水重源发也。其谷号为黄花谷。内有仙母冢，谷西有洞穴，谓之圣人窟。（《御览》卷六四《地部·黄花水》、《通鉴地理通释》卷八《七国形势考·黄花》）

2111

洹水出隆虑县西北，俗谓安阳河，即声伯梦涉之所。源出林虑山东平地。（《御览》卷六四《地部·洹水》）

2112

隆虑山，一名林虑，盖隋县西二十里。山有三峰，南第一峰名仙人楼，高五十丈。下有黄花谷，北岩出瀑布，水注成池。黄花谷西北有洞穴，去地十余仞。下有小山孤竦，谓之玉女台，高九百丈。其山北一峰，名举峰，其北有偏桥，即抱犊因也，南接太行，北连恒岳。（《御览》卷四五《地部·隆虑山》）

2113

清、淇西自魏郡朝歌县界入，分为二派，一在郡东，一在郡西，俱南流入河。案郦道元《注水经》云：淇水南与清水合而入白沟，石会、宿胥，皆渎之名，淇又一名王莽河，王莽时所穿也。（《御览》卷六四《地部·淇水》）

2114

枉人山，俗名上阳三山，或云纣杀比干于此山得名，古凡伯国之地也。（《御览》卷四五《地部·枉人山》）

2115

滏口山出磁石。《本草》云，磁石，铁之碓，今有石鼓山出者。（《寰宇记》卷五六《磁州·滏阳县》）

2116

（九侯城）临水县九侯城也。即司马彪注云，邺西有九侯城，盖鬼

侯国。(《寰宇记》卷五六《磁州·滏阳县》)

2117

(东魏二陵)在滏阳县东,即武城西北大冈。高齐天保末,诛诸元子孙,欲平元氏二陵,压杀数十人,遂止。(同上)

2118

岐安冢在魏武陵东三里。安死后,每鬼语其子逸云,“吾冢近武帝陵,见攻伐,为吾辞谢”。逸等即以碑碣勒石谢,乃止。(同上)

2119

晋惠帝败于汤阴之岁,乌恒、鲜卑掠邺城,妇女悉沉于洺水。(《寰宇记》卷五六《磁州·武安县》)

2120

历陵城西十里有石子冈,实山也,而高大有冢,如砚子,世谓之研子冢,是赵简子冢。石虎令人发之,初得炭,深一丈,得连木板,厚一丈,高八尺,次得泉水,水清冷非常,合牛皮为囊,作绞车以汲之一月,而水无极,乃止。筑城绕之,气成楼阁。(《寰宇记》卷五六《磁州·邯郸县》)

2121

(灵山)赵武灵王登灵山,因以石凿人马之形。其下有井以石覆之,俗呼灵井。(同上)

2122

(厨宰城)丛台在内。(同上)

2123

今赵氏数百家,每有祭祀,别设客位,以祭公孙杵臼及程婴二士。历代相传,号曰祀客。(《寰宇记》卷五八《洺州·风俗》)

2124

临洺紫山,春夏有紫气蓊郁,山下有石。其上菖蒲一寸九节,岩涧有紫石英。(《寰宇记》卷五八《洺州·临洺县》)

2125

葛孽城,俗呼葛鹅城。即赵武灵王夫人所筑。一名夫人城。(《寰宇记》卷五八《洺州·肥乡县》)

2126

清河绢为天下第一。(《寰宇记》卷五八《贝州·土产》)

2127

末杯城，即十六国时段疾六眷之从弟末杯，自称辽西公，与石勒相持，因筑此城，号曰末杯城。（《寰宇记》卷五八《贝州·清河县》）

2128

大城，本石勒所筑，因徙洛阳铜马、翁仲二，列于永丰门。后擒刘曜，尽得秦陇，乃于此僭号为建平。（《寰宇记》卷五九《邢州·龙冈县》）

2129

（汤山）后侧岩上有石室一户，无尘秽，俗号曰圣人室。下经铜马庙[①]，有碑题曰“漳河神坛”。（《寰宇记》卷五九《邢州·沙河县》、《御览》卷四五《地部·汤山》）

2130

开皇六年于此置钜鹿县，属赵州。遥取汉县钜鹿以名也。（《寰宇记》卷五九《邢州·钜鹿县》）

2131

高邑县房子城出白土，细滑膏润，可以涂饰，兼用濯锦，可致鲜洁，一名赤石冈是也。（《寰宇记》卷六〇《赵州·高邑县》、《畿辅通志》卷五七《土产·白土》）

2132

赵州有孤峙亭。（《新定九域志》卷二《赵州》）

2133

大陆县有尧台，高与县城等。今置楼其上，世谓尧禅位于舜处。（《寰宇记》卷六〇《赵州·昭庆县》）

2134

赞皇县孔子岭有石室宽博，其下石相拒，状若楹柱，时人谓之三梁九柱之室。室内石人像类执卷，故号曰孔子岭。（《寰宇记》卷六〇《赵州·赞皇县》、《大典》卷一一九八一《岭·孔子岭》）

2135

大陆、大鹿、大河，即一泽而异名也。《汉书》云路温舒取蒲于此也。泽亦《尚书》云纳于大麓是此也。（《御览》卷七二《地部·泽》、

① 铜马庙：《御览》作“铜鸟庙”，疑笔误。

《寰宇记》卷六〇《赵州·昭庆县》）

2136

槐水出赞皇山，一名渡水，一曰济水，去县南十里。此自别出一济。即《诗》云："出宿于济。"非四渎也。（《寰宇记》卷六〇《赵州·赞皇县》）

2137

大茂山，恒山之异名也。山南俗谓之太白山。（《寰宇记》卷六一《镇州·真定县》）

2138

飞彭城，黄岸水经其内。（同上）

2139

真定县，梨味为天下最。（《寰宇记》卷六一《镇州·土产》）

2140

（韩信山）山圆峻①，俗呼为韩信台，又呼为土门口。西入井陉，即向太原路是也。（《御览》卷四五《地部·韩信山》、《寰宇记》卷六一《镇州·石邑县》）

2141

鹿泉县有大翮山，昔有二书生得道，化为二鹤冲天，坠二翮于此山，故得名。（《寰宇记》卷六一《镇州·获鹿县》）

2142

（房山）岭上有王母祠，甚灵，俗号王母山。后汉章帝元和三年幸赵，祠房山，即谓此也。在县西北五十里，滱水出焉，亦谓石臼水，又谓之鹿水。出行唐，东入博陵，谓之木刀沟，一谓之袈裟水。又从此过石潼山南，流入滹沱河。（《寰宇记》卷六一《镇州·平山县》；《御览》卷四五《地部·房山》较略）

2143

行唐县，滋水经其境。（《寰宇记》卷六一《镇州·行唐县》）

2144

九门县有抱犊山，在新市城西，通蔺相如故宅。故曲而避之。（《寰宇记》卷六一《镇州·九门县》）

① 山圆峻：《寰宇记》作"山团"，疑误。

2145

中山城，在今唐昌县东北三十一里中山故城是也。中山故宫在安喜钓台。（《寰宇记》卷六二《定州》、《路史》卷二八《国名纪·周氏》）

2146

（前王陵）中山有赵惠文王陵，汉中山怀王陵，简王、哀王、顷王、夷王等数陵也。（《寰宇记》卷六二《定州·安喜县》）

2147

唐河，即滱水是。苻秦建元元年，高岸崩颓，若城角下有大积木交横如梁柱，竟莫知所来。（《寰宇记》卷六二《定州·蒲阴县》）

2148

唐县中山城西北隅有一大井，俗名赵母井。昔云醇酎千日，即是此井所醞。后以石盖之，人不敢开。齐刺史博陵王济欲开之，即有云雾隐蔽，惧不开。（《寰宇记》卷六二《定州·唐县》、《御览》卷一八九《居处部·井》）

2149

（北平县）汉高祖北征还至此，大会酒酣。叹曰："吾周行天下多矣，唯见洛阳与是。"因封陈平于此。（《寰宇记》卷六二《定州·北平县》）

2150

新乐县黄山有细耎白石，可为器物，土人工之。（《寰宇记》卷六二《定州·新乐县》）

2151

滹沲在深泽县界，光武为赤眉所追至滹沱河欲渡，导吏还乃言：水深无船，左右惧上。使王霸前瞻水，霸恐惊，众乃言冰坚可渡北。至冰合囊沙布冰上，乃渡。未毕，数车冰陷。今名其处为危渡口是也。魏改曰清宁河。此水常有蛟入，五月恒暴，遂变为人，于岸上与人并行，至悬岸处推之与人俱下。（《御览》卷六四《地部·滹沲水》）

2152

（窦冢）观津东南三里青冢，高三十余丈，周回千步。汉文帝窦后父青，少遭秦乱，隐身渔钓，坠泉死。景帝即位，太后于坠泉所起大坟，号曰窦氏青山。在观津城南。（《寰宇记》卷六三《冀州·信都县》）

2153

（扶柳城）县有扶泽，多柳，因号扶柳城，刘植尝据此城以迎世祖。（《新定九域志》卷二《冀州》）

2154

光武自蓟南驰至南宫界，遇大雨，引车入道傍客舍。冯异抱薪，邓禹燃火，对灶燎衣而去，即此地。（《寰宇记》卷六三《冀州·南宫县》）

2155

（枣强县）城北一古台，俗传为太公卖浆台。（《寰宇记》卷六三《冀州·枣强县》）

2156

弓高城，汉封韩颓当为侯国。崔浩曰："韩增为龙额侯。"今城中有龙额村，即此。（《寰宇记》卷六三《冀州·阜城县》）

2157

桑干水出马陉山，谓之清泉河，亦曰干泉。（《畿辅通志》卷二一《川·顺天府》）

2158

鸣鸡山在怀戎县东北，本名磨笄山。昔赵襄子杀代王，其夫人曰："代已亡矣，吾将何归？"遂磨笄于山而自杀。代人怜之为立祠焉，因名其山为磨笄山。每夜有野鸡群鸣于祠屋上，故亦谓为鸣鸡山。（《御览》卷四五《地部·鸣鸡山》；《事类赋》卷七《地部·山》较简）

2159

雷公山《耆老传》曰，魏时黑山群盗张燕等不立君长，直以名号为称。多髯者谓之瓶公，大声者谓之雷公，时雷公贼保此山因以为名。（《御览》卷四五《地部·雷公山》）

2160

飞龙山又名封龙山。（《御览》卷四五《地部·飞龙山》）

2161

无终山一名步阴山，又名翁同山。（《《御览》卷四五《地部·无终山》）

2162

防山上有仙人玉台。（《畿辅通志》卷一七《山·顺天府》）

2163

智泉寺僧静琬见白带山上有石室，遂发《心书经》十二部刊石为碑。（《畿辅通志》卷一七《山·顺天府》）

2164

（三女陵）后汉光禄大夫刘儵与窦武谋诛宦官，为曹节等所害。三女营葬于此，故曰三女陵也。（《寰宇记》卷六六《瀛州·河间县》）

2165

（武垣故城）河间东武垣城，即武帝元封元年巡狩至此，望气者言，有异女。使访之，得赵氏女，两手拳上自披之即舒。因筑此城，以为禁卫。今县西南楼上有夫人神，即钩弋遗像也。（同上）

2166

欻起冢，阔百余步，长六七里，深数丈。云：晋永嘉四年十月昼昏，十日方解。冢忽然具成，左右方一里。牛咸疲汗，车皆有土而无辙。（同上）

2167

王尊冢，原在武垣城东北隅，为东郡太守而卒。其柩一夜自归。今犹祀之，呼为东郡河翁神。（《寰宇记》卷六六《瀛州·高阳县》）

2168

易县西南三十里龙山石上，往往有仙人及龙跡。四麓各[①]有一洞，大如车轮。春则风出东，夏出南、秋出西、冬出北。有沙门法猛，以夏日入其东穴，见石堂，石人，欲穷诸穴，有一人厉声云，“法师，其余三穴皆如东者，不宜更入。”猛仍意不息，不觉身在外穴，盖神异难测。（《寰宇记》卷六七《易州·易县》、《御览》卷四五《地部·龙山》）

2169

燕山在易县东南七十里，岩侧有石鼓，去地百余丈。望之若数百石囷，左右梁贯之。鼓东南有石人援桴之，状同击势。云燕山石鼓鸣则有兵。（《御览》卷四五《地部·燕山》、《事类赋》卷七《地部·山》）

2170

文安狐狸淀，俗谓之掘鲤淀。（《寰宇记》卷六七《霸州·文安县》）

---

① 四麓各：《御览》作“西麓谷”，误。

2171

（西光城）后魏孝昌三年葛荣略取其地，对东光筑之。（《寰宇记》卷六八《定远军·东光县》）

2172

笄头山有温泉，可治百病。（《寰宇记》卷六九《幽州·蓟县》）

2173

于延水经马城、高柳，俗谓为阿头河，又于大宁北注雁门水。（同上）

2174

雁门水出雁门山，又北入羊门水。（同上）

2175

神泉，经北连、羊门。泉水一名托台水。（同上）

2176

（㶟水），即桑干河也。至马陉山为落马河。出山谓之清泉河。亦曰千泉，非也。至雍奴入笥沟，俗谓之合口。（同上）

2177

防水在良乡界，有石穴，东北洞开。春秋有白鱼，珍美非常味，东经羊头阜，俗谓羊头溪。（《寰宇记》卷六九《幽州·良乡县》）

2178

七度水，在昌平界，接虎眼泉，俗谚曰：高梁无上源，清水无下尾。盖以高梁微涓浅薄，凭藉涓流，方成川甽。清泉至潞，所在枝分，更为微津，散漫难寻故也。（《寰宇记》卷六九《幽州·昌平县》）

2179

昌平有芹城。（同上）

2180

渔阳有北平故城，即汉将军李广为郡守，出猎遇草中石，谓是伏虎，引弓射之，没羽是此处。（《寰宇记》卷七〇《蓟州·渔阳县》）

2181

开皇初徙玄州于渔阳，今渔阳郡是也。至十八年[1]又割幽州燕乐、密云二县，于旧玄州置檀州，取汉白檀县为名。（《寰宇记》卷七一

① 十八年：《隋书》卷三〇《地理志》作“十六年”。

《檀州》）

2182

（涓涓水）在湖陆城东也，西南注泗。或云吴王夫差伐齐，掘沟商、鲁之间也。（《寰宇记》卷一八《青州·临淄县》）

2183

（齐桓公冢）在齐城南二十里鼎足山上，因山为坟。冢东有女水，或云齐桓公女冢在其上。东北流至安平城南，伏流十五里，然后更流，注北阳水也。齐人谚曰，世治则女水流，乱则女水竭。慕容超在广固，干涸弥载，暨溃灭，而激湍洪注到今。（同上）

2184

夏禹七代孙芒封公子武，于此建国。今县之武城北十里有故城。[1]（《路史》卷二七《国名纪·武城》）

2185

郭城，即亡国郭氏之墟。（《寰宇记》卷五四《博州·聊城县》）

2186

（博固城）或谓之布鼓城，即石勒时筑在大河之曲。（同上）

2187

鲜卑山在柳城县东南。（《御览》卷四五《地部·鲜卑山》、《大典》卷二八〇六《卑·鲜卑国》）

2188

卑在柳城[2]东南二百里。（《路史》卷四三《余论六·鲜卑乌丸》）

2189

棘城东塞外及辽西北百里，亦有鲜卑山。（同上）

2190

大伾山，按《书》云至于大伾，又名青檀山。今名黎阳东山。（《御览》卷四五《地部·大伾山》）

2191

孔山有孔，表里通彻，故名耳。（《御览》卷四五《地部·孔山》）

2192

鼓山亦名涂山。（《御览》卷四五《地部·鼓山》）

---

① 本条书名《隋寰宇图》，即《隋图经》。

② 柳城：《路史》误作“柳州”。

河东诸郡

2193

并州其气勇抗诚信。韩赵魏谓之三晋，剽悍盗贼，常为他郡剧。（《御览》卷一六三《州郡部·并州》、《寰宇记》卷四〇《并州·风俗》、《大典》卷五二〇一《原·太原府三·风俗形势》）

2194

榆次龙骨、交城礬石并充贡。（《寰宇记》卷四〇《并州·土产》）

2195

石尖峰，立石谷口有石孤立于汾水侧，高十余丈。（《元一统志》卷一《太原路·山川》、《大典》卷五二〇二《原·太原府四·山川》）

2196

（风伯、雨师祠）二祠，晋刘琨所立。（《寰宇记》卷四〇《并州·平晋县》）

2197

牢山在太原县东北。（《御览》卷四五《地部·牢山》）

2198

婴山为并州之主。（《御览》卷四五《地部·婴山》、《寰宇记》卷四〇《并州·平晋县》、《大典》卷五二〇二《原·太原府四·山川》）

2199

（云内镇）故云中县侨治之所，汉末边郡荒废。曹操鸠集遗民，因其郡之名立县塞南。（《元一统志》卷一《太原路·古迹》、《大典》卷五二〇四《原·太原府六·古迹》）

2200

（徒合塞）木鲜卑徒河部所居也，相传语讹以河为合。（《元一统志》卷一《太原路·古迹》）

2201

（一升泉）沾岭上有泉，名曰一升泉，水旱无增减。（《寰宇记》卷四〇《并州·榆次县》）

2202

（故大陵城）赵武灵王游大陵，梦处女鼓琴而歌，是此城。（《寰宇记》卷四〇《并州·寿阳县》、《大典》卷五二〇四《原·太原府六·

古迹》）

2203

（燕岭）岭多鸷燕以名，在（寿阳）县西三十里。（《寰宇记》卷四〇《并州·寿阳县》、《大典》卷一一九八一《岭·燕岭》）

2204

因古迹修筑长城，起合河县北四十里，东经幽州，延袤千里。（《寰宇记》卷四一《岚州·静乐县》）

2205

上党、南阳，古以为县，实都也。（《寰宇记》卷四五《潞州》、《御览》卷一六三《州郡部·潞州》）

2206

永乐郎山，汉武戾太子以巫蛊事出奔。其子遁于此山，因名。郎山君祠下有郎山君之次子触峰将军庙。（《寰宇记》卷四六《蒲州·永乐县》、《〔光绪〕山西通志》卷五六《古迹考》）

2207

（桐乡故城）俗以此城伊尹放太甲于桐宫之所。《孔注尚书》云，桐，汤葬地也。（《寰宇记》卷四六《解州·闻喜县》）

2208

（枣户城）初筑此城，以地多枣树为名。土人云此枣多输北京。（《寰宇记》卷四九《代州·雁门县》、《大典》卷五二〇四《原·太原府六·古迹》）

2209

乙速狐，代郡之浸名也，源出马邑郡南。（《寰宇记》卷四九《云州·云中县》）

2210

（童子谷）在（交城）县东六十三里，齐天保七年，有童子数人放牧，见山上巨石，遂发心建佛像，高一百一十尺。（《寰宇记》卷五〇《大通监·交城县》）

2211

（磨笄山）赵襄子登之以观代国。一号看山。（《寰宇记》卷五一《蔚州·飞狐县》）

2212

大业十六年自江都还洛阳，勑于汾州北临汾水起汾阳宫[①]，即管涔山汾河源所出之处。当盛暑之时，临河盥漱，即凉风凛然，如八九月。其北多雨，经夏罕有晴日，一日之中倏忽而雨，倏忽而晴，晴雨未曾经日。虽高岭千仞，岭上居人掘地深二三尺，即得清泉用之。（《御览》卷一七三《居处部·宫》）

2213

滭发水，今俗亦名妒女泉。大如车轮，水色清碧。百姓祀之，妇人不得艳妆衣新彩，临之必兴雨雹。故云妒女，介之推妹也。（《御览》卷六四《地部·滭发水》）

2214

（谒泉山石室）此为子夏石室，退老西河居此。[②]（《史记》卷六七《仲尼弟子列传》“子夏居西河”《正义》；《御览》卷四五《地部·谒泉山》稍异）

2215

河东郡三山即舜所耕历山也，《禹贡》所谓“壶口、雷首，至于太岳”。壶口山在慈州，太岳在晋州，雷首在河东界。此山有九名，谓历山、首山、薄山、襄山、甘枣山、渠猪山、独头山、陑山等之名。又汤伐桀升自陑之所。（《御览》卷四五《地部·三山》）

2216

失山去万谷根山二十里，头上有石墟。魏太武避暑之所，羊肠坂在焉。（《御览》卷四五《地部·万谷根山》）

2217

稷山在绛郡，后稷播百谷于此山。亦《左氏传》谓晋侯治兵于稷，以略狄土是此也。（《御览》卷四五《地部·稷山》）

2218

霍山在洪洞县东北，霍水出焉。（《御览》卷四五《地部·霍山》）

2219

平山在平阳，一名壶口山。《尚书》谓“壶口治梁及岐”即此地

---

① 大业十六年……起汾阳宫：误，史无十六年。据《隋书》卷三《炀帝纪》，隋炀帝自江都还洛阳在大业十二年，起汾阳宫在大业四年四月。

② 本条书名为《隋国集记》。参本书 2108 条。

也。今名姑射山[①]，在县西，平水出其下。(《御览》卷四五《地部·平山》)

2220

卑山音蔽，今名抱犊山。四面危绝，山顶有二泉。后魏葛荣乱，百姓抱犊上山，因以名之也。(《御览》卷四五《地部·抱犊山》)

岷蜀诸郡

2221

仁寿三年分九陇、郫、孝水三县为濛州，玄孝、绵竹、金水、飞乌四县为凯州，阳安、平泉二县及资州资阳为简州。炀帝大业二年并从废省，来属益州。(《寰宇记》卷七二《益州》)

2222

周天和元年改为藩，置为宕州，隋为宕昌郡。(《寰宇记》卷一五五《宕州》)

江汉沅湘诸郡

2223

黔中是武陵郡酉阳地。(《寰宇记》卷一二〇《涪州》、《蜀中广记》卷三八《边防记·酉阳宣抚司》)

2224

(石阶山)一名华岳地肺，一名肺山。(《寰宇记》卷一四三《均州·武当县》)

2225

(社树)南阳武当南门有社柏树，大四十围。梁萧欣为郡守伐之，言有大蛇从树腹中坠下，粗数围，长三丈，群蛇数十[②]随之入南山，声如风雨。未伐树前曾见梦于欣，欣不之信。后欣果死于治所。(《寰宇记》卷一四三《均州·武当县》、《纪胜》卷八五《均州·景物上》、《元一统志》卷三《襄阳路·古迹》)

---

① 壶口治梁……姑射山：地望误，孔颖达谓：梁，岐在雍州，即今陕西夏阳、美阳地。

② 十：《元一统志》误作“千”。

2226

（很子山）山临汉水，山边凿石作六字，皆方一尺，四字犹可识，云："玄田中邱"，两字不可识。山下有很子冢为水所坏，今成小洲。亦为很子葬父之所。（《寰宇记》卷一四三《均州·郧乡县》）

2227

（沧浪洲）汉水径琵琶谷至沧浪洲，即渔父擢歌处。庾仲雍《汉记》[①] 云，谓之千龄洲。（《寰宇记》卷一四三《均州·郧乡县》、《御览》卷六九《地部·洲》、《纪胜》卷八五《均州·景物下》、《元一统志》卷三《襄阳路·古迹》）

2228

丰州丹水出丹鱼，先夏至前十日夜伺之，鱼浮水，有赤光，上照如火。以网取之，割其血以涂足，可步行水上。（《寰宇记》卷一四三《均州·郧乡县》、《纪胜》卷八五《均州·景物下》）

淮南江表诸郡

2229

（梅溪山）吴兴故鄣县东三十里有梅溪山，山根有石直立百丈，上有石磨。（《纪胜》卷四《安吉州·景物下》）

2230

（欢乐井）本明义井也。三伏之日，炎暑赫曦，男女往来气息短急，望见义井则喜而行。未至而忧，既至而乐，故号欢乐井焉。（《寰宇记》卷一二九《寿州·寿春县》）

---

① 汉记：庾仲雍有《汉水记》五卷而无《汉记》，详《旧唐书·经籍志乙部》。

方志图二卷　隋李播撰

李播，岐州雍（今陕西凤翔）人，官高唐尉，为唐太史令李淳风之父。《新唐书·艺文志乙部》："李播《方志图》，卷亡。"《宋史·艺文志三》："《方志图》二卷。"佚文依《中国历史地图集·隋图》分列。

河东诸郡

2231

古唐城，陶唐氏居之，其存者五百步。（《大典》卷五二〇四《原·太原府六·古迹》）

2232

（古晋阳城）春秋末，董安于所筑。安于，赵氏之臣也。（同上）

2233

（罗城）晋并州刺史刘琨所筑。（同上）

2234

（寿阳县）北齐置燕州于此。（《大典》卷五二〇〇《原·太原府二·建置沿革·寿阳县》）

2235

（中都）故城在今平遥北二十里。（《大典》卷五二〇〇《原·太原府二·建置沿革·平遥县》）

2236

（中都故城）谓之内都城，因隋讳而改之也。（《大典》卷五二〇四《原·太原府六·古迹》）

2237

兹氏[①]故城在今汾州东。（同上）

---

① 兹氏：原文误作"兹民"，据《汉书》卷二八《地理志》、《山西历史地名词典》，太原郡有兹氏而无"兹民"，当以形似而笔误，径改。

2238

（邬）故城在今平遥北界。（《大典》卷五二〇四《原·太原府六·古迹》）

2239

（汾阳）故城在今阳曲县北界。（同上）

2240

（盂县）晋太子盂之邑[①]也。后为祁氏采地。祁氏既灭，魏献子分其田为七县，盂其一也。以盂丙为盂大夫。盂在原仇西百里，汉之盂县也，属太原郡，后魏省。其地属石艾县[②]，一云[③]入阳曲县，俗谓之大盂伯。（《大典》卷五二〇〇《原·太原府二·建置沿革·盂县》）

2241

万根谷，即向交城道也。古太原西门外有风谷。路入楼烦，故交城当其冲，谓此也。（《元一统志》卷一《太原路·山川》）

2242

（小松水）在乐平县东南。（《大典》卷五二〇二《原·太原府四·山川·乐平县》）

2243

（石岭关）谓之石头岭。（《大典》卷五二〇三《原·太原府五·兵防》）

2244

（废燕州）北齐置燕州于此。（《〔成化〕山西通志》卷七《古迹》）

2245

（止军城）在洞涡水南、武观城西。（《大典》卷五二〇四《原·太原府六·古迹》）

---

① 晋太子盂之邑：误。以《左传·昭公二十八年》“盂丙为盂大夫”为是。李播将《左传·定公十四年》“太子蒯聩献盂于齐”之“盂”（在今河南濮阳）附会于此。

② 其地属石艾县：误，据《汉书》卷二八《地理志》、《元和志》、《山西历史地名词典》，汉晋盂县在阳曲县，不属石艾县。当删。

③ 一云：据《元和志》《山西历史地名词典》，“一云”当衍。

2246

（涂阳城）在晋[①]南四十里，即此地也。（《大典》卷五二〇四《原·太原府六·古迹》）

2247

苇泽城在（平定）州东北八十里。（同上）

2248

鹿邑城，在祁县西北一十五里。（《元一统志》卷一《太原路·古迹》）

① 晋：据《〔成化〕山西通志》《山西历史地名通检》，其后脱“阳”字，当为“晋阳”。

唐贞观十三年大簿

《初学记》卷八《州郡部》引《括地志·序略》称："《贞观十三年大簿》，凡州三百五十八。"《旧唐书》卷二九《地理志》："至（贞观）十三年定簿，凡州府三百五十八。"贞观元年（627），唐朝将全国划分为十道，系监察区。为记述明晰，本书加各道道名。并以道为一段落。

2249

凡州府三百五十八

关内道：雍、华、同、宜、岐、陇、幽[①]、泾、宁、鄜州都督府，坊、延、原州都督府、灵州都督府、丹、夏州都督府、银、孟[②]、胜州都督府、绥、庆、家[③]。

河东道：蒲、虞、汾、绛、秦[④]、晋、隰、慈、吕、石、潞州都督府、沁、韩、泽、岱[⑤]州都督府、忻、朔、蔚、云、并州都督府、箕、岚。

河北道：怀、相州都督府、卫、黎、魏、洺、邢、霸[⑥]、博、冀、德、观、深、瀛、沧、定、恒、并[⑦]、幽、易、妫、檀、平、明[⑧]、营

---

① 幽：系"豳"之笔误。两《唐书·地理志》关内道无幽州。武德元年（618）复置豳州，属关内道，开元年改邠州。

② 孟：两《唐书·地理志》关内道无孟州，有武德元年（618）置之盐州，当为"盐"之笔误。

③ 家：两《唐书·地理志》关内道无家州。《元和志》卷四《关内道》有贞观四年（630）置之丰州。当为"丰"之误。

④ 秦：《旧唐书》卷三九《地理志》河东道河中府龙门县谓："武德元年于县置泰州，领龙门、万泉、汾阴三县。""秦"为"泰"之误。

⑤ 岱：两《唐书·地理志》河东道内有代州而无岱州，"岱"为"代"之误。

⑥ 霸：两《唐书·地理志》河北道内有贝州而无霸州，"霸"为"贝"之误。

⑦ 并：两《唐书·地理志》河北道内无并州，据《元和志》卷一七《河北道》恒州井陉县，"武德元年（618）重立井州，贞观十七年废"。当以形似，"并"为"井"之误。

⑧ 明：两《唐书·地理志》河北道内无明州，有贞观十七年（643）复名的赵州，"明"当"赵"之误。

州都督府、辽[①]、师、昌、崇、槙[②]、威。

河南道：虢、陕、谷、唐、兖、陈、颍、徐州都督府、滑、泗、谯、豫、亳、密、青、济、濮、莱、齐州都督府、滔[③]、宋、郓、许、冀[④]、曹、海、沂、洛州都督府、郑、汴、汝。

山南道：襄、夔州都督府、万、开、随、硖、蓬、凤、忠、渠、通、集、兴、利、温、复、合、邓、归、荆州都督府、梁州都督府、均、静、金、巴、商、洋、沦[⑤]、房、壁。

剑南道：阆[⑥]、始、梓、资、嘉、陵、果、遂州都督府、益州都督府、绵、大[⑦]、荣、眉、雅、普、翼、茂州都督府、简、向、涂、戎州都督府、泸州都督府、嶲州都督府、冉、笮、维、徼[⑧]、穹、郎、协、曲、褒、靡、微、姚、髳[⑨]、州[⑩]、匡、宗、尹、曾、乐、钧、昆。

淮南道：阳、光、蕲、申、寿、昌、豪[⑪]、庐、沔、荆、扬州都督

---

① 辽：两《唐书·地理志》河北道内无辽州，据贺次君《括地志辑校》引岑仲勉《括地志序略新诠》，“辽”为“燕”之误。

② 槙：两《唐书·地理志》河北道内无槙州，据贺次君《括地志辑校》应为“慎”之误。

③ 滔：两《唐书·地理志》河南道内有淄州，而无“滔”州。“滔”当“淄”之讹。

④ 冀：两《唐书·地理志》河南道内有武德四年置之蔡州，而无“冀”州。“冀”当“蔡”之讹。

⑤ 沦：两《唐书·地理志》山南道内有渝州，而无“沦”州。“沦”当“渝”之讹。

⑥ 阆：唐武德元年（618）改巴西郡为隆州，先天元年（712）因避李隆基讳始改为阆州。此乃后人改原文“隆”为“阆”。

⑦ 大：两《唐书·地理志》剑南道无“大”州，据《旧唐书》当为贞观八年（634）始置的炎州。

⑧ 徼：两《唐书·地理志》剑南道无“徼”州，当以贞观六年（632）置之徹州为是。盖以徹、徼形似而误。

⑨ 髳：两《唐书·地理志》剑南道无“髳”州。当为始置于贞观十一年（637）之髳州。以形似而讹。

⑩ 州：据贺次君《括地志辑校》，为武德元年（618）复置的邛州。当为“邛”。

⑪ 豪：两《唐书·地理志》淮南道有濠州，而无“豪”州。“豪”当“濠”之讹。

府、除[①]、楚、和、安州都督府、黄。

陇右道：秦州都督府、成、武、渭、兰州都督府、河、鄯、廓、儒、岷、洮、宕、台、桥、梁[②]州都督府、肃、甘、瓜、沙、尹[③]、芳、文、松州都督府、扶、居[④]、岩、奉、雅、丛、远、其、生、诸[⑤]、真[⑥]、都、阔、出、老[⑦]、懿、河[⑧]、溱、般、钟、匐、厥、器、调、流、迩、率、序、淳、轨州都督府、漳[⑨]、津[⑩]、泣[⑪]、玉、彭、祐、蛾、叠州都督府、龙、会。

江南道：潭州都督府、费、江、涪、鄂、郢、润、施、郎[⑫]、岳、黔州都督府、睦、括、常、抚、郴、台、饶、虔、衡、永、郡[⑬]、连、

---

① 除：两《唐书·地理志》淮南道有滁州，而无“除”州，“除”当“滁”之讹。

② 梁：两《唐书·地理志》陇右道有凉州，而无“梁”州，“梁”当“凉”之讹。

③ 尹：陇右道有伊州，而无“尹”州，“尹”当“伊”之讹。

④ 居：两《唐书·地理志》陇右道内无“居”州，贞观元年（627）置崌州，属松州都督府，“居”当为“崌”之讹。

⑤ 诸：两《唐书·地理志》陇右道内无“诸”州，贞观五年（631）置诺州，属松州都督府，“诸”当“诺”之讹。

⑥ 真：两《唐书·地理志》陇右道内无“真”州，贞观八年（634）置直州，属松州都督府，“真”当“直”之讹。

⑦ 老：两《唐书·地理志》陇右道内无“老”州，唐初置嵯州，属松州都督府，“老”当“嵯”之讹。

⑧ 河：兰州都督府下已有河州，此“河”当为“可”之讹。贞观八年（634）置可州，属松州都督府。

⑨ 漳：两《唐书·地理志》陇右道无“漳”州，贞观四年（630）置嶂州，属松州都督府，“漳”当“嶂”之讹。

⑩ 津：两《唐书·地理志》陇右道无“津”州，贞观五年（631）置肆州，属松州都督府，“津”当“肆”之讹。

⑪ 泣：两《唐书·地理志》陇右道无“泣”州，贞观八年（634）置位州，属松州都督府，“泣”当“位”之讹。

⑫ 郎：误，当作“朗”。《旧唐书》卷四〇《地理志》江南西道有朗州，武德四年（621）置，天宝元年改武陵郡。北宋后避宋始祖玄朗讳，朗字缺末笔，诸书讹为郎。

⑬ 郡：两《唐书·地理志》江南道无“郡”州，有邵州，“郡”当“邵”之讹。

婺、道、吉、越州都督府、洪州都督府、袁、杭、宣、湖、苏、歙、辰、至[①]、南、夷、应、琰、庄、祥、充、播、年[②]、恩[③]。

岭南道：高州都督府、循、建、振、昭、韶、广州都督府、罗、崖[④]州都督府、绣、辨[⑤]、端、新、春、澘[⑥]、窦、邑[⑦]、潮、贺、封、梧、蒙、即[⑧]、龙[⑨]、桂州都督府、廉、宾、药、泉、钦、横、贵、藤、象、交州都督府、儋、雷、峯、融、容、爱、龚州都督府、澄、燕、演、白、景、林、义、智、驩州都督府、儋[⑩]、崖州是也。

凡县一千五百五十一。至十四年，西克高昌，又置西州都护及庭州，并六县。通前凡三百六十州，依叙之为十道也。（《初学记》卷八《州郡部·总叙州郡》）

---

① 至：两《唐书·地理志》江南道有贞观八年置的巫州，而无“至”州。“至”当“巫”之讹。

② 年：两《唐书·地理志》江南道无“年”州，有贞观十一年（637）置之牢州。“年”当“牢”之讹。

③ 恩：两《唐书·地理志》江南道有“思”州，而无恩州，“恩”当“思”之讹。

④ 崖：两《唐书·地理志》岭南道有邕州都督府，而无崖州都督府，“崖”当“邕”之讹。

⑤ 辨：两《唐书·地理志》岭南道有辩州而无“辨”州，以形似而误。

⑥ 澘：两《唐书·地理志》岭南道有潘州而无“澘”州，以形似而误。

⑦ 邑：两《唐书·地理志》岭南道有贞观八年（634）置之富州，而无邑州，“邑”当“富”之讹。

⑧ 即：两《唐书·地理志》岭南道有贞观八年（634）改称之柳州，而无“即”州，“即”当“柳”之讹。

⑨ 龙：两《唐书·地理志》岭南道有泷州，而无“龙”州。“龙”即“泷”之误。

⑩ 儋：儋州前已载录，此“儋”据贺次君考证为琼州之误。

括地志五百五十卷又序略五卷　唐李泰修　萧德言等纂

李泰，字惠褒，唐太宗四子。贞观十年（636）封魏王，《旧唐书》有传。萧德言，字文行，南兰陵（今江苏镇江）人。贞观年历著作郎、弘文馆学士。《旧唐书·经籍志上》："《括地志序略》五卷。"《新唐书·艺文志乙部》："《括地志》五百五十卷，又《序略》五卷。魏王泰命著作郎萧德言、秘书郎顾胤、记室参军蒋亚卿、功曹参军谢偃、苏勖撰。"《宋史·艺文志三》："魏王泰《坤元录》十卷。"古籍征引又有称《贞观地记》《贞观志》等。斯志北宋末散佚。清王谟、孙星衍、黄奭均有辑本，前贤之功不可没，但受时代局限，这几种辑本均不够完善。今人贺次君《括地志辑校》，不仅佚文多于前人所辑，且规范严谨。本书补辑贺本遗漏之十一条。佚文仿《括地志辑校》体制分列。

雍　州

2250

（王雄，太原人）西魏赐为可频，太原王显，后魏赐为乙速孤，遂为醴泉人。（《路史》卷一九《后纪·高辛纪下》）

2251

王莽以皇后有子孙瑞，通子午道。盖以子午为阴阳之王气也。（《天中记》卷一六《道路》）

2252

始皇表：河为秦之东门，表汧以为秦之西门，东西八百里，南北三百里，东有函谷关，西有大震关，南有子午关，北有卢关，谓之四关。（《类编长安志》卷八《数目故事》）

怀　州

2253

太行连亘河北诸州，凡数千里，始于怀，而终于幽，为天下脊。（《方舆纪要》卷四六《河南·其名山》）

2254

（王屋县）齐子岭即后周、北齐分境之地。岭边亦有城，当时戍所也。（《大典》卷一一九八一《岭·齐子岭》）

定　州

2255

北岳有五别名，一曰兰台府，二曰列女宫，三曰华阳台，四曰紫微宫，五曰太乙宫，或云大茂山。（《天中记》卷八《恒山》）

濠　州

2256

东城故城，在定远东南五十里。〔《通鉴》卷一一“（汉高帝五年）项王引兵而东至东城”注〕

邓　州

2257

淯水出熊耳山。（《方舆纪要》卷五一《邓州·内乡县》）

洛　州

2258

故韩城，一名宜阳城，在洛州福昌县东十四里韩宜阳城也。（《清一统志》卷一〇六《河南府·古迹》）

福　州

2259

将乐石，似张帆。（《纪胜》卷一三三《南剑州·景物下》）

湖　州

2260

郭林山，在（武康）县北十五里，晋郭文所隐也。文居山时，一日有虎至，张口向文。文视其咽中有横骨，为探取之。后于所居日获一死鹿。盖虎之报。（《大典》卷二二七九《湖·湖州府五·山川》）